叶秀山全集
[第十一卷]

叶秀山 著

江苏人民出版社

图书在版编目(CIP)数据

叶秀山全集. 第十一卷/叶秀山著. —南京：江苏人民出版社,2019.11
ISBN 978-7-214-23643-2

Ⅰ.①叶… Ⅱ.①叶… Ⅲ.①哲学—文集 Ⅳ.①B-53

中国版本图书馆CIP数据核字(2019)第123487号

书　　　名	叶秀山全集·第十一卷
著　　　者	叶秀山
责 任 编 辑	陈　颖
责 任 校 对	薛耀华
责 任 监 制	王列丹
出 版 发 行	江苏人民出版社
出版社地址	南京市湖南路1号A楼,邮编：210009
出版社网址	http://www.jspph.com
排　　　版	南京展望文化发展有限公司
印　　　刷	苏州市越洋印刷有限公司
开　　　本	718毫米×1000毫米　1/16
印　　　张	29　插页6
字　　　数	456千字
版　　　次	2019年11月第1版　2019年11月第1次印刷
标 准 书 号	ISBN 978-7-214-23643-2
定　　　价	132.00元

(江苏人民出版社图书凡印装错误可向承印厂调换)

《叶秀山全集》出版说明

叶秀山先生遽然仙逝后，在他亲属和学生们的支持下，我们决定出版《叶秀山全集》，以永远缅怀他卓越的学术成就，延续和光大他的学术理念与思想事业。本次出版遵循如下原则：

一、只收录已经公开出版或发表的作品，其余作品（如手稿、书信等）以后择机再出续集。

二、各卷按照时间顺序收录已出版的著作（包括文集）。未收入已出版著作中但又公开发表的文章，按发表时间顺序分类收入最后两卷。

三、已出版的文集类著作中与之前著作收文重复者，只存目，但让《永恒的活火》和《启蒙与自由》二书保持完整收录。

四、编辑过程中，尽量尊重原出版物原貌，只作最小程度的技术处理。

我们向参与具体编校工作的叶先生的学生们，以及为全集的编辑出版提供各种帮助的朋友们表示感谢！

江苏人民出版社
2019 年 7 月

目 录

美学论文补遗

什么是美? 003

"美是主客观统一"说质疑 010

评朱光潜先生的《克罗齐的美学批判》 016

从"笑"谈起 024

王国维的文艺思想简评 029

舞台艺术中美的内容和形式 045

评周谷城先生的"绝对境界"说 050

试论悲剧的美学意义 067

梅兰芳——中国古典审美理想的化身 105

符号哲学与符号美学——论苏珊·兰格的哲学和美学思想 121

评伽达默的美学观 150

尼采论悲剧 179

哲学论文补遗

关于培根对亚里士多德哲学观点的批判 195

批判康德的"天才"论 206

欧洲近代哲学史上的资产阶级人性论 218

古希腊智者学派的主观唯心主义诡辩论 248

费希特早期政治思想及其哲学体系的建立 260

乔姆斯基简介 302

苏格拉底 306

康德论"道德律" 337

尼采的道德谱系 360

西方哲学的主要问题——危机的哲学与哲学的危机 379

柏格森——"时间-绵延"引进哲学的先驱 386

"在""自由者"之间——黑格尔"对立之统一与和谐"思想再思考 399

"进入""时间"是"接近""事物本身"的唯一方式 416

为未来欧洲哲学研究出一些题目 422

从"理智-理性"到"信仰"——克尔凯郭尔思路历程 430

"神性",太"神性"了——克尔凯郭尔的"神" 444

|美学论文补遗|

什么是美？[*]

"美"的问题是一个古老的问题，当科学问题第一次提到人类面前来的时候，其中就有美学的问题。由于"美"是人类的一种意识形态，这种意识形态是伴随着人类的劳动而产生的，而且也是随着人的劳动而发展的。马克思曾经说过，人是按照美的法则来创造世界的。

美的理论的历史虽然如此古老，却并未得到一个完满的解决。美学的各个基本范畴，哲学家或美学家都带着各人自己的特色来叙述。这并没有什么可奇怪的。客观世界的发展，带给人类的也是思想意识的发展。美学的范畴，当然也是如此。我们并不因为哲学里的基本范畴经几千年的争论尚未得到完满的解决而痛苦；相反的，谁要是企图——即使是在现代的条件下——制订一套自以为是最完满的"范畴方案"，那将被目为妄诞。一句话，美学的范畴也和其他科学的范畴一样，是随着历史的发展而不断修正、丰富的。

提到什么是美，我们当然不能忽略车尔尼雪夫斯基的著名的定义："美是生活。"车尔尼雪夫斯基批判了德国古典美学，结合了俄国艺术历史和当时的艺术实践，并且坚持唯物主义观点，提出了这样的定义。这个定义影响非常深远，可以说，它几乎是以后一切马克思主义文艺批评家、艺术理论家的出发点。可是，对这个定义的解释，却很少有令人满意的。这个定义对不对？在我看是对的。但是应当怎样理解这个定义呢？人们往往只看到车尔尼雪夫斯基否

---

[*] 原载文艺报编辑部编《美学问题讨论集》第二集，作家出版社1957年版。

定、批判德国古典美学的一面,而没有看到其继承的一面。不说别的,这个定义本身就含有德国古典美学的影子。我这样说,并没有一点夸大的意思。

德国古典美学最中心的命题就是:美是主客观的统一。不要以为只有康德、黑格尔等唯心主义者这样看,就是公认的唯物主义者费尔巴哈,也是这样看的。费尔巴哈在他的"未来哲学原理"中曾说过:"对象与主体之间的差别,存在与不存在之间的差别,是一种使人快乐的差别,也是一种使人痛苦的差别。"① 不错,德国古典美学是从精神出发,并把它强加于客观。因此车尔尼雪夫斯基坚持了唯物主义原则,和费尔巴哈一样,把在天上的东西,拉到人间来,让它现原形。

可是,如果从马克思那里接受到了实践的观点,即主观能动的观点,回头来看看车尔尼雪夫斯基的艺术观点,就觉得不够了。车尔尼雪夫斯基基本上没有超出亚里士多德"艺术是自然的摹本"的观点,他认为艺术美永远赶不上自然美。这里,据我看,是和他的"美是生活"的真实涵意相矛盾的。"美是生活"这一定义,不仅是说生活本身是美的,而且主要的含有理想的成分。他自己在提出"美是生活"这一定义后,马上就解释道:"任何东西,我们在那里面看得见依照我们的概念应当如此的生活,那就是美的;任何东西,凡是能独自表现生活或使人忆起生活的,那就是美的。"② "应当如此的生活",已经不是生活本身——当然它是从生活中提炼出来的——而是指导生活。正确地理解"美是生活",就应当是这样,但车尔尼雪夫斯基基本上并没有重视这一点。我预备引用下面这段话,因为我觉得它的意思不错:"文学是社会现象的经过创造过程的反映,反过来,社会要受到文学的创造性的影响而被塑造。社会向文学提供素材,文学向社会提供规范。"③

马克思说:"动物只不过生产自己本身,而人则再生产一切的自然……因之,人按照美的法则,也同样形成了美。"④ 美,是经过人的创造的,再生产出来的自然,已经不是自然本身,美是由于人们再生产自然(及社会)的结果。

---

① 费尔巴哈:《未来哲学原理》,洪谦译,一九五五年,三联版,页五九。
② 车尔尼雪夫斯基:《生活与美学》,周扬译,页七。
③ 郭沫若:《文学与社会——答墨西哥文学杂志社问》,《文汇报》,一九五六年十月一日。
④ 马克思:《经济学—哲学手稿》。

我并不认为自然界本身有什么美不美的问题，根据目前美学舆论看来，在美学领域中，自然界有没有美已成了划分唯心论和唯物论的标准了，我不同意这样的看法。唯心主义的错误在哪儿呢？唯心主义与唯物主义在美学问题上的分水岭就在于：唯心主义否认了美的物质基础，而唯物主义则肯定了它的物质基础。朱光潜先生接受了克罗齐的思想，认为美感是"形相的直觉"，这种直觉是内省的。引起美感的一刹那是绝对孤立的，与外界没有关系的，这是唯心论。但如果说，因为唯心论否认了自然的美，唯物论就一定要承认自然美，那就太幼稚了。车尔尼雪夫斯基说过："风景赋有生气的时候在我们看来是美的。"[①] 但是大自然的生气与人的生气虽有共同之点——没有共同之点当然不对——更有质的不同，只有它能引起人的蓬勃向荣的生活乐趣时，才是美的。树木、花草、飞禽、走兽……只有与人相结合起来，才是美的，只有符合人的理想，才是美的。自然的美，只有相对于人来说，只有相对于人的理想来说，才有意义；而自然界本身，无论你说它美不美，它都是如此。自然本身无所谓美不美的问题，就如同自然界无所谓"真理"与"谬误"的问题一样。由于车尔尼雪夫斯基认为自然界本身就固有美的属性，因此他说："至于自然美，这两种人（指敌对的阶级的人——引者）的了解是完全一样的；单是有教养者所喜爱而老百姓却认为不好的风景是没有的。"[②] 这种认为对自然的审美观点没有阶级性的看法，是无法令人同意的。人们批判朱光潜先生过去的美学思想，这我完全拥护；但是对待唯心论，我们也要有科学的态度。不能因为唯心论绝对化了精神，我们就把精神否定掉，或者说它就等于物质。过去庸俗唯物论就是这样做的。朱光潜先生的移情说，作为美学理论说是唯心的，但也未尝不反映一些事实。他说人艺术地观赏自然时，总是把自己的感情外射给自然，我认为这是客观的现象，这样说没有什么不可以；但当他夸大了这一点，说客观世界一切属性都是由人外射给世界并抽出了这种外射现象的物质基础时，他就是唯心论者了。我们应该知道，真理与谬误只有一步之隔，略为夸大、片面化任何现象（不论是精神或是物质）都会陷入谬误。真理要求人们恰当地处理这两者的关系：物质是精神的基础，精神具有相对的独立性。

---

① 车尔尼雪夫斯基：《生活与美学》，周扬译，页十一。
② 车尔尼雪夫斯基：《当代美学概念批判》，《译文》，一九五六年九月号，页一六六。

因此我敢说，"美是生活"与"美是主客观的统一"，如果建筑在同一的基础上，那末本质上是不矛盾的。

说到这里，我想插进来谈谈目前争论的几个问题。这可能对说明我自己的意见，有帮助。

我和蔡仪同志的看法是不一致的，他认为美学的基本问题"首先就是美在于心抑在于物？"据此，他说道："我并不否认人有借物抒情的心理及事实，但是既然否认物本身的特点，那么被人用以抒情的物的形象，从抒情的主体来说，他所见的形象根本是自己情趣的幻影，从客观的物来说，他所见的形象基本上不是真正的物的形象。所谓'情人眼里出西施'，这'西施'就并不是真正的西施。"① 一点不错，可是蔡仪同志还没有向前进一步，因为不但"情人眼里的西施"不是真正的西施，就是舞台上的"西施"，又何尝是真正的西施？看来，在"物的形象"这个概念上，有所争论。我们且看看朱光潜先生在最近的文章中的意见。

朱光潜先生在最近的文章中分别了"物甲"、"物乙"，可是从朱先生的文章看来，这两个概念至少是含混的。朱先生说："物甲是自然存在的，纯粹客观的，它具有某些条件可以产生美的形象（物乙）。"② 这里的"物乙"是指美的形象，我觉得这段话是对的。但是在这篇文章中，对于"物乙"，还有一些与这个含义绝不相同的用法。如："但是这'物的形象'在形成之中就成了认识的对象，就其为对象来说，它可以叫做'物'，不过这个'物'（姑简称物乙）不同于原来产生形象的那个'物'（姑简称物甲），物甲只是自然物，物乙是自然物的客观条件加上人的主观条件的影响而产生的，所以已经不纯是自然物，而是夹杂着人的主观成分的物，换句话说，已经是社会的物了。"③ "其次，美感的对象既是物的形象，而物的形象如上文所分析的，是主观与客观的统一，……"④ 显然，朱先生是把"美的形象"、"认识的形象"和"美的对象"、"认识的对象"混同起来了。如果认为"认识的对象"是经过人的主观创造的，或是什么"主观客观的统一"，那只能是唯心主义的，对美学来说，也

---

① 蔡仪：《评〈论食利者的美学〉》，《人民日报》，一九五六年十二月一日。
② 朱光潜：《美学怎样才能既是唯物的又是辩证的》，《人民日报》，一九五六年十二月二五日。
③ 同上。
④ 同上。

应当如此。难怪有人要说朱先生的论点有点像康德式的主观唯心论了。显然，蔡仪同志整个的批评主要就是建筑在这一点上。这在批评过去的朱先生是正确的（如上所说，现在的朱先生对这问题，仍然是模糊的）；但总是力量不够的。

蔡仪同志喜欢把美学和认识论相比较，这是绝对正确的。但是应当如何理解它们之间的关系呢？首先，它们有共同之点，那就是认识的对象是不依赖于认识的，美的对象也是不依赖于美的，自然界不管你觉得美否，都是如此；认识的对象，不就是认识本身，美的对象，也不是美本身。另外，它们之间也有些区别，那就是，美是在认识的基础上的再创造的产物，美的形象（一般地说即艺术形象），不等于物的形象，但不能脱离物的形象，是以物的形象为基础。这就如同艺术的真实不等于生活的其实，但又不能脱离生活的真实一样的辩证关系。客观世界的物的形象，必须具有某些属性，这些属性是能引起人的美感的，所谓"心借物的形象来表现情趣"，外物必须有适合表现情趣的某些必要的属性。譬如人们就不能用一粒米来表示"壮美"，"壮美"必须有较大的空间感。但是这些属性本身，并不存在美不美的问题。美是认识和再创造的统一，这就是主客观的统一。

美，它或多或少带有人类主观创造的痕迹。夸大了这一点固然成了唯心论；而否认了这一点，则成了直观的唯物论了。创造决不能脱离它的物质基础，而物质基础也决不能代替创造。

但是人的这种审美能力是从哪里来的？是不是从天上掉下来的？唯物论和唯心论就给了不同的答复。唯心论者有的避而不答，有的则干脆说是天生的。把人的审美能力抽象化绝对化，正如同把人的抽象思维抽象化绝对化（如黑格尔）或把人的感觉抽象化绝对化（如巴克莱）一样，才是唯心论在认识论上的真正根源。过去有一些唯物论者也或多或少地看出了这一点，车尔尼雪夫斯基的"美是生活"，就意味着人的审美能力是由生活培养的，是由生活决定的；可惜，车尔尼雪夫斯基本人由于受到他的唯物论的直观性及抽象的、唯心的对待"人"的观点，而没有能够充分地发挥出来。人的这种审美能力，如同其他社会意识一样是由社会存在决定的。

因此，美是有它的客观基础的，也是有它的客观标准的。被康德所神秘化了的所谓"具有普遍性必然性的审美判断"，我们终于恢复了它的本来面目。原来它不是什么"先验的"，而是从经验中来的，是存在决定的。但这又不是机械地决定的，而是通过人的创造的。

这样，在阶级社会中，各阶级有各阶级的审美观点。各阶级的审美观点固然有很大的不同（相敌对的阶级更有本质的不同），但也有它共同的地方。这是因为人类的生活虽然处在敌对的阶级地位，总不免有共同之点，虽然它是很小的。同一阶级的不同的个人，则又有自己的生活经验，有自己的审美观点，抹杀审美上的个性、兴趣，就如同过分夸大它同样不对。在这不同之点，贯串一条红线——这条红线各阶级必然是不同的——这就是审美判断的客观标准。"寓统一于杂多"，乃是辩证法的真理。

可是，蔡仪同志却认为如果美不是纯客观的，那末似乎就没有客观标准了。蔡仪同志的美的客观标准似乎是一个绝对的"美"，对此，朱光潜先生说，"未知数是不能作尺度来衡量事物的"[①]，这很正确。我觉得，只有在认识的问题上，才有客观标准的问题，而只有在实践中，才能求主客观的统一，只有实践才是真理（或美）的客观标准，而不能用其它的东西来代替。正如上面所说，审美观念是有其客观标准的，这个标准就是生活实践。在表现形式上，它有自己的特点，就是通过个性来表示共性。

并没有抽象的审美观点。当没有把实践观点，没有把辩证法的观点运用到美学领域去时，不论唯心论或唯物论都会得出抽象的审美标准来。车尔尼雪夫斯基在具体运用他的美学观点时，也不免简单化的毛病。他总是抽象地讲，什么什么是美的，什么什么又是不美的，好像很能开一张"世界人物、事物美丑表"似的。例如他就认为青蛙是不美的，然而齐白石先生笔下的青蛙仍有极高的美学价值；又如他的有名的例子，认为贵族理想的美人是"纤手纤足；……面无血色，双唇苍白，眼神倦怠，瘦削而纤弱，对她们，老百姓是看也不看一眼的。"[②] 一句话，把一切的东西都和健康的人来比，愈接近的愈美，离得愈远的愈不美。这是一种形式的比较。只有和事物、形象所处的周围环境有机地联系起来，我们才能判别美与不美。按照车尔尼雪夫斯基的那种比较，"红楼梦"里的林黛玉是够不上美人资格的了；然而我看她在荣府里甚至整个封建社会里，都不失为一个美人。在贾府的具体环境下，林黛玉的灵魂是高尚的、优

---

① 朱光潜：《美学怎样才能既是唯物的又是辩证的》，《人民日报》，一九五六年十二月二五日。
② 车尔尼雪夫斯基：《当代美学概念批判》，《译文》，一九五六年九月号，页一六八至一六九。

美的。当然，林黛玉的外形也并不丑；但是决定她是个美人的，首先在于她的内心。我们看看薛宝钗如何？据曹雪芹说是："脸若银盆，眼同水杏，唇不点而含丹，眉不画而横翠：比黛玉另具一种妩媚风流。"① 可是，是否在人们心目中觉得薛宝钗亦如林黛玉一样的美人呢？我想大家都会给予否定的回答；可惜过去却有些人正是用形式主义的观点来看问题，所谓"钗黛合流论"不能不说和这种理论有不可分的联系。我们容许美学理想要求内心与外形的统一，但是决定性的因素却在形象的内心世界。这种内心世界是由人物形象所处的特定环境通过曲折的关系决定的，同时是通过人物形象的语言、行动表现出来的。

说得确切些，美的人物形象，首先应当在它的性格的美，就和典型形象首先在于其性格的典型性一样。白娘娘、包公以及许多神话、寓言中的形象，有的是神仙之流，有的实无其人，有的则连人的外形都不具备，却都可以是美的（或典型的），只要它具有美的（或典型的）性格。

不错，人是艺术的灵魂，美学判断的主体。大观园自林黛玉死后就是另一番情绪，不论周围的环境变化没有，都能产生与以前不同的感触。如没有变化，那末就有"景物依故"、"人去楼空"之感；而大观园自林黛玉死后是略有变化的，这时，即使是最细小的变化，也会引起贾宝玉的极大的感触。人在这种情况下是最敏感的。但这里所谓的"人"，乃是具体历史条件下的社会的人，而不是费尔巴哈以及车尔尼雪夫斯基所理解的抽象的人。把人抽象化，而得出抽象的审美标准，这是很自然的事情。

1957 年 1 月 12 日改完

---

① 《红楼梦》，第二八回。

"美是主客观统一"说质疑[*]

我曾经主张美是主客观的统一（见《美学问题讨论集》，第二集，《什么是美》），可是经过这个时期的考虑，我渐渐对这种主张产生了怀疑，觉得是不正确的，特别是看到朱光潜先生最近发表的几篇文章，更使我觉得对这个理论有重新考虑的必要。我把我现在的意见写下来，请大家批评。

在讨论这个问题的时候，首先必须明确"主观"和"客观"这两个概念的含义，这对我们的讨论是有好处的。在马克思主义者看来什么是"客观"呢？我想，马克思主义者理解的"客观性"主要是指"物质性"；当然，精神的存在也是客观的，但马克思主义绝不能把客观性归结为精神性。这一点是和康德、黑格尔不同的。康德、黑格尔恰恰都是把客观性归结为精神性。康德的客观性就是他所谓的普遍有效性，精神自然具有普遍有效性，于是客观性就是精神性。在他那里，普遍有效性也就是他所谓的"先验性"，于是客观性就和精神性、先验性等同起来了。黑格尔那就更清楚了。黑格尔也谈到客观性，但他的客观性却是精神性的，什么客观精神、时代精神等，所以我们才称他为客观唯心主义者。于是，马克思主义在客观性这个问题上和康德、黑格尔有本质的不同。

然后我们再来看"美是主客观统一"这个理论本身。"美是主客观统一"好像和"美是主观"有点不同，它迷惑人的地方也就在这里。其实，我们只要仔细想一下，我们说"美是主客观统一"时，早已先假设"美是主观"的了。

---

[*] 原载《新建设》1958年第3期，后收入文艺报编辑部编《美学问题讨论集》第四集，作家出版社1959年版。

这样说并不武断。

我们要问，什么东西才能谈得到"主客观统一"呢？从马克思主义观点来回答说，只有意识的、精神的东西才谈得到主客观统一。我们这里不得不提一下阿万那留斯的原则同格说。阿万那留斯认为我们所发现的一切（包括精神与物质）都是"我们的自我与环境的不可分离的同格"（列宁：《唯物论与经验批判论》）。这种观点就是说物质世界也是主客观的统一，这正是一种唯心论的观点，遭到列宁的批判。因为物质世界（客观世界）不管你主客观统一不统一，都是存在的，物质是不依赖精神而存在，客观是不依赖主观而存在的，这是唯物主义的基本原则。由此可见，客观世界是没有什么主客观统一与否的问题，于是只剩下主观世界了。所以从马克思主义观点来看，只有精神的东西，才能谈到主客观的统一，以区别二元论和不可知论。所以当我们说"真理是主客观的统一"、"美是主客观的统一"时，我们早已肯定真理、美是观念形态的东西，是主观性的东西了。

这里看看朱光潜对吕荧的批评是很有意思的。大家知道，吕荧很早就提出他的"美是观念"说，在1957年12月3日《人民日报》的文章中，他把"美是观念"改成"美是社会意识"，这种修改当然不是原则的修改。我们前面已经说过，"美是主客观统一"和"美是主观"是没有多大区别的，可是吕荧居然批评起"主客观统一"说，朱光潜也居然有个反批评，这是什么缘故呢？我觉得，吕荧在《人民日报》发表的文章里，确有许多自相矛盾的逻辑上的错误，现在不打算仔细分析了，我们还是看看朱光潜对吕荧的批评。

朱光潜说吕荧最大的错误就在于把美当成了实体。因为吕荧说"美是社会意识"，而在朱光潜看来，美只能是一种属性，当然不是物的属性，而是精神的属性，是意识形态的一种特性，他自己说"美是意识形态性的"。我们从这里可以看出什么问题呢？首先，我们可以看出朱光潜和吕荧的分歧是内部的分歧，因为他们都认为美是主观的，但一个认为美就是精神实体（吕荧），而一个认为美是精神实体的属性（朱光潜）。其实这种区别有多大意义呢？不管实体也好，属性也好，反正都是主观的。同时还有两个问题。朱光潜说美是精神的一种属性，他忘记了，精神也是一种属性，它是物质的属性，是物质的反映。另外，朱光潜说："美既然是艺术的一种属性，而艺术本身既然是一种社会意识形态，美（属性）就不能同时是一种社会意识形态（实体）……"（见1958年1月6日《人民日报》）可见，朱光潜认为社会意识形态是一种实体，我想，这恐怕不是马克思主义所理解的实体，而是黑格尔所理解的实体。朱光潜批评吕荧把美实体化了就成了柏拉图式的客观唯心主义，他忘了他自己把意识形态实体化了岂不是黑格尔式的客观唯心主义？黑格尔不是认为艺术、美是绝对精神的一种表现形式吗？于是，在我们面前的是黑格尔式的客观唯心主义（朱光潜）和柏拉图式的客观唯心主义（吕荧）之争，而不是唯物论和唯心论之争。

朱光潜会说，你说了这一大堆话，全是无的放矢，因为我本来就是说美是意识形态性的，是主观的，是第二性的，但我认为这第二性的是主客观统一，这不就是马克思主义的了吗？不错，你是这样看的，但这未必就是马克思主义的。

朱光潜自己说，"总之，我否定了美的自然物的属性说"（同前引文），我看说得直接点就是"我否定了美是物的属性说"，因为大家知道，朱光潜不仅反对蔡仪（主张美是物之自然属性说），也反对了李泽厚（主张美是物之社会属性说），而大家知道，社会也是物质的存在。这倒是真正的分歧点。那末，从马克思主义的观点来看，"主客观统一"是什么意义呢？

我们知道，二元论和不可知论是不承认"主客观统一"的，但一切彻底的唯心论却都承认"主客观统一"这个命题。黑格尔非常强调主客观统一，但是他仍然是唯心论者。那末，唯物论和唯心论的分别究竟在哪里呢？我看，归根结蒂还是一个谁是第一性的问题，这就是说，它们统一的基础是什么，这里就有不同的回答。

唯心论认为"主客观统一"的基础是在主观，唯物论则认为在于物资。柏拉图认为主客观统一于理念，巴克莱认为主客观统一于感觉，黑格尔则认为统一于绝对精神，反正一样，都是统一于主观，统一于精神。还要问一问，是否有什么"主客观统一"体呢？有没有凌驾于主观与客观之上的"统一体"呢？当然没有。马克思和恩格斯在《神圣家族》里说："批判的批判指责'浪漫主义艺术'的'统一教条'，可是它现在却力求获得'真正统一的整体'、'现实的统一体'，并且抱着这个目的，用虚幻的联系、神秘的主客体来代替世界秩序和世界事件之间的自然的合乎人性的联系，这就象黑格尔用那一身兼为整个自然界和全体人类的绝对的主客体——绝对精神来代替人和自然之间的现实的联系一样。"(《马恩全集》，第二卷，第213页）看来，不论直接宣称主客观统一于精神或说什么有超越于主客观之上的"主客体"，都是唯心论的。

那末，朱光潜主张统一于哪里呢？显然他主张统一于精神，我们看看他关于美的定义："如果把'美'下一个定义，我们可以说，美是客观方面某些事物、性质和形状适合主观方面意识形态，可以交融在一起而成为一个完整形象的那种特质。"(《哲学研究》，1957年第4期）在这个定义里，当然主观是起决定性的作用，因为在朱光潜看来，客观只具备一些美的条件，必须加上主观创造，才能成为美。所以他在最近的文章里说："……自然物只能有美的条件，这客观条件与主观方面意识形态的条件两对立面的矛盾统一之后才能有艺术，有了艺术才能有艺术所特有美……"（见1958年1月16日《人民日报》）

如果朱光潜辩解道，我也是认为统一于客观的。那末我们要问，你又为什么否认美是物的属性呢？

我们认为，马克思主义者必须在反映论的基础上来谈主客观的统一，这一点非常重要。我过去虽然也强调唯物论，认为主客观统一于客观，但没有把它和反映论联系起来，所以才得出"自然界无所谓美不美"的结论来。

我们为什么说真理是主观与客观的统一呢？正因为它是正确地反映了客观的实在。一切的观念的东西，都是客观世界的反映（不管正确的、歪曲的），而正确的反映则是主客观的统一。所以问题并不在于"真理"这个概念在物质世界存在与否，因为要说概念，那末从物质世界里是拿不出来的，但概念却是深刻地反映了物质世界的内容，所以问题在于真理的内容，是有客观性的，是物质世界的正确反映，所以我们才叫它做客观真理。因此在马克思主义者看来，既然承认美是主客观的统一，就必须承认美有它的客观基础，就必须承认客观世界有美，从而，只能说"美感是主客观的统一"，而美则是物的属性。

朱光潜既然反对美是物的属性，就不得不反对反映论，因而就从这个方面暴露了他的唯心论的实质。他在《哲学研究》发表的文章里，割裂反映论和基础与上层建筑原理的理论联系，歪曲列宁的原意，似乎列宁已经把反映分成两种，一种是科学式的，一种是意识形态式的，而朱光潜认为科学式的反映论（实即马列主义反映论）不能解决艺术问题，不能解决美的问题。列宁是怎么说的呢？列宁说："任何意识形态都是历史地有条件的，可是任何科学的意识形态（例如宗教的意识形态就不同）却符合于客观真理或绝对自然，这一点却是绝对正确的。"（姑用朱光潜译文，见《哲学研究》1957年第4期）大家都看得清楚，列宁这里指的是绝对真理与相对真理的问题，并没有说什么"两种反映"。朱光潜说："这种意识形态式的反映可说是折光的反映，对事物往往有所改动甚至于歪曲。"又说："意识形态式的反映与一般感觉或科学的反映有一个基本的分别：一个是上层建筑，一个不是上层建筑……"（《哲学研究》1957年第4期）这里显然又有问题。照朱光潜看来，意识形态式反映（即上层建筑式的反映）往往是歪曲或改动的，那末美感的反映是否是歪曲或改动的呢？显然不是。我们的美学是与认识论密切联系的。因此它是正确的反映。资产阶级美学家说什么在美的问题上无是非，显然是荒谬的，如果美感是歪曲的反映，那末美学也将如宗教一样逐渐被人们所抛弃。同时，从朱光潜的意思看来，不但是美学，而且一切上层建筑都往往是一种歪曲或改动的反映，这显然是不正确的。社会主义的上层建筑，就是正确反映现实的客观真理。无产阶级的革命性和科学性是完全一致的。这一点朱光潜又如何解释呢？

朱光潜特别强调艺术，认为美是艺术的特性，而艺术又是上层建筑，所以美是意识形态性的，是主客观的统一。这个理由也站不住脚。

我们知道，艺术是要经过创造的，但创造和反映并没有矛盾，是在反映的基础上进行创造，而创造的目的也是为了更深刻地反映。所以我们才能说艺术是现实的形象的反映。不承认这一点恐怕很难说他是马克思主义者。因此我觉得，艺术的一切内容在现实生活中都有它的根据，都有生活的根据，否则也不要叫作家去体验什么生活了。所以，我们看到，问题不在于"艺术"这个概念在现实生活未经创造时有没有，而在于它的内容完全是现实的反映。这可以说是现实主义的最基本的原则。可是朱光潜却不这样看。他说："艺术是一种社会意识形态，是反映现实的，所以它是第二性的；美是艺术的一种必不可少的特性（没有美就不成其为艺术），它也只能象它所属的实体一样是第二性的。"（1958年1月6日《人民日报》）可是美反映了现实的什么呢？没有。因为朱光潜最根本的观点就是"美不是物的属性"。于是，我们不得不奇怪地发现，朱光潜批判了过去的美学观点，但在根本问题上，又回到他的《文艺心学》去了。大家还记得，他在《文艺心理学》里就是主张艺术与现实脱离的艺术观的。我记得他在讲到悲剧的美感问题时说道："同是灾祸，在实际人生中只能引起我们的哀怜和恐怖，我们不能把这种哀怜和恐怖化为喜感；在悲剧中它也引起哀怜和恐怖，但是艺术的欣赏把哀怜和恐怖所带的痛感的成分消净，所余的只是美感。"（《文艺心理学》，第266页）这就是说，现实里只有痛感，艺术里才有美感，于是，艺术悬空起来了，艺术的美不是生活美的反映。朱光潜现在的观点和《文艺心理学》的观点在本质上有多大的差别，这是不能不令人深思的问题。

此外，从朱光潜最近发表的文章来看，关于审美的客观标准及感情与理智的关系等，都有问题。这是要进一步讨论的问题，以后有机会再谈。我现在只就美是否为主客观统一，发表现在的意见。我现在的意见也许还是不正确的，但是我想我们有一条原则，就是必须遵循马克思主义的道路，凡是符合马克思主义的我们就要支持拥护，凡是违背马克思主义的我们就要批判、改正。

我最后要说，朱光潜认为吕荧的"美是人的一种观念"的提法，其主观唯心论的色彩太刺眼了，那末朱光潜说，"美是社会意识性的"，它的主观唯心论的色彩就不刺眼吗？因为"观念形态"与"意识形态"本来是同一个字，而"观念"和"意识"（或"意识性的"）也都是精神的东西。我看，吕荧大可不必用"社会意识形态"来"装饰"他的"观念"；朱光潜的矛头也指错了，打了自己人。

评朱光潜先生的《克罗齐的美学批判》*

克罗齐的美学思想，朱光潜先生解放前曾在《文艺心理学》里大力宣扬过，最近在《北京大学人文学报》(1958年第2期)上，朱先生发表了他解放后第一篇批判克罗齐美学的文章，这种批判的精神是好的，但就这篇文章来说，我觉得还有一些地方是值得商榷的。

读了这篇文章，首先给人以奇怪的感觉的是这篇文章的写法。文章的题目既然叫做《克罗齐的美学批判》，而批判的部分只占全文的三分之一，大部分的篇幅却用来"客观地"介绍克罗齐的哲学和美学观点。为什么要这样做呢？看来朱先生也有自己的"理由"。文章一开头就说："最近趁克罗齐的《美学原理》的译文再版的机会，在校改中我把克罗齐的美学思想重新研究了一遍，又把近年来旁人的和自己的对他的批评看了一遍，觉得已往的批评不免是零星的、片面的，甚或是捕风捉影的，有必要把这种批判再推进一步。"这里，朱先生的目的是再明显不过了，原来朱先生觉得过去人家对他的批判，涉及到克罗齐时，"不免是零星的"、"片面的"，甚至是"捕风捉影"的，因此要在这篇文章里，再作一番介绍，似乎是说，你们看，克罗齐有多少好东西啊！

朱先生在文章里说："凡是叙述都要从一定的立场出发，它本身就必带有几分批判性。"一点不错，介绍里当然有观点、立场，当然有批判，问题在于从什么观点、立场来批判。

---

* 原载《新建设》1958年第12期。

克罗齐是新黑格尔学派的重要代表者之一，是彻头彻尾的主观唯心主义者，这已是公认的事实。因此，我们批判克罗齐的哲学，着眼点应该在他的主观唯心论，这是很自然的事；但是，朱先生在这方面表现得又很不同。他不是着重批判克罗齐哲学的主观唯心论，而纠缠于所谓克罗齐哲学的"二元论"问题上。不错，克罗齐认为黑格尔没有完全克服二元论，在他的《黑格尔哲学中的死东西和活东西》一书中，用一整章来谈这个问题。应该说，这种观点是对黑格尔哲学的歪曲。因为黑格尔无疑是一个彻底的一元论的唯心主义者。那末克罗齐为什么要歪曲黑格尔呢？这不外有两个目的：一个是反对黑格尔关于对立（精神和自然）的统一的辩证法；一个就是要混淆唯物主义与唯心主义的界限，把哲学史的斗争说成是一元论与二元论的斗争，并且污蔑一切唯物主义者都是二元论者。如果我们要从这个角度来批判克罗齐的哲学，就应当指出克罗齐实际是歪曲了二元论的含义，歪曲了黑格尔哲学，歪曲了唯物主义和唯心主义的斗争的性质；但是朱先生却遵循着克罗齐批判黑格尔的路子，说克罗齐自己"打消二元论的企图遭到了彻底的失败"，克罗齐哲学的某些假设也会"逼迫他回到他所要打消的二元论"。朱先生批判克罗齐的方法，也和克罗齐批判黑格尔的方法一样，那就是，凡是既承认心的存在，也承认物的存在的，不问他如何理解心物之间的关系，一律都是二元论。这种观点显然是错误的。二元论不仅承认心物的同时存在，而且认为它们是平行发展各不相干的。二元论并不能划分哲学上的基本派别，二元论是摇摆于唯物论与唯心论之间的一个派别。普列汉诺夫曾经说过，一切彻底的哲学体系，都是一元论的，彻底唯物主义当然是一元论，彻底的唯心主义也可以是一元论的；黑格尔无疑是一个一元论者，克罗齐也不妨是一个一元论者，但他们都是彻头彻尾的唯心主义者，因为他们归根结蒂都认为精神是第一性的，物质是第二性的。物质和精神谁是第一性的问题才是恩格斯在《费尔巴哈与德国古典哲学的终结》里详细论述了的哲学基本问题。朱先生为什么不从哲学基本问题上来批判克罗齐的哲学，却在文章的"批判"部分大谈克罗齐"没有克服的二元论"（借用克罗齐《黑格尔哲学中的死东西和活东西》中一个标题的话）呢？克罗齐什么时候成了二元论了呢？原来在这一点上，朱先生和克罗齐一样，凡既承认心又承认物的，都一律叫做二元论。朱先生问道："我们所用的文字符号这个'物理的事实'对于读者是内在还是外在于他的心灵活动呢？克罗齐的'再造'说不能不假定这些文字符号，纸墨印刷工人和读者们都不能不外在于诗人的心灵活动，也不能不假定这些文字符号（"物理的事实"）不能不外在于读者的心灵活动，即不是由他们直觉出来的。"朱先生显然忘记了克罗齐是以直觉为世界的基础的，文字符号、纸墨等可能不在欣赏诗的时候同时有所直觉，但在克罗齐看来，仍然可以是一种直觉的意象。因为在克罗齐看来，只有直觉世界才是真实的世界，那末，文字符号等只要是真实的，自然就是直觉的，这应该是很清楚的。克罗齐究竟是二元论者还是彻头彻尾的主观唯心论者？显然，克罗齐是彻头彻尾的主观唯心论者。问题还不在于此，问题在于，按照朱先生这个"同时承认心和物的存在就是二元论"的前提，必然会混淆唯物主义和唯心主义的斗争，把唯物主义也划为二元论。

我们再来看看朱先生怎样对待克罗齐关于理论与实践的观点，这个问题，也是和哲学基本问题密切相关的。

朱先生在文章中曾两次提到一些唯心主义哲学家（康德和克罗齐）某些地方与毛主席的认识论（亦即马克思主义认识论）"在外表上有一些类似"。一处是说："单就分类来说，康德的分法与毛主席的分法在外表上有一些类似。康德的三大批判首先是按照认识与实践来分的。"在这些话之后，我们看不见一点批判。人们不禁要问，朱先生不加批判地把毛主席的理论和康德的观点作文字上的对比，目的何在呢？隔了不久，朱先生又在另一地方说道："现在让我们回想一下毛主席的《实践论》，就可以看出在认识与实践循环相生这一点，克罗齐的看法在表面上很近似毛主席的看法。"这里又加了一个"很"字，且看朱先生是怎样分析这两种完全不同的观点的。朱先生紧接着告诉我们："但是克罗齐是站在主观唯心主义立场上看问题，要借认识与实践的循环相生去取消物质世界；毛主席是站在辩证唯物主义立场上看问题，要证明认识世界是为着改造世界，而在改变世界的实践过程中又加深对世界的认识。"从这段文字里，我们很难看出唯物主义与唯心主义在认识与实践上的根本对立。难道克罗齐是因为主张了"认识与实践循环相生"才取消了物质世界的吗？谁都知道，在认识与实践的问题上，唯物主义和唯心主义有两个完全不同的公式：唯物论者是"实践——认识——实践"，而唯心论者则是"认识——实践——认识"，克罗齐显然就是主张后一种的。其实,克罗齐所理解的"实践"和马克思主义者所理解的实践也截然不同。在克罗齐心目中,"实践的形式和活动是意志"。又说:"认识离意志而独立,这是可思议的;意志离认识而独立,这是不可思议的。"于是克罗齐得出结论:"认识活动是实践活动的基础"①。唯物主义者说:"实践是认识的基础",克罗齐说:"认识是实践的基础",两条路线的对立还不明显吗?即使在"外表上",克罗齐的认识论和毛主席的认识论又有哪一点相同呢?

谁都知道,克罗齐是"艺术脱离实践"、"为艺术而艺术"、"艺术无目的"的积极鼓吹者,可是朱先生却又借"揭发克罗齐体系的矛盾"为名,企图证明从克罗齐某些前提出发,也能承认艺术是与实践联系的,因此他的结论是:克罗齐"的概念圆圈是循环周转的,直觉的材料就是实践活动中的情感,这就是说,认识活动终必依据实践活动"(重点为引者所加)。这样,克罗齐简直就是个唯物主义者了!得出这个结论的唯一依据,是克罗齐说过这样一句话:"真理的发现,或是道德责任的完成,都能引起我们的欣喜,使我们整个生命震颤,我们因为达到这两种心灵活动的目的,同时也就达到它们在实践活动上的目的。"由此朱先生推论道:"直觉也是如此,直觉表现的成功就有美的快感陪伴",即艺术也有目的,也包含实践。这里朱先生忘记了两点:第一,真理的发现,道德责任的完成,自然是一种实践;但艺术,克罗齐用整章整节的篇幅来"论证"是脱离实践的,没有目的的,而朱先生强加在克罗齐头上的"有目的的艺术"、"实践的艺术",正是克罗齐所竭力否认的。克罗齐认为,这些都只能叫做"传达",不是直觉的表现。这就是说,艺术在克罗齐看来是神秘的、内在的、直觉的,用不着写出来、画出来;在心里的直觉就是艺术,而写、画等等只是"传达";对于"传达",克罗齐也不否认它的实践的意义,是有目的的,但不是艺术。克罗齐明白地说过:"美就是成功的表现,或是说得更干脆点,美只是表现,因为不成功的表现根本不是表现。"因此,在克罗齐看来,表现无所谓成功与否,凡是表现都是成功的,只有"传达",才有成功与否的问题。所以,朱先生想从这里证明克罗齐也承认艺术包含实践,显然没有根据。第二,承认真理的发现、道德责任的完成有实践意义,这是否就能得出结

---

① 《美学原理》。

论说，克罗齐也承认"认识依据实践"呢？显然不能。因为克罗齐理论中的"实践"，就是意志，人心中先有了真理（在克罗齐是直觉性的），再去外化为世界，人心中先有了道德观点，然后再去实行，仍然是人的主观意志在先，所以绝不能说克罗齐也承认"认识包含实践"，"认识依据实践"。朱先生这样做，岂不是把克罗齐说成和唯物论甚至辩证唯物论没有区别了？

上面我们涉及朱先生对克罗齐关于艺术无实践的观点，现在我们来看看朱先生怎样对待克罗齐的美学中心：直觉说。

朱先生在文章"批判"部分的一开始，引用了贺麟先生在一篇文章里批判克罗齐的三点，然后总结道："这三点其实只是一件事：就是混淆感性直觉与艺术直觉。"由此可见，在朱先生看来，这是克罗齐直觉说的错误的关键。朱先生也说："但是问题还不在克罗齐是否混淆了这两种不同的心理活动，而在他为什么要混淆它们。这是与他要取消物质，打消二元论的企图分不开的。他的目的正是要证明一切事物都是艺术活动所创造出来的意象。"其实，把艺术归结为感性直觉，当然是错误的，但还不一定是唯心的，所以克罗齐要达到"证明一切事物都是艺术活动所创造出来的意象"，还需要别的手法。这问题就出在对待感性直觉和艺术直觉问题本身。

克罗齐对直觉有许多说明，总括起来，主要有下面一些意见：1. 直觉与概念无关；2. 直觉与知觉无关；3. 直觉与时空无关；4. 直觉不是联想；5. 直觉不是一般了解的形象；6. 直觉就是表现。在这些意见中，"直觉就是表现"是直觉说的中心，所谓"直觉就是表现"，在克罗齐看来，直觉不仅是内心的表现，而且表现于内心。这才是克罗齐的唯心主义、神秘主义的所在。克罗齐把直觉作为世界的基础，直觉的表现就创造了世界的意象，根本没有什么客观物质世界。

朱先生为什么说克罗齐的错误在于"混淆感性直觉与艺术直觉"呢？我们不妨引用朱先生在文章中的一段话："克罗齐一心要消灭物质世界，就不管经验事实。对于他，直觉就是抒情的表现，就是艺术，表现出来的就是你我所见到的这客观世界中的形形色色，这些形形色色就全是人心灵所创造的艺术品。这样一来，外在的物质世界就烟消云散了，认识生实践，实践又生认识的心灵活动的循环往复的圆圈就画成了，唯心一元的哲学也就建立起来了。这里我们可以更清楚地看出，克罗齐何以一定要把一般感性直觉和艺术直觉混淆起来了。如果承认艺术直觉之外，还有不是抒情的不是艺术的感性直觉，它的'材料'就不能仍然是情感，就还另外有一个来源，那就要回到我们的常识所认为刺激感官因而产生感觉反映的物质世界，也就要回到克罗齐所深恶痛绝的二元论了。"（重点为引者所加）这里我们也可以更清楚地看出朱先生何以一定要抓住"克罗齐混淆了感性直觉和艺术直觉"了。原来，在朱先生看来，艺术直觉的确是可以用"情感"做材料，而不必反映客观世界的，只是感性直觉才以客观世界为材料，而这两者是绝不许"混淆"的，克罗齐的错误就在于用艺术直觉来代替感性直觉。这一点，我们必须把它和朱先生解放后的整个美学观点联系起来看。大家记得，朱先生在《论美是客观与主观的统一》里硬把反映分成两种：一种是"科学的反映"，一种是"艺术的反映"，而"科学的反映"可以全无主观成分，"艺术的反映"则是由主观所决定的"主客观的统一"。显然，朱先生在这里的目的，就是认为反映论不宜于运用到艺术领域里来；他所谓的"科学的反映"，就是"感性的直觉"（以客观世界为材料），他所谓的"艺术的反映"，就是"艺术的直觉"（以"情感"为材料），对朱先生这种观点是不能同意的。

克罗齐既然割裂了艺术与实践，认为艺术是无目的，鼓吹"为艺术而艺术"，自然就反对艺术的社会性，反对艺术的阶级性。可是朱先生在"批判"这个问题时却很少提到克罗齐否认艺术的阶级性，而只是说，这种割裂艺术与实践的看法，"与克罗齐的语言上思想的统一说也是自相矛盾的。所谓思想不能离语言而独立，就是思想不能离传达媒介而独立，也就是思想不能离它的社会功用而独立"。其实"社会功用"并不等于"社会的阶级性"，语言有社会功用，是社会的交际的工具，但并没有阶级性。而阶级性也并不仅仅表现在"传达"、"媒介"上，思想本身就有阶级性。朱先生在这一点上，也表现了思想混乱。

从上面的分析可以清楚地看到，朱先生是以怎样的态度来对待克罗齐的学说的。不仅如此，在对待唯心主义哲学态度上，朱先生还有一种主张。他在这篇文章里说："从十九世纪资产阶级没落期的文艺实况来看，克罗齐的美学实际上是为反动的浪漫主义所产生的颓废主义作辩护，所以有它的历史根源和阶级根源。但是唯心主义者是不相信历史根源和阶级根源的,所以对于唯心主义的批判还是要'以子之矛,攻子之盾'。"我们看到,这种批判唯心主义的方法是不正确的,这实际上是跟着唯心主义那一套体系走。朱先生的意思好像是既然唯心主义不承认什么阶级斗争,那末我们批判时,也不必谈阶级性,而只要找它们体系中逻辑上的矛盾好了。果然,朱先生在这篇数万言的"批判"文章里,没有几句谈到克罗齐学说的阶级根源的,更谈不到仔细分析了。而马克思主义经典作家早就指出过,在阶级社会里,不管你愿意与否,一切社会学说都有它的阶级根源。朱先生在这篇文章中,显然没有贯彻这种精神。

在文章结束的地方,朱先生说:"克罗齐美学是否就应该全盘否定,没有一点可取呢?我并不这么想。"那末,哪些是可以肯定的呢?朱先生告诉我们他还要"进一步地研究"。不过,他大略地也指出两点:"第一,他对于欧洲美学思想有渊博的认识,而且进行了相当中肯的批判。"我们都知道,所谓"认识"、"批判"都要有一定的观点、立场,克罗齐用什么观点去"认识"、"批判"欧洲的美学思想?其实,我们从前面分析过的、克罗齐批判黑格尔的例子中已经可以看出,克罗齐的"批判"并不那样"中肯"了。克罗齐的哲学、美学思想,比起以前的一些哲学思想(如黑格尔甚至康德),不是大大进步了,而是大大退步了。克罗齐的全部学说都是为了反对唯物主义、反对辩证法而建立的,因此是彻头彻尾反动的。朱先生还给我们举出第二点,他说:"其次,唯心哲学的一般毛病在于把片面的真理夸大为全部的真理,我们既然明白这种夸大性,也就不妨接受其中片面的真理。"我不太清楚,被夸大了的"片面的真理"还是不是真理,或者能不能、应不应接受"片面的真理",不过,在《克罗齐的美学批判》里,朱先生倒说出了他的"片面真理"说的真正目的。他说:"其次是意象表现情感说,尽管克罗齐所了解的意象纯粹是唯心的,他们了解的情感也纯粹是主观的,盲目的,他的这个公式毕竟还是符合艺术的事实。这是二千多年来中国艺术家的普遍信条,也是二千多年以来欧洲艺术家的普遍信条。问题在于怎样解释这个公式或是这个事实。按照马克思主义看来,艺术是一种意识形态,反映客观存在,所谓主观方面的情感毕竟还是客观存在的反映。换句话说,单从客观方面看,艺术是反映,单从主观方面看,艺术是表现。这两方面统一起来看,才是全部的真理。"(重点为引者所加)这里人们才恍然大悟：我们常说的"艺术是反映"这条原理也是片面的，只有加上克罗齐的"艺术是表现"才能全面。于是人们不免怀疑朱先生的意思是：克罗齐认为"艺术是表现"是"片面的真理"，像马克思主义认为"艺术是反映"又何尝不是"片面的真理"？要把克罗齐和马克思结合起来，才算"全部的真理"！于是人们又不免纳闷，朱先生是怎样理解马克思主义的"艺术是生活的形象的反映"这个公式的？

从"笑"谈起*

在《文汇报》上读到了周诚同志有关喜剧问题的文章，很感兴趣，觉得这不但是个戏剧理论问题，而且也是个美学问题。以前曾经讨论悲剧问题，如果现在再把喜剧问题进行一番讨论，这对我国社会主义戏剧创作的发展是有很大的促进作用的。

周诚同志的文章，对喜剧的理论问题，提供了一些有益的意见，譬如把喜剧分成讽刺性的和歌颂性的，而讽刺性的喜剧又必须分为对敌人的讽刺和对人民内部缺点的批评。我这里再补充一些意见，请大家批评。

正如大家熟知的，喜剧最基本也是最普遍的特点是"笑"，一个戏的基调（不是每个细节）没有"笑"，那就谈不上喜剧。于是，过去许多美学家、哲学家就在这个"笑"字上大做文章。他们有的把"笑"归结为一种生理现象，有的说是一种心理现象，有的则说是一种"形象的直觉"，看起来五光十色，莫衷一是。其实这些"理论"都是以抽象的形而上学的方法来观察"笑"，企图用一种永恒不变的原则来解释"笑"这个现象，而不是实事求是地从现实中去研究"笑"的客观基础。他们不了解，"笑"只是一种现象，而形成"笑"的原因则是多种多样的。因此，我们就要从引起"笑"的客观对象中去研究"笑"的本质，而不能像一些唯心主义美学家、哲学家那样仅仅局限于"笑"的现象。譬如近代形式主义美学的创始人、不可知论者康德认为"笑是一种产

---

* 原载《文汇报》1960年第14期，署名秋文。

自从紧张的期待立刻归于消失的感情",这就是只片面地看到"笑"的表面的心理现象,而没有探究到"笑"的本质。我们现在就要来研究,有哪几种类型的对象能引起喜剧性的"笑"?这实际上也就是究竟有哪几种喜剧的问题。

一

首先是周诚同志说的对敌人讽刺的那种喜剧。这种讽刺喜剧,在敌对的阶级社会里有着悠久的历史、深厚的传统。这种喜剧的特征就是"滑稽"这个概念,而其对象就是"丑角"。

我们知道,戏剧的基础,就是矛盾、冲突,"无冲突论"是站不住脚的,因为没有矛盾就没有世界,自然也就没有了戏剧;而戏剧矛盾的基础则是社会的矛盾冲突。那末这种讽刺性的喜剧反映了什么样的矛盾呢?这种讽刺性的喜剧矛盾的基础,就是建立在喜剧角色(丑角)所代表的阶级与社会发展规律的矛盾的基础上,因此,一切反动的、没落的阶级,按其本质来说,都是喜剧的对象。

这里,我们不得不谈一下喜剧和悲剧的关系,因为一般地说,悲剧矛盾的基础,也在于悲剧角色与社会的矛盾。但是,当悲剧角色,不能够随着社会发展规律而进步,它与社会的距离越来越大,矛盾越来越深、越明显,终于由量变引起质变,由悲剧的角色,转化为喜剧的角色(丑角)。正如马克思在《〈黑格尔法哲学批判〉导言》里指出的,"当旧制度本身还相信而且也应当相信自己的合理性的时候,它的历史是悲剧性的",而"相反地,现代德国制度是一个时代上的错误,它骇人听闻地违反了公理,它向全世界表明 ancien régime〔旧制度〕毫不中用;它只是想像自己具有自信,并且要求世界也这样想像。……现代的 ancien régime〔旧制度〕不过是真正的主角已经死去的那种世界制度的丑角。……世界历史形式的最后一个阶段就是喜剧。在埃斯库罗斯的'被锁链锁住的普罗米修斯'里已经悲剧式地受到一次致命伤的希腊之神,还要在琉善的'对话'中喜剧式地重死一次。"① 从马克思这段话中我们可以体

---

① 见《〈黑格尔法哲学批判〉导言》,《马克思恩格斯全集》第一卷,人民出版社1956年版,第456—457页。

会到，在一定历史条件下，悲剧性和喜剧性是可以转化的，悲剧性矛盾扩大、发展的必然结果就是喜剧性。历史上所有的剥削阶级、统治阶级都要经过从悲剧到喜剧的发展阶段。

什么叫做"滑稽"呢？还是用马克思的话来说就是"骇人听闻地违反公理"。这些人物与社会发展的矛盾是如此尖锐而极端，于是在历史的车轮面前，就显得那样可笑，犹如蚍蜉撼大树，可笑不自量。这样一些人，已算不得什么严肃的人物，人们对他除了憎恨以外，只觉得滑稽、可笑；不错，对这种人物我们也应当批判，但需要的是喜剧式的批判。

二

不言而喻，在我们人民内部，这样一种喜剧性的矛盾是不存在的。当然，人民内部也有缺点，对这些缺点也容许运用讽刺的手法，但基本的态度应该是善意的。所以毛主席在《在延安文艺座谈会上的讲话》里指出："但是有几种讽刺：有对付敌人的，有对付同盟者的，有对付自己队伍的，态度各有不同。我们并不一般地反对讽刺，但是必须废除讽刺的乱用。"[①] 人民内部，不存在暴露、嘲笑的对象，人民内部无丑角。因此人民内部就不存在那种意义上的喜剧性的事情。譬如有些同志，由于本身存在着一定的缺点，主客观发生了矛盾，犯了错误，或者甚至在某项具体工作中暂时遭到了失败，我们是否能把他作为喜剧对象加以嘲笑、暴露呢？显然不能，因为他不是丑角，不是滑稽人物。对这样的同志，我们应当一方面批评（或者讽刺）他的缺点，一方面应当肯定他的成绩，肯定他基本的一面，并以满腔热情帮助他克服缺点。对于他的过错，我们可以作悲剧式的处理，即指出某件工作失败与其本身缺点的内在联系，使观众警惕这些缺点，而对这个人的评价，应该是谅解的、同情的、肯定的，而绝不能用嘲笑的手法来把他刻划成一个丑角。

对这种人的缺点，有时我们也用讽刺手法，但这是善意的讽刺，因为这种缺点只是个别的、次要的，因此也形成不了或者说决定不了戏剧的基调，善意

---

① 见《在延安文艺座谈会上的讲话》，《毛泽东选集》第三卷，第二版，第874页。

的讽刺不能形成"滑稽"的感觉。

过去一些修正主义者叫嚷什么"写真实",要暴露人民内部的"阴暗面",实际就是要把社会主义社会加以丑化,丑化我们的人,丑化我们的社会,把我们具有某些缺点的同志歪曲成"丑角",变成打击、嘲笑的对象,如右派分子写的电影剧本《不拘小节的人》就是这种手法。

那末,对于人民内部的缺点的讽刺就不能形成喜剧了吗?就不能通过"笑"这种手段来批判、克服这些缺点了吗?不是的,对人民内部缺点的讽刺,也可以形成喜剧。

这种喜剧的特点显然不是"滑稽",而是另一种情调。我觉得这种喜剧的特点就在于幽默、诙谐或风趣。善意讽刺不会产生"滑稽",而会产生幽默和诙谐。这里主要的区别在于:滑稽的角色是反面的角色,是丑角,而幽默、诙谐、风趣的角色则仍然是正面的角色、不是丑角。这种角色,本身有一定的缺点,但他自己并没有意识到这种缺点,自以为是,结果碰了壁,引起了一阵善意的哄笑。在我们生活中,是不乏这种事例的。譬如苏联戏剧《蜻蜓姑娘》,就是这样的一种喜剧。剧中的姑娘虽然轻率浮躁,但她仍然是个正面人物。

三

与此密切相关的,就是周诚同志所说的歌颂性的喜剧。的确,过去有一些同志不承认有这样的喜剧存在,认为凡是喜剧都是讽刺性的,这是不符合实际的。不但这种喜剧在我国现代喜剧中占着日益重要的地位,而且在传统的喜剧中也不乏其例。譬如大家所熟知的喜剧《拾玉镯》、《小放牛》等,都是对于美好的生活的歌颂,一个歌颂爱情,一个歌颂劳动的友情;特别是京剧中的许多"丑角",其实大都是一些风趣、诙谐的人,像《苏兰起解》的崇公道等,而《三不愿意》里的八儿,那更是富有正义感而又风趣的人物。

这种歌颂性的喜剧,周诚同志说它的特点(其实也是指一切喜剧共同的特点)是巧合和误会,这是不全面的。偶然性是艺术的普遍特点,"无巧不成书",艺术的特点就在于不是赤裸裸的必然性,而是通过生活本来的偶然的事件表现必然。因此,偶然性可以是喜剧性的,也可以是悲剧性的,误会可以形成喜剧，也可以造成悲剧。莎士比亚的悲剧《奥赛罗》就是因为奥赛罗被奸人挑拨离间而误会他妻子不贞。因此，巧合和误会，只是喜剧的一种表现形式，不是它的内在本质。我觉得，歌颂性的喜剧的实质也还在于它的幽默、诙谐、风趣。这种喜剧的对象无疑是正面人物，而且它之引人发笑，并不是由于对这种喜剧人物的缺点进行了善意的讽刺，甚至歌颂性的喜剧不一定要表现角色的什么缺点，但它又不同于正剧，因为它仍然具有喜剧的基本特征——引人发笑，这种引人发笑的原因就在于它的幽默性、诙谐性。

譬如影片《今天我休息》是一部成功的歌颂的喜剧电影，剧本并没有描写这位热心公务、具有高尚共产主义风格的民警马天民有什么缺点，也没有制造一些毫无根据的偶然来引人发"噱"，一切是那样合情合理，合乎生活的逻辑。个人的约会与公众事务，在这位民警心中，自然后者要高于前者；但暂时这两者发生了矛盾，因为被约的一方并不知道这些曲折的过程，产生了误会，于是，剧作者以幽默、诙谐的态度，解决了这个矛盾，使观众在笑声中体会到为了公众事情放弃个人的约会，乃是我们生活的逻辑。相声《英雄小八路》也是这种歌颂性的喜剧，基调也是幽默、诙谐、风趣，而不是讽刺。

过去一些同志之所以否认有歌颂性的喜剧，就是因为他们误以为只有讽刺（包括对敌人和对人民内部缺点的讽刺）才能引人发笑，而忽略了幽默、诙谐、风趣这些引人发笑的重要原因。

于是，我们可以看到，讽刺敌人的喜剧，其基本特征是滑稽，其喜剧人物是丑角，是反面人物；而人民内部的喜剧，其基本特征是幽默、诙谐、风趣，这种喜剧又可以分两种：一种是以善意的讽刺为特征的，一种则是以歌颂为特征的，两者的喜剧人物又都是正面人物，或者基本上是正面人物。

王国维的文艺思想简评*

中国近代社会,由于帝国主义的侵入,走上了半封建半殖民地的道路,这种社会经济状况,影响了中国的知识界,产生了一些具有先进思想的资产阶级知识分子,他们虽然带有一定的封建性,但终究是反映了中国资产阶级当时的某些进步的要求。但是一部分属于封建统治阶层的知识分子,他们的基本立场仍然是站在封建地主阶级之上,维护封建统治,但由于西方资产阶级思想的影响,他们中间有些人,也不免接受一些从封建统治立场能够接受的西方资产阶级思想。他们的思想,虽然披上了一层西方"科学思想"的外衣,但其实质,仍然是封建主义的,其性质是反动的。中国近代学术思想上有较大影响的王国维就属于这个类型。王国维不是资产阶级知识分子,他的思想,是封建主义的,但他却接受了西方资产阶级某些思想家的学说和概念,因此就很容易让人误会他也是资产阶级思想家。其实,王国维的思想是中国半封建半殖民地社会的产物,他的基本态度反映了封建统治阶级的思想感情。

王国维在近代思想史上之所以有一定的影响,除了他的考据学(包括古文字、史学、戏曲等)外,重要的还在于他的文艺理论。王国维的文艺思想有着比较严密的系统,理论性较强,更主要的是因为它符合当时中国资产阶级知识分子对封建势力的妥协的一面,因而深受中国资产阶级知识分子的赞赏。可以说,在他之后的资产阶级的文艺家,谈到文艺理论、文艺批评,没有一个不引

---

* 原载《光明日报》1961年第A8期"文学遗产"版。

证王国维、推崇王国维的。因此,我们来研究一下王国维的文艺思想,是很有必要的。

一、王国维的时代

王国维,浙江海宁人,于1877年出生于没落的中等地主家庭,从小受着封建教育。1927年投北京昆明湖自杀。

王国维生活在这样一个时代:在这个时代里,经历了甲午之战、戊戌政变、辛亥革命、五四运动、北伐战争等重大历史事件。在这个时代里,人们已经看出,中国人民正在为自己的独立、民主、自由而进行着艰苦的反帝、反封建的斗争。这个斗争,最初是由中国资产阶级来领导的,但不久,人们就已经看出,中国的资产阶级无力把这个革命进行到底,特别是十月革命一声炮响,中国的先进的知识分子,懂得了马克思主义。随后在1921年成立了中国共产党。中国革命,就由旧民主主义走向了新民主主义革命。可以这样说,王国维生活的时代,正是由旧民主主义革命到新民主主义革命过渡的时代,而王国维则是拖着一条封建统治阶级的辫子进入了这样的时代的。

王国维在深受地主阶级家庭的封建教育以后,最初曾受过康有为、梁启超的"新学"的影响,阅读过一些西方资产阶级思想家的著作,1898年,并在黄遵宪、梁启超办的《时务报》当书记校对。可是,这些在当时说来比较进步的影响,并没有改变王国维的基本立场,他在清廷封建官僚罗振玉的引导下,坚持着反动封建主义的立场。

王国维曾对哲学发生过兴趣,1903年他在南通师范学校任教时,曾讲授过"心理学"和"伦理学",并对叔本华、康德的哲学,作过一些研究;但是,不久他就放弃了哲学而研究文学。这个原因也很有趣,据他自己说:"余疲于哲学有日矣,哲学上之说,大都可爱者不可信,而可信者不可爱。……而近日之嗜好,所以渐由哲学而移于文学,而欲于其中求直接之慰藉也。"[①] 这段自白,不仅反映了王国维哲学思想的矛盾(对经验论和理性论的态度),而且也

---

① 王国维:《自序》二。

反映了王国维政治上的矛盾心理。因为王国维眼看封建统治真到了穷途末路——有点不可信了；但革命的、进步的东西虽然可信——却不可爱。他自己是十分热爱封建社会的，并且决心做封建统治的孤臣孽子，不惜以身"殉国"。但这个在他觉得十分可爱的封建社会，却是那样的腐败，而且已被人民革命势力打得落花流水。1912年成立了以孙中山为首的临时中央政府，宣布了清朝的终结。1915—1916年又摧毁了袁世凯的复辟阴谋。1919年的五四运动，宣告了反封建斗争进入了一个新的阶段，封建统治在文化领域里又一次受到致命的打击。所有这一切，都显得这个封建社会不大可信了——这就是王国维内心的基本矛盾，也可以说就是王国维自杀的原因。

王国维为了逃避这个"矛盾的哲学"，实际上即企图逃避这个"矛盾的现实"，转而研究文学，想在这个领域里得到安慰。他于1908年写成《人间词话》，1912年完成了他的《宋元戏曲史》，后者对中国戏曲作了系统的研究，前者则是他的文艺思想的结晶。可是，我们看到，王国维并没有得到什么"安慰"，无情的现实粉碎了他的封建主义的幻梦，他在文学领域里所欣赏的也大都是一些悲苦凄切之音。在文学里，他仍然找不到现实的出路。终于他在当溥仪的"行走"（即文学侍从）后的第二年，便投颐和园的昆明湖而自杀了。

王国维的一生，就是这样悽悽惨惨悲悲戚戚，反映了19世纪中国封建统治阶层的最终崩溃的情绪。王国维惧怕人民的力量，惧怕革命的力量，正如封建顽固派罗振玉后来说的："诸生骛于血气，结党奔走，如燎方扬，不可遏止，料其将来，贤者以殉其身，不肖者以便其私，万一发难，国事不可闻矣。"① 这也正是王国维当时的态度。

王国维的政治态度、阶级立场就是如此。他是中国封建社会的殉葬者，他向西方资产阶级思想学习，不是为了寻找中华民族自救之路，而是寻找适合于封建统治的部分，是为了维护这个已经崩溃了的清朝。自然，这个目的是达不到的，于是他的理论就带上了一层浓厚的悲观色彩，这反过来又正说明他的理论是代表了没落阶级的情调，因为一切没落阶级，或者说，只有没落阶级才是悲观主义的。

---

① 罗振玉：《海宁王忠悫公遗书序》。

二、王国维的哲学及美学观点

我们知道,王国维的哲学思想受了叔本华、尼采、康德的影响,特别是叔本华对他影响最大。他自己曾说过,他一接触叔本华的著作,就发生很大的兴趣,在读到叔本华对康德的批判时,甚至把他以前弄不懂的康德的思想,也搞懂了。因此,研究王国维的世界观,当然不能忘掉叔本华的哲学。

王国维特别欣赏叔本华哲学绝不是偶然的。叔本华是18—19世纪德国的哲学家,他的哲学思想受了康德很大的影响;但是叔本华是从右面批判了康德的哲学。叔本华不承认物自体是不可知的,这并不是他愿意接受唯物论的反映论,而是他认为物自体就是意志。如果说,在康德哲学那里(特别是在《纯粹理性批判》这本书里),物自体还具有物质的性质的话,那末,在叔本华那里,就完全成为主观的精神状态——意志。"意志"这个概念是叔本华哲学的基础,也是王国维的世界观的基础。叔本华认为,意志是世界的本质,是生活的本质,是自我的本质。意志决定感觉、记忆、想像、判断和推理。在叔本华看来,意志是最原始的、超时空的、不受因果律制约的,而对主体自己来说,意志就表现为推动的、直觉的努力、渴望和热望。于是,叔本华就宣称,人生的本质就是为继续生存而努力。但是由于人都是自私的,于是人的意志欲望也永远是不能满足的,这同时就决定了人的意志充满了苦痛,人生充满了苦痛,因而人生是没有什么价值的。这就是叔本华的世界观和人生观。而这种悲观厌世的世界观就决定了叔本华的艺术观。叔本华认为人在某种方式下,可以压制自私的愿望,摆脱苦痛。叔本华指出,艺术家和哲学家凭藉着自己的天才,在艺术欣赏或哲学沉思中,可以摆脱自私的意志。但是叔本华认为这种方式(即艺术的方式),只能暂时地摆脱自私的欲望,而能完全摆脱人类痛苦的,则是基督教和佛教的禁欲主义。

叔本华这种悲观厌世主义的哲学,在资产阶级革命前夕的德国,带有十分明显的妥协性,而这正好符合了王国维的胃口。王国维在叔本华的哲学里,找到了共同的感情,他几乎不加改变地把叔本华这一套搬了过来,作为自己的哲学基础。

王国维认为，宇宙本质是意志、欲望，而人生不过是这种欲望的体现。他说："此可知生活之欲之先人生而存在，而人生不过此欲之发现也。此可知吾人之堕落，由吾人之所欲，而意志自由之罪恶也。"①他又认为意志、欲望，不但决定了世界的本质，而且决定了历史的进程，"故科学上之成功，虽若层楼杰观，高严巨丽，然其基址则筑乎生活之欲之上，与政治上之系统，立于生活之欲之上无以异。然则吾人理论与实际之二方面，皆此生活之欲之结果也。"②

和叔本华一样，王国维也强调人生由于自私的欲望而痛苦。这种痛苦，在现实生活中是不可能摆脱的。他认为："故人生者，如钟表之摆，实往复于苦痛与倦厌之间者也，夫倦厌固可视为苦痛之一种。"③说来说去，现实生活的本质就是"苦痛"二字。王国维甚至认为，"文化愈进，其知识弥广，其所欲弥多，又其感苦痛亦弥甚故也。"④当然，王国维也与叔本华一样，认为艺术是能解脱痛苦的一个方法，艺术的作用就在于解脱。在《〈红楼梦〉评论》中，王国维曾指出《红楼梦》中唯有贾宝玉等人的出家才称得起真解脱，而不大赞成鸳鸯、尤三姐等人以自杀来解脱，认为这不是一种真解脱。

我们已经说过，王国维这种悲观厌世的思想，反映了没落的封建统治阶级的思想感情，而这种世界观，对王国维的文艺思想，自然起着决定性的作用。

王国维既然从叔本华那里借得了悲观厌世的世界观作为自己的哲学基础，在他着手解决美学、艺术等问题时，他又接受了康德的美学思想，并将这两者拼凑起来，形成自己的美学思想。

首先，王国维接受了康德美学的无功利论。我们知道，康德的美学割裂了真、善、美的关系，在美学上提倡审美经验、艺术欣赏的无功利性，而反对艺术的实际利益，宣布艺术乃是"绝对自由的领域"。王国维则从叔本华的观点出发，认为人在现实生活中为自私的、实用的目的而痛苦，但到了艺术领域里，人就是要摆脱这种痛苦。他说："美术之务，在描写人生之苦痛与其解脱之道，而使吾侪冯生之徒，于此桎梏之世界中，离此生活之欲之争斗，而得其

---

① 王国维：《〈红楼梦〉评论》。
② 同上。
③ 同上。
④ 同上。

暂时之平和，此一切美术之目的也。"① 这样，王国维就认为，艺术欣赏的态度，就是一种摆脱了利害关系的态度，因为艺术品不是实物，可以使人对它无所欲求，因而不发生物我的关系。"有兹一物焉，使吾人超然于利害之外，而忘物与我之关系。——此时也，吾人之心无希望，无恐怖，非复欲之我，而但知之我也……然物之能使吾人超然于利害之外者，必其物之于吾人无利害之关系而后可。易言以明之，必其物非实物而后可。然则非美术何足以当之乎！"② 在王国维看来，物我两忘，则是解脱之境，怪不得在《人间词话》中他还说："有我之境以我观物，故物皆著我之色彩；无我之境以物观物，故不知何者为我，何者为物。"可见，无论是"有我之境"或"无我之境"，都要忘掉物我之间的实用利害关系，或者是以我代物，或者以物代我，终是要达到物我两忘的神秘境界。

从这个观点出发，王国维就提倡在艺术欣赏、艺术创作的态度上保持与现实生活的一定距离，而摆脱实用的目的，他说："宋《李希声诗话》曰：'唐人作诗，正以风调高古为主，虽意远语疏，皆为佳作；后人有切近的当、气格凡下者，终使人可憎。'余谓北宋词亦不妨疏远。若梅溪以降，正所谓切近的当、气格凡下者也。"③ 所谓"疏远"者，就是要与现实生活保持一定距离，摆脱实用目的的意思。

其次，王国维从康德美学里接受了形式主义。王国维跟在康德后面说："一切之美，皆形式之美也。"④ 这种观点，是与无功利论相联系的。王国维既然认为审美经验、艺术欣赏是无功利性的，是摆脱了物我的关系的，于是我们在欣赏事物时，就只注意它的外形，而不注意它的内容。因为一涉及内容就要涉及物我的关系，就要涉及利害关系了。我与外物的形式是没有利害关系，而只有一种"欣赏"的关系的。所以王国维说："夫优美与壮美，皆使吾人离生活之欲，而入于纯粹之知识者。"⑤ 那末，在王国维看来，艺术有没有内容呢？有的。这一点他和康德略有不同。他接受了叔本华的思想，把艺术的内容归结

---

① 王国维：《〈红楼梦〉评论》。
② 同上。
③ 王国维：《人间词话》。
④ 王国维：《古雅在美学上之位置》。
⑤ 王国维：《〈红楼梦〉评论》。

为我的主观意志，即王国维所谓的"赤子之心"，而不是外物与我的关系。这一点在后面还要谈到。

王国维以割裂内容与形式的关系，来割裂艺术欣赏和艺术创作的物与我的关系，这个思想，在王国维的文艺思想中占着很重要的地位。而其目的不外是坚持他的悲观主义、唯心主义的世界观，坚持文艺作品是摆脱生活的欲望，是摆脱实用目的的反动理论。

从这个观点出发，王国维与康德一样，认为现实生活中是受因果律支配的，而在艺术领域里，就摆脱了一切自然及社会的规律。他在《人间词话》里说过："自然中之物互相关系，互相限制，然其写之于文学及美术中也，必遗其关系、限制之处。"所谓"遗其关系"，不仅指物与物的关系，更重要的是指物与我（人）的关系。

我们看到，王国维对审美经验、艺术欣赏的观点是极其错误的。自从人类社会形成以来，自然物就处在与人的关系中。人就是在与自然及人之间不断斗争中发展进化起来的。我们看到，事实与王国维的理论相反，只有在物与人的关系中才决定了人的审美实质，割裂了物与人的关系，实际上就是从根本上否认了审美判断的可能性。

王国维既然认为，"故美术之为物，欲者不观，观者不欲；而艺术之美所以优于自然之美者，全存于使人易忘物我之关系也"①，认为艺术必须摆脱生活的欲望，摆脱物我的关系，而要达到这种特殊的境界，必须要有特殊的才能。这就形成了王国维的天才论。

王国维说："苟吾人而能忘物与我之关系而观物，则夫自然界之山明水媚，鸟飞花落，固无往而非华胥之国，极乐之土也。岂独自然界而已，人类之言语动作，悲欢啼笑，孰非美之对象乎！然此物既与吾人有利害之关系，而吾人欲强离其关系而观之，自非天才，岂易及此。"② 所谓天才人物就能摆脱物与人的关系，摆脱欲望而欣赏对象，这种人，在王国维看来，首先不同于普通人。他说："境界有二。有诗人之境界，有常人之境界。诗人之境界，惟诗人能感

---

① 王国维：《〈红楼梦〉评论》。
② 同上。

之而能写之。"① 其次，这种人不同于政治家，王国维说："政治家之眼，域于一人一事；诗人之眼，则通古今而观之。词人观物，须用诗人之眼，不可用政治家之眼。故感事怀古等作，当与寿词同为词家所禁也。"② 根据王国维的基本观点，所谓"政治家的观点"，即是实用观点，而所谓"诗人的观点"，即是摆脱了实用的欣赏观点。

在王国维看来，天才不是勤奋地观察、研究社会生活而加以艺术概括的创造性的劳动，艺术家不需要长期、永远深入生活，而似乎对待实际生活应抱一种若即若离的态度。他说："诗人对宇宙人生，须入乎其内，又须出乎其外。入乎其内，故能写之，出乎其外，故能观之；入乎其内，故有生气，出乎其外，故有高致。"③ 所谓"入乎其内"，不过是取得一些形式的材料，因为在他看来，美只是形式的，而"出乎其外"，就是超出于现实生活，摆脱物我的关系，摆脱生活的欲望。在王国维看来，这就是天才的态度。所谓"出乎其外"，不过是"解脱"的另一种说法而已。

我们看到，王国维对美、对艺术、对天才的基本观点，最终还是陷于悲观主义这一点上。在他看来，艺术描写的对象不过是一个由于自私欲望得不到满足而充满痛苦的世界，而天才的诗人则是用一种无所谓的心情去欣赏它，再以这种态度去描写它，于是这就摆脱了实际利害的束缚，达到了美的境界。因此他曾说："古诗云：谁能思不歌，谁能饥不食。诗词者，物之不得平而鸣也，故欢愉之辞难工，愁苦之言易巧。"④ 因"不足之状态，苦痛是也"⑤。他的这个论断，显然也是不符合文学史的实际的，文学史上固然有反映人民大众在统治者压迫下的痛苦的呼声，但凡是具有人民性的文艺作品，它就不只是停留在痛苦的呼号上，而是"化悲痛为力量"，给人一种积极的向上动力，增强人们的信心，为自己的解放而斗争。那种灰色的、悲观的作品，从来就不是真正人民的作品，从来就不是我国文学的主流，而只能是没落阶级垂死的呻吟。我们看到，正是这种作品，投合了王国维的胃口。

---

① 王国维：《人间词话》。
② 同上。
③ 同上。
④ 王国维：《〈红楼梦〉评论》。
⑤ 同上。

历史上各时代的先进阶级，由于它们的利益与社会发展的客观进程一致，总是对自己的前途充满信心，它们的文艺作品都是坚强的、乐观的。它们也有斗争，有矛盾，甚至是剧烈的矛盾和斗争，但这些对它们来说不是痛苦的源泉，正相反，它正是乐观的令人鼓舞的源泉。正如无产阶级革命导师马克思说过的，"斗争就是幸福"。他们中有些人，有时也为某些困难而苦恼，但绝不悲观，因为他们知道，他们的困难是前进中的困难，是完全可以克服的困难，因此他们对克服困难有充分的信心和毅力。而历史上任何没落阶级的情况正好相反，因为它日益衰落崩溃，对前途则充满了失望、恐惧、灰心等悲观情绪。在这两种阶级中，王国维的文艺理论是为哪一个阶级服务，还不够明显吗？

三、王国维的人性论

作为王国维文艺思想的另一基础就是人性论。王国维这个思想在他整个思想体系中非常突出，而且对我国资产阶级文艺界有很大的影响，因此应该加以分析研究。

王国维特别推崇李后主的词，并且由此得出结论道："词人者，不失其赤子之心者也。故生于深宫之中，长于妇人之手，是后主为人君所短处，亦即为词人所长处。"[①] 什么是"赤子之心"呢？我们根据王国维的文艺思想的线索，可以看出，所谓"赤子之心"，即是一种没有利害之欲的情绪，因此，"生于深宫之中，长于妇人之手"，阅世浅，就保存了李煜的"赤子之心"，能够以无所谓的态度来欣赏事物，这就是天才，这就是诗人。由此可见，王国维的人性论，是和他的悲观主义、"解脱"论一脉相承的。

王国维之所以垂青于李后主的词，主要是欣赏李后主词的悲观主义色彩。而王国维叫人摆脱实际欲望来欣赏这个痛苦的人生，其实并不是王国维不想"欲望"，而是虽欲而不可得，只能"绝欲"耳。因为没落阶级的欲望是不会得到满足的，它注定是要被消灭的，因此王国维就觉得这个世界痛苦万分，而要摆脱这种痛苦，只得叫人摆脱欲望。

---

① 王国维：《人间词话》。

因此，我们不能脱离王国维的悲观主义来看他的人性论。

为了进一步分析他的人性论，王国维还着重提出了两个概念，一是"真"，一是"自然"。

关于"真"。王国维经常要人写"真感情"、"真景象"，从字面看好像也有点现实主义的意思。其实，就王国维的思想本质来说，是和现实主义毫不相干的。王国维的"真"，实际上就是"赤子之心"，即一种"无所谓的态度"。他说："客观之诗人不可不多阅世，阅世愈深则材料愈丰富，愈变化，《水浒传》、《红楼梦》之作者是也。主观之诗人不必多阅世，阅世愈浅则性情愈真，李后主是也。"① 可见，李后主"生于深宫之中，长于妇人之手"，保持了"赤子之心"，也就是保持"真性情"，而"感情真，其观物亦真"。② 而另一方面，我们知道，在《〈红楼梦〉评论》里，王国维早就宣布《红楼梦》的作者是以艺术的态度、超脱的态度来对待人生的，因此"不可不多阅世"，不过是要使"材料丰富"而已。所以，从根本上说，诗人最要紧的乃是保持自己对对象的无利害关系的态度，亦即保持"赤子之心"。

关于"自然"。在王国维的文艺理论中，这两个字本质上不是指通常的、在我们之外的自然界，也不是说真实反映生活的那种"自然性"，乃是一种"心灵的原始状态"，亦即"赤子之心"，亦即"真性情"。王国维说："纳兰容若以自然之眼观物，以自然之舌言情。此由初入中原，未染汉人风气，故能真切如此。北宋以来，一人而已。"③ 这足以说明，在王国维看来，"赤子之心"需要保持天生的"自然状态"，就不能受外界的熏陶，所以他说："自一方面言之，则必吾人之胸中洞然无物，而后其观物也深，而其体物也切。即客观的知识，实与主观的情感为反比例。"④ 这样，王国维的"赤子之心"就带上了一种直觉的、神秘的色彩，而他所谓的"胸中洞然无物"，即忘掉物我关系，摆脱实际的利益。

从这个观点来看，王国维之所以称赞元曲，其原因之一，就在于他认为元曲"自然"。他说："元曲之佳处何在？一言以蔽之曰：自然而已矣。古今之大

---

① 王国维：《人间词话》。
② 参见王国维《文学小言》。
③ 同上。
④ 同上。

文学，无不以自然胜，而莫著于元曲。"又说："彼但摹写其胸中之感想与时代之情状，而真挚之理与秀杰之气时流露于其间。故谓元曲为中国最自然之文学，无不可也。"① 王国维发现了元曲的价值，并对它作了不少有益的研究，这都是不可抹杀的功绩；但他的理论基础是不正确的，基本上是人性论的。他之所谓"自然"，基本上乃是"赤子之心"的别名。

当然，王国维的人性论与中国封建传统思想直接相承，与资产阶级的人性论在表现形式上是有不同的，虽然它们都是建立在唯心史观的基础上。近代资产阶级的人性论，最主要的特征是"人道主义"、"博爱"等抽象的、超阶级的道德观念，而这在王国维那里是不很突出的。他认为，生活的本质为欲望，这种欲望蒙蔽了人的本性——一种"无所谓"的态度，一种物我两忘的境界，人们在艺术作品里发现了这个"赤子之心"，而天才则是在于保持了这颗"赤子之心"，并用这种态度在欣赏事物，进行艺术创造。因此王国维的人性论的特点在于和他的"解脱"思想密切相联系。由此可见，他的这种人性论，带有很深的封建性、神秘性，是没落的封建统治阶级思想情感的反映。

当然，王国维的"赤子之心"，仍然是一种超阶级的、抽象的人性。它不仅指"饮食男女"等生物学上的属性，而且具有一定的社会内容，涉及社会的思想感情，即用无功利的态度来对待生活。其实，这本身就是一种带有功利性的观点，不过这不是人民大众的功利观点，而是没落的封建统治阶级的功利观点，其目的是借此来麻痹人民放弃斗争，陷入于悲观失望。

四、王国维的"境界"说

现在，我们要来分析一下王国维关于"境界"的理论，这是王国维文艺思想的重要部分。围绕着"境界"说，王国维对一些作品作了艺术分析，有些分析是有合理的部分的，而且应该说，王国维的"境界"说是他的文艺思想中最值得重视的一部分，其中有些观点，是值得我们批判继承的。

提起"境界"说，过去的研究者都认为这是王国维的创造，以为王国维在

---

① 王国维：《宋元戏曲史》。

《人间词话》里第一次提出了"境界"的理论。其实这是我国传统文艺理论和文艺批评固有的概念。清朝戏剧家李渔（1611—?）在他的《闲情偶寄》里就曾指出："填词义理无穷，说何人肖人，议某事切某事，文章头绪之最繁者，莫填词若矣。予谓总其大纲，则不出'情'、'景'二字。景书所睹，情发所欲言；情自中生，景由外得。二者难易之分，判如霄壤。"

对于"情"、"景"这两个概念，一向是为我国传统文艺批评理论所重视的，而由于理论基础的不同，对这两个概念又有不同的理解。王国维在《文学小言》里说过："文学中有二原质焉：曰景，曰情。前者以描写自然及人生之事实为主；后者则吾人对此种事实之精神的态度也。"到了《人间词话》，他更把这个理论发展了一步，创了一个比较完整的关于"境界"的理论。

王国维的"境界"的实质是什么呢？他所谓"境界"，就是指艺术形象，是指经过艺术家的形象思维的创造而产生的艺术形象。我国古代文艺理论家，也经常企图寻找一个表现艺术特质的概念，因而有主张艺术重"气"的，有言"神"的，有言"韵"的，有言"格调"的，等等。而王国维认为，"言气质，言神韵，不如言境界。有境界，本也；气质、神韵，末也。有境界而二者随之矣。"① 所以王国维说："词以境界为最上，有境界则自成高格，自有名句。"②

从王国维的论述中可以看出，他的所谓"境界"，主要的内容就是：情与景的统一，意与境的统一，理论与现实的统一，主观与客观的统一。在这一点上，王国维的理论是有一定价值的，它的确道出了一般文学艺术的实质。

关于情与景的统一。王国维说："大家之作，其言情也，必沁人心脾；其写景也，必豁人耳目。"③ 这是王国维的一个很重要的思想，他在《人间词话》里提出"不隔"的理论，亦即情和景都要"如在目前"；而在《宋元戏曲史》里，他又一再强调"写情沁人心脾，写景在人耳目"的思想，这就是说，王国维要求艺术家创造鲜明的艺术形象，而不是塑造一个模模糊糊的形象。

关于理想与现实的统一。王国维写道："有造境，有写境，此理想与写实二派之所由分；然二者颇难分别。因大诗人所造之境必合乎自然，所写之境亦

---

① 王国维：《人间词话》。
② 同上。
③ 同上。

必邻于理想故也。"① 王国维的确企图把现实与理想结合起来，从而解决文学史上这两派之争；然而我们马上就会看到，王国维是用唯心主义来对待这种结合的，因而仍然没有正确解决这个问题。

关于"意境"。我们总观王国维的思想，应当说，"意境"这个概念在王国维的文艺思想中与"境界"这个概念占着同样重要的地位。这一点王国维在他自己的著作中表现得也很明显。《人间词话》正文中，最初是用"境界"这个概念，这是大家所熟知的。而在1922年以"山阴樊志厚"的名义写的《人间词》序言里，王国维就扬弃了"境界"这个概念，而代之以"意境"这个概念，虽然这两个概念在王国维那里本质上是完全相同的。王国维在《人间词话》的开头说："境非独谓景物也，喜怒哀乐亦人心中之一境界。故能写真景物、真感情者，谓之有境界，否则谓之无境界。"这里是指"情"和"景"二者都是一种境界。后来，他大概认为应该更突出情与景的统一，因而以"意境"代替了"境界"。因此，他在《人间词序》里说："文学之事，其内足以摅己，而外足以感人者，意与境二者而已。"这就是说，文学最重要的特质在于意与境的统一。他又说："原夫文学之所以有意境者，以其能观。"② 于是，王国维就用"意境"的观点来研究各种文学，他在评价元曲时说："然元剧最佳之处，不在其思想结构，而在其文章。其文章之妙，亦一言以蔽之曰，有意境而已矣。何以谓之有意境？曰，写情则沁人心脾，写景则在人耳目，述事则如其口出是也。"③ 可见，"意境"是"境界"的具体化，也是王国维文艺思想中的重要概念。

对于"意境"，王国维是有一番发挥的。他主张意与境的统一，在这统一中，有所偏重，而不能有所偏废。他说："上焉者，意与境浑，其次或以境胜，或以意胜。苟缺其一，不是以言文学。"④ 又说："出于观我者，意余于境；而出于观物者，境多于意；然非物无以见我，而观我之时，又自有我在，故二者常互相错综，能有所偏重，而不能有所偏废也。"⑤ 可见，这里王国维的"意

---

① 王国维：《人间词话》。
② 同上。
③ 王国维：《宋元戏曲史》。
④ 王国维：《人间词话》。
⑤ 同上。

境",实际即理想与现实的统一;意即是理想,境即是现实,而这两种元素,对文学来说,是缺一不可的。

应该说,王国维这些思想是有可取之处的,"意境"的确是一般文学艺术作品的根本性质,同时也是两种创作方法(现实主义和浪漫主义)的基础,"意"与"境"虽不能偏废,却是可以有所偏重的,所谓"意余于境",是偏重于理想,"境多于意",则是偏重于写实,而王国维也看到,意与境、理想与写实这两者相结合(所谓"意与境浑"),才是文艺作品的上乘。

王国维的"意境"说,固然有不少可取之处,有它的合理的因素,但它的理论基础,乃是唯心主义的。

首先,王国维"情景统一"、"意境统一"、"理想与现实统一"之"情"、"意"、"理想"都是指"赤子之心",而不是由客观社会生活条件(特别是经济地位)决定的世界观和思想感情。这是我们在前面已经分析过了的。

王国维既然把"情"、"意"、"理想"看成是一成不变的、先天的"赤子之心",那末他在对待情与景、意与境、理想与现实的关系上,也就抱着唯心主义、形而上学的观点。他实际上认为"情景统一"、"意境统一"、"理想与现实统一"、"主客观统一"都是统一于"情"、"意"、"理想"、"主观",而不是统一于客观。所以,王国维特别着重感情的作用。他在《屈子文学之精神》里说:"而诗歌之题目,皆以描写自己深邃之感情为主。其写景物也,亦必以自己深邃之感情为素地,而始得于特别之境遇中,用特别之眼观之。"在《人间词话》又说:"昔人论诗词,有景语情语之别,不知一切景语皆情语也。"在王国维看来,由于人的感情不同,对待生活的态度也不同,而艺术主要是表现这些感情的。这个论点孤立地看并没错;但是,王国维没有看到,所谓"情",所谓"理想",也是由长期生活经验所决定了的,而不是与生活无关的、先天的"赤子之心"。

这样,王国维虽然一再强调要写真情,写真景,而实际上并没有看到情与境的内在联系,没有看到"情"、"意"、"理想"对"景"、"境"、"现实"的能动的反映关系。我们说,对审美过程、艺术欣赏来说,由外界客观世界激发起来的感情,并不是客观生活的直观的反映,这个感情,不仅是由当前、直接的对象引起,而更重要的是掺杂了长期生活经验培养起来的对事物的态度,这就是世界观对艺术欣赏的巨大作用。因此，在我们看来，艺术欣赏的"情"是由当前直接对象"景"引起，而又超出于这个直接对象，是对"景"的能动的反映，不是直观的反映。例如我们欣赏一棵松树，我们的感情是由这棵松树引起的，但作为审美判断、艺术欣赏来说，又不局限于这棵树，它超出于这棵树，而常常引起人有"坚强"、"苍老"等等感觉。照相式地反映这棵松树不是审美判断，但没有这棵松树也没有这个判断。"情"与"景"就是处在这种辩证的关系之中。显然，王国维由于他的唯心主义思想的限制，没有看到情与景的这种辩证关系。他只是叫人写真情写真景，而没有看到情景必须交融在一起，情由景生，因而景对情来说乃是基础。没有松树的形象，也就没有对松树的美感经验，同时情又反过来决定欣赏者对景的态度，而这个"情"又是长期生活经验决定了的。

因此，在我们看来，"即景生情"和"因情生景"是辩证统一的。因景生情，景是基础，不是可有可无的；而所谓"因情生景"的"景"则是指通过艺术家的创造，塑造出来的艺术形象——这个"景"，是为艺术家的"情"——世界观、思想感情决定了的，因而画家笔下的松树——这个"景"与客观现实的松是不同的，前者是在后者基础上的艺术创造。这就是情与景的辩证关系。而王国维由于把"情"抽象化为超阶级的"赤子之心"，他的"情"、"意"、"理想"就成了无根之木，无源之水。于是他实际上就否认了"因景生情"，而只主张"因情生景"，或最多是"就景叙情"（是"叙"，不是"生"），他引周济的话说："北宋词多就景叙情，故珠圆玉润，四照玲珑。至稼轩、白石，一变而为即事叙景，使深者反浅，曲者反直。"[①] 从这种形而上学的方法，必然走向唯心主义地片面强调"因情生景"，这是很明显的。

从这里我们看到，王国维的"境界"、"意境"亦即艺术形象归根结蒂不是客观生活形象的能动的反映，他是反对反映论的。他说："一切境界，无不为诗人设。世无诗人，即无此种境界。夫境界之呈于吾心而见于外物者，皆须臾之物，惟诗人能以此须臾之物，镌诸不朽之文字，使读者自得之。"[②] 这里，王国维显然是忽略了创造与反映的关系，片面地强调了创造，从而否认了艺术

---

① 王国维：《人间词话》。
② 同上。

境界对于生活的反映关系。

王国维的"境界"说的唯心主义性质，其根源还在于他的唯心主义的人性论和悲观主义。王国维虽然在《古雅在美学上之位置》这篇文章里谈到创造与摹仿的关系，他指出只是摹仿前人，最多能做到"古雅"，而要创造美，则需要有新"意"，即要有新的意境；但王国维没有也不可能看到创造与摹仿的辩证关系，他把摹仿只限于摹仿前人的作品，他不是用反映论的观点来看摹仿，因而他的"创造"论也就不可能建立在反映论的基础上，而只能是以"赤子之心"、以"自然之眼"、以"真性情"，即以无利害关系之心情来欣赏事物。

由此可见，虽然王国维的文艺思想中也有一些合理的成分，但他是以唯心主义、悲观主义的世界观作为自己文艺理论的基础，因而他的文艺思想从根本上说也是唯心主义的、形而上学的；因此，我们研究王国维的文艺思想，就应该分辨哪些是合理的部分，哪些则是唯心主义、形而上学的，应该加以具体分析。

舞台艺术中美的内容和形式[*]

听了戏剧界许多专家的发言，受到很大的启发，对于今后应该如何研究美学，心里比较亮堂了。过去搞美学的人也深感美学研究必须联系艺术实践，光在概念里兜圈子，自己也觉得没有味道；但是如何联系实际，办法就比较少了。拿一些文学艺术作品拼凑一些例子倒还容易，但又觉得这样做比较肤浅，不大解决问题。听了大家的发言以后，使我更加深信，在具体的艺术实践中，本身就存在着丰富的美学问题。可以而且必须从美学上作深入的研究。不只是在写美学文章时举举有关艺术作品的例子，而是要深入到一个或某几个艺术部门，作一番深入的调查研究，从具体艺术实践中总结出美学的规律，这样，美学与艺术的结合（理论与实践的结合）才不是外在的，而是内在的、有机的。

从这个观点出发，我感觉到，我们美学工作者在具体艺术部门要有自己的"基地"，这就是说，美学工作者应该选择一门或几门具体艺术，钻进去，要在这种或那种艺术部门中做个内行，同时他又是从美学理论的高度来研究这些艺术现象的，那末，他的美学研究才能既有理论又有实际，才是扎实的，理论联系实际的；也许，这样就文风来说，他的文章里的艺术味道也就会更浓一点，不会出现那种干巴巴的现象了。

当然，美学毕竟是一门科学，离开了哲学理论，也还谈不到美学理论。美学文章和文艺小说有所区别，这当然没有问题，而美学文章和一般的艺术批评

---

[*] 原载《新建设》1961 年第 11 期。

应该有些区别，这也是无可怀疑的。因此，并不能笼统地说多用了些哲学概念就不好；问题不在于哲学理论多了，而在于哲学理论是否联系艺术实际，是否有助于艺术的实践。

戏剧问题，从来就是美学研究的重要对象之一。古希腊大哲学家亚里士多德的最重要的一部美学著作——《诗学》，就以大量的篇幅研究了戏剧问题。他的思想，对欧洲的戏剧理论有极其深远的影响。遵循着这个传统，历史上许多美学家对戏剧艺术作过深刻的研究，如最近大家时常提到的，十八世纪德国杰出的美学家莱辛和法国杰出的哲学家狄德罗，都曾比较系统和细致地研究过戏剧艺术。就是德国古典哲学家、资产阶级哲学的最高峰黑格尔在他的《美学》讲义中也曾深入地研究过戏剧问题，譬如黑格尔对戏剧冲突、戏剧真实与历史真实、悲剧等问题的看法，至今还值得我们很好地来研究。

可见，戏剧艺术领域中，原就有丰富的美学问题；有一般的美学问题，也有它特殊的戏剧美学问题。

正如，有的同志讲到的，关羽在生活里原是一个矮个子，而舞台上却处理成一个雄伟的形象，我觉得这就涉及美学问题，就是生活美和艺术美的关系问题。普列汉诺夫曾经说过，艺术的全部问题，可以归结到这样一个问题上，这就是用什么样的形式表现内容的问题。我体会这个意思就是，艺术的美不仅在于形式，也还在于内容，但更重要的，是在于内容和形式如何统一。因此，说得直截了当些，艺术的根本问题就在于寻找（或创造）最恰当的形式来表现一定的内容。仍以关羽为例，关羽在生活中个子并不高，但在一般传说和艺术作品中，他的品格和气概却是崇高雄壮的，如果仍采取他生活中的本来形象，则内容和形式就发生矛盾，这种矛盾的情形在生活里固然常会出现，而在艺术里，一般就不容许这种内容与形式矛盾的现象。在艺术中，通过艺术家的创造，一方面进一步提高了人物的精神面貌，同时也理想化了这个人物的形象（形式）。戏里的关羽，总要是身躯高大，才有威严。我们感到，这种处理手法是正确的，是一种美化的手法，一种理想化的手法。相比之下，关羽的内在品质在艺术里比在生活里得到了更充分的表现，具有了更适合的形式，因而更美了。传统戏曲里这样的例子是很多的。当然，所谓"更适当的形式"，并不只是身躯的高矮问题，这里不过是举例说明而已。

黑格尔曾经为"美"下了这样的定义，他说美就是理念的感性显现，他认为在艺术中这种感性形式不是自然的翻版，而也是经过心灵的创造的。黑格尔这个定义的理论基础当然是客观唯心主义的，他的"理念"就是神秘的"绝对精神"；但黑格尔和康德不同，他是从内容和形式统一这个观点来考察"美"这个范畴的。这个思想自然应该得到应有的重视。显然，美的内容方面一般说是起决定性作用的。我们上面举的是关羽的例子，如果换上《艳阳楼》里的高登情形就完全不同了。高登是个孔武强横、欺压乡民的花花公子，他的个子也很高大，在京戏里是武生应工，但他的形象就不会给人以崇高的壮美的感觉，而是蛮横无理。所以我们不能简单地看待内容与形式的关系，身躯高大的形象不一定就是雄伟的形象，而也不是任何内容和形式的统一都可以是美的形象。内容是决定性的因素，形象之美，首先还是决定于内容的性质。

　　当然，在艺术里，形式的美也很重要，这方面我们过去是研究得不够的。任何艺术作品，不管它表现对象是好人还是坏人，作为艺术家的表现形式，都应该是美的。对造型艺术来说，形式美尤其具有重要的作用。戏剧的舞台艺术是一种造型艺术，如果忽视形式美的作用，而片面地强调真实性，就会流于自然主义。艺术要真、善、美统一，真是基础，当然很重要。我觉得，所谓"真"，至少要包括三个内容：(1) 生活的真实，(2) 真理，(3) 真实的感情即真诚；如果片面夸大"真诚"的作用，固然会用主观标准偷换了艺术的客观标准，但如果忽略感情的真实，艺术品也就不会有什么艺术味道了。生活的真实是基础，但并不是一切的生活真实和细节真实都是美的，在造型艺术中，美和真是有一个矛盾的统一过程的。高明的表演艺术家总是善于处理这个矛盾，使内容和形式得到高度的统一。譬如戏曲里的哭、笑都经过一定的美化，真在台上大哭大笑，真实有余，美就不足了。有同志提到，打人本来是不雅观的事，可是梅兰芳《醉酒》里用袖子打，这就巧妙地解决了真和美的矛盾。昆曲《下山》里的色空，唱词里明明自表为尼姑，但仍是道姑打扮，这个地方可说矛盾很大了。其实细想起来，只要我们不把这个"真"字局限于"生活细节"的真实，而是理解得更深刻些和更宽广些，照顾到上面说的后两种意义，那末只有保留了色空的头发，色空的追求幸福的优美、善良的内在性格和艺术家对她的同情，才能得到充分的表现，而观众才不至于失望。《贵妃醉酒》里的杨贵妃如果瞪眼打人，这个美女的形象马上就被破坏了。这就是为什么我们常常感觉到艺术比生活更真实的缘故。生活中当年关羽究竟怎样，大家都不太注意了（当然历史学家例外），而戏里、画里的关羽却流传至今，如果有人真把关羽当年的形象完全考证出来，大概会有不少人说"不像关公"的。所以我们讲究形式美，并不是形式主义，恰恰相反，讲究形式美正是为了更好地表现内容，达到内容和形式的高度统一；我们强调美，并不是忽视真，恰恰相反，是为了更深刻的真。美学史上有形式主义的流派，譬如康德美学的形式主义就非常严重（当然，他和以后的形式主义美学也有所不同），这种思想对艺术创作是极为有害的，我们应当加以批判；但是批判形式主义并不是不要形式，批判形式主义美学，并不是不要形式美。康德强调纯粹的、形式的美，是为了"摆脱"内容，宣传一种"为艺术而艺术"的、脱离现实生活的艺术，所以康德才认为美只是对象的形式，而与对象的概念（即对象的本质）完全无关。我们强调形式美，恰恰是为了更好地发挥艺术的特殊战斗作用，为了更好地表达内容，从而使欣赏者通过美感享受的方式接受艺术内容所给予人们的真理。因此，如果脱离内容去卖弄形式美，当然是形式主义、唯美主义，而这也是和我国古典戏曲的优良传统背道而驰的。

在艺术里，正面形象固然要创造出最恰当的形式，反面形象也应该找到它最恰当的形式，因此并不能认为任何内容与形式的统一都是美的形象。有的人觉得既然是坏人了，那末随便怎样丑化都会有艺术，其实这是不对的。美化有美化的规律，丑化也有丑化的规律，古典戏曲里对反面人物的塑造也是最反对"千人一面"的。京剧里的角色行当，固然有一般的分工，但各行当中都有正反两种人物，并不是老生一定演好人，小丑一定演坏人。老生里有陈世美，小丑里则很多都是可爱、善良的人物。如果有人觉得陈世美是个坏蛋，就想在外形上丑化一番，也来上三块瓦，这就破坏了规律。好人是具体的，坏人也是具体的，艺术里的反面形象也要有个性，才能揭发得更深刻。同样是坏蛋，《一捧雪》里的汤勤和《乌盆计》里的赵大就大不相同，汤勤是个书生，卖过字画，而赵大则是做小买卖的，两个人的性格不同，演法就不同，要用不同的形式去表现它们，这样内容与形式才能统一。这样，表现对象虽丑，而表现的艺术却是美的。

这样看来，内容和形式的关系在艺术里是非常重要的，不但美的形象要有恰当的形式，而且丑的形象（不是形式上的丑，因为有很多丑扮的正面人物）也要有恰当的形式。

内容与形式的统一是美学里一条重要的普遍规律，而在不同的艺术部门这个规律的表现又是有所不同的。同样是戏剧艺术，戏曲和话剧对内容与形式的要求有共同之处，也有不同之处，因而它们给观众的美感享受，也是有区别的。我们知道，戏曲表演艺术需要舞蹈和歌唱的美，而话剧则是以更接近生活的形式来表现艺术内容的。当然，话剧也需要艺术加工，绝不是生活的翻版，但它和戏曲在艺术形式上有所不同。话剧也要有形体动作，也需要锻炼，但它是更接近于生活形式的，不像戏曲那样舞蹈化了。应该看到，艺术形式并不是消极的、不重要的，它一旦形成，就对艺术内容起积极的作用，对内容提出积极的要求，有些题材比较适合于话剧，有些题材就比较适合于戏曲，这种事实如果不是简单地对待内容和形式的关系，是不能抹煞的。由于对内容和形式的不同的要求，就舞台形象的美来说，也是有它的特点的。美有共性，也有个性，从这个角度来研究一下戏曲艺术和话剧艺术的共同规律和各自的特殊规律，无论对于话剧或戏曲来说，都是很重要的。

评周谷城先生的"绝对境界"说*

周谷城先生近年来发表了一些美学论文,我所看到的一共有八篇①。在这些文章中表现出来的周先生的一个主要美学思想,是所谓"绝对境界"或"无差别境界"。周先生企图把"绝对境界"或"无差别境界"的思想,贯串到有关艺术本质的一系列问题中。

在这些文章中,我觉得集中表现周先生的美学观点的,主要是三篇文章,即:《史学与美学》、《礼乐新解》、《艺术创作的历史地位》。这三篇文章先后发表,逐渐提出了一系列有关艺术的基本论点。在第一篇文章中周先生主要只是突出地提出"使情成体"的论点;以知、情、意(周先生的次序为知、意、情)来区别科学、艺术和道德(周先生的次序是科学、道德、艺术)。虽然这篇文章对于知、情、意的联系和区别已经暴露出一系列值得商榷的论点,但周先生的基本哲学观点——"绝对境界"还没有明确地提出。到了《礼乐新解》,周先生便歪曲艺术的教育性与娱乐性相统一的特点,系统地宣传起艺术的"绝对境界"来了;而在《艺术创作的历史地位》一文中,周先生更加发展了这一观点,一开头就提出"无差别境界"问题,并将这个观点与"使情成体"论等进一步地结合了起来。因而本文想对周先生的"绝对境界"说,以及他如何把

---

* 原载《新建设》1964年第1期。
① 《美的存在与进化(史学与美学中之一节)》(《光明日报》1957年5月8日);《史学与美学》(《光明日报》1961年3月16日);《礼乐新解》(《文汇报》1962年2月9日);《艺术创作的历史地位》(《新建设》1962年12月号);《评〈关于艺术创作的一些问题〉》(《新建设》1963年6月号);《评王子野的艺术论评》(《文艺报》1963年7、8期合刊);《评茹行先生的艺术论评》(《新建设》1963年9月号);《统一整体与分别反映》(《光明日报》1963年11月7日)。

这个思想贯串于有关艺术本质的一些主要问题中，提出质疑，进行讨论，以就正于读者和周先生。

一、所谓"绝对境界"

周谷城先生在《史学与美学》中说："绝对的平衡统一，平静无波，可能是我们热烈所求的，但不是事实许可的。"但到了《礼乐新解》和《艺术创作的历史地位》中，这种"热烈所求的"东西，就变成了现实的东西，并且提出了"绝对境界"或"无差别境界"的理论。周先生在《艺术创作的历史地位》中说："无差别的境界，从正面说又叫绝对境界"；并且一再强调这种境界虽然是短暂的，但却是存在的。

"绝对境界"的中心意思就是事物之间，特别是主观与客观之间无矛盾的绝对静止状态；这种状态，表面上看来，似乎与辩证唯物主义所说的矛盾的统一、平衡、和谐等意思并"无差别"；周先生在反驳别人的批评时也是时常以马克思主义经典作家，特别是毛主席说过对立的同一、统一等话为依据的。其实，我觉得，马克思主义经典作家所说的对立的统一原理与周先生所说的"绝对境界"是有原则的区别的。

马克思主义辩证法认为矛盾是普遍的，无所不在的。马克思主义辩证法固然也承认有相对的同一、统一的状态，但认为这种统一、同一、和谐、平衡等相对静止的状态，只不过是矛盾存在的一种特殊状态，而不是无矛盾的状态。因此马克思主义辩证法关于对立统一的学说，坚持对立双方的斗争是绝对的，而统一、和谐是相对的；所谓"相对的统一"，其意义正在于在统一、和谐之中有斗争，统一、和谐只是斗争的一种形态，因而斗争是绝对的。关于马克思主义这个思想，毛主席说得非常明白："我们在日常生活中所看见的统一、团结、联合、调和、均势、相持、僵局、静止、有常、平衡、凝聚、吸引等等，都是事物处在量变状态中所显现的面貌。而统一物的分解，团结、联合、调和、均势、相持、僵局、静止、有常、平衡、凝聚、吸引等等状态的破坏，变到相反的状态，便都是事物在质变状态中、在一种过程过渡到他种过程的变化中所显现的面貌。事物总是不断地由第一种状态转化为第二种状态，而矛盾的斗争则存在于两种状态中，并经过第二种状态而达到矛盾的解决。所以说，对立的统一是有条件的、暂时的、相对的，而对立的互相排除的斗争则是绝对的。"① 在《关于正确处理人民内部矛盾的问题》里，毛主席也曾指出，不平衡是绝对的，而平衡是相对的。但是周先生却把生活上的相对的统一、平衡、均势、和谐都说成是"绝对境界"，说成"没有波澜或震动，没有问题或矛盾的宁静生活，象没有微波的秋水一样：既没有客观的任何变动，也没有由这变动引起的任何主观的要求；主观客观云云，完全统于一体"，对比之下，这与马克思主义辩证法有什么共同之处呢？

实际上，周先生正好是把相对和绝对的关系弄颠倒了。马克思主义认为矛盾的斗争是绝对的，差别是绝对的，而矛盾的统一、同一是相对的，静止是相对的；周先生却认为斗争、差别、矛盾不是绝对的，而有一种绝对的、无差别的境界存在，在这种境界内，没有尔、我、内、外之别，是一种主客观完全不分的混沌状态。周先生这种肯定"无矛盾"的绝对静止状态存在的思想，是与马克思主义辩证法完全对立的。

"绝对"这个概念，在哲学史上，是德国古典唯心主义者谢林最早加以系统地论述的。主观与客观、思维与存在的关系这一哲学基本问题，贯串着整个哲学史，而西方近代哲学史，自从笛卡儿明确提出主体与客体对立的二元论以后，主体与客体之间的关系，思维与存在之间的关系这一哲学基本问题，就日益成为哲学家所直接争论的问题。在德国，莱布尼兹曾以"预先建立的和谐"说，企图解决主体与客体之间的矛盾；德国古典唯心主义奠基者康德，则以不可知论和二元论的立场对待这个矛盾。康德形而上学地割裂了主体与客体、思维与存在、理论（所谓"思辨理性"）与实践（所谓"实践理性"）的联系，认为现象与本体、掌握现象界的理论的认识与只涉及本体或理性本身的实践的意志之间的矛盾（实即客观的理论认识与主观的实践要求之间的矛盾）是无法克服的，物自体不能用理论认识把握，而只能通过道德实践确证它的存在。在后来的《判断力批判》中，康德力图在"思辨理性"与"实践理性"之间架起一道桥梁，这就是"情感（aesthetic，或译'审美的'）判断的批判"和"目

---

① 《毛泽东选集》第 1 卷，第 320—321 页。

的判断的批判"。康德这个思想后来为席勒所发展。席勒认为，情感的（审美的）人是由感性的人到理性的人过渡的必要环节。康德这种不可知论和二元论的思想，到了谢林那里（其中在哲学上经过费希特），发展成为"绝对哲学"或"同一哲学"。谢林与康德相反，承认主体与客体、思维与存在、理论与实践之间是有同一性的，它们之间的矛盾是可以完全统一的，于是在主体与客体的对立之上，出现了"绝对"的范畴。但谢林又发展了康德本人和席勒关于"情感"（aesthetic）的思想，认为只有情感，只有艺术，才能沟通主体与客体、思维与存在、理论与实践。由于谢林不是用现实的态度对待主体与客体、思维与存在的同一性，而是用当时所理解的艺术的幻想的态度对待这种同一性，因而谢林认为这种统一是直觉的，是没有矛盾斗争的同一。于是我们看到，谢林为了打破主客观对立的绝对的相对性，为了打破它们之间的鸿沟，提出了调和主体与客体的"绝对"；而在谢林看来，只有通过情感观照（审美直觉）和艺术创作，才能达到这种"绝对"。

谢林这种"绝对"哲学，到了黑格尔有了更进一步的发展。黑格尔扬弃了谢林的不经矛盾的直觉的"同一"。在黑格尔的"绝对精神"阶段，由于感性和理性的矛盾发展，经过艺术、宗教和哲学三个阶段。黑格尔把哲学的思辨的理性提到第一位，批判了谢林的直接同一的"直觉"。当然，黑格尔的"绝对"唯心主义的哲学体系，仍然是一个保守的、形而上学的、调和主义的体系；但在黑格尔本人，体系和方法之间还是有深刻的矛盾的。黑格尔的哲学体系由绝对理念经过矛盾发展过程，最终回到了自身——绝对精神，完成了他的保守的体系。但黑格尔的"绝对理念"本身还是有矛盾的、能动的，因而才能由矛盾斗争而"外化"为自然界；同时，在方法论上，黑格尔也曾说过："矛盾是推动整个世界的原则"[①]，肯定了矛盾的普遍性，并且说："我们所要求的，是要能看出异中之同，或同中之异。"[②]

新黑格尔主义者从右边发展了黑格尔哲学体系中保守的一面，大大宣扬了黑格尔的调和主义、形而上学的"绝对"概念。譬如，英国新黑格尔主义者柏拉德雷认为全部现象最终都要归结为克服了矛盾的"和谐的全"，即"绝对"；

---

① 黑格尔：《小逻辑》，商务印书馆1962年版，第267页。
② 同上书，第262页。

而真理和生活、美和善，当然都只是"绝对"的表现。柏拉德雷之后，因提出"使情成体"而为周谷城先生推崇的新黑格尔主义者鲍山葵则更大肆宣扬表现在"综合经验"中的"具体的个体"或"全"。不少新黑格尔主义者抛弃了黑格尔哲学的辩证法，竭力使黑格尔哲学与康德的先验主义、谢林的直觉主义调和起来。

从以上简短的历史叙述来看，周谷城先生的"绝对境界"的思想，实质上是与从谢林开始的"绝对唯心主义"观点颇有关系的。至于周先生的"绝对境界"直接源出何处，周先生没有说，我们不便臆测。但是，有一点似乎可以肯定：周先生的"绝对境界"与黑格尔的"绝对理念"就"绝对"这一点来说，本质上是一致的，但还不完全一样，譬如，就方法论来说，黑格尔的唯心主义的矛盾的同一，"同中之异"、"异中之同"，比起周先生的基本理论根据、并在《艺术创作的历史地位》一文中明白地提出的直觉的"绝对境界"来，虽然本质上都是"绝对唯心主义"，但仍有辩证法和形而上学的区别。从客观比较看来，周先生的"绝对境界"说更接近于谢林或新黑格尔主义者的完全否认矛盾的观点。周先生说没有读过谢林的著作，这可能是事实。但从某些新黑格尔主义出发，而达到与谢林相接近的观点，这也不是不可能的。于是，无独有偶，谢林认为艺术是统一主客观的"绝对"，而周先生也认为只有艺术境界才是"绝对境界"，科学、道德都是"相对境界"。这样，不用说，新黑格尔主义者鲍山葵的"使情成体"说之所以得到周先生的推崇，也就自然不足为怪了。

从方法论上说，周先生既然肯定"绝对境界""无差别境界"的存在，就势必将对立面的斗争和对立面的统一之间划上一条"绝对"的界线，掘起一道不可逾越的鸿沟。然而马克思主义辩证法认为，斗争是绝对的，在相对静止之中仍然有着斗争，因而斗争与静止之间、矛盾的各种状态之间，不是绝对对立的，而是相互联系、可以转化的。既然，在周先生看来，静止不是斗争的一种形态，不是矛盾的一种状态，而是无矛盾、无斗争的"绝对境界"，那末，人们不禁要问，这种无矛盾的"绝对境界"与有矛盾的"相对境界"之间的关系如何呢？周先生再三强调由相对境界到绝对境界，再由绝对境界到相对境界是反复不已的。然而既然周先生把这两种境界规定为矛盾的有无、斗争的有无的区别，那末人们不能不认为所谓"循环不已"者，只不过是一句掩人耳目的空话。毛主席在《矛盾论》中批判德波林学派时曾指出,工农之间的矛盾,在不同的历史时期,有不同的特点,"这是矛盾的差别性的问题,不是矛盾的有无的问题"①。周谷城先生既然肯定这样一种无矛盾的"绝对境界"存在,那末从无矛盾的"绝对境界"怎样过渡到有矛盾的"相对境界"呢?从实际言,如果旧问题的解决不同时意味着新问题的产生,工作又怎样前进,事物又怎样发展呢?

因而,就方法论来说,周先生用的是一种形而上学的割裂的手法;而就理论基础来说,周先生是宣扬一种否认斗争的绝对性,因而否认矛盾普遍性的调和主义的思想。这种思想在哲学上的贯彻,必然会导致否认事物变化、运动、发展的永恒性、绝对性。

现在我们要来看看,周先生对这种哲学思想在有关艺术本质问题上的一些运用。

二、关于知、情、意的关系

从割裂对立面的斗争性与统一性的关系出发,从"绝对境界"的观点出发,周先生在科学、艺术和道德的关系上则竭力割裂知、情、意的关系,企图把艺术的本质归结为"情",而又把情(他所谓艺术)归结为"绝对境界"。

知、情、意的区别,在哲学史和美学史上较早加以着重研究的是十七世纪左右的英国的经验主义者。经验主义者主要从心理学角度对知、情、意的心理特征,作了一些观察。而到了德国古典唯心主义的奠基者康德那里,知、情、意的问题便纳入到他的调和理性主义、经验主义的二元论和最终导致主观唯心主义的哲学体系中。康德的《纯粹理性批判》研究知识的先验条件,《实践理性批判》研究意志的普遍规律,而《判断力批判》中的第一部分则是研究情感(包括美和崇高两种判断)的问题。康德这种分法,到黑格尔那里则又被扬弃掉。黑格尔发展了谢林的观点,成为主观精神、客观精神和绝对精神的三分法,因为在黑格尔看来,知、情、意的分法带有明显的经验主义性质。同时,

---
① 《毛泽东选集》第1卷,第295页。

黑格尔并没有把他的"绝对精神"归结为情感，归结为艺术，而是把辩证的、有矛盾的思辨理性（哲学）提高到"绝对精神"的第一位，作为把握"绝对理念"的最高方式。当然，黑格尔这种抬高理论思辨的做法，正是他客观唯心主义的表现。但是周谷城先生现在所提出的知、情、意的三分法，从他把情感和艺术归结为"绝对境界"看，是如同他的"绝对"概念一样，更接近于康德和谢林的；而这种从右边来取消黑格尔哲学中的辩证因素，使黑格尔和康德、谢林接近起来，如前所说，又是某些新黑格尔主义者的一贯手法。

当然，知、情、意的分法，如果运用马克思主义观点加以科学地解释，未尝不是一个值得深入研究的问题。但是，周谷城先生区分知、情、意的目的，不在于科学地探讨它们之间的内在联系和区别，而在于把情感归结为"绝对境界"。

什么是情感？从心理学上说，情感有其生理基础，然而本质上是社会的产物。就低级的机体反应来说，它是欲望与感觉之间的关系。欲望是由感觉引起的，是一种特殊的反映，但欲望又是一种主观的生理的需要。这种低级的机体反应是在我们对于食物、衣服、居住、空气等物质需要直接的满足或不满足的基础上产生的。但人的情感，绝不能归结为这样一种动物式的生理上的本能的反应。马克思曾经指出，人的本质"是一切社会关系的总和"[1]。人是社会的产物，人的知识、意志和情感，也都是社会的产物，在阶级社会，无不打上阶级的烙印。在社会生活中，情感反映了主体对客体的一种态度和评价，而这种主观的态度和评价，又正是人们长期社会生活实践所培养起来的。长期的生活实践，培养了人们对现实的理论的认识和改造世界的实践的意志。因而从意识活动方面来说，人的情感正是反映了人的实践意志和理论认识之间的关系，反映了对客体的客观把握和主体的社会实践需要之间的关系。因而离开了长期生活培养起来的实践的意志和长期观察生活培养起来的理论知识，我们不知道还有什么情感。情感不是与理论知识、实践意志绝对对立的，而正是它们之间的复杂关系的反映。正因为情感是客观理论把握和主观实践意志之间的复杂关系的表现，因而知识、情感、意志之间才是可以转化的，而不是绝对割裂的。知

---

[1]《马克思恩格斯全集》第3卷，第5页。

识可以转化为实践的力量，情感也可以转化为知识和意志的力量；从而艺术才能深刻地影响人的知识和意志，反作用于社会实践。

周谷城先生把情感了解为与知识、意志完全对立的。虽然他一再声明所谓"由科学到艺术的过渡"，说知、意、情是"相续"的，但是，周先生既然把科学和艺术（情感）的关系，看成是"相对境界"和"绝对境界"的关系，那末它们之间就只应有并列的关系，是无法看出有什么内在的过渡关系的。

我觉得，知识、情感和意志同样是客观现实的主观反映，科学、艺术、实践是人对现实的三种相互联系而又具有一定区别的把握方式，其中实践——包括生产斗争实践和阶级斗争实践，又是最基本的。科学是服务于社会实践需要的。在一定历史阶段，统治阶级利用科学来为自己的阶级利益服务，而在科学发展不利于该统治阶级的利益时，则又千方百计窒息科学的发展。譬如，历史上中世纪统治阶级用宗教势力迫害科学，就是一个明证。而人的实践意志之所以不同于动物的欲求，其原因之一正在于具有社会性的实践意志，是包含着深刻的理性因素的，是在理论指导下的实践。因而离开了理性认识，只能像周谷城先生那样，常常把意志与生理的欲求混淆起来，周先生之所以要用婴儿睡在摇篮里那种欲求满足的安适作为他的"绝对境界"的注脚，也就不足怪了。

意志与知识不能割裂，同样，情感与知识、意志也不能割裂。当然，情感的确具有自己的心理特点，抹煞它的特殊性，也是不正确的，但是我们觉得，情感的特点，不在知识与意志之外，而正在知识与意志的相互制约、相互渗透的复杂关系之中。抽掉了知识与意志，情感便空洞无物；离开了科学与道德，艺术便毫无内容。艺术的目的无论怎样曲折，但归根结蒂如果不是以特殊的方式给人以认识并鼓动人为一定的阶级利益而奋斗，究竟还有什么作用呢？

周谷城先生正是要抽掉艺术的这种社会内容，阉割情感与知识、意志的内在联系。周先生把情感归结为似乎既没有客观的认识作用又没有主观的意志作用的"绝对境界"；在情感领域内，不分主体与客体、没有矛盾、没有差别，是一种自足的境界。然而，人们不禁要问，既然艺术达到了这种绝对平静的境界，又怎样反作用并推动社会生活的前进呢？周先生又怎样维持"由科学→道德→艺术"的"循环不已的"公式呢？怪不得周先生凡提到这个"不已的"公式时,只说到"艺术"为止("由科学到实践,由实践到艺术","由相对境界到绝对境界"),因为由科学到艺术,由"相对境界"到"绝对境界"似乎表面上还能自圆其说;但怎样又由"绝对境界"到"相对境界"了呢?怎样又由艺术到科学,由情感到知识、意志了呢?情感如果是与知识、意志对立的绝对平静的境界,那末由情感到知识、意志过渡的动力何在呢?这里是否需要一个"第一动因"或"上帝之一击"?

可见,周谷城先生既然把情感与知识、意志对立起来,否认它们之间相互转化的关系,也就势必否认艺术对人的理论认识和实践意志的影响作用,最终会导致否认艺术对社会生活的反作用的错误结论,虽然周先生口头上不止一次地承认过艺术的反作用。

应该指出,不仅情感与知识、意志之间处于对立统一的辩证关系中,而且知、情、意各自又都处于对立的统一的关系之中。绝不能把情感与意志、知识在有无矛盾问题上对立起来,说情感是"绝对境界"。周先生也承认情感有喜怒哀乐,喜和乐这种相对满足的状态,也许容易被周先生混淆为"绝对境界",而怒和哀似乎都是直接反映了矛盾冲突的,怎样又是"绝对境界"呢?

由此可见,情感绝不是像周先生所想象的,是与知识、意志对立的"绝对境界",而是阶级利益与客观现实的关系的反映。对同样的现象,之所以有不同的情感反应,归根结蒂是由不同的实践的利害关系决定的。情感本身的特殊性,也正是由知识和意志之间相互制约、相互渗透的关系所决定的。离开了知识与意志,既抹煞了知、情、意作为对现实的把握的共同性,同时也不可能真正把握情感的特殊性。譬如,离开了知识与意志,就不能看到,由于受着实践意志的决定性作用,情感与知识比较起来不像知识判断那样冷静,而是在主观的、热烈的爱憎中含有客观的理性判断的因素。同时,与实践意志比较,它们在方式上又有一定的区别,一般来说,情感比较地带有冷静观察的形式。而且,正由于情感与知识、意志的这种复杂关系,因而在情感本身,又有比较接近于实践意志的"实践的情感",也有比较偏重于冷静观照的情感。因此在心理学上,情感常常可以被分成许多不同的类型,像热情、激情、情操等等,都说明了情感与知识、意志之间的相互渗透、相互制约的关系。但像这样一些复杂的相互关系,在周先生那里,都被一概抹煞。其目的只有一个,即竭力割裂情感与知识、意志的关系，以便把它归结为无矛盾的、不分尔我内外的"绝对境界"。

三、所谓"使情成体"和"理想的虚拟的实现"

周先生的"绝对境界"说，不仅贯串于周先生所规定的艺术的内容——情感本身，而且由内容到形式的创作过程都竭力灌输以"绝对境界"的思想。

周先生首先于《史学与美学》一文中提出"使情成体"的论点，并承认，这个论点来自新黑格尔主义者鲍山葵。周先生并没有说明自己的观点与鲍山葵本人的有何区别，而再三引用和肯定，足见在周先生看来，并无与鲍山葵划清界限之必要。鲍山葵的观点，集中表现在他的《美学三讲》中，"使情成体"说的提出，是针对克罗齐而发。虽然鲍山葵与克罗齐都是新黑格尔主义者，都是以取消黑格尔哲学中辩证因素为主要特征的，但在哲学、美学的一些具体观点上，他们也不完全一致。克罗齐明显地把黑格尔哲学与康德哲学调和起来。在方法论上，克罗齐大大发挥了康德的形而上学的割裂手法，把直觉与理性、理论与实践、主观与客观完全割裂开来，并以主观唯心主义代替了黑格尔的客观唯心主义，因而在理论上完全抛弃了黑格尔哲学的具体历史内容，成为纯粹形式主义、先验主义的谬论。在美学上，克罗齐以"直觉即表现即艺术即美"的公式为基本立足点，同样完全抛开艺术的具体历史内容（所谓"质料"），而高谈直觉的形式。

克罗齐这种主观唯心主义的哲学体系，当然没有调和主客观的"绝对"概念的地位；而在艺术本质中，也就没有质料（包括各种心理因素——情感和各种物理因素——艺术传达的各种物质媒介）的地位，于是遭到了坚持"绝对"、"全"等观念的鲍山葵的反对。

克罗齐在《美学》（英译本）一书的附录（克罗齐在1908年第三届国际哲学代表大会第二次全体会议上发表的演说）中虽然也提出"纯粹直觉本质上就是抒情"[①]，但总观他的基本思想，他的美学是以研究直觉作为最基本的认识

---

① 克罗齐：《美学》，伦敦1909年版，第394页。

的形式,而排斥一切心理的、物理的质料因素于艺术的本质之外,因而即使在这个附录中,克罗齐仍然认为,"艺术(即直觉——引者)是我们一切理论生活的根源"①。从这个前提出发,克罗齐既反对把艺术的内容按照心理学分成悲壮的、崇高的、喜悦的等等,又反对把艺术形式按照物质传达材料分成音乐、舞蹈、绘画等。把心理的和物理的内容排斥于艺术本质之外②,于是克罗齐的直觉就成为一个抽掉一切内容的空洞而神秘的东西。鲍山葵觉得有必要来纠正一下克罗齐,就用他那调和主义的绝对唯心主义的哲学观点在美学上对克罗齐的观点进行了批判。鲍山葵的基本出发点,当然是新黑格尔主义的,他在美学中仍然发挥了物质与精神"绝对同一"的唯心主义观点,而针对着克罗齐只承认精神(在美学中为"直觉")的主观唯心主义,提出"物质没有精神是不完全的,但精神没有物质也是不完全的"③的论点。

了解了鲍山葵的绝对唯心主义的哲学体系,了解了鲍山葵美学思想的基本出发点,就不难了解鲍山葵对克罗齐美学批评的实质,就不难了解他强调艺术创作中物质体现的"使情成体"论的实质,即在艺术创作过程中,宣扬他那精神与物质"绝对同一"、"全"的思想。

那末,我们现在要来看看,周谷城先生搬出鲍山葵的"使情成体"论的实质又是什么呢?不难发现,周先生之所以坚持"使情成体"的论点,也同样是要在艺术创作过程中贯彻他的主客观"绝对同一""物我不分"的"绝对境界"的思想。

周先生于论及知、情、意之间关系时,竭力割裂情感与实践、意志的关系;而于论及"使情成体"时,却又把情感的传达活动等同于实践的活动。认为"使情成体"是主观征服客观的过程,等到主观征服了客观,则达到"绝对境界"。

周先生为了强调艺术的体现如物质实践一样可以达到"绝对境界",因而在某种意义上周先生忽视了艺术创作的体现活动与物质实践活动的原则区别。艺术创作活动,是社会实践活动的反映,本质上是属于认识的范围,是一种意

---

① 克罗齐:《美学》,伦敦 1909 年版,第 386 页。
② 克罗齐也承认心理的内容可附加于直觉形式,物理的制作可以保存直觉品(艺术品),但他觉得这些与艺术的本质无关。
③ 鲍山葵:《美学三讲》(*Three Lectures on Aesthetic*),第 70 页。

识形态性的活动。就这一点来说，艺术的体现与科学论文的传达活动本质上是一致的。周先生认为"情感自己是不具形体的，不借外物以为条件，即不能成体"。我觉得这个论点并不适用于艺术创作，艺术创造的特点正在于构思与物质体现的手段是不可分割的。艺术家的思维活动是具体的，音乐家的构思受音响的制约，画家的构思受线条色彩的制约，某些艺术种类的艺术家的创作固然带有明显的实践制作的因素，但本质上不同于物质的实践，而是一种表达思想感情的活动，这在诗人、小说家的创作中表现得最为突出。

为了弥补这种错误，于是周先生在提出"主观征服客观"的"使情成体"论以后，在《艺术创作的历史地位》一文中又提出"理想的虚拟的实现"以区别"理想的实际的实现"。表面上似乎解决了矛盾，实际上却更加加深了矛盾，更加暴露了"绝对境界"的秘密。

照周先生在《礼乐新解》里所说："祖国美学原理有最突出的一条，曰由礼到乐。用现在的话来说，就是由劳到逸，由紧张到轻松，由纪律严明到心情舒畅，由矛盾对立到矛盾统一，由对立斗争到问题解决，由差别境界到绝对境界，由科学境界到艺术境界。"这就是说，现实的矛盾，由人的实践斗争，到消除矛盾，达到"绝对境界"，这就是艺术境界。也就是说，"绝对境界"、"艺术境界"是由物质实践的实际胜利引起的。但到了《艺术创作的历史地位》一文中则更进一步认为不一定要实际的斗争胜利，而"理想的虚拟的实现"也可以达到"绝对境界"了。

有的同志批评周先生"理想的虚拟的实现"的观点，近乎弗洛伊德的认为艺术是生活欲望不能满足而在幻想中的一种"补充"的观点；周先生又说他没有读过弗洛伊德的书。我们同样相信这是实话。但是思想实质的一致，并不一定要像周先生的"使情成体"论那样直接地搬运。当然，周先生的观点是与弗洛伊德的观点有所区别的，弗洛伊德是心理学家，还没有像周先生那样想到用"绝对境界"来统率他的"欲望的升华"说。

周先生说："虚拟的实现过程所成就的艺术作品，其本身倒不是虚的。恰恰相反，实体现了一种真实的情感。真实的情感由生活的困境逼出，或由生活的顺境引起，形成理想，体现而为艺术作品，或形象化而成为具有形象的艺术作品。"在这段话中，且不问既曰顺境，在周先生的理论中已是"绝对境界"，如何还能引起"理想"？而要问的是：既然目的都是为了达到"绝对境界"，为什么人们在理想的实际实现之外，还要搞一些没有直接实用价值（即不能解决"实际矛盾"）的"虚拟的实现"呢？是什么动力推动了艺术的产生和发展呢？

关键何在？关键在于周先生夸大了"成体"的艺术制作过程，认为这是一种可以与理想的实际的实现并列的"实现"（虽然是"虚拟的"），或甚至认为其作用高于"历史陈迹"（作为历史上的理想的实际的实现）；而不认为这仅是一种思想情感的传达，其本身是社会物质实践斗争的反映，而其目的更在于促进、反作用于物质实践的实现。周先生之所以夸大"成体"的制作过程，其苦心在于不仅要把物质实践的目的归结为达到"绝对境界"，而且要把艺术创作的实践的目的也归结为主客观不分的"绝对境界"，或主观征服了客观的"绝对境界"。

我们看到，事实与周先生的美学体系相反，物质实践的实现固然不是什么"绝对境界"（否则无法解释物质实践的不断发展），即使是艺术创作的成功，也不是"绝对境界"。当然，艺术创作的成功与物质实践的实现一样，都可以使人感到劳动后的喜悦。但这种喜悦决不是绝对的，而是相对的。因为正是在这种相对的满足中又产生了新的需要，推动着事物的不断前进。何况，艺术创作本质上是一种精神的创造，它是现实生活的能动反映。艺术家制作的完成，同时也就必然立即瞩目于它在社会中的反作用，而在这种反作用中，检验着自己的创作，从而随着社会生活的发展，随着艺术家对生活认识的发展，不断地提高自己的创作水平。

四、艺术的教育性与娱乐性

不难看出，无论是"使情成体"也好，"理想的虚拟的实现"也好，既然周先生贯串以"绝对境界"的思想，则不能不导致把艺术归结为"无所为而为"的"游戏"，而否认或削弱艺术作为阶级斗争武器的教育作用。

在《礼乐新解》里，周先生认为人类克服了困境以后，产生了愉快，由于愉快而产生艺术。他说："人类根据客观的规律，遵循行为的纪律，而努力奋斗，获得成果，一定快乐，进入乐的境界，或艺术境界。"也就是周先生所说的从"相对境界"到"绝对境界"的过程。周先生在解释"乐"的时候，又说："人类的社会斗争，或生产斗争，获得了胜利，自然快乐；把快乐用乐器表现出来，即成音乐。"这就是说，艺术是在实际斗争胜利以后的快乐表现，而不是反映这种实际斗争、反作用于这种实际斗争的一种精神力量。到了《艺术创作的历史地位》里，周先生的观点有了更周密的安排。周先生强调指出在"无差别境界"之内是没有任何创作可言的，而艺术创作必定出现在"无差别境界"的前后。他说："艺术的创作活动恰恰在这个境界过去之时或未来之时，而不在这个境界之内。"这个观点，表面上看来，是为艺术反映实际斗争、反作用于实际斗争"网开一面"，实际上仍然贯串着"绝对境界"的观点。在这篇文章一开头，周先生就提出问题："创作之前的情况是怎样的？我们可以勉强用一句概括的话曰：生活上无差别的境界是也。"这里仍然是《礼乐新解》中的，艺术是"绝对境界"的快乐的表现的观点。不过在《艺术创作的历史地位》中这观点就更加具体，认为艺术就作品本身说，是"绝对境界"的表现，而就创作过程说，则又是达到"绝对境界"的手段。

所以，周先生虽然在文章中大讲艺术的"填补不足"、"纠正错误"、"发扬优点"等作用，其目的不过是使艺术创作活动成为"理想的虚拟的实现"的"绝对境界"，因而艺术或者是"绝对境界"的表现，或者是通过创作活动达到"绝对境界"。无论表现也好，手段也好，艺术的本质在周先生看来都是不分尔我内外，不分主体客体的"绝对境界"。虽然在《艺术创作的历史地位》中，周先生抽象地否定了席勒的调和感性与理性的游戏说，但周先生自己的观点，与游戏说却是有共同之处的。

游戏说最早由康德在哲学上加以阐发，并由席勒加以发展，认为艺术产生于感性与理性相和谐的游戏，它本身是无利害关系的，是无所为而为的。这种观点对后来资产阶级艺术理论影响极大。但作为主观唯心主义者的康德（或在美学上直接继承康德的席勒），没有提到"绝对境界"；无论康德和席勒都把艺术（情感）作为从感性到理性过渡的必然环节，但也还没有归结为绝对统一了主体与客体的"绝对境界"。周先生则似乎更进一步把"游戏"说与他的"绝对境界"的观念结合了起来，认为艺术是像小孩拍球那样的、"无所为而为"的"绝对境界"，艺术观照是一种"不知所以然"的"直觉"。

同时，我们更可以从周先生割裂知、情、意的关系，看出他否认艺术的认识或道德的教育作用。如前所述，既然在周先生看来，知识和意志是"相对境界"，情感是"绝对境界"，那末情感又怎样转化为实践、意志，怎样影响理论认识呢？周先生那种与知识、意志绝对对立的情感，既然完全抽掉了科学和道德的内容，还有什么教育作用可言呢？

当然，艺术与游戏的关系，也是一个值得探讨的理论问题。我们不同意周先生的"绝对境界"说，并不意味着我们否认艺术的娱乐作用。关于这个问题，我们认为，有三点值得提出来与周先生商榷。

首先，即如周先生所举小孩踢球等一般游戏，是否为"无差别境界"，为"绝对境界"？当然，游戏没有当前直接的功利性，但就整体言，就长远言，游戏又是为社会实践服务的，因而又是有长远的社会功利性的。游戏是实际斗争前的准备阶段，何况任何游戏都是运动，而任何运动都不能不是矛盾斗争的表现；即如睡眠的相对静止的休息，也仍然是生理活动的一种特殊形态；如果睡眠是绝对静止，那末就很难指望在一定时间以后可以醒过来了。

其次，周先生常常把一般的游戏与艺术活动并提，把一般劳动以后的喜悦与艺术欣赏的喜悦并提，而没有看到，艺术活动与一般游戏是有区别的，这种区别之一，正在于艺术是在表面的游戏的形式下，更加突出地表现着功利的社会的内容，反映了社会的斗争。这样一种在理论上值得进一步探讨的问题，在周先生看来是不值一顾的，因为只要同时都是"绝对境界"就可以了。

第三，我们所理解的艺术的娱乐性是与教育性密切结合的。我们认为，娱乐性不是艺术的目的，艺术的目的是要反作用于社会实践斗争。而艺术要能够起到这种反作用，本身必须利用自己的特性反映斗争，提出问题，而不是调和矛盾，抹煞斗争，创造什么"绝对境界"。

当然，我们不否认有一些艺术作品带有比较突出的娱乐性。但即使在这样一些娱乐性比较突出的作品中，其娱乐性仍然是与教育性相统一的。有一些艺术品比较重视感性形式的快感，但只要是艺术品，即使像轻音乐这样轻松的曲调，也仍然必须具备相应的理性内容，使人们在潜移默化中得到陶冶。更不用说，在这样一些偏重和谐的艺术品中，我们决不能发现没有矛盾、不分尔、我、内、外的"绝对境界"。试设想如果没有各种有差别的音响的组合，大概也就不会有任何和谐的音乐了。

然而，轻音乐不能代替一切艺术。那种偏重于和谐、娱乐的艺术品固然是不可缺少的，但站在时代最前列的艺术品，却是那些突出反映现实社会斗争的艺术品。偏重于形式美的艺术品（如轻音乐等）在适当的范围内固然有益于人们的休息，如果是好的作品，也还会有益于人们趣味的健康发展。但如果一个社会，充斥了这样一些强调娱乐、和谐的作品，或者一个人只喜爱、只接触这样一些形式优美而内容比较空泛的作品，则会玩物丧志，久之会脱离实际斗争，使革命意志消沉。因而有些类型的艺术品，少则有益，多则有害，多少、利害的关系，不可不辨。

艺术的主导，艺术发展的尖兵，不是那些强调和谐、娱乐的艺术品，而是那些在优美的形式下（甚至有些暂时还不具备优美形式）突出思想内容和教育作用的艺术品，亦即反映当前现实斗争和积极反作用于当前斗争的艺术品。这种艺术作品有着鲜明的认识和道德教育作用，与人的知识和意志（阶级的意志）有着密切的联系，从而可以深刻地、有力地培养欣赏者的科学精神和革命意志。这种艺术作品带有极大的鼓动性，它强烈地鼓舞着欣赏者的实践行动，虽然艺术作品本身并不是实践行动的对象。

看来，这样一些直接反映社会斗争并积极反作用于当前社会实践的作品，是最不利于周先生的"绝对境界"的理论的。我们相信，在被"绝对境界"的逻辑搞得头昏脑涨时，回忆一下我们阅读《红岩》、观看话剧《雷锋》的经验，所谓"绝对境界"，可以不攻自破。任何时代，特别是革命的时代，走在艺术行列前面的都是那些以内容为主，反映并适应当时现实斗争的艺术作品；而艺术本身的发展，也首先是内容的发展，是它所反映的现实斗争的发展，是阶级斗争的发展。生活内容的发展推动着艺术形式的发展，因而艺术本身的发展，也是充满了矛盾，充满了新内容与旧形式的斗争，哪里有什么"绝对境界"！

此外，我觉得，周先生的"绝对境界"说，就艺术趣味来说，还具有与中国封建士大夫阶级相同的地方。中国封建社会的士大夫阶级，为了欺骗人民、欺骗自己，常常幻想一种脱离斗争、脱离现实的"清静无为"的境界。周先生在《礼乐新解》和《艺术创作的历史地位》中，不厌重复地宣扬宋代理学家程明道的"动亦定，静亦定，无将迎，无内外"的"理想"。我们知道，程明道的修身养性说，是与他的唯心主义的理学思想一致的。其目的是要排恶浊之气，回复到"人生而静"、"万物一体"的境界。周先生所引，乃程明道答张横渠书中所云。程明道反对"性分内外"说，在信中他又说："与其非外而是内，不若内外之两忘也。两忘则澄然无事矣。无事则定，定则明，明则尚何应物之为累哉？"[①] 看来，这种"内外两忘"、"澄然无事"的境界，正是周先生说的"绝对境界"。当然，周先生对封建道学不能不加以"批判"，说他们"只是谈谈而已，未必常有这等境界"；但是，周先生虽认为"高谈"不能得到这种境界，却主张"只要坚持纪律，坚持斗争；解决问题，获得成果；则自然心情舒畅，随时可进入绝对境界"。于是，周先生与程明道在这个问题上不同之一，是在于周先生认为斗争是达到这种境界的手段，而肯定境界的存在，它为人们"热烈所求"、"令人羡慕"则一。周先生与程明道不同之二，即"哲学家如以为生活永恒如此，那却是不可能的"，程明道大概也并不认为生活现象永恒是"绝对境界"，所以才需要修养身性，以克服恶浊之欲，热烈追求"绝对境界"。

从以上分析中，我们看到，周先生在艺术领域里宣传的"绝对境界"说，原来并不是什么自家拈出来的新东西，不过是搬运资产阶级新黑格尔主义者的陈词滥调，同时又有意无意地表现了封建士大夫阶级的趣味罢了。

---

① 《明道文集》卷3。

试论悲剧的美学意义*

悲剧是美学的一个重要范畴,长期为历史上许多哲学家、艺术家思考和研究,积累了大量的理论和实际的资料,对于这样一些资料,我们应该根据马克思主义哲学观点,加以批判地研究,以便找出悲剧作为美学范畴的实质和意义。这样的工作是十分艰巨的,既需要精确地掌握历史上留下来的各种材料,更需要按照我们时代的新的标准和要求来对这些材料加以批判整理,才能得出比较科学的结论。本文只是一个极初步的尝试,不确切和错误的地方一定很多,亟盼得到指正。

悲剧作为美学范畴和作为戏剧的类型固然有一定区别,但作为美学范畴的悲剧从来都是受生活实践和艺术创作实践制约的,因而特别在早期,许多哲学家如柏拉图、亚里士多德等人,对于悲剧的研究,总是结合着具体戏剧创作实践来研究的,在他们对具体的戏剧类型特征的研究中,具有一般的美学意义,提出了一系列美学问题。但是悲剧作为美学范畴,比作为戏剧类型范围要更加广泛,它包括了生活中作为欣赏对象的悲剧性事件,而在艺术中,悲剧性也不仅可以存在于戏剧作品中,而且可以存在于雕塑、绘画、音乐和其它文学体裁(诗、小说、散文等)中。但是作为美学范畴的悲剧与作为戏剧类型的悲剧,的确具有更加深刻的联系,悲剧性这一美学范畴,在戏剧中表现得最为充分,这一点也是无可否认的。我们都知道,戏剧是社会矛盾冲突的比较直接的

---

* 原载《美学》第一期,上海文艺出版社1979年版,署名秋文。

反映，其它艺术种类，固然可以表现一定的悲剧性，但悲剧性的最本质的特点，在以人物行动和对话为特征的戏剧作品中能够最突出地表现出来。因而，我们对悲剧的美学的研究，也必须经常联系戏剧作品，并主要以戏剧作品作依据来论述我们的看法。至于悲剧性如何体现在其它艺术种类中，那是需要作另外研究的一个专门问题，虽然极有兴趣，本文就从略了。

在进入本题前，还有一点需要说明，即悲剧作为美学范畴，虽然为近代大多数哲学家所肯定，但也不是没有相反的意见。譬如克罗齐就绝无仅有地反对悲剧、喜剧等作为美学范畴。克罗齐认为，悲剧、喜剧、宏壮、诙谐等这样的区分，只有经验的根据，因而也只有心理学的根据，对于作为哲学一个部分的美学，则没有丝毫意义[1]。克罗齐这种观点，是从"美即直觉即表现即艺术"的主观唯心主义的公式出发的荒谬结论，在方法论上也是一种割裂经验和逻辑的康德主义的形而上学；他这种极端的观点，甚至他的某些继承者也都不得不稍加改变[2]。

一、悲剧是革命与反动、善与恶两种社会力量不可调和的斗争的产物

悲剧是在社会冲突中产生的，但并不是一切社会冲突都具有悲剧性，悲剧是一定历史时期善恶两种社会力量不可调和的斗争的表现，在这种斗争中恶的势力暂时相对地压倒了善的势力，善的势力在为自己开辟道路的斗争中，付出了严重的代价，这样的冲突，才可能具有悲剧性。

悲剧的问题，涉及深刻的伦理学问题，离开了伦理学，悲剧的问题是无法彻底解决的，因此本文在一些必要的地方，不得不结合着伦理学的范畴和问题来解释悲剧的问题。什么是善恶？善恶的标准何在？这是伦理学史上长期争论的问题。伦理学史上的经验主义者，否认善恶有什么绝对的确定的标准，认为一切都随个人的习性而变，而先验主义者则力图制造一种万古不变的善恶标准，找出一条先于经验的"道德律"，作为意志的根据。康德在《道德形而上学探本》一书中提出一个思想："在这世界内，或是就是在这世界外，除了好

---

[1] 见克罗齐：《美学原理》，第十二章。
[2] 参见卡瑞特：《美之理论》，第9章，1949年伦敦第五版。

的意志之外，没有什么东西可以无限制地被认为好的可能。智力、机警、判断力以及其他理智上的材力（无论它叫什么），或是勇气、果断、坚忍，属于气质上的，无疑地从许多方面看是好的，是人喜欢有的；可是，假如运用这些优点的意志，就是所谓品格不是好的，那末，这些天赋材性也会变成极恶毒极害人的东西。"① 在伦理学上，康德同样是主观唯心主义的，他把道德律变成了一种脱离具体历史内容的空洞的形式，他的道德箴言只能说出"应该"二字；但在上引一段话中，康德看到善恶的决定性的因素，不在人的才智和气质，而在才智和气质之外还有一个更根本的东西，康德把这种东西归结为主观而先验的原则，即意志。但实际上，决定行为善恶的，是人的客观的立场，是它客观上所代表的一定阶级的利益。每个人的聪明才智不同，即使能力较弱的人，只要他站在先进阶级的立场，那末他的行为就是善的。因而，应该说，阶级立场问题，在马克思主义看来，是划分行为善恶的决定性的根据。

伦理学是研究人与人之间的客观关系的科学，人与人之间的本质关系是生产关系，在阶级社会是阶级关系，一定的生产关系的好坏、善恶，要看它是否适应生产力的发展。一定的生产关系，一旦形成，就其内部来看，每一个环节都有存在的理由，所以形成一整套制度，一个体系，包括一整套思想体系，譬如封建社会中的忠孝节义，就是为维护封建制度服务的，但是决定生产关系好坏（先进、落后，革命、反动，善、恶）的决定性的关键，不在这种关系的内部体系，而在于它对生产力发展的作用，如果它不能适应生产力的发展，那末最终人民群众将通过革命斗争，彻底冲击这种生产关系的全部体系，重新建立新的体系。因而，马克思关于社会发展规律的发现，在伦理学领域也发生了一个革命变革。善恶的标准，既不是毫无确定性的主观经验规定，也不是脱离具体历史内容的抽象形式，而是在于符合社会客观发展规律与否。划分善恶的最后标准，在于行为的性质是有利于生产力进一步发展，还是不利于生产力进一步发展，是促进生产力还是促退生产力。在马克思主义看来，善恶的最后限界，也就是革命与反动的限界，离开了革命与反动的限界，一切善恶之争都是抽象的、空洞的。同时，正如马克思和恩格斯所指出的，迄今人类发展的历

---

① 康德：《道德形而上学探本》，第8页，1959年商务印书馆版。

史，都是阶级斗争的历史，先进的、革命的阶级和反动的阶级反映了不同的社会集团的经济利益，而先进的、革命阶级的利益符合着社会发展的客观规律，促进了生产力的进一步发展。因而在马克思主义看来，善恶的最后限界，也就是先进的、革命的阶级与反动的阶级的不同立场的限界，离开了阶级斗争，离开了阶级分析，一切善恶标准的争论，也都不能不是抽象的、空洞的。

我们就是本着这样一种善恶观点，来分析悲剧的实质的。

悲剧产生的一个重要前提即是：先进的、革命的阶级的产生、发展是一种不可阻挡的必然趋势，但它的胜利的实现过程并不是一帆风顺的，而是经过艰苦复杂的斗争的。革命事业的胜利，必须付出代价。

我们看到，最初在没有阶级的社会里，人为了发展自己的生产，为了征服自然，付出了多少艰苦的劳动。自然以其盲目的必然性与人对立着，人为了征服自然，必须通过不断的实践，掌握了自然本身的规律，利用它，对自然加以改造，使自然革命化。马克思、恩格斯在《德意志意识形态》里说，"实际上和对实践的唯物主义者，即共产主义者说来，全部问题都在于使现存世界革命化，实际地反对和改变事物的现状"①，即使自然界为社会需要服务，成为社会物质财富的一部分。

诚如黑格尔所说："一般说来，追究风暴，沉船，旱灾之类自然灾祸的原因较适于史诗而不适于戏剧。"②而在阶级社会以后，在人与人之间的斗争中，在阶级斗争中，这种复杂艰苦的过程是更为鲜明的。代表旧的生产关系的反动阶级，由于长期统治形成的一整套制度和体系，它们的社会关系表面上显得是"天经地义"的，是有其存在理由的，在社会上形成一种必然的力量，迫使人们遵守。譬如在封建社会对君主的"尽忠"的关系，长期成为一种义务，压在人们头上，为了摧毁封建主义的社会体系，必须和一系列封建义务作不屈的斗争。正因为封建的伦理关系有着一系列制度（包括武力的镇压制度）作后盾，这种斗争就显得格外艰苦。反动阶级、恶的势力是一种现实的、客观的力量，在起初，它维护着现存制度、现存的伦理关系，认为这是它的"神圣义务"，它的态度是严肃的；代表新的生产关系的新阶级，从旧的社会内部产生发展，

---

① 《马克思恩格斯全集》，第3卷第43页。
② 黑格尔：《美学》，第1卷第256页。

它以新的利益、新的理想与森严的现存制度对立,并展开不可调和的斗争;但它还很幼稚,还缺乏经验,还带有旧社会的深刻的影响,为了取得经验、摆脱影响、发展壮大,必须付出代价。在一个阶段,它也会遭到失败,受到现存制度的摧残,善的力量暂时为恶的力量压倒,先进的阶级的理想暂时为反动的阶级的现实所压制,产生了悲剧。恩格斯说,悲剧是"历史必然的要求与这个要求实际上不能实现之间的"①冲突。历史必然的规律,是在艰苦复杂、曲折迂回的矛盾斗争中开辟自己的道路的。

于是悲剧的产生具有深刻的社会根源,它反映了两种对立的意志、两种对立的理想、两种对立的实践原则的斗争,归根结蒂,反映了两种社会力量、两种阶级立场的斗争。但是,并不是任何善恶、革命反动的斗争都具有悲剧性,悲剧的基本特征在于:恶的势力带有传统的、实在的力量,压倒了善的力量时,冲突才是悲剧性的。悲剧是两种必然力量、两种社会理想的不可调和的产物。自然界的盲目的必然性就其自身来看是合理的、合规律的,江河泛滥对人的危害不是纯粹偶然的现象,正因为就其本身来看,带有某种必然性,因而才是巨大的、严肃的、应该重视的对象;但是盲目的自然规律不合社会的需要,它必须经过人的劳动实践才能转化成有用的(善的)对象。一定的社会制度在开始走下坡路时,走向反动的阶级有意识地维持着现存秩序,反动阶级不会自动退出历史舞台,它认为维护现存制度是"天经地义"的事,这时候,新兴的阶级如果不用物质的力量、革命的行动来改变现存社会关系,那末反动阶级将继续骑在人民头上,阻碍社会的发展。因此在旧制度、旧阶级还是一个强大的统治力量、带有全部传统的必然性时,新与旧、善与恶的斗争是带有悲剧性的。在这种条件下,矛盾冲突带有严重性,反映这种斗争的艺术作品,带有突出的真实的动人力量。

悲剧的世界是一个严肃的世界,它教导人们重视生活,指出生活的道路是充满了矛盾斗争的,要改造这个世界(包括自然界和社会制度)是要付出牺牲代价的。

悲剧的实质,一方面在于善恶两种社会阶级的理想、意志、立场和由此而

---

① 《马克思恩格斯论艺术》,第 1 卷第 41 页。

产生的行动的斗争，另一方面也在于这两种阶级力量、两种对立的实际的力量对比的特定性质。一方面是理想、意志、立场的善恶的限界，一方面在特定历史阶段的实际力量对比，这两方面是相互联系，而又不能不加以区别的。前者决定悲剧的倾向性，后者决定悲剧的严肃性，而历史上许多哲学家，由于他们时代的局限，都时常把这两个不同的方面混淆起来，得出错误的结论。

亚里士多德是最早对悲剧作系统研究的哲学家，在他的《诗学》中，提出了有关悲剧的一系列的基本问题，具有极其巨大的影响。亚里士多德认为，悲剧的人物要比现实中的更好，但纯粹的好人和纯粹的坏人都不能构成悲剧，因为前者不应受罚，后者罪有应得。悲剧人物的性格的复杂性，这是一个重要的现象，悲剧人物是现实中的人物，是有个性的人物，不是概念的化身，因而不会是十全十美的，但应该区分道德上的缺点和能力上的缺点，前者是立场问题，是实质问题，后者则是方式问题。有些品德高尚的人是因为幼稚而受难的，但幼稚不是道德上的罪恶。希腊悲剧"欧的浦斯王"弑父娶母，在于强调命运（实即盲目的自然力的歪曲反映）的可怕，欧的浦斯王本人却没有道德上的过错，而对无意中犯的错误的不可饶恕的自我惩罚，也正表明欧的浦斯王道德高尚。

亚里士多德对悲剧人物的分析，在黑格尔那里更得到了调和主义和唯心主义的发展。在西方美学史上，黑格尔对于悲剧有过深刻的研究，他在唯心主义辩证法的基础上深刻地看到悲剧冲突的伦理意义。黑格尔指出，悲剧的冲突，不是个人的偶然因素造成的，悲剧冲突展示着一种必然的力量，是两种带有实体性的伦理力量的冲突，是两种义务的冲突。黑格尔强调悲剧的必然性，是有其深刻之处的①。但是黑格尔却反对悲剧冲突在于善恶的斗争，而认为悲剧冲突的深刻根源在于两种片面但带有实体性的善的冲突。他说："所以原始的悲剧就在于：在这样一种冲突里，对立的双方，就其本身而言，都是合理的，可是从另一方面来看，双方只能把自己的目的和性格的肯定的内容，作为对另一个同样合理的力量的否定和损害予以实现，结局就是它们在伦理的意义上，并

---

① 车尔尼雪夫斯基反对悲剧的命运观点，在当时有着进步的意义。但他却走向了另一极端，即完全否认悲剧的必然性，以偶然性来解释一切悲剧冲突，显然也是错误的。

且通过伦理意义来看，全部都是有罪的。"① 黑格尔反对悲剧在于善恶的斗争，实质上也就否定了对于悲剧人物可以有确定的道德评价，抹杀了在悲剧冲突中包含着正义与非正义、善与恶、革命与反动的不可调和的斗争，充分暴露出当时德国资产阶级的庸人气息。同时，在理论上，黑格尔也混淆了善恶的客观历史限界和善恶两种力量在历史发展特定阶段的实际对比。阻碍社会历史发展的恶的势力在一定的历史阶段（一般都在其开始没落的初期），在客观上可以是一种严肃的力量，它的理想、意志、义务，就旧的社会体系的内部来看，有着自然的、合理的根据，而且它拥有强大的统治工具和经验，因而它才能产生一种震慑人心的行动，但按其阶级本质说，就道德评价言，它是恶的，是反动的。同时，黑格尔关于两种片面的"善"的悲剧观，可能不自觉地反映了这样一种历史情况：即历史上任何一个剥削阶级，即使在它革命的时代，总还带有严重的历史局限性和片面性，即它们总不可能与历史的真正主人——劳动群众的利益真正一致，因而剥削阶级之间的斗争，无论哪一方，都不可避免地带有局限性和片面性；但应该指出，这种历史局限性，并不能抹杀一定剥削阶级在一定历史阶段，可以成为推动历史发展的动力之一，成为革命的力量，因而也应该承认它们是一种善的力量，黑格尔夸大了这种相对性，以抽象的善的标准来掩盖历史发展的主流，在方法论上显然也是错误的。

从这样一种调和主义的立场出发，黑格尔特别欣赏古希腊的悲剧，而不大欣赏莎士比亚的悲剧，黑格尔接受亚里士多德的观点，认为纯粹的恶人和纯粹的好人都不是悲剧人物，他说："如果在悲剧中出现了暴君和无罪的人，那个戏就写得淡而无味了；——那是贫乏的，毫无道理的，因为这里面有的只是空洞的偶然性。"② 黑格尔这种调和主义理论固然不能正确解释莎士比亚的"恶人的悲剧"，不能解释高乃依所提出的"无罪的悲剧"，即使对希腊悲剧，按照黑格尔的理论，也不能得出正确的解释。

黑格尔认为希腊悲剧中最能说明他的理论的是索福克里斯的《安提哥妮》。剧本描写欧的浦斯王因弑父娶母自行流放后，他的两个儿子厄忒俄克勒斯和波

---

① 黑格尔：《美学》，英译本第4卷第297页；译文见《古典文艺理论译丛》，1963年第6期。
② 黑格尔：《哲学史讲演录》，第2卷第106页。

吕涅刻斯自相残杀，王位为舅父克里昂继承。因为波吕涅刻斯勾结外敌，进攻祖国，所以克里昂下令禁止收尸。但波吕涅刻斯的姊姊安提哥妮却按照当时家族和宗教的要求，坚决与克里昂展开斗争，收了她弟弟的尸。克里昂为了维护国法，把她囚禁赐死，克里昂的儿子为安提哥妮的未婚夫，得信自杀。在黑格尔看来，悲剧冲突以家法（宗法）和国法两种伦理观念展开，双方都有片面的合理性，各执一方面，达到了悲剧性的结局。黑格尔这种解释是与剧本的客观倾向性不一致的。我们明显地看到，索福克里斯的同情是在安提哥妮这一边，而对克里昂的所谓"国法"进行了淋漓尽致的揭露。黑格尔对这个剧本的观点，立刻受到歌德的严格的批评："克里昂禁止收葬波吕涅刻斯，让空气染臭尸体，又让鸷鸟衔尸肉污秽神坛，这种行为对人对神都是大不敬，不能算维持国法，简直是违反国法。"① 歌德这种看法不一定正确，但批判黑格尔否认悲剧的倾向性，显然是应该肯定的②。

黑格尔这种调和主义的悲剧观，同时是与他的客观唯心主义的"永恒正义"的观点分不开的。黑格尔继承并发展了谢林的绝对唯心主义，在主体和客体之上找出一个"绝对"，在两个片面的善之上，找出一个"永恒的正义"、"绝对公理"，认为悲剧通过两种片面的善的矛盾冲突展示了"永恒正义"的胜利。黑格尔说，在悲剧中"所毁灭的不是在我们内部最高的东西。我们并不在最好的东西的毁灭中，而是相反地在真正的东西的胜利中得到提高的。正是这一点构成古代悲剧真实的、纯伦理的旨趣"③。这种不能毁灭的永恒的东西，扬弃了两种对立的伦理观念的片面性，在悲剧中毁灭的只是对立力量各自的片面性，而这两种力量通过这种斗争，达到悲剧性的"和解"，即都在"永恒正义"的胜利中得到肯定。黑格尔的辩证法，在这个问题上也充分暴露出是被他的绝对唯心主义歪曲了的。黑格尔没有看到，悲剧矛盾斗争的结果，虽然新生事物暂时受到压制，但通过这种挫折牺牲，展示着对立的一方（新生事物、善的力量）的必然胜利。黑格尔企图从矛盾双方之外去寻找一个第三者（"永恒正义"）来"和解"悲剧冲突，实际上，解决悲剧冲突的力量，正在这种冲突

---

① 见克拉克编：《欧洲戏剧理论》，1918年版，第332页。
② 后来车尔尼雪夫斯基也曾指出，说每个悲剧英雄都有罪过，是残酷的。
③ 黑格尔：《法哲学原理》，商务印书馆版，第157页。

本身，对立的一方，在斗争中得到锻炼，百折不挠，展示着新生事物的不可抗拒性。

我们看到，"悲剧的和解"这种古希腊哲学家的"中庸"伦理思想，在黑格尔那里，在系统的客观唯心主义体系中得到了更进一步的发展。"和解"的观念，使黑格尔的悲剧论得到乐观主义的结论，他相信"永恒正义"必然胜利，反对悲剧给人哭哭啼啼的效果，而提倡达到"和解"的更高境界。它与悲观主义的悲剧观是不同的，悲观主义者认为悲剧的任务就在通过英雄人物或无辜者的毁灭，展示尘世的苦难。叔本华以及现代存在主义哲学的悲观论，反映了资产阶级腐朽、没落、绝望的心情。但是，黑格尔的乐观主义，不是革命的乐观主义，他的乐观主义，带有从莱布尼兹以来的浓厚的调和主义色彩。悲观主义片面歪曲悲剧冲突，站在反动阶级的方面，为自己的必然消亡而哀叹；黑格尔则从其绝对唯心主义体系出发，虽经过矛盾发展，最终达到"绝对的同一"①，没有看到同一永远是相对的，斗争才是绝对的，在同一中仍然有着斗争。革命的乐观主义，一方面对新事物、先进的阶级的事业，抱着无限信心，无论付出多大代价，终将胜利，另一方面对旧事物、反动阶级采取最坚决的革命态度，彻底与其决裂，认为新事物的胜利，不是与旧事物"和解"得来的，只有对反动阶级坚决斗争，彻底摧毁旧的制度、旧的生产关系，才能建立新的生产关系，从而使生产关系与生产力达到更高的统一。

因而马克思主义者对待悲剧的态度既不同于悲观主义者，也不同于调和主义者，悲剧的真正任务既不产生悲观绝望，也不产生庸俗迁就。在悲剧冲突中，革命阶级、新生力量经受着严重的考验，虽然暂时受到挫折，但给人以教训，既教人重视旧势力的严重性，又揭示了它的走向毁灭的必然趋向。一方面，旧势力由历史形成的巨大力量，暂时压倒了新生力量，使新事物在斗争中吸取了教训；另一方面，悲剧更深刻的意义还在于：对于方兴未艾的新事物，旧势力却不得不竭尽全部力量，精疲力尽地把他压倒，正像蜜蜂一样，在蜇人的时候，也付出了它的生命。在悲剧中，恶的力量愈是严重、愈是费尽心机，

---

① 黑格尔和谢林都承认主体和客体的"绝对同一"，但黑格尔批判了谢林的不经矛盾斗争的"直觉的同一"，主张有矛盾、有发展的"辩证的同一"。这是黑格尔对辩证法的巨大贡献。但黑格尔的哲学体系同样是要求达到"绝对"，所以他从革命的前提出发，却得出了保守的结论。这反映了黑格尔哲学体系与方法论的深刻的矛盾。

愈展示它的灭亡的不可避免性。由于矛盾双方面这样一些特殊性质，才能在悲剧性的冲突中，揭示出革命阶级必然胜利的客观社会发展规律。

二、悲剧与崇高

车尔尼雪夫斯基说："美学家们把悲剧性看作最高的一种伟大①，或许是正确的"②。的确，在西方近代美学史上，悲剧与崇高是密切不可分的两个美学范畴，为了更进一步弄清楚悲剧的实质，我们应该研究一下崇高这个概念，以及它和悲剧的关系。

在研究"崇高"这一美学范畴时，我们首先应该注意到，它作为一个独立的美学范畴，是比悲剧晚得多的事。在西方美学史上，只是在亚里士多德系统研究了悲剧以后一千多年的近代，崇高才作为一个美学范畴，被广泛研究。古代罗马的朗加纳斯曾有专文论述崇高，他在个别论述中也还敏锐地看到了崇高的一些现象，譬如他说："我知道最恢宏的智力并不是最精细的。常常专求精确的心灵是容易溺于琐屑的。但是伟大的思想的宏富，犹如巨大的物质财富，是难免偶然的、细腻的、欠缺的。这难道不是必然的么？"③ 这里显然涉及崇高与美的区别和对立的一面；但是，总的看来，朗加纳斯的《论崇高》主要还是从修辞学角度，要求表达庄严的思想，同时又要有适度感。

在西方美学史上，十八世纪英国经验主义者柏克首先详细地观察了崇高和美的不同特点，他说："崇高的对象在它们的体积方面是巨大的，而美的对象则比较小；美必须是平滑光亮的，而伟大的东西则是凹凸不平和奔放不羁的；美必须避开直线条，然而又必须缓慢地偏离直线；而伟大的东西则在许多情况下喜欢采用直线条，而当它偏离直线时也往往作强烈的偏离；美必须不是朦胧模糊的，而伟大的东西则必须是阴暗朦胧的；美必须是轻巧而娇柔的，而伟大的东西则必须是坚实的，甚至是笨重的。"④ 柏克从洛克的经验主义、感觉主

---

① 车尔尼雪夫斯基从一个物象在规模或力量上远比另一物象大的观点出发，认为用"伟大"（das Grosse），比"崇高"（das Erhabene）要确切。
② 车尔尼雪夫斯基：《论崇高与滑稽》，《车尔尼雪夫斯基美学论文选》，人民文学出版社版，第98页。
③ 朗加纳斯：《论崇高》，第33条。《文艺理论译丛》，1958年第2期。
④ 柏克：《关于崇高与美的观念的根源的哲学探讨》，译文见《古典文艺理论译丛》，1963年第5期。

义出发，对崇高和美的区别，从体积、表面、颜色、重量等方面作了朴素而敏锐的观察，在他的写作中，集中了大量有关崇高的现象，对后来德国古典唯心主义者从哲学上对崇高加以研究，提供了丰富的材料。

康德从他的先验唯心主义的哲学出发，对崇高作了哲学上的考察，纳入了他的哲学体系，成为《判断力批判》中"情感判断"（或译"审美判断"）的一个重要环节，"崇高"成为一个真正的美学范畴。

构成康德哲学的三部著作《纯粹理性批判》、《实践理性批判》和《判断力批判》中，第一批判研究的是现象界的先验原则，涉及到认识论的问题；第二批判研究的是本体界的理性原则，涉及的是道德哲学问题，而康德按照他的二元论和不可知论的哲学前提，认为本体界和现象界是截然不同的两个领域；为了沟通这两个领域，康德写下了第三批判，研究情感和目的论问题。康德认为，本体界和现象界只有在美和崇高的情感中才能得到沟通。因此，在康德美学中，美和崇高是两个必然相联的环节。在康德看来，美是重形式、感性的，而崇高则是重内容、理性的，崇高是由美的情感（趣味判断）到理性（实践理性、意志）的过渡环节，因而崇高比美更接近道德领域，更具有伦理的意义。康德认为，崇高只是思想的力量，它显示了超越一切感官标准的心灵能力，他说："我们所谓外在的、甚至内在的（如某种感动）崇高只是表现心灵能够借助道德原则克服这种或那种感性的阻碍，从而得益处。"① "崇高是只直接与某些利益相对立而使人愉快的东西。"② 因而，在康德看来，对崇高的对象的欣赏，比对美的对象的欣赏，是更需要文化的③。

我们看到，康德利用了柏克对崇高现象所作的大量观察，加以分析研究，是捕捉到一些重要现象的，但是他对这些现象的解释、他的理论却彻头彻尾是主观唯心主义的。在康德看来，人们之所以产生崇高感，并不是由于对象本身的特殊社会属性，而是由于激起了主观的精神力量。康德认为，人面对一个巨大的或强有力的对象，就人作为感性自然的存在来看，受到威胁，感到畏惧，但就人作为超感性的理性存在来看，他又能超越对象，因而产生自豪感。从这

---

① 康德：《判断力批判》，英译本第 124 页。
② 同上书，第 134 页。
③ 参见同上书，第 131 页。

种理论出发，康德觉得崇高感比美感是更主观的。我们看到，康德把人的力量，归结为"理性的力量"，暴露了他全部主观唯心主义的实质。与康德相反，人的理性、人的精神固然具有极其伟大的作用，但是人之所以能够征服在力量和数量上大过人的肉体的自然界，最根本的原因还在于人的社会物质实践。人为了征服自然界，结成了劳动的共同体，利用工具，通过社会性的物质实践，在艰苦复杂的斗争中，发挥着无比的威力。因而，在巨大或强大的自然对象面前，作为自然存在的人，感到压抑、可怕，但作为社会的人，则又感到无论如何可怕的自然也是可以征服的对象。对象愈是巨大、可怕，愈能考验并显示人的实践力量的伟大。

但是，康德在《实践理性批判》中把人的实践行动，奠定在空洞的理性（道德律）的基础上，而根本看不到人的物质的实践力量。从这种主观唯心主义立场出发，康德把崇高分成两种，一种是数量上的崇高，它引起无限的观念，由于一切形式都是限制，因而它是"无形式"的，另一种是力量上的崇高，它引起绝对的观念①。康德（以及后来的黑格尔）这种唯心主义的观点，遭到了车尔尼雪夫斯基的批判，他指出："即使终于放下'绝对观念'而不予以驳斥，但是我们还是不能同意'崇高的物象就是在我们心中唤起无限观念的物象'这句话的。假如严格而毫无偏见地考察一下我们在静观崇高物象之时内心所发生的一切，那末我们便深信：使我们觉得崇高的，正是那个给我们以崇高之印象的物象本身，而同时，在我们看来，它绝不是无限的或者不可测量的。"② 我们看到，在坚持崇高在于对象自身的属性不是主观精神的产物这一点上，车尔尼雪夫斯基是唯物主义者，他对康德和黑格尔的批判是完全正确的。但是，车尔尼雪夫斯基所理解的对象的属性，只是对象的自然属性，而不是对象与人的社会实践客观关系所构成的社会属性，因而使他自己的理论停留在形而上学的阶段。车尔尼雪夫斯基本人对崇高所下的定义："崇高的物象乃是其规模远超过与之比较的其他物象的那个物象，崇高的现象乃是其力量远强于与之比较的其他现象的那个现象。"③ 显然带有形式比较的性质④，在崇高的

---

① 叔本华继承了康德关于崇高的观点，并增加一种时间上的崇高，即古代的遗物，经过时间的洗炼，常引起崇高感。（参见《世界作为意志和观念》，英译本第1卷第268页）
② 车尔尼雪夫斯基：《论崇高与滑稽》，《车尔尼雪夫斯基美学论文选》，第91页。
③ 同上书，第94页。
④ 猫比蚂蚁大得多，但猫一般不引起崇高感。

问题上，车尔尼雪夫斯基甚至比他对美的问题的见解还要倒退了一步①。

崇高作为特定对象的一种属性，虽然不能离开对象的自然属性，但它甚至比美的对象更加侧重于对象的社会属性。崇高的对象是要付出很大的代价才能征服的对象，因而它与实践的对象有着最直接的联系，崇高的情感与实践的意志有着密切的关系；当然，崇高的对象，基本上还是欣赏的对象，崇高是一个美学范畴，但是一个与伦理学范畴密切联系的美学范畴②。

虽然后来许多资产阶级美学家利用康德关于崇高的观点（特别是力量上的崇高）来解释悲剧，但康德本人对于悲剧和崇高的关系只说过一句话，即悲剧是崇高加美③。

就本质来说，悲剧和崇高的特征是一致的。在自然界中，崇高表现为单方面的，即只以自然盲目的必然性（汹涌的波涛、狂风暴雨等），激起欣赏者的崇高感，曲折地反映人的实践、劳动对这种对象斗争的艰苦性和伟大④，以这种对象为题材的艺术品，照康德的见解，是很难充分表现崇高的气魄的⑤，因而这种崇高主要在自然界本身。在艺术作品中，则要以人为主，描绘这种斗争过程的艰苦性；而在悲剧中更反映了促进生产力进一步发展的先进阶级与阻碍生产力发展的反动阶级之间的有意识的殊死斗争，崇高的风格达到了最为明显、最为尖锐的表现。

由此可见，悲剧和崇高在本质上是一致的，但在现象上还有一定的区别⑥，悲剧是崇高的集中表现。在某种意义上，在人与自然斗争的过程中，也带有一定的悲剧因素，所以形成崇高的对象，但是在社会斗争中、在阶级斗争中，这种崇高的对象得到了集中的表现，成为悲剧。

但是，无论人与自然的斗争，或者社会的阶级斗争，崇高的对象，总要通过复杂曲折而艰苦的过程体现、展示人的实践力量的不可战胜，总要体现革命事业的不可阻挡，即善的力量最终要战胜、征服恶的力量，虽然暂时受到挫折，付出了严重的代价。这个斗争的艰苦性，表现在从强烈的肉体和精神的痛

---

① 车尔尼雪夫斯基企图从生活的观点来解释美，虽然他对生活本身的理解是人本主义的。
② 美学史上许多人都曾指出：欣赏崇高的对象，欣赏者要处在安全的地位，以便保持静观的欣赏态度。
③ 康德：《判断力批判》，英译本第214页。
④ 许多巨大的工程（即改造过的自然），则直接肯定了劳动力量的伟大，也给人以崇高感。
⑤ 如绘画、雕塑都必须把体积缩小，崇高的效果就会减弱，宽银幕电影出现，自当别论。
⑥ 所以黑格尔把康德的崇高一分为二：象征主义的和浪漫主义的，在象征主义阶段，感性压倒了理性，理性在感性的制约下骚动；在浪漫主义阶段，人的理性以直接的形态体现在诗里，而在悲剧中达到了最高峰。

苦直到悲剧英雄的死。

生死的问题是现代悲剧理论中一个重要的问题。现代资产阶级及其追随者现代修正主义在这个问题上日益暴露出它们的共同的反动本质。牺牲和个别人物的死亡常常是悲剧冲突的重要因素，任何斗争（包括人与自然的斗争在内），都不能避免牺牲；固然，革命者应该在斗争中讲究策略，避免不必要的牺牲，但是斗争的策略、经验要从斗争的过程中积累起来，因而有斗争就有牺牲这是一条客观规律，悲剧就是要把这个道理告诉观众，目的在于认识这种必然性，鼓舞不惜一切牺牲的革命气魄。死是自然的必然法则，骇怕在社会斗争中牺牲的人也总不免一死，也就是说，个人的生命总要在与自然的斗争中被盲目的自然律夺去。但是人并不因为个人终将死去而悲观失望（没落阶级的情绪除外），因为人同样利用自然的生殖规律保持并发展自己的种族，继续进行革命的斗争。甚至在十八世纪像黑格尔这样的调和主义者由于终究还带有一定的进步性，曾经说过这样的话："束缚在命运的枷锁上的人可以丧失他的生命，但是不能丧失他的自由。"①

中国人有句古话：死有重如泰山，有轻如鸿毛。庸庸碌碌老死于户牖，在关在书房里沉思默想的哲学家看来或许有一定悲剧意义②，但就一般人来说，平常的生老病死，并不构成悲剧，正如别林斯基所说，如果凡是死亡都算悲剧，悲剧何其多也。悲剧常常在历史发展一定阶段的转折点上产生，是在革命利益和反动势力矛盾最尖锐、最集中的时刻出现，这时候，悲剧英雄壮烈的牺牲，严重地震撼着人的心灵，鼓动着不可抑制的革命激情。

这时候，作为个人来说，悲剧英雄是牺牲了，他的肉体虽然消失，但他的理想、他的事业，却由于他的牺牲更加强烈地感染广大的人民，广大人民通过他的事迹，继承并发展着他的事业，为实现共同的革命理想而奋斗，在这个意义上，悲剧英雄又是不朽的。

三、悲剧的不同类型

以上我们分析了悲剧的社会本质，认为悲剧的社会根源在于在一定的历史

---

① 黑格尔：《美学》，第 1 卷第 198 页。
② 这种现象亦有一定的社会根源。

阶段，恶的力量暂时压倒了善的力量，在善恶的殊死斗争中，展示着善的力量的必然胜利。但是，随着社会生活和艺术创作实践的发展，悲剧在历史上有着各种各样的类型，对于这些极为繁杂丰富的现象，应该加以具体的分析。固然，拘于现象的丰富性，不敢概括出悲剧的本质，是一种经验主义的肤浅态度；但是如果只停留在一般抽象的理论上，完全忽视丰富的现象，也是脱离实际的浮夸态度。然而，对于悲剧的各个历史形态作全面的论述，需要研究全部戏剧史和艺术史，我们现在只能就一些主要的类型加以分析介绍。同时，由于前面指出过的悲剧在戏剧中表现得最为集中，我们的论述也主要依据戏剧作品，而在个别场合下，也援引一些其他艺术领域里的材料。

关于悲剧的种类问题，也曾经是许多哲学家接触过的问题。亚里士多德最早提到命运的悲剧和过错的悲剧。黑格尔把悲剧分成古代的和近代的两种，黑格尔认为只有以希腊悲剧为代表的古代悲剧最符合悲剧的要求，它是代表两种实体性的伦理力量展开斗争的，而以莎士比亚为代表的近代悲剧则受个人情欲支配，已失去了悲剧意味。在黑格尔看来，古代悲剧的价值在于追求普遍的、本质的内容，反映了实体性的伦理义务的冲突，而近代的戏剧，则沉溺于个人偶然的激情的发抒，个性虽然具有一定的意义，但已失去普遍的丰富的社会的意义，不能有更深刻的动人力量。我们看到，黑格尔这个观点显然是抽象的、脱离历史的，其根源在于他对于封建制度和思想的妥协性，和资产阶级本身的局限性。我们知道，文艺复兴以后，在思想领域内、在道德领域内提出了个性解放的呼声，新兴的资产阶级用感性的、自然的要求与封建的和宗教的道德教条坚决对立，因而这时候的感性的、自然的情欲的满足，成为向封建主义斗争的武器，本身不只是个人的，而是具有深刻的社会根源的。

反理性主义者叔本华，也对悲剧的类型问题提出过他的看法，他把悲剧分成三种类型：第一种是大恶人的悲剧，如理查三世等，第二种是命运的悲剧，如欧·浦斯王被不可掌握的偶然性所玩弄，第三种是既不需要悲剧人物的过错，又不需要偶然性的机会，而是由悲剧人物所处的地位必然造成的[①]，叔本华从悲观主义立场出发，认为第三种类型的悲剧是最深刻的。

---

① 参见叔本华：《世界作为意志和观念》，英译本第1卷第328—329页。

黑格尔以后的客观唯心主义者,如哈特曼等人,更对悲剧作了"壮烈的悲剧"、"凄惨的悲剧"等区分,有些固然看到其中细致的区别,有的则是完全缺乏历史和现实意义的繁琐、学究式的割裂。

一般说来,悲剧作为一种戏剧类型,起源于古代希腊酒神祭祀时的"酒神赞歌"。酒神是农业之神,在古代希腊人的观念里,酒神和人一样,有着意志、情欲,他常常有意识地和人作对,造成农业上的歉收,因而酒神最初作为宗教膜拜的对象,实质上歪曲地反映了自然盲目的必然性和人的对立。在社会生产力还极其低下的时候,自然的客观规律对人来说还是一种不可预测的可怕的力量,成为原始宗教的对象。随着社会劳动实践的发展,随着人在实际上逐渐控制了自然,宗教的对象也逐渐转化为欣赏的对象。宗教祭祀的仪式,转化为艺术的表演(歌唱、舞蹈和戏剧)。这时候,某些自然对象,虽然仍然以其自身的体积和力量,使人敬畏,但其性质已与宗教的膜拜不同,已经是艺术欣赏的性质。但是,在古代希腊,社会实际生产力,总还是相当低下的,艺术创作中还不可避免地渗透着深刻的宗教影响,这时候的悲剧,往往表现为命运的悲剧。

在命运的悲剧中,悲剧的人物要想做命运的主人,但是命运却似乎一切都给安排好了,无论怎样反抗,最后还要就范。这种悲剧在宗教的形式下,歪曲地反映了现实生活中自由和必然的矛盾。欧的浦斯王离开了父母,本来是要摆脱弑父娶母的命运,要以自己的行动争取自由,但是这种行动的结果,正好落入命运的圈套,卷入必然锁链的漩涡中。

旧的社会制度也像事先安排好了的"命运",给新生的事物以层层的压制,新生事物的反抗,遭到"命运"的报复。普罗米修斯把火偷给人间,违反了"天条",受到了惩罚。在这里我们又一次看到了悲剧冲突的基本因素,即善恶两种必然的力量的殊死斗争,而在这里我们更进一步看到这种斗争,具体表现为争取自由和盲目的必然性之间的斗争,表现为自由和必然之间的复杂辩证的统一过程,也就是马克思和恩格斯所指出的由必然的王国向自由的王国飞跃的复杂曲折过程。自由是认识了的必然性,自由就某种意义来说,是更高的必然,正如恩格斯所说:"意志自由只是借助于对事物的认识来作出决定的那种能力。因此,人对一定问题的判断愈是自由,这个判断的内容所具有的必然性就愈大……"① 但要认识、掌握,并征服这种必然性,是要付出代价的。盲目的必然性以其巨大的力量要你服从,为了摆脱这种服从的、奴役的地位,必须一方面发扬革命的意志和精神,蔑视一切困难,同时在具体行动中也要重视要征服的对象,讲究策略方式。但是斗争经验的获得要通过无数的失败教训,不断实践试验,才能成功。毛主席教导我们在战略上要藐视敌人,在战术上要重视敌人,这一原理是马克思主义对生活真理的揭示,具有极其伟大的现实意义。

生活的斗争、悲剧的冲突包含着发扬革命的精神和提倡科学态度两个方面的教育意义,这两个方面,在悲剧中达到高度辩证的统一。在一定历史阶段,善的力量固然表现出最可贵的革命志气,但由于它还幼稚,缺乏经验,或其他一些性格上的弱点,受到敌人暂时的摧残,它教育人们必须在具体行动中重视敌人;但也正在这种暂时失败中,既培养了重视要征服对象的科学精神,又激励起更坚决的革命意志。

悲剧中这两个方面的意义既然处于辩证统一中,就不会是绝对平衡的,它们互为条件、互相制约、互相转化,因而可以存在不同的侧重方面。我们看到,索福克里斯的《欧的浦斯王》和埃斯库罗斯的《普罗米修斯》的确存在着不同的特点。《欧的浦斯王》作为真正的悲剧,当然也刻画了欧的浦斯王的坚忍顽强的英雄性格,但也侧重于表现命运的可畏,让人们对它的斗争的对象竦然,而《普罗米修斯》则更加侧重于善的意志的激发,表现悲剧英雄顽强的反抗精神。请听英雄的呼叫:"啊,晴朗的天空,快翅膀的风,江河的流水,万顷海波的欢笑,养育万物的大地和普照的太阳的光轮,我向你们呼叫:请看我这个神怎样受了众神迫害,请看我忍受什么痛苦,要经过万年的挣扎。这就是神中的新王想出来对付我的有伤我的体面的束缚。"② 悲剧英雄虽然遭受折磨,但是却始终激昂慷慨,毫无畏惧。这种悲剧,按照其具体特征,我们可以叫做英雄的悲剧。我们看到,命运的悲剧和英雄的悲剧反映着悲剧冲突的两个不同的侧重方面,形成悲剧的两种基本类型。

命运的悲剧在中世纪封建、教会的黑暗统治年代,得到了恶性的发展,成

---

① 恩格斯:《反杜林论》,人民出版社1970年版第111页。
② 埃斯库罗斯:《普罗米修斯》,《埃斯库罗斯悲剧二种》第10页。

为封建和宗教统治人民、麻痹人民的工具。根据基督教的原罪说，每个人生下来就是有罪的，人之所以有罪，就在于他在生活，现实世界充满了不幸和苦难，这是一种赎罪的惩罚，人必须忍受和服从。封建和教会统治，面对现存社会的痛苦和不幸的事实，以"赎罪"的思想，迫使人们安于现状，忍受痛苦，以便死后升入"天国"。基督教这种观点，得到了叔本华的大力鼓吹。叔本华从反理性主义的生活之意志出发，十分重视悲剧的研究。叔本华认为在一切艺术之最高的艺术中却以可怕事情作对象这一事实值得我们再三深思。叔本华的哲学基本观点，把世界的本质归结为生活的意志、意愿以及意志的对象化——观念（或译"理念"），受这种意志支配的人总是生活在痛苦之中，他认为，既然暂时的幸福是新的痛苦的起点，那末幸福和愉快是相对的，而痛苦、遭难是绝对的，"人知道得愈清楚，愈有智慧，他就愈痛苦；从而愈有天才的人，也就愈痛苦。"① 从这个观点出发，叔本华大力宣扬"人天生有罪，人生就是赎罪"的观念。因此，叔本华与黑格尔不同，他把基督教殉难、赎罪的悲剧放在古代希腊悲剧之上。在叔本华看来，悲剧的本质的意义，不是别的，正在于说明一种忍让观点。他说："古代的悲剧英雄表现为坚决服从不可避免的命运的灾难，而基督教的悲剧，相反地，表明放弃全部的生活欲望，愉快地看到这个世界的无价值和空虚。"② 古代悲剧教人积极地参加斗争，而基督教悲剧却教人消极地逃避斗争。叔本华认为，"这一切是因为古代没有达到悲剧的高峰和目的，或者实在是没有达到生活观点的顶峰。"③ 叔本华自诩掌握了生活的最深微的本质，因而也捕捉到了悲剧的本质；实际上，叔本华只是从其反动的资产阶级立场出发，掩盖生活的本质，麻痹人们革命斗争的意志，散布悲观气氛，叫人无可奈何地听任现存制度的压迫。从这种哲学观点出发，叔本华对于被黑格尔备加称赞的索福克里斯的《安提哥妮》，采取截然相反的态度，叔本华甚至觉得安提哥妮那种勇于斗争、不屈不挠的精神是很讨厌的④。

封建统治和宗教教会给人们设立了一整套森严的枷锁，要人们无条件地遵守这种制度，这是一种义务，为了义务，人们甚至应该牺牲尘世的幸福。在中

---

① 叔本华：《世界作为意志和观念》，英译本第 1 卷第 400 页。
② 同上书，第 3 卷第 214 页。
③ 同上。
④ 同上。

世纪封建、教会统治时期，服从封建秩序，克尽义务，乃是一切道德行为的最高标准。但是，这种封建的、宗教的义务，终将为新的社会关系所粉碎，当时新兴的资产阶级就用人的感性的欲求的合理性，来反抗封建、宗教统治，用幸福或感性的快乐来与中世纪禁欲主义的义务坚决对立，产生了影响极为深远的严重斗争。

因为悲剧与伦理观念密切联系，简单地介绍一下当时伦理观念方面的斗争，对于我们了解这一时期剧作的思想倾向是有好处的。与中世纪奉行斯多葛主义和禁欲主义相反，近代欧洲随着资产阶级的兴起，发展了伊壁鸠鲁的快乐主义。人们以人性来对抗神性，强调感性的愉快和享受。这在当时的条件来看，是有一定进步意义的，当时进步的哲学家，常常是快乐主义者和幸福论者。英国资产阶级哲学家的重要代表人物——洛克，就明确地提出以感觉的苦乐作为划分善恶的标准。他说："事物之所以有善、恶之分，只是由于我们有苦、乐之感。"① 但是，在当时以幸福作为道德的最高原则和以义务作为最高原则是绝对冲突的。前者代表新兴的资产阶级的利益，后者代表没落的封建阶级的利益。在这种殊死的斗争中，软弱的人采取了妥协和屈服的态度。这种情形在理论上德国资产阶级表现得最为突出，而在实际上法国资产阶级在集权主义时期也有一定的表现。德国资产阶级带着它先天的软弱性，既不敢于斗争，又不敢于胜利。早期的莱布尼兹，在法国和英国接触到当时许多著名的资产阶级学者，但却反对洛克的认识论，在伦理观念上为宗教护法，认为上帝是以最好的方式来创造世界的，现实世界是最好的世界，比起斯宾诺莎的无神论、笛卡儿的坚决划分科学和宗教的二元论等先辈来，他显然带有更大的妥协性。康德是近代伦理学体系的创始人，他虽然承认人有追求幸福的权力，但却认为"义务心"与幸福无关，而且是道德行为的最高也是唯一的根据，甚至欺骗人们说，只有在彼岸世界，义务和幸福才能真正结合。

当时伦理观念中义务与幸福的矛盾反映了现实生活中的矛盾，就当时具体历史条件来说，本质上反映了资产阶级要求改变现实和封建、僧侣阶级维持现存制度的矛盾。这在当时来说，是先进与落后、革命与反动的矛盾。这种矛盾

---

① 洛克：《人类理解论》，关文运译，1959年商务印书馆版第199页。

常常成为当时悲剧冲突的深刻的社会基础。当时资产阶级强调自然的感性需要，显然也有自身的历史局限性，这种思想奠定在个人主义的基础上，是资产阶级的阶级本性的表现，因而这种观念，随着资产阶级取得政权后日益走向反动，而由革命的、进步的法国唯物主义的伦理观走向了边沁、弥尔以及后来实用主义等露骨的个人主义、享乐主义的伦理观，彻底暴露了资产阶级的反动性质；但在当时，在资产阶级反对封建主义、反对中世纪教会统治时期，这种强调个人感性需要的伦理观念，是有一定的革命的、进步的意义的。

在当时，在艺术作品中，幸福的问题常常集中表现在爱情问题上，因为爱情在中世纪封建社会是最受压抑的，诗人们可以利用爱情的题材，激起高尚的情操。而有些作者（如薄伽丘）甚至用赤裸裸的性的描写来嘲弄封建教条。爱情和义务的冲突成为当时悲剧的比较普遍内容，不是没有社会原因的。这种戏剧（艺术）中爱情和义务的冲突，和伦理观念中感性愉快和道德义务的冲突一样，是社会矛盾的反映，是当时先进的资产阶级和反动的封建统治矛盾的反映。这种意义的悲剧，我们在当时启蒙主义的作品中看得非常明显。莎士比亚早年的《罗米欧与朱丽叶》就是深刻反映这个矛盾的悲剧。罗米欧与朱丽叶的纯洁的爱情，被封建宗法制度所摧残，环境强迫他们遵守宗法制度的义务，但这种外在的义务，是与他们的幸福相矛盾的；现存制度毁灭了幸福，但他们为幸福而斗争的精神却强烈地鼓舞着人们，当千百万人为这种精神所武装，同情于他们的遭遇时，宗法统治的基础就动摇了。

这种义务与幸福（爱情）的冲突，在法国古典主义的悲剧中得到更自觉的表现。法国的集权主义统治，是资产阶级与封建主义暂时妥协的产物，在这种社会制度下，义务和幸福的矛盾表现得是十分尖锐的。这种矛盾渗透到每个人的内心，成为荣誉和爱情的冲突。高乃依的《熙德》，就是这方面一个典型例子。这个剧本是法国古典主义代表作品之一，高乃依以他独创的编剧天才，在大体上遵循古典主义编剧法规的前提下，充分发挥了戏剧的特长，那种高度集中洗炼，冲突展开的扣人心弦，语言的凝重深刻，是有很高的历史水平的。一对仇人的子女，唐罗狄克和施曼娜相爱，发现了这种处境以后，双方都有尖锐的内心斗争，唐罗狄克说："我心里的斗争多么尖锐呀！要成全爱情就得牺牲我的荣誉，要替父报仇，就得放弃我的爱人。"这时候施曼娜也很痛苦，她说：

"不管他（唐罗狄克——引者）对爱情是屈服或是抗拒，都叫我为难——他若听我的话，过分尊重我，我会感到羞惭，他若拒绝我，那是理所当然，我也是难堪。"如果唐罗狄克杀死施曼娜的父亲，为自己父亲报仇，那末同样的命运落到施曼娜的头上。就在这样一种"子报父仇""冤冤相报"的复杂矛盾中，施曼娜决定："我要保全我的荣誉，也要解除我的苦恼，控诉他，致他（唐罗狄克）于死地，然后我也随他同归于尽。"事态并没有像她想象的那样发展，比较开明的国王，用更高的国法，解决了这个矛盾。在这个剧本中，高乃依反映了当时集权主义的伦理观念，国法高于宗法，宗法高于爱情，爱情又高于生命，唐罗狄克宁要荣誉而失去施曼娜，宁要施曼娜而放弃他的生命。这种矛盾冲突在高乃依笔下是真实动人的。高乃依虽然处处地方让荣誉占上风，爱情为荣誉让步，譬如唐罗狄克的父亲就对他儿子说："名誉是责任，而爱情只是快乐！"唐罗狄克自己也认为："情人负义也是可耻！"但是这种"子报父仇"是一种抽象的、不分青红皂白的"命令"，所谓荣誉，也是一种形式上的家族观念的"荣誉"，虽然处处显出威严强大的压力，但爱情像扑不灭的火焰，也始终顽强地表现自己。带有崇高的社会威力的"荣誉"对于"只是愉快"的爱情的镇压也付出了那样大的代价，看来，人们至少已经在怀疑它的合理性。自由的爱情，甚至在当事人也感到不能与"荣誉"相匹敌时，还要顽强地表现自己。可以想象，当时的观众听到施曼娜说"但这可怕的义务，它的命令就是我的催命符"时，情感上是会引起相当强烈的共鸣的。这个悲剧的深刻的意义就在于：当这种家族荣誉表面上还显得十分有力、十分崇高时，就宣告了它的瓦解。

同时，我们还应该指出，这位法国古典主义戏剧大师并不认为唐罗狄克和施曼娜都是有"罪过"的人，他们的爱情是高尚的、纯洁的；而且高乃依在理论上一反亚里士多德关于悲剧人物的理解，认为纯粹的好人也可以有悲剧。因此当时有一些人认为，高乃依有些悲剧，不引起恐惧和怜悯，只引起同情和惊赞。高乃依本人也说："亚里士多德极不愿意一位真正无辜的人陷入不幸，因为除去可憎之外，这引起对迫害者的愤怒比对他的厄运的怜悯要大；他也不愿意一个极恶的人陷入不幸，因为他不能引起对他应得的厄运的怜悯，也不能使一些和他并不相似的观众恐惧。但是这两种理由不存在的时候，例如一个受难的好人引起的怜悯比他的迫害者引起的愤怒要大，或者对大罪的惩罚，能改正我们心里若干和他有关联的缺点，我认为决不应该因此就反对在舞台上搬演极好的人或者极坏的人遭受厄运。"① 高乃依并举出他自己的剧本说明亚里士多德当时没有预见到的两三种方式。

莎士比亚是英国资产阶级革命时代的产物，由于英国没有经过一个集权主义时期，英国的戏剧也没有经过一个新古典主义时期，因而资产阶级当时的革命性和历史的局限性在莎士比亚的戏剧中都得到了充分和彻底的表现。莎士比亚以自己对社会生活的深刻而广泛的观察，在艺术领域中揭开了不同于古代希腊和中世纪的空前广阔的和新的世界，在戏剧领域内提出了一系列新的问题。莎士比亚塑造当时（资产阶级革命阶段）各式各样的典型人物，以鲜明的个性和生动的情节，展示了当时资产阶级戏剧的生命力。随着文艺复兴的资产阶级个性解放的发展，莎士比亚以鲜明的个人性格树立了一面不同于古代希腊悲剧艺术的旗帜。并不是说，古代希腊戏剧就没有性格，没有个人的特征，但是在古代，个人的性格，是大大为统治阶级的制度所束缚的，正如马克思所指出："有个性的个人与阶级的个人的差别，个人生活条件的偶然性，只是随着那个自身是资产阶级产物的阶级的出现才出现的。"② 因而亚里士多德才把性格的因素，在悲剧的六项要素中，降为次要地位，他说："戏剧表演的目的不在于摹拟性格，只不过在摹拟事件时表现性格。因此悲剧的目的是事件（亦即有布局的情节）；目的较其他事物更重要。"③

莎士比亚戏剧的这种鲜明的个性的戏剧，在悲剧中发展了一种性格的悲剧。这种悲剧，在个人的性格的冲突中曲折而复杂地展示着两种社会势力的斗争，莎士比亚笔下的悲剧人物，并不一定自觉地为一定社会阶层的理想、义务斗争，而是充满了个人的情欲和习性，从奥赛罗的妒忌到李尔王的自信，都说明了莎士比亚笔下的悲剧的冲突，离不开个人的品质，比起古典主义来，具有更鲜明的人物个性，但相对地较少地像古典主义那样自觉地服从一定的义务观念。古典主义表现个人与义务之间的冲突，莎士比亚的悲剧更多地侧重于个性

---

① 高乃依：《论悲剧》，《古典文艺理论译丛》，1963年第6期。
② 《马克思恩格斯全集》，第3卷第86页。
③ 亚里士多德：《诗学》，第6章。

本身之间的斗争。莎士比亚这种个性鲜明的悲剧引起了具有保守主义倾向的黑格尔的轻视，因为黑格尔在莎士比亚的悲剧中找不到"两种片面的善"的斗争，找不到比较自觉地为两种义务斗争的代表人物，而只看到个人之间的矛盾冲突，因而就常常对莎士比亚的悲剧流露出不满，认为"现代悲剧"（在当时主要是莎士比亚的悲剧）只是奠定在个人偶然的主观性的基础上。黑格尔这种观点，固然本质上是保守主义的，对于莎士比亚所反映的复杂纷繁的个性世界，表现出容克地主的庸人态度；但是，黑格尔也由于他的辩证法，不自觉地在某种程度上揭示了资产阶级戏剧的局限性：资产阶级的悲剧，逐渐地失去了古代希腊或古典主义的凝重的伦理理想和教育作用，而慢慢地局限于个人主义的主观个性冲突中。这种发展，就总的方面来说，是把社会的冲突、阶级的斗争挖掘得更深刻了，奥赛罗的妒忌，雅戈的奸险，通过莎士比亚的个性化的语言，赤裸裸地揭示出来，资本主义、资产阶级的利害关系，比以前任何一个时代都更为赤裸裸地暴露出来了，正如马克思和恩格斯在《共产党宣言》中所指出的："凡是资产阶级已经取得统治的地方，它就把所有封建的、宗法的和纯朴的关系统统破坏了。它无情地斩断了那些使人依附于'天然的尊长'的形形色色的封建羁绊，它使人和人之间除了赤裸裸的利害关系即冷酷无情的'现金交易'之外，再也找不到任何别的联系了。它把高尚激昂的宗教虔诚、义侠的血性、庸人的温情，一概淹没在利己主义打算的冷水之中。"① 而这种资产阶级的个性，在黑格尔看来，是没有诗意的，而且的确是庸俗的，就某些人来说，甚至是没有理想的、把个人的享受和情欲上的满足看得高于一切的，因而这种个人的、主观的、情欲上的冲突，也是没有多大价值的；资产阶级的悲剧，已经失去古代悲剧那种为某种伦理义务而牺牲、斗争的崇高风格了。在莎士比亚笔下，甚至古代最深恶痛绝的如个人野心等情欲，也都变成了悲剧的题材，出现了所谓"恶人的悲剧"的问题。

我们前面说过，在亚里士多德看来，完全的好人或完全的坏人不能成为悲剧人物，这种观点为高乃依所反对，高乃依以自己的剧本创作说明了悲剧人物不能完全归结为"过错"。但"恶人的悲剧"问题，在莎士比亚的剧本中表现

---

① 《马克思恩格斯全集》，第 4 卷第 468 页。

得最为突出。莎士比亚把残酷的野心家（如麦克佩斯妻和理查三世等）写成了悲剧人物，这种剧本揭示了恶的巨大力量，引起当时观众的震惊和恐怖，从而重视这样的恶人，把它们当成一个严重的力量来斗争，一方面反映了当时革命时期资产阶级的胜利信心，经得住恶人的恐吓，敢于把这样的恶的势力当成欣赏对象，另方面也说明了埋藏在资产阶级内心深处的罪恶本性，深深地同情、怜悯这些野心家的毁灭。因此，像麦克佩斯妻和理查三世这样的恶人，才一直被资产阶级学者奉为能引起怜悯和恐惧的真正的悲剧人物。

我们还应该提到，新黑格尔主义者布拉得雷为了调和莎士比亚和黑格尔的矛盾，曾经认为"莎士比亚类型"的悲剧是把外在的矛盾化为人物性格内在的矛盾，他说："凡是描写主人公以完整的灵魂来对抗敌对力量的这一类型的悲剧，并不是莎士比亚类型的悲剧"，而《罗米欧与朱丽叶》、《理查三世》和《理查二世》等剧本，"主人公是和外部力量对抗的，而和他自己却斗争得比较少"，但"这三个悲剧都是早期的剧本"①。莎士比亚的剧本比较重视人物内心的斗争，这是事实，譬如麦克佩斯的妻子对麦克佩斯说："可是我却为你的天性忧虑：它充满了太多的人情的乳臭，使你不敢采取最近的捷径；你希望做一个伟大的人物，你不是没有野心，可是你却缺少和那野心相联系的奸恶……"这些话实质上是对麦克佩斯进行了一次性格分析，在麦克佩斯的行为中，充满了思想的斗争，犹疑、矛盾、痛苦使他的恶性带上了特殊的色彩，但这种动摇和犹疑，并没有打消麦克佩斯的野心，相反地，在这种犹疑和痛苦中，更加显出了他的野心的顽固性和顽强性，也正是这种曲折性和复杂性，这种野心家才比那种"杀人犹如宰鸡羊"的魔王更为现实，因而也更为深刻。然而布拉得雷在接触到了莎士比亚悲剧的某些特点以后，又恋恋不舍地回到了他那黑格尔主义的立场，宣称悲剧最终是表现一种"永恒的道德秩序的胜利"，对于这种神秘的秩序，他说："这种秩序是一种十足的必然性，它既全然不管人类的幸福，也全然不管善恶之间、是非之间的区别。"因而，站在黑格尔主义立场的布拉得雷，不能也不可能真正揭示莎士比亚悲剧的实质。

莎士比亚揭示了一个与新古典主义不同的天地，一个比较地道的、在当时

---

① 布拉得雷：《莎士比亚悲剧的实质》，《古典文艺理论译丛》，1962年第3期。

具有相当活力的资产阶级的天地。人的感性的欲望，包括爱情，甚至权力和野心，都成为个人的但严肃的事情。在封建主义看来微不足道的、卑下的感性欲求，仅在新古典主义那里敢于与巍然的封建伦理观念对立而构成悲剧，而到了莎士比亚那里，则直接成为歌颂的对象，即使像理查三世、麦克佩斯（及其夫人）那样的野心家，也成为严肃的、可怕的人物。莎士比亚的悲剧，宣布了资产阶级提倡的人的感性欲求即使是错误的、罪恶的，也还是严肃的事情。莎士比亚的戏剧，与新古典主义比较，具有更大的活力，而在客观上，则更加暴露了资产阶级即使在其上升时期的局限性。像黑格尔所注重的"伦理观念""义务"的冲突，在莎士比亚的悲剧中并不那样突出，莎士比亚更明显地反映了这样一个社会倾向，在那里，人与人的一切变成了利害关系，古代的"荣誉""义务"观念一扫而空，个人的个性突出了出来。这时候，就由古典的悲剧过渡到近代的悲剧，由伦理的悲剧过渡到性格的悲剧。

资产阶级悲剧在法国和德国的启蒙主义思潮影响下，得到了更进一步的发展，资产阶级登上戏剧的舞台，悲剧人物一反过去为帝王将相独霸的局面，出现了描写市民生活的悲剧，这种悲剧以环境与人物的矛盾为主，展开了悲剧性的冲突，我们在深受德法思想影响的俄国，特别是在契诃夫的小人物的悲剧中看到了这种悲剧的典型特色。这种悲剧在易卜生的社会问题剧中也得到了发展。

为莎士比亚所开辟的资产阶级悲剧舞台，已经展示了资产阶级个人主义、功利主义的世界观，但当时的资产阶级，是一种不可阻挡的力量，它虽然庸俗、缺乏教养、只认得金钱，但是它却冲破了封建的伦理观念、道德义务的虚伪的锁链，建立起自己的世界。资产阶级的进一步发展，其庸俗的、自私自利的本性日益显露并发展，个人主义成为现代资产阶级流行的一些哲学派别的基本特征。这种极端个人主义的世界观，感到人与周围世界的隔膜，人在现实中觉得孤独、烦恼，人被一种"不可思维的""现实"所支配，逐渐地走向死亡。这种悲观主义世界观集中地反映在存在主义的哲学中。德国存在主义者雅斯贝斯反对乐观主义，他说："乐观主义更进一步说，真理常产生好的结果。但是，就我们有限的观点来看，真理能够产生如此可怕的结果，以致席勒写道：'只有错误使生活可以忍受，而真理使生活死亡.'"① 又说:"面对着所谓被认知了的无可能性的现实,我们是很气闷的。因为我们通过可能性所作的运动,才是我们实际存在或实际存在时间里的呼吸,才是我们自由的条件。而残酷的实在性、无可逃避的必然性、存在物的明确性或一义性,如此等等,如果被认为即是绝对现实,则它们压抑我们,使我们窒息而死。"② 个人的问题,被认为是哲学中和生活中不同于古代的新问题,表面上是作为近百年来由于自然科学、工业发展而产生的生活机械化的对立物,实质上则是资产阶级腐朽本性的进一步的暴露。存在主义者以及十分欣赏它的某些修正主义哲学家(如波兰的沙夫等)认为只有穷追个人的地位和价值,才能真正深刻理解"生活的意义"这一哲学问题的深刻意义。这一派哲学与弗洛伊德心理分析派的潜意识学说结合起来,在艺术领域里产生了极端有害的后果。悲剧已经不再是严肃的、崇高的事情,而是一些微不足道的个人的甚至是潜意识的梦呓。显然,正如高尔基所指出的,资产阶级已经不能产生真正的悲剧英雄,它们自己以为是悲剧性的冲突,实际上只是一些可笑的事情、变态的心理以及纯粹偶然的灾变。

从以上粗略的分析中可以看出,西方悲剧的发展,以古代希腊和近代资产阶级反封建斗争的时期为主要代表时期。资产阶级感性的强烈的需要,在其尚有进步意义因而是一种严肃力量时,与封建的传统的伦理观念(只是在其尚有一定社会基础时)的矛盾冲突,构成了近代悲剧的主要内容。中国古代和近代,出现过像关汉卿等伟大的戏剧作家,也有过许多光辉的悲剧,从黑格尔起,认为东方、中国由于缺乏个性自由而没有悲剧的谬论是不符合事实的。但是由于中国社会发展条件的特殊性,中国古代和近代的悲剧也有其特点,这也是一个值得重视的历史现象。我们没有篇幅在这里详细研究中国古代和近代悲剧观念的特点,只想指出一点,即在研究这个问题时要紧紧抓住这样一个关键问题:中国封建社会延长、停滞了几百年,中国资产阶级带着先天的软弱性。虽然历史上出现过许多杰出的启蒙主义思想家,但封建主义的伦理观念具有极大的势力,感性欲求、个性等资产阶级伦理观念,表现得特别软弱,它常常只是在喜剧的形式中表现一下自己,而不能经常以严肃和强有力的反抗与封建伦

---

① 雅斯贝斯:《我们时代的理性和反理性》,英译本第51页。
② 雅斯贝斯:《生存哲学》,《现实论》部分。

理观念对立，因而也不敢经常与封建观念作悲剧性的决裂，因而中国古代和近代的悲剧，在内容和形式上有自己的特殊风格。但是，这并不是说，中国古代和近代就没有杰出的悲剧。像马致远的《汉宫秋》，反映民族的矛盾，关汉卿的《窦娥冤》的鲜明的反封建的色彩，特别是在清代小说如《红楼梦》中，体现了封建社会必然崩溃和新兴资产阶级软弱性的深刻的悲剧冲突，在当时产生过广泛的影响。

封建主义、资本主义已经产生不出激动人心的悲剧了，它们的真正的悲剧时代早已一去不复返，随着无产阶级登上历史舞台，也必然登上戏剧的舞台，旧时代帝王将相、才子佳人的悲剧将让位于无产阶级和其它劳动人民的英雄的悲剧。剥削阶级所认为的粗野的、卑下的工人、农民，是新世界的主人，也是新舞台的主人，新艺术的主人。无产阶级的斗争，肩负着历史必然前进的使命，具有前所未有的崇高的意义。无产阶级与资产阶级及一切剥削阶级的斗争，是阶级社会一场最后的决战，其严重性决定着人类历史的命运。因而无产阶级在阶级斗争中的牺牲和所付出的代价，是最严重的、最震撼人心的。无产阶级面临着整个的旧世界，其历史必然的使命是摧毁一切旧的、剥削阶级的传统势力，因而无产阶级的革命斗争，比起历史上一切革命阶级来，其任务是更为艰巨，更为严重，因而也更为崇高的。

但是，无产阶级作为最坚决、最彻底的革命的阶级，它意识到自己的历史使命，在马克思主义政党的领导和马克思主义理论的指导下，从自发的斗争到自觉的斗争，无产阶级是历史上最能自觉推动历史前进的阶级，因为它的阶级利益是与历史发展的客观规律完全一致的。因而，在无产阶级革命斗争中，一切牺牲和代价，都是在高度自觉的历史现实的水平上，在无产阶级革命斗争中，自由和必然是高度统一的，这种阶级的特点，决定了无产阶级革命斗争中的悲剧带有更加自觉、更加崇高和更加豪迈的气概。随着无产阶级登上历史舞台，随着现实生活的革命变革，悲剧的观念，也有一个根本的变革和发展。只有在无产阶级革命斗争中，才能产生真正的革命的、自觉的英雄悲剧。当然，资产阶级也曾有过英雄气概，正如马克思所指出的，"不管资产阶级社会怎样缺少英雄气概，它的诞生却是需要英雄行为、自我牺牲、恐怖、内战和民族战斗的。在罗马共和国的高度严格的传统中，资产阶级社会的斗士们找到了为了不让自己看见自己的斗争的资产阶级狭隘内容、为了要把自己的热情保持在伟大历史悲剧的高度上所必需的理想、艺术形式和幻想。例如，在一百年前，在另一发展阶段上，克伦威尔和英国人民为了他们的资产阶级革命，就借用过旧约全书中的语言、热情和幻想。当真正目的已经达到，当英国社会的资产阶级改造已经实现时，洛克就排挤了哈巴谷。"[①] 在一定的历史条件下，资产阶级产生过英雄的悲剧，在高乃依的戏剧中，在贝多芬的音乐中，在罗丹的雕塑中，在苏里柯夫的绘画中，都存在着这种英雄气概；但是资产阶级按其本性来说是与英雄气概敌对的。在历史的进一步发展中，资产阶级日益暴露并发展了自己的本质。资产阶级的悲剧逐渐为过多的悲观、恐怖气氛所笼罩。只有在无产阶级各个革命和建设时期，才会出现像刘胡兰、邱少云、黄继光等光辉灿烂为革命自觉牺牲的英雄人物。在无产阶级看来，必要时为革命、为集体的利益牺牲个人的利益以致生命是最光荣的事。只有资产阶级个人主义者才把个人看得高于一切，把个人的生命看作生活的唯一的、最高的目标。现代修正主义者追随在现代资产阶级之后，把个人利益与无产阶级革命事业的利益、把个人的自由与党的纪律绝对对立起来，骇怕斗争、骇怕牺牲、骇怕革命的纪律，抽象地谈论生死问题，恬不知耻以为窥到人生的真义和悲剧的精髓，实质上所散发出来的个人主义腐朽的"活命哲学"的气味，是与一切悲剧的英雄气概绝对敌对的。当然，并非一切英雄行为、一切牺牲都是悲剧性的，悲剧性有它自己的特定的含义。

在社会主义制度下，人民内部矛盾也可能在一定条件下产生悲剧性的冲突。在社会主义制度下，人与自然的斗争，需要付出代价，作出有时是重大的牺牲，这种牺牲在一定条件下，本质上也具有悲剧的意义，当然有些事故不一定适合作为戏剧表现的题材，而可以在其它艺术种类（如电影、小说等）得到更加深刻的表现。

毛主席说过："任何新生事物的成长都是要经过艰难曲折的。在社会主义事业中，要想不经过艰难曲折，不付出极大努力，总是一帆风顺，容易得到成功，这种想法，只是幻想。"[②] 在社会主义制度下，阶级斗争仍然在一个很长

---

① 马克思：《路易·波拿巴的雾月十八日》，《马克思恩格斯全集》，第 8 卷第 122 页。
② 毛泽东：《关于正确处理人民内部矛盾的问题》。

时期内存在着，资产阶级还要通过各种形式、利用各种办法作垂死的挣扎。阶级斗争在社会主义社会中进一步的深刻化，既可以使某些资产阶级分子经过长期的改造，转化为劳动人民，也可以使某些人由于各种因素蜕化为新的资产阶级分子。与这一部分新、老资产阶级分子作斗争，仍然要付出有时也是相当严重的代价。任何轻视这一斗争的严重性的想法，都是天真的，因而在实际上是有害的。特别是有些新、老资产阶级分子，由于善于伪装，在一个时期内，窃取了甚至相当大的权力时，他们表面上以"左"的姿态出现，似乎只有他们才代表"正统的"马克思主义传统，尤其当他们在台上时，他们是一种严重的力量，人民群众以及与人民群众共同呼吸的革命老干部与他们的斗争，要付出相当巨大的代价，有的甚至付出了生命，在最近十多年中，由于林彪"四人帮"的干扰，我们的生活中这样的悲剧性的事实，是为数不少的。

四、悲剧的效果

我们现在从悲剧作为一种对象转而研究悲剧对人所引起的特殊的美感经验。悲剧给人一种特殊的感受，可怕的事物对人却有一种吸引的作用，而且往往比一般和谐的美的感受，具有更加强烈的、更加深刻的效果，很久以来，哲学家和艺术家常常从不同的立场、不同的角度对这个问题作了许多观察和研究。

1. 悲悯与畏惧

提起悲剧的效果，人们总是想起亚里士多德对悲剧所下的著名的定义："悲剧是对于一桩严肃、完整、有相当广度的事件的摹拟；它的媒介是语言，具有各种藻饰，分别在剧的各部分使用；它的方式是用动作来表达，而不是用叙述，以期唤起悲悯与畏惧之情，使这类情感得到净化。"[①] 又说："悲剧所摹拟的事件，不但要完整，还要能唤起畏惧与悲悯之情。"[②] 此后的研究者，都从各自的立场肯定了悲悯与畏惧作为悲剧的本质特征，很少加以怀疑。

亚里士多德在《修辞学》里对悲悯与畏惧作了进一步的解释：

---

① 亚里士多德：《诗学》，第六章。
② 同上书，第九章。

> 要使听众发生畏惧之情,应使他们感觉他们会遭受苦难,应告诉他们,那些比他们强大的人都已遭受苦难……①
>
> 悲悯可以界定为一种痛苦的感觉,其原因是由于人看到一种足以引起破坏或痛苦的灾祸落到不应受难的人头上,并且认为这种灾祸也会在最近期间落到自己或自己的亲友头上……②

亚里士多德对悲剧效果所作的深刻的观察,具有极重要的历史意义,但终究还没有超出古代希腊朴素的经验水平;近代资产阶级某些学者,在亚里士多德学说的基础上,特别是从心理科学方面作过一些更进一步的研究,但是它们的科学成果常常为它们的唯心主义或形而上学的哲学观点所歪曲,在哲学上或艺术上得出错误的结论。譬如近代有名的立普斯的"心理堵塞"说,虽然对悲剧效果作了一些心理学的分析,抓住了悲剧美感中一些现象,但他的主观唯心主义的哲学观点,却使他的"心理堵塞"说,奠定在荒谬的否认客观现实真实性的基础上。

悲剧作为两种对立的社会力量、阶级力量的矛盾斗争,它所给人的感受是极为丰富的,同时也正因为它通过典型人物的矛盾冲突,表现了历史发展的必然的、曲折的过程,它给人的感受又是极为深刻的。悲剧的效果,主要不在于给人感性的愉快,不在于给人声色之美,而在于给人以深刻的理性教育。悲剧通过感性的震撼,深深地打动人的心灵,引起人的思索。悲剧向欣赏者表明,现实生活往往不像有些人所想象的那样简单,生活里充满了矛盾冲突和斗争,生活是一件严肃的事。

先进的阶级、先进的事业是历史地必然地要胜利的,但胜利的现实道路又是不平坦的,历史、生活、现实是曲折的,先进阶级、先进人物可能有暂时的挫折,受到旧势力的摧残,对这样的事件,常常引起人的同情。旧事物和旧阶级注定是要消亡的,但在一定阶段它还有强大的力量,它觉得维持旧秩序是理所应当的事,对于任何创造性、革命性的新事物,它有"义务"来加以镇压,它以为自己的信念(伦理观念)既然曾经起过进步作用,曾经统治过世界,那

---

① 亚里士多德:《修辞学》,第2卷第五章。
② 同上书,第八章。

末就是永恒的、万古不变的。在一定历史阶段，开始衰亡的阶级的某些代表人物，也可以为维护现存的秩序和伦理标准与新的力量作殊死的斗争，甚至牺牲个人的生命，而为旧制度和旧秩序奏起哀歌。因而，恶势力作为一种巨大的传统力量也是严肃的、实在的。

这里，我们看到，悲剧冲突的双方都可以具有值得悲悯和值得畏惧的双重特性，这要看欣赏者的立场站在哪一方面而定。新生事物对旧势力来说，可以是"洪水猛兽"，法国的资产阶级革命，被封建贵族和僧侣认为是一种"野兽行为"。在封建贵族的眼里，第三等级是一些没有教养、没有高尚情操只讲利害关系的"野兽"，但也正因为这些特点，封建贵族又感觉到它们是一种可怕的盲目的力量。在一定的历史阶段，资产阶级革命破坏了封建主义的虚伪的伦理观念，在贵族阶级看来，它们那种高尚的道德被这群野兽所践踏，崇尚荣誉和遵守义务的时代一去不复返了，甚至像巴尔扎克这样的作家，虽然看出了资产阶级革命是一种历史的必然趋向，但也不免为贵族的"高尚传统"的消失而悲叹。历史在这样的大变革的时代，在这样的分水岭的时代，由于社会矛盾的深刻，曾经出现过不少动人的悲剧，它们在揭示生活的辩证法、历史的曲折性上，有过一定的历史的深度，给人们以深刻的感动。

悲剧既然以严重的个别的历史偶然性反映了历史发展的客观必然性，通过历史的曲折性展示了历史的规律性，那末人们对悲剧英雄的情感，就不同于一般的同情，而是带有更高的道德情操和更深的认识理解。"悲悯"这个概念，在历史上带有某种宗教的意味，在亚里士多德以后，特别是经过中世纪后期对亚里士多德进行歪曲理解以后，"悲悯"带上了基督教"原罪"说的神秘色彩，似乎观赏者站在超脱的立场，品评人世，看到世间的痛苦，不免"悲天悯人"。这种宗教神秘主义的解释，是我们所坚决摈弃的；但是，悲剧的同情，不同于一般的同情是有其深刻原因的。

悲剧的畏惧情感，是由于恶的力量的巨大，由于恶的现实性而引起的，但是，也正由于悲剧在个别的偶然性中揭示了社会历史发展的必然性，同时揭示了这种规律为自己开辟道路的曲折性，因而这种畏惧，不同于一般的骇怕。骇怕在某种意义上说是一种感性因素较重的反映，其结果是实际行为上的躲避，但悲剧却不给人这种感性的后果。悲剧给人的畏惧，带有深刻的理性因素，悲剧让人严肃地对待生活，使更加尊重现实。了解到现实的进程的曲折性。在两种社会秩序坚决对立、展开斗争时，悲剧指明，新秩序的代表者必须以严肃的态度对待具有传统实在力量的旧制度。因而悲剧的"畏惧"，在强烈的情感活动中带有深刻的、冷静的理性认识因素，它不马上导向行动，而是发人深思，从而深刻地影响到今后的行动。

2. 悲剧的"净化"作用

虽然作为悲剧的效果的悲悯与畏惧，不同于一般的感性的情绪活动，但是它总是带有某种消极性，实际上，悲剧并不停留在这种消极的效果上，而是通过消极导向积极。亚里士多德深深意识到这一点，因而提出了悲剧的净化作用。

亚里士多德的悲剧的净化作用说，是针对柏拉图而发的。在柏拉图看来，悲剧是模仿神或人的悲惨的遭遇，在悲剧中甚至最光辉的英雄有时也痛哭流涕，控制不住自己的感情，这种形象，对观众一定产生强烈的影响，影响到在实际生活中人也像那些悲剧人物一样容易失去理智。在柏拉图看来，悲剧只能败坏观众的德性，产生消极的后果，这是从柏拉图的客观唯心主义的唯理论出发得出的必然的结论。柏拉图认为，只有理智的理性是美德、真理的标准，而感性的情感则是一切罪恶的根源。同时柏拉图把悲剧的效果只局限于感性的激动，而没有看到，在悲剧所引起的情感中突出地渗透着理性的因素，显示着悲剧的深刻的、突出的道德教育作用。

亚里士多德对柏拉图这种轻视、歪曲悲剧效果的观点作了批判。为了与柏拉图坚决对立，亚里士多德提出了悲剧的"净化"① 说，认为悲剧不但有悲悯和畏惧的消极作用，而且有积极的净化、提高作用。然而，亚里士多德的"净化"思想，语焉不详，引起了历史上许多争论和猜测。

中世纪长期的宗教统治，特别是托马斯·阿奎那歪曲亚里士多德以后，"净化"思想的宗教色彩更加加重，和中世纪宗教的"赎罪"说结合了起来。基督教、天主教既然从"赎罪"的观点来解释悲剧，自然也就对悲剧的效果作

---

① Káqapbls, Katharsis, 这个字在当时带有宗教的意义，所以仍译为"净化"。亚里士多德在这里是借用宗教上的意义来说明悲剧的效果，译"净化"比"陶冶"等更带有道德观念转变的强烈性，故暂时采用。

了宗教的歪曲。在神学家看来，悲剧的效果是指向彼岸世界的，悲剧展示了人生的苦难，指出了人的"原罪"，教导人把人生当成一个赎罪的场所，在观看悲剧以后，人们普遍感到一种精神上的"升华"和提高。这种观点，显然把悲剧的道德教育作用歪曲为宗教的作用，而当时所谓"殉难的悲剧"，充满了宗教的气氛，给人以深重的压力。这些悲观主义、厌世主义的宗教观点，对悲剧的发展产生了极大的阻碍作用，对亚里士多德的净化说，也作了极大的歪曲，而亚里士多德显然是把"净化"从宗教神秘的意义下解脱出来，赋予了伦理的、艺术欣赏的科学的意义。

文艺复兴以后，随着科学文化的发展，出现了一些人从自然科学上来解释悲剧的净化问题。他们把亚里士多德所说的"净化"，成当了医学概念，从生理学的角度指出悲剧效果在于一种"发泄"，犹如人们在悲哀的时候，痛哭一场可以得到暂时的缓解一样。这种解释当然是机械的，悲剧是一种艺术，其效果当然包含了某些生理活动的特殊性，但本质上不是一种生理效果，而是一种道德效果。

文艺复兴经启蒙运动到德国的古典唯心主义和由此发展的德国近代后期的某些唯心主义者对于悲剧的净化问题，则由机械的、自然科学的解释转化为哲学形而上学的解释。这种转变，使得悲剧效果问题在理论上深入了一步，有一些个别的深刻的看法，但是由于他们哲学基本观点的唯心主义，在本质上把这个问题神秘化了，在某种意义上，它们又都在较高的水平或在哲学掩饰的情况下，回到了宗教的解释。德国的唯心主义哲学家，从悲剧的内容的哲理深度上探索了悲剧的效果，看到了悲剧对人的思想意识不同一般的震撼作用；但它们都从各自的唯心主义哲学体系出发来解释这种现象，表面上是把悲剧的"净化"作用提高到哲学高度，实质则把这个问题更加神秘化了。如黑格尔用他的"绝对理念"的胜利来解释悲剧的净化和积极作用，而尼采则更露骨地宣称，悲剧的效果好像是"从天外飞来声音"，给人一种"形而上学的安慰"，认为没有这种形而上学的"和解"，是无法解决悲剧的愉快问题的[1]。

显然，悲剧的道德教育作用是不比寻常的。真正的悲剧给人一种震动，使

---

[1] 尼采：《悲剧的诞生》，《尼采的哲学》（现代丛书），第285页。

人的伦理观念得到迅速而急剧的提高，悲剧不需要华丽的感性的炫耀，而需要朴实的形式，以便突出内容的真实的力量。悲剧是一种意志的锻炼，把伟大人物在困难面前的艰苦斗争真实地反映出来，以激发人的正义感和向恶势力斗争的决心；同时也展示了现存客观现实的严肃性，它同样利用某些自然的规律来维持自己的秩序，要改变现存的秩序，需要付出代价，经受考验。在艰苦曲折的斗争中，愈发显示出先进阶级的力量的伟大，在历史的曲折性中愈发显示出历史必然性的不可阻挡的趋势。

然而悲剧作为一种艺术欣赏的对象，狭义言之，作为一种戏剧，它不仅仅是单纯的道德教育，它对观众的效果不仅是理性的净化（这方面当然是最主要的），总还是要给人以一定的感性的愉快，以便于更好地接受内容的教育。无论怎样震撼人心的悲剧，观众去看它总还带有某种程度上的娱乐目的。由于这种感性的愉悦性，在悲剧的"净化"与单纯道德教育中德性的"提高"之间，在本质一致的基础上，多少还有形态上的区别。这就是悲剧的快感问题，对这个问题，历史上也有许多争论。

柏拉图看到悲剧诗人拿英雄人物或神的悲惨遭遇来为观众取乐，感到极大的愤慨，指责这种作法是"幸灾乐祸"，是缺乏应有的美德的表现。亚里士多德用同情和悲悯来与柏拉图针锋相对，指出悲剧目的在于引起观众的同情和悲悯，并不是"幸灾乐祸"；但亚里士多德也承认悲剧必须给人一种特殊的快感，他说："我们不能要求悲剧给我们各种快感，只能要它给我们一种它特别能给的快感。既然这种快感是由悲剧唤起我们的悲悯与畏惧之情而产生的，既然诗人应通过摹拟给我们这种快感，那么他显然应该通过情节来产生这种效果。"① 在亚里士多德看来，模仿是悲剧给人快感的根源，任何丑恶的东西，一经模仿就可以成为取乐的东西。亚里士多德看到了"模仿"这一重要的现象，但并没有揭示它的真正深刻的哲学意义，而为以后形式主义地解释悲剧快感大开方便之门。后来英国的怀疑主义者休谟在一篇论悲剧的文章中，就按照亚里士多德的观点，把悲剧的快感归结为艺术的技巧，认为悲剧的内容虽然给人以痛感，但悲剧的艺术形式——技巧，却可以给人以快感。

---

① 亚里士多德：《诗学》，第14章。

这种割裂内容与形式的解释显然是肤浅的，现代资产阶级早期有些哲学家也看到了悲剧的理性教育与感性愉悦不是绝对分割的两个方面，而是相互结合在一起，相互影响、渗透的，悲剧的感性愉悦必然影响到悲剧的道德教育（净化），不同于一般单纯的伦理教育，而悲剧的突出的伦理升华，又使得悲剧的愉悦，不同于一般娱乐。新黑格尔主义者鲍桑奎在他的《美学史》中反对莱辛等人单纯从道德伦理上解释悲剧的净化，而主张从审美上（情感上）来解释净化作用，他认为，"音乐、悲剧，不排斥愉快，而不同于教训，但不同于低级的娱乐"①，鲍桑奎虽然看到了悲剧净化的某些美学特征，但把这种特征，把情感的特征，孤立起来，变成与理性的伦理观念完全独立的效果，也是不对的。

悲剧的积极作用显然首先是道德、伦理的提高作用，悲剧的净化，首先是道德品格的升华。这种升华由于感性痛感和高度的压力而达到急剧迅速的地步。悲剧的道德教育不是寻常道德教育，不是众所周知的抽象的"公共道德"的常识教育，而是涉及特定历史发展阶段的最本质的、最深刻的阶级冲突。悲剧的道德教育、悲剧所提出的问题，是不大能为知觉、感性的范围内可以马上接受的，新兴阶级的伦理观念还没有为普遍接受，没有占统治地位，甚至新兴阶级自己还没有完全自觉地意识到这种伦理观念，它们在理论上、口头上常常利用旧的武器，利用旧的观念，但它们在具体的行动中却体现出新社会的萌芽、新的伦理观念，在这种观念支配下的行动，虽然经过百般的折磨仍然屹然独立，悲剧以其内容的深度带着一种历史的重量，打开了观众的眼界，使观众感到震惊。在一定的历史阶段，悲剧是旧秩序的丧钟，也是新秩序的晨钟。悲剧给人的一种能动的激励作用，不是任何感性形式美的规律所能束缚的，因而也不能过多地给观众以感性知觉的愉快的和谐感，而是通过剧中人物的言行和性格、情节的冲突，给人以深刻的伦理感动。这种感性愉悦与理性教育的关系，在悲剧性的绘画、雕塑甚至电影中也有清楚的表现，在这些比较重视视觉形象快感的艺术部门中，当表现悲剧性的题材时，总是使形式尽量朴素自然，以求庄严肃穆的效果。

---

① 鲍桑奎：《美学史》，1892年伦敦版第65页。

悲剧作为一种艺术欣赏的对象，固然不能完全排斥快感，但悲剧的快感是与道德的完满密切相结合的。悲剧是善恶两种严重的力量的斗争，在这种斗争中，展示了悲剧英雄的崇高的品德，和那种在艰苦奋斗以后的必然胜利的趋向，悲剧是在善恶的斗争中展示着美的情景，美作为一种理想，吸引着悲剧的英雄，也吸引着观众，在这理想的美的境界中，观众得到了满足，从而引起了一定的愉悦，而这种愉悦性，显然带有自己的鲜明的特征，不同于一般的以感性形式快感为主导的愉悦，而是一种精神的愉悦和满足。突出的理性的作用，渗透着感性的愉悦，而不同于轻音乐或某些舞蹈在感性和谐活动中间接地蕴含着理性的因素。

3. 悲剧的崇高感

我们前面已经指出过，悲剧与崇高作为欣赏对象，有着本质的联系，这种本质的联系决定了它们效果的一致性，悲剧给人最突出的效果就是崇高感。

从前面分析可以看到，悲剧通过善恶的斗争，激发着善的意志，因而悲剧在悲悯与畏惧的同时，还有一种对善的惊赞和对恶的义愤。通过悲悯、畏惧达到惊赞和义愤，从而产生一种克服恶的信心和决心，这就是悲剧效果由消极到积极的过程，也就是所谓"净化"的过程。这种由消极到积极的心理活动过程，是与崇高感完全一致的。

实际上，崇高感是欣赏者把自己放在一种与悲剧英雄相类似的地位，面对着可怖的自然形象，屹然挺立。人作为一种自然的存在，在高山大海面前显得如此渺小无力，可是作为社会的人，作为改造自然的客观物质力量，人又有可能欣赏这种可怖的对象，对象越可怖，则越显出实践力量、改造世界力量的伟大，这时候，人产生一种自豪感。由感性上的压抑，到理性上的升华，也正是崇高感由消极到积极的过程。前面说过，柏克指出，人只有在安全的条件下，才能欣赏可怕的对象，这只是欣赏时的一个具体条件，实质上，这个现象反映了只有在社会实践征服自然的一定阶段，人们才能对某些可怖的对象采取欣赏态度。在原始社会，即使个人处于安全的地位，对雷电风暴也只能采取原始宗教崇拜的态度，不能加以艺术地欣赏；而在现代的条件下，即使个人处在某些危险的条件下，某种对象总还可以被认为是可以观赏的[①]。可见，就整个社会

[①] 有些战争影片的摄影记者，牺牲在工作岗位上，但他们摄拍的镜头还可以成为欣赏对象；当然，冷静的观察对欣赏来说，还是重要的因素。

来说，何种事物可以成为欣赏对象，是历史的产物，是社会生活实践历史发展的产物。

引起崇高感的自然对象，是与人对立的恶的对象，使人首先感到一种感性上的畏惧，在心理活动上产生一种推拒现象，要求欣赏者与对象拉开一定的距离。但这种对象愈严重，愈能显示出社会实践力量的不可制服性，从而显示出人格的伟大，于是可怕的对象，又产生一种理性上的吸引现象，有一种趋向于对象的感觉。在看悲剧时，与看喜剧的经验不同，喜剧可以常常保持冷静的观察态度，悲剧则常常可以产生一种亲身参与的特殊感受。悲剧的效果就在这种推拒和吸引的矛盾的发展中把观众的精神拉到高度紧张的境界，并推向道德情操的高度，产生所谓"净化"作用。

悲剧或崇高对象的欣赏特点，不仅与对象的特点有关，而且与欣赏者的主观条件有关。先进的阶级，由于它的利益与社会发展客观规律的一致性，它是充满信心的、无畏的，在可怕的对象面前始终能够保持镇静的态度，自信自己的力量可以征服任何严重的困难。而没落或反动的阶级，由于它的利益与社会实践的发展趋势背道而驰，它缺乏自信，内心空虚，在悲剧英雄身上看不到自己的力量，面对着可怕的对象、尖锐的斗争和冲突，只能感觉到深刻的恐惧。

历史上任何剥削阶级即使在其进步时期都带有极大的局限性，奴隶主、封建主和资产阶级即使在它们起进步作用的历史阶段，也还是剥削阶级，它们的利益是不可能与历史发展的进程完全一致的。因而这些阶级的学者，无论在实践上和理论上都很强调悲剧的"畏惧"的因素，认为没有畏惧，就几乎没有悲剧。而历史上的劳动人民，也受着生产力和生产关系的限制，不能使悲剧（及其效果）产生根本的变革；只有无产阶级，由于它的命运是与大生产紧密联系的，它代表着历史上空前发展的生产力，与一切剥削阶级、剥削制度对立，从而是最有前途的、最无畏的阶级。当然，无产阶级也要尊重客观现实的规律，把自己的理想和愿望尽可能地建立在对客观发展规律的把握上，无产阶级是以浪漫主义和现实主义紧密结合的态度对待现实的，因而无产阶级对待现实是严肃的，它重视从失败中吸取教训，但这与畏惧有原则的不同。在无产阶级看来，所谓悲剧的畏惧只是一种对待现实的应有的科学态度，而在斗争过程中的牺牲，是改造世界不可避免的结果，因而无产阶级将以自觉的态度接受革命的考验，为了革命斗争的胜利，可以付出任何代价。无产阶级对待悲剧的态度是以严肃冷静的态度对待恶势力，而以敬佩热烈的态度对待悲剧英雄。无产阶级本身没有历史上其它阶级的那种阶级的局限性[①]，但并不能完全摆脱认识的局限性，同时，无产阶级也会在社会的发展中不断地提高自己、充实自己，无产阶级本身也不是一成不变的，要不断实践——认识——再实践——再认识……在如此无限发展中得到逐渐的克服。而在这个过程中，新的、以无产阶级世界观为指导的悲剧，将起着巨大的教育作用。

---

① 当然，无产阶级要克服各种剥削阶级的影响，必须经过长期的阶级斗争的艰苦过程。

梅兰芳[*]
―― 中国古典审美理想的化身

梅兰芳在京剧艺术史上的地位是确定无疑的,他在剧目、表演、化装、场面、伴奏以及舞台艺术等各个方面把京剧旦角艺术推向了一个历史的高峰,这在他生前已是为多数人肯定了的对京剧发展所做的不可磨灭的贡献。本文的任务是想把我们民族的这位伟大的艺术家放在一个更为广阔的历史背景中去考察他的艺术思想和艺术创造,也就是研究梅兰芳在整个中国艺术发展史上的历史地位,看他如何在特定的历史条件下,继承、发扬我们民族的艺术趣味和创作原则,从而确立了自己在我国民族艺术发展中的地位。应该说明的是,这里所谓的"中国艺术",是指我们民族的古典艺术,因而我们是把梅兰芳看作中国古典艺术的历史典范和在中国近代艺术史中的伟大代表人物来研究的。这样,为了完成这个题目,我们就会涉及一些表面看与京剧关系不大的方面,我们觉得,为了研究这样一位我们引以自豪的杰出艺术家,作一些多方面的探索,并不是多余的。

一、 中国戏剧之特点与中国艺术之历史发展

梅兰芳是京剧演员,而且是京剧旦角演员,以他为中国古典艺术之代表人

---

[*] 原载《戏剧论丛》1984 年第 3 期,署名秋文。

物,如何避免"以偏概全"的批评,是首先要予以说明的问题。

对这个问题最简单的回答是:梅兰芳虽然演一个剧种(顶多加上昆曲)的一个行当,但他在自己的工作中所体现的艺术思想和创作原则却具有普遍的意义,反映了中国传统古典艺术的思想原则,所以说他是一个代表人物,自然是可以的。这一层理由,我们认为,当然是很正确,也是很重要的。不仅演一个剧种、一个行当可以通过自己的艺术创作成为代表人物,反映中国艺术之精神,画人物,画山水,演奏二胡、笛子、唢呐,也无不可以如此。但是我们之所以认为梅兰芳在近代足以代表中国古典艺术的精神还有另一层的意思,这是和中国古典艺术的历史发展及在这个历史发展规范下中国(古典)戏剧艺术的特点密切相关的。

与欧洲戏剧的发展比较而言,中国戏剧的产生和发展经过了较长的历史准备时期。欧洲古代希腊早在公元前六世纪已有较完整的戏剧的演出形式,即以动作与对话来表演故事。希腊悲剧之父埃斯库洛斯二十五岁第一次参加戏剧比赛是在公元前四九九年。古代希腊人搬演的故事大都来自荷马史诗和各种神话传说,虽然亚里士多德为了使哑剧占一席之地而强调戏剧之"动作",但雅典的戏剧竞赛毕竟重视剧本的创作,而对于当时究竟有多少大演员,后世竟一无所知。一般的演出形式,我们也只是在留存下来的小陶人中略知一二。这是欧洲的传统。这个传统后来固然有很大的变化、发展,他们也拥有许多大演员,但以剧本为中心毕竟是他们的强大的传统力量。

就完整的艺术形式来说,中国的戏剧最后形成是相当晚的事。我们固然可以在远古时代找到许多有关戏剧萌芽和雏形的史料,也可以对"戏"、"剧"作一番文字上的考证,但从艺术形式上说,真正的戏剧观念的形成,应在宋、元之际。这就是说,中国的戏剧经过了漫长的准备阶段,在文学(说唱)、音乐、舞蹈等各个方面分别经历了长时间的充分发展的基础上,才形成了以动作、对话为核心的戏剧艺术形式。

我们所看到的中国古典戏剧不仅是诗剧,而且是音乐、舞蹈剧。古代希腊的悲剧是诗剧,但它的歌唱和表演是分开的,也许像我们川剧的帮腔,但川剧演员自己也是有唱的。后来,希腊悲剧的歌队被削弱、取消,维持了一个很长时期的诗剧的局面,最后终于随着现实生活的变化,改变了诗的对话,成为

"话剧"。这样，戏剧才在严格的意义上成为生活的镜子，它在形式上与真实生活已无多大区别，因而就要求剧作家苦心挖掘生活之矛盾，揭示人生之冲突，和人物之内心世界，于是，戏剧以动作和对话、以生活本身的形式揭示人生冲突的职能充分发挥了出来。这在欧洲，也已是近代资产阶级发展以后的事了。

中国戏剧作为戏剧，同样是社会矛盾冲突的产物。现实生活的发展，使得原有的艺术形式（诗、词、曲、说唱、音乐、舞蹈等）不能充分适应表现人生的要求，戏剧形式的出现，使人们在艺术欣赏中更加接近人生，看到现实生活更加真实地展现在自己面前。因此元代大戏剧家关汉卿的《窦娥冤》和纪君祥的《赵氏孤儿》，即使从严格的意义上说，也不失为"悲剧"。元曲强调"当行"、"本色"，当是戏剧因素突出的一种表现。然而元曲一人主唱，对话为次（宾白），角色初分，戏剧揭示人物矛盾冲突的职能还不能充分发挥出来，但却为中国戏剧的载歌、载舞的特点奠定了基础。此以后，中国戏剧艺术尽管有各种剧种并各自有所侧重和特色，但大体离不开这样一个特点：戏剧的动作是舞蹈化了的，戏剧的对话是音乐化了的。这就是说，中国古典戏剧是以歌唱化了的对话和舞蹈化了的动作构成的。歌唱是声乐，舞蹈也离不开音乐，因而中国古典戏曲中的戏剧因素和音乐因素是分不开的。欧洲固然也有歌剧、舞剧，但它们不是从戏剧发展出来的，而是音乐艺术的一支，因而就戏剧言，它们重在音乐性，而戏剧性是很弱的；相比起欧洲的歌剧和舞剧言，我国的古典戏曲中戏剧性又是较强的，歌唱和舞蹈要为剧情人物服务，这一条原则一般是要遵守的。简言之，欧洲的歌剧和舞剧是从音乐艺术的立场引进一些戏剧的成分；中国古典戏曲则是从戏剧的立场吸收了音乐的因素，使之为戏剧服务。

在这个意义上，我们认为，以音乐的对话和舞蹈的动作为特点的中国古典戏剧艺术是一种最为综合的艺术，它使各种艺术种类的因素在戏剧的基础上融合起来，互相制约，互相衬托。在艺术创作中，协调各种因素，不使有所偏废，而使之融会贯通，这正是古典艺术趣味的特点。而这种特点，未尝不可以说是相当集中地体现于经过各部门艺术长期分别发展的酝酿而综合起来的戏曲艺术中，因而戏曲艺术成为中国近代早期的最有代表性的艺术形式，也就不是偶然的了。

当然，欧洲的艺术趣味也强调和谐、合度，但中国自古以来就是一个很大的国家，夏、商、周，秦皇汉武，固然也有中央衰落的时候，但比起古代希腊各邦的松散联盟来，自不可同日而语，治理这样大的国家，更需要从政治、经济、伦理道德上协调各种关系，才能长治久安。因而在这个意义上，我们中国人民在这样历史传统中训练出来的艺术上的古典主义趣味，是欧洲人望尘莫及的。他们常走极端，有时专注模仿，有时又一味追求个人灵感和情绪，所以后来竟出现"反戏剧"、"反文学"等流派，自己反对自己，自己破坏自己。他们的好处在于专执一端，易于深入挖掘，例如他们对美感的形式规律有一套科学的心理学的总结，而对于人的内心世界的挖掘，又有许多的学说。而我们对艺术的形式和内容往往作总体性的把握，讲究境界和意境。各有自己的长处和短处，而正是在这种特定社会历史发展条件所决定的取舍中，保持着各自的独特的艺术风格。

在这些意义上说，中国古典戏剧在中国艺术发展史上是一个新的艺术形式，是新东西。过去我们只有诗、词、歌、赋、舞蹈、杂技，现在有了以动作和对话为核心综合各种艺术的戏曲，在艺术领域中，人们的眼界扩大了，内容深刻了，形式也更加丰富了。就舞台造型艺术言，戏曲综合了绘画、雕塑、工艺、舞蹈等因素，使动静得宜；就音乐言，戏曲集我国声乐之大成，并兼有笙、箫、管、笛、锣、钹、琴、鼓，文武各场的器乐伴奏，光是要使这一切艺术因素在戏剧中协调起来，就需要投入大量的劳动，耗费大量的聪明才智。剧本当然是很重要的，但剧作家面对唱、做、念、打并重的古典戏曲的严格技巧要求时，必定感到不易面面俱到，应付自如。因此，尽管元明清历代都有一批著名的剧作家，但所作大都为侧重曲词的杂剧和传奇，在乱弹系统中剧作家不得不与演员采取合作的方式，甚或将剧作的任务放在演员身上，"剧本"成为"脚（角）本"（角色——演员之本），于是中国古典戏剧成为一种演员的艺术除了历史形成的原因外（如起初乱弹社会地位较低文人不屑为之等），与它本身的艺术特点也有密切的关系。这样，在乱弹系统中，我们所看到的主要就是一批一批的大演员。

京剧是乱弹之一种，源起于民间，后四大徽班进京，融西皮、二黄于一班社，吸取昆曲的排场和表演，独树一帜，成为中国古典戏剧的代表剧种。

京剧与昆曲本是对立的两个系统，无论在表演和歌唱上都有很大的不同，这种不同至今我们还是可以体会出来的①。昆曲初创之时是很新颖的，它的大

---

① 例如昆曲讲究"字重腔轻"，京剧演员口头上不敢反对此说，但实际唱法上则绝无此例。程砚秋的"枣核腔"是自觉地学昆曲，当为例外。

批的"才子佳人"戏在当时带有个性解放、反封建的性质，但这种意义在历史上的作用总是很有限的，社会的问题远不是男女恩爱所能概括得了的，因而从宋词后期发展下来的"小境界"的容量就显得过于狭窄，容纳不下社会所提出的更为重大的问题。

京剧始发轫于离我们现在不太遥远的咸、同、光之际，那时候清朝的统治已十分腐败，宫廷贵族和朝廷大员们的勾心斗角，已属人们目力所及，而人们所关心的，也已不仅仅是小民们的悲欢离合了。这样，从社会意义言，善于表现帝王将相的京剧代替了善于表现才子佳人的昆曲，当然也是有深刻的原因的[①]。

从文化方面我们也许可以说，清代是我国古代文化的小结阶段，那末在戏剧方面，京剧也是我国古典戏剧艺术，甚至是我国整个古典艺术的小结阶段。就戏剧艺术而言，京剧的戏剧性提高了，比起昆曲来，它更接近生活真实，更有戏剧矛盾冲突；京剧进一步完成了各角色行当的分化，使每一个行当在唱、做、念、打方面，特别是在唱的方面，都突出了自己的特点，因而京剧艺术的发展是和各角色行当在表演上的完美化分不开的[②]。

京剧中最早成熟起来的角色行当是"老生"，这在当时也是新的事情。元曲中以"正末"、"正旦"为主唱，"正末"大概相当于"老生"，但在昆曲，"老生"则一般不如"巾生"、"冠生"（都类似小生）重要。京剧既以忠臣良将为主，"老生"则自然可占主要地位。这样，早期的京剧史则以老生行当为中心，前有所谓程（长庚）、余（三胜）、张（二奎），后有谭（鑫培）、孙（菊仙）、汪（桂芬），以他们带动了其他角色行当。

然而，生、旦原是自然性别之分，生角艺术之完善，进一步促进完善旦角艺术，这也是艺术发展本身的要求。梅兰芳就是在这样一个历史要求中应运而生，以自己的艺术创造完成了中国古典艺术向人们提出的任务。

[①] 欧阳予倩在他的著名论文《京剧一知谈》中指出昆腔中才子佳人戏有相当的分量，而二黄戏里，才子佳人的戏占的分量极少，真可谓知言。但我们似不要一概否定才子佳人戏，而是要放在历史背景中，研究从才子佳人到帝王将相的题材的过渡的社会原因。
[②] "行当"是中国古典戏剧中把人物按年龄、性别、社会地位及性格概括出来的一种"类型化"手法，也是中国戏剧解决人物个性和共性矛盾的一种方式。

二、 梅兰芳的艺术创造与中国近代社会趣味

梅兰芳一八九四年出生于梨园世家,祖父梅巧玲是咸丰、同治年间著名旦角演员。曾主管过四喜班,在京剧初创时期,他的风格接近昆旦,与接近二黄旦的余紫云在艺术上相互辉映①。父亲梅竹芬早亡,伯父梅雨田是当时著名琴师。中国的戏剧演员和欧洲近代早期音乐一样,都是世代相传的。欧洲近代音乐,巴赫是一大家族,华尔兹之父的斯特劳斯也是一个大家族;中国京剧,有两大家族至今仍活跃在舞台上,一是谭家(鑫培、小培、富英、元寿),另一就是梅家(巧玲、兰芳、葆玖)。形成这种情形的原因是多方面的,主要是当时那个社会就是家族性的,加之那时演员地位较低,与外界通婚较难,对于"绝技",更有不外传陋规,才形成了代代相传的局面。但无论如何,梨园世家不能是完全封闭的系统,演员要立足于社会,不能不适应社会潮流,大演员并且要在这个艺术的潮流中,起着一定的引导作用。因而,戏剧演员除了受代代相传的传统的内行的训练外,同时也会受广大的社会上的外行的各种影响,而后者对演员艺术风格的形成往往是更为重要的因素。这样,如何把社会的趣味和本身所受传统的训练结合起来,往往关系到演员的成功与否,这其中的复杂交织的关系,是每个大演员都会深刻感觉到的。

梅兰芳幼年的启蒙老师是当时著名演员吴菱仙,隶四喜班,与梅巧玲有深厚的友谊,所以对培养幼年的梅兰芳是不遗余力的。在这里,梅兰芳打下了作为一个戏剧演员必不可少的基础,并学得了以后梅派青衣的许多保留剧目(如《桑园会》、《三娘教子》、《彩楼配》、《三击掌》、《探窑》、《别宫·祭江》、《宇宙锋》等)②。

梅兰芳十一岁初次登台,三年后正式搭喜连成班,这是梅兰芳完成学习阶段后早期舞台生涯中重要的阶段。喜连成是我国戏剧界最早的大型科班,可以看作最早的戏剧学校,它为我国京剧舞台培养了大批有成就的大演员,这个学校的学生,大都称雄剧坛,京剧舞台之所以群星灿烂、光彩夺目,与这个科班

---

① 参见周贻白:《中国戏剧史长编》,第543页。
② 见梅兰芳《舞台生活四十年》第一集,第27页。

的训练培养之功是分不开的。梅兰芳虽不是这个科班的学生，但十四岁入班演戏，耳濡目睹，其熏陶的作用，是不可忽视的。

一个公认的看法是：梅兰芳在艺术上的主要贡献之一是沟通了青衣和花旦的表演，丰富了青衣的性格，也提高了花旦的表现力，这一点固然是艺术上的突破，但在当时来说，是使观众耳目一新的创举。当时的观众，在舞台上看到过去抱肚傻唱的被清规戒律束缚着的妇女，变得有了个性，更接近于生活，当有一种解放之感，所以这样一种沟通，就不仅有艺术上的意义，而且也有一定的社会意义。这种突破告诉观众，有各种各样的有血有肉的妇女，她们可以像男人一样做各种事业，可以领兵打仗，可以批评朝政，同时也有她们的悲欢离合的遭遇和复杂的内心世界。这种艺术趣味的转变，在最初未必是非常自觉的，而只是觉得顺乎潮流而已。

沟通青衣、花旦，从梅巧玲已经做了尝试，而立意贯彻的是王瑶卿。王瑶卿早年与谭鑫培配戏，感到老生这一行当已得到改进，而旦角仍然抱残守缺，所以立志改革，但他早年塌中，不能以身作则，于是他的这个理想，就寄托于梅兰芳身上并得到了实现。这已是大家熟知的事实，正如周贻白先生所说："梅兰芳之所以成名，其本身之用功勤勉，固为主要原因，而实际上造就之者，则为王瑶卿、李释戡等人。盖李作剧本上的供给，而王则为声腔及排场上的调度。"① 王瑶卿与梅兰芳合作几十年，他的贡献是不能抹煞的。

周先生在这里指出梅兰芳成功得力于内行方面的王瑶卿，我们在这里想补充的是外行方面的力量在梅兰芳成功的道路上也起了不小的作用。

根据我们所接触的材料来看，梅兰芳的成功，除了他自己艺术上的努力外，还得到了广大的社会力量的支持，而在这些力量中，我们认为，主要是两种：一是当时的金融界，一是当时的报界。这两种力量的配合，把梅兰芳推向了京剧艺术的历史高峰，而正是这两种力量所代表的艺术趣味，有意无意、有形无形地左右了梅兰芳艺术上努力的方向。

我们知道，中国近代金融事业的发展是很缓慢的，中国最初只有帝国主义在华开办的银行，一八九七年才在盛宣怀主持下成立第一个中国银行——中国

---

① 周贻白：《中国戏剧史长编》第592页。周先生挑了新编古装戏剧本上的许多毛病，立论相当苛刻，曾指出："除了王瑶卿外，这班人不但不懂戏剧，抑且不明曲律，率而操觚，蒙世而已。"（第594页）

通商银行，一九〇四年清政府根据国家财政及整理币制的需要，设立户部银行，一九〇七年又由邮传部设立交通银行。户部银行于一九〇八年改为大清银行，辛亥革命后改为中国银行。正是这个中国银行的重要人物冯耿光（幼伟）是梅兰芳的积极支持者，而当时交通银行北京分行的行长杨荫荪也是梅兰芳成功道路上的关键人物。

随着帝国主义列强的侵入，西方的文化也随之传入中国。面对西方的侵略，有两种不同的态度，一种人投降卖国，甘当奴隶而求中国"全盘西化"；一种人把权力握在自己手里，学西方之优点，自己进行改革。清末改良主义运动的失败，说明清廷的腐败没落。直至辛亥革命起，推翻了清王朝，建立民国共和，才学西方在产业、文化上进行改革。中国人独立自主地进行改革，这是中国百年来志士仁人的共同目标。这种精神，反映在文化艺术上就是：一方面中国的文化也必须改革，再方面仍须保持中国之特色和传统。而梅兰芳正是在艺术范围内把这两个方面处理得相当好的一位艺术家。

所以，我们想象得到，梅兰芳第一次到当时那个十里洋场的上海，可以说给复杂纷繁的艺术世界中带了一种典范，使众派咸汇，树立了一个榜样。他的艺术得到了当时社会的承认，得到当时实力阶层的支持，并不是偶然的。

一九一三年二十岁的梅兰芳随王凤卿到上海，这是他在成功的道路上跨出的第一步，他在《舞台生活四十年》中把第一次到上海称作"一个重要的关键"，是很正确的。

根据梅兰芳自己的叙述，他到上海在丹桂第一台正式演出之前，就应"金融界杨荫荪"的约，为庆祝他新婚在张园演了一次堂会，这个事情当时的报界人士也多有记叙，是一条新闻，这就是说，梅兰芳在上海正式演出之前，已经在杨荫荪的堂会上红了起来。梅兰芳在他的《舞台生活四十年》中详细记述了这件事和如何调解丹桂第一台经理的矛盾，但根本的原因，当在于当时年轻的梅兰芳已经认识到金融界的支持与自己事业的重要关系了。

第一次上海之行，还使梅兰芳结识了报界和文艺界的许多人物，特别是报界方面，在宣传鼓动上是不可缺少的。据梅兰芳自己说，当时结识的有申报的史量才、时报的狄平子、新闻报的汪汉溪，大概还有后来写"留芳记"的包天笑等人。

梅兰芳与中国银行的冯耿光的莫逆友谊是人所共知的,《舞台生活四十年》中也经常提到此人。我们在张谬子的《歌舞春秋》中读到一篇记载民国十年十月三十日梅兰芳为冯耿光四十岁生辰与杨小楼合演《镇潭州》的文章。一九二一年中国银行董事长为李铭,冯耿光在常务董事中名列第二。第二年改选董事会,冯耿光得票多于孔祥熙,可见他在当时的实力。

一九三〇年一月梅兰芳率他的剧团去美国,这次出国演出,为他赢得了更大的声誉,在这之前,梅兰芳已去过日本,并有一些对外的活动,而这些活动似乎与中国银行有不少关系。梅兰芳在《我的电影生活》中说,一九二三年春,中国银行的罗某陪当时美国使馆的秘书来,介绍一家美国电影公司为梅拍一段中国(该书第11页)。一九三〇年赴美前,据徐兰沅记载:"我们出国演出是有很多困难的。第一是经济上的困难,记得梅先生在出国前向友人借了五万元,后来估计还不够,临行前又在上海的大新舞台和天蟾舞台演出了一个时间,增加了点钱。"① 徐的这个记载,虽然把出国日期误记为一九二八年,但向友人借钱当为事实。徐未说友人为谁,不知是否与中国银行冯耿光有关。

我们之所以提到这些事实,并无意纠缠于它的细节,着眼点在于进一步研究这个阶层中人物对于艺术的兴趣的特点以及他们的趣味是如何影响梅兰芳的艺术创造的。

研究这些人物在近代中国(辛亥革命后)的社会阶级地位和作用是一个专门的历史研究的课题,本文只能为了研究当时社会艺术趣味的需要,提出一点自己的看法。我们觉得,就社会地位来看,他们自是属于上层,有相当的社会地位;但他们既不是清朝遗老,也不是洋奴买办,似乎可以说基本上是中国民族资产阶级的中上层人物。与他们的实际社会地位相适应,他们在艺术上一方面向往着把自己"提高"到古典的历史传统的水平,另一方面也要求有所变化,适应一种在他们看来是新的潮流。应该说,他们在这两个方面都是不太彻底的,因而他们那种追求历史传统高峰的作法,有时不免遭到"附庸风雅"之讥,而他们那种容纳民间市井艺术的雅量有时也只限于满足"猎奇"心理。事实上这些人物(包括他们的知识代表)对古东西、洋东西都喜欢一些,他们需

---

① 《徐兰沅操琴生活》第68页。

要一个（或一批）艺术家把中国艺术的精神和时代的气氛巧妙地联合起来，体现他们的艺术理想，而梅兰芳的艺术创造，在当时正有适应这种需要的方面，才受到这个阶层的推崇和赞赏。

我们知道，梅兰芳在早期的艺术创造中曾作过两种尝试，一是古装戏，一是时装戏，实在说来，这两种尝试虽曾红极一时，但似乎都不能代表他的艺术的真正的特点和成就。

关于古装戏，鲁迅先生当时就很尖锐地看出了问题［《略论梅兰芳及其他》（上、下）］，指出这是当时"士大夫"要夺取民间的东西的作法，"雅是雅了，但大多数人看不懂，不要看，还觉得自己不配看了"。事实上，这些古装戏在俗人看来固然"雅"得不可高攀，但在真正古典文人行家眼里，则正如前引周贻白先生说的，离真正词曲传统典范则尚远，真可谓"附庸风雅"了，倒不如钻研几出传统昆曲，梅兰芳的《游园惊梦》，不是反倒站住了，成为梅派保留剧目之一了吗？

至于时装戏，则问题就更多一些。一来是梅兰芳以及他深受影响的那个社会阶层的人物虽然主观上是想了解一点当时社会问题和民间疾苦，但他们囿于自己阶层的眼光，见识是不很高的，编不出真正触及社会实质问题的新剧目来，在新编剧目的战斗性方面，比起汪笑侬、欧阳予倩等人来，梅兰芳的剧目就显得软弱一点；另外一方面，以中国古典戏剧的形式来表现已然复杂多的当时的现实生活，势必要对这种古典形式有较大的突破，而这是与梅兰芳的艺术思想和创作原则不尽符合的，由于形式与内容的矛盾比较大，其中协调的余地是非常小的，因而这方面尝试的成功率也比较小。

这样，从剧目来看，真正能体现梅兰芳艺术风格的还是一些被他大大加工过了的京剧传统剧目，如《玉堂春》、《汾河湾》、《打渔杀家》、《凤还巢》等。在他常演出的剧目中，我们觉得有几出戏是应该着重指出的。

首先是《贵妃醉酒》，我们认为这是一出比较典型的梅派剧目。据说，这出戏本是刀马旦应工，因为其中有许多身段没有深厚的武功基础是做不来的，梅兰芳从路三宝学得此剧，以自己唱做全面的功夫把这出戏唱红了。不仅如此，这出戏不但能比较充分地发挥梅兰芳在唱、做上的技术，而且相当符合梅派那种雍容华贵的艺术风格。舞台上三个人物的配合，典雅的舞姿，间以一幅幅的优美的画面，配以抑扬的歌唱，的确给人以美的享受。

其次是《霸王别姬》也是很能体现梅派风格的戏。霸王与虞姬，一刚一柔，刚柔相济，互相映辉。霸王以武生（勾脸）应工，比以小生应工要好得多，使《霸王别姬》不落才子佳人的窠臼，而英雄美人更有一番气概。当年杨小楼与他合演，如今尚有录音的典范存在，后来常配演霸王的是刘连荣，在气度上就差多了，以花脸演项羽缺少清刚之气。

再次是《宇宙锋》，这是梅兰芳自己最为看重的戏，常常在演出剧目上自己主动添上这个戏，但据《舞台生活四十年》说这出戏过去的叫座率并不太高。这出戏固然有较高的社会反抗意义，但离梅派的艺术风格似乎有一点距离，所以才会有这样一个主观与客观的一点小矛盾。

应该指出，这些剧目当然并不是只为前述那个阶层的人物所喜爱，而是有更加深厚的群众基础的，而这些人物也是生活在整个社会之中，他们的工作、事业是中国历史发展的一个部分，梅兰芳的艺术事业更是中国艺术历史发展的一个重要环节，这就需要我们进一步研究梅兰芳的艺术风格和我国的艺术发展的传统精神的关系，梅兰芳的艺术是生长在中国艺术这棵活的树上的，他的艺术风格和创作原则体现了我国古典艺术的基本规律，这是我们在理解梅派风格时不能不加以阐述的问题。

三、梅兰芳表演艺术的风格和中国艺术之精神

梅兰芳的艺术，是在一定的社会历史条件下产生、发展起来的，同时也是和中国艺术发展的历史有着内在的关联的，因而他的艺术也并不是一味在"适应"某一阶层、某一部分观众的"需要"的产物，不是迎奉"时尚"的"流行歌曲"，而是有传统、有传授，并具有开拓一代艺术风气的"领航"作用的。一句话，他的艺术是时代的产物，也是历史的产物，体现了时代的风尚，也反映了传统的精神。

艺术是社会生活的反映，戏剧更是人生的写照。中国的艺术精神是中国社会生活决定的，中国戏剧家的艺术创作，在广泛的意义上体现了对生活的观点。艺术家的艺术风格是和他的思想感情，特别是和他的哲学世界观自觉不自

觉地相联系着的。中国的艺术精神体现了中国的文化和哲学的精神,而中国传统艺术的这种古典主义精神,同样也体现了中国传统哲学的古典主义精神,归根结蒂是由中国历史与其社会生活所决定的。

中国传统文化自从有文字记载的殷商开始,就呈现出与欧洲文化之摇篮——古代希腊有不同的特点。古代希腊文化,起于从原始神话传说脱颖而来的科学的意识,以"自然"为静观对象,使"物""我"分离,开始了欧洲文化以(自然)科学思想方式的历史进程。古代中国文化,则起于从三皇、五帝传说脱颖而来的历史意识,以"人"的社会、历史生活为中心,开始了"物我相契"的社会伦理思维方式为主的历史进程。

中国的文化和哲学思想,历经了各个社会历史形态,打上了各个阶级的烙印,对历史、人生、伦理、道德各个阶级都有自己的看法,但这种以历史意识为主体的社会伦理道德思维方式的特点,仍然保存了下来,特别是通过长期封建大帝国的历史阶段,这种传统得到了加强。

如果要用简单的语言来概括这个传统,我们认为,也许可以把中国文化和哲学的精神仍概括为古典式的、古典主义的,因为这种文化传统的特点表现在真、善、美诸因素的和谐统一上[1]。在这个意义上说,中国传统的艺术观是和世界观、人生观融为一体的,艺术、自然、人生原是一个东西,以这种态度来看艺术、看自然、看人生,这一切都是社会生活的一个部分,整个历史的一个部分。欧洲的哲学家常说,人生是严酷的,艺术才是柔美的,他们只在艺术理想中看到一种古典式的、协调诸因素的真、善、美统一的境界。中国的传统则以艺术之眼光看生活,因为艺术与生活本为一体,都体现一种伦理道德的理想,于是山川草木莫不生趣盎然,此生此日虽不长好,人有悲欢离合,月有阴晴圆缺,但毕竟可以千里共婵娟,历尽沧桑,总有"大团圆"之日。

所以,中国艺术之古典精神,同时也是中国文化和中国哲学的精神。这种精神,近代以来,受到西方文化和哲学之冲击,经过了一番曲折的道路,但中国并未失去这种精神,而是在与西方文化的较量、斗争中,吸取其优点,使自己更加丰富、充实起来。梅兰芳的艺术就是在近代这种复杂的潮流中发扬中国

---

[1] 关于中国文化(哲学)的特点是一个专门的题目,本文不能细述。在有关这题目的论著中,我觉得张岱年先生《中国哲学大纲》很值得参考(中国社会科学出版社1982年出版),特向读者推荐。

文化艺术之精神的一个成功的范例。

演剧固然是梅兰芳的职业,在旧社会来说,当然也是一种谋生的手段;但"劳动"(工作)与"美"的对立、分化这种近代资本主义社会日益严重的趋势,对于中国古典艺术家来说,毕竟是格格不入的。戏剧对于梅兰芳实是他的生活的一部分,甚至是生命的一部分。从他的演剧实践和他的《舞台生活四十年》的文字记载来看,梅兰芳是以全身心的兴趣来演戏的,戏剧与生活对他来说本是不可分割的一个东西,所以他不仅可以从生活中时常吸取戏剧之灵感,而且戏剧的原则,常常也可以启发他生活的情趣。这就是说,对梅兰芳说来,做戏和做人是一个原则:一个伦理、道德的原则。

艺术不是道德的说教,但却是道德的"象征"。梅兰芳在戏剧里努力要表现的这个原则和支配他实际生活的原则是一致的。这个兼容艺术与生活的统一的道德原则,在传统戏剧里,就叫做"戏德"。梅兰芳的祖父梅巧玲的急公好义是常为戏剧界称道的,《舞台生活四十年》记载了他重知音、重友谊而焚毁债券的故事,本身就是可以用戏剧来表彰的题材。从《舞台生活四十年》中流露出的思想倾向看,梅兰芳对这种道德的传统是很为重视的。这些传统的道德观念常常比较抽象,要在复杂的现实生活中坚持这些原则并不很容易,因而以此来规范现代生活则常常是苍白无力的,但它们对古典的艺术理想来说,却可以是很适合的内容,因为,如前所说,伦理道德和艺术趣味在古典文化的传统中,本是不可分的。从这个意义来看,梅兰芳在实际生活中所体现出来的做人的原则,(道德、伦理原则)对他的艺术风格来说,就不是外在的、可有可无的了。

梅兰芳的表演艺术的风格正是在中国文化和哲学的古典主义的传统中孕育成熟的。

就具体艺术创作原则来说,欧洲从古代希腊开始就有亚里士多德模仿说和柏拉图灵感说的对立。前者注重对外物形象的模拟,后者注重内心情感的表现,至今欧美各艺术和美学流派,虽然宗派林立,但举其大要,都大体上贯串了这两种倾向。中国古代的美学和艺术思想,虽然在不同的形式上可以看出也有这两种对立的倾向,但作为理论学说言,并没有那样极端的对立,一般都承认情景交融、物我相契为艺术之佳境。

在艺术创作上，艺术家总是力求使艺术之内容与艺术之形式熔于一炉，使内容得到规范，形式得到生命。艺术的内容和形式这种高度的融合是古典主义的美学理想，这个理想我们可以在德国古典哲学家和美学家席勒的著作中见到它的理论形态，而我们中国的传统艺术实践，却是这种古典美学理想和艺术精神的范例。

我国艺术史上有许多伟大的艺术家，为后世树立典范，但就传统意义言，我们没有西方近代意义上的"天才"，即脱离传统、绝对反对传统、与群众对立的"天才人物"。我们的"天才的艺术家"都是既在群众、传统之中，又有超出于传统、群众的独特创造。梅兰芳的艺术创造，不仅仅是他的艺术个性和天才的发挥，而且也是艺术史上一个时代的代表人物，是万流归海，所谓集诸家之长而独树一帜，是苦心孤诣与聪明顿悟的结合，而不是光靠一时一地之灵感。《舞台生活四十年》是梅兰芳艺术经验之总结，我们看他对每一出戏、每一个人物甚至一招、一式、一字、一腔的塑造和改革，都是经过反复推敲、深思熟虑，都要和别人充分讨论，然后采取一种最佳的方案，讨论舞台实践。这并不是完全排斥"即兴"、"灵感"的作用，但这种方法在古典的艺术创作原则中只占辅助的地位。即连赵艳容的装疯，梅兰芳也要根据时代、人物和剧情，审情度势，作了必要的增删。中国演员表演的人物，不仅是被演员体验到的人物，也是被演员所理解了的人物，不仅有情感的因素，而且有理智的因素。就像中国的画家，不仅画他所"看到的"景色，而且也要画他所"理解的"景色。

戏剧本应以生活本身的形式来揭示生活的矛盾冲突，因而演员的主要任务当在体验另外一个人（剧中角色）的规定情境下的内心世界，并由此而发诸语言和行为，这里面当无太多的程式可言；但中国古典戏剧是载歌载舞的，它把生活的语言和动作凝聚于音乐和舞蹈形式之中，经过千锤百炼，竟成了中国传统戏剧的不可分的要素。从理论上并无一定的"理由"说京剧一定要按现在的程式表演（如一定要有"四击头"亮相、背供……或一定要按中州韵、湖广音上口等等），但如果按上海音设计唱腔当已属沪剧，不复为京剧了。特定的艺术形式是和特定的艺术种类共存亡的。当年京剧可以替代昆曲的地位，也不妨吸取昆曲的许多经验，但却不能"改造"昆曲。当年的时装文明戏也可以替代京剧（事实上并没有，只是抽象的可能性），也可以吸取京剧甚或更为古老的剧种的经验，但并未能"改造"京剧。反过来说，特定的艺术形式对艺术的内容又有相当的制约作用，京剧形式并非万能，有一些内容就不太适合京剧的形式。所以，在当年，京剧即使在社会地位上替代了昆曲，但并不能在艺术上替代昆曲。也许可以说，有些"才子佳人"戏，京剧无法与昆曲抗衡，梅兰芳之所以恢复了一些昆曲剧目（特别是《游园惊梦》），而并未将它们"改编"成京剧，也许正是看到了这个特点①。

梅兰芳正是在作了多方面的尝试之后，集中于京剧本身传统基础上的改革，最能体现他的风格的剧目，多数还是传统已有，但被梅兰芳唱活了，成了新的典范。

中国古典戏剧是最为综合的艺术，过去戏剧演员的社会地位较低，实际文化水平不高，但并不是说他们的文化素质不高。他们可以识字无多，但对人生、艺术也可以很有体会；后来演员的实际文化水平提高，则多方面的训练对戏剧的演出大有帮助。京剧演员中有不少能书善画并能吟诗作对，显示了多方面的才能。中国传统的各艺术部门虽各有特点，但万变不离其宗，都是在不同的方面体现一种古典的艺术精神，就演员来说，读书学文化，也正是加深对这种艺术精神的社会根源和文化根据的认识和体会，从而在自己的艺术中更好地体现出来。梅兰芳的书画技艺是大家熟知的，他对于曲艺等其他姊妹艺术也是十分注意的，他生前孜孜不倦地记下了鼓王刘宝全的艺术经验，是一部很珍贵的艺术遗著，体现出了他那种触类旁通、无往而不在的艺术创作原则。

梅兰芳的艺术是通过个人的努力和创造反映了包括其他各艺术部门积累起来的集体的智慧、群众的智慧，或者可以说，反映了中国人民传统的智慧和趣味，可谓"集众美于一身"。

梅兰芳把我国古典的美的理想化为舞台形象，给我们带来了我们民族所喜爱的美的艺术形象。回想当年辛亥革命后军阀混战、帝国主义列强横行，梅兰芳把中国人的古典的美的理想以新的面貌树立于舞台之上，向人们表明，中国

---

① 有的剧目京剧不但演不过昆曲，也演不过地方戏，如京剧《秦香莲》集张（君秋）、马（连良）、裘（盛戎）、谭（富英）一代翘楚，依我看来未必敌得过小白玉霜和魏荣元，更不用说《梁祝》之于越剧，《天仙配》之于黄梅戏了。

人民有自己的智慧和创造力，可以吸收各家（包括洋人的）长处，改造我们的传统，创造一个新的、扎根于中国社会的理想。可以想见，当年梅兰芳所创造的舞台形象给中国人民带来的鼓舞和力量同样是不可抹煞的。这样，他的艺术受到了包括斯坦尼斯拉夫斯基这样伟大的艺术家的称赞，正是因为它在新的历史条件下集中体现了经过几千年锤炼的那样一种古典的艺术精神，而这样悠久和深厚的历史经验，在世界上说来，并不是每个民族都具备的。

1984 年 5 月 10 日北京

符号哲学与符号美学*
——论苏珊·兰格的哲学和美学思想

一、兰格和欧美现代哲学、美学思潮

当代欧美哲学,自从 G. E. 摩尔、罗素诸家以反对黑格尔绝对唯心主义为名,否定了传统的哲学基本问题以来,情况显得有点越来越不景气。这个以逻辑分析、语言分析为核心的哲学思潮,当年在冲击传统形而上学时曾显得非常激进,以为他们的工作,开创了哲学的一个新纪元。然而,从理论上来说,他们的工作本已先天不足,因为他们想以自己的工作来宣称"哲学的终结",叫哲学家"闭口不言",但自己却又喋喋不休地说他们"挽救了哲学"云云;从实际上说,他们的理论树敌过多,把一切在逻辑上不能证明(或反驳)、在事实上不能证实(或否定)的命题,统统打入"无意义""假问题"的深渊,这样,就不仅是所谓传统的形而上学问题,诸如伦理学、美学等问题,亦在他们"廓清"之列;于是不仅哲学无存身之地,而且伦理学、美学、心理学都岌岌可危。当然,哲学的基本问题,伦理学、美学的问题都是抹煞不了的,是生活中不可回避的实际问题,不会因为被人"宣布"为"伪",就真的不存在;但哲学家、美学家要为自己的学说的存在而斗争,就要重新组织自己的理论,来对付这股势力的挑战。在这个斗争中,这个学派本身,为了使自己不成为地道的具体科

---

* 原载《美·艺术·时代》第二辑,百花文艺出版社 1986 年版。

学——逻辑学或逻辑语言学,也在不断修改自己的理论,以容纳更为广阔的内容。我们现在要研究的兰格的哲学和美学思想,就是这种斗争的产物。

显然我们能占有的材料很少,但我们简单回顾一下兰格自己思想的发展,还是有益的。

苏珊·兰格(Susanne K. Langer)出身于美国纽约,父母都是德国人。四十年代以前她和美学似乎没有多少关系,她的兴趣完全在逻辑方面,据说她曾用十年的时间学习"符号逻辑"。1930 年出版第一本书:《哲学的训练》(*The Practice of Philosophy*),内容是讲"符号"的,但也偏重于逻辑哲学,与美学无关①,1937 年索性写了一本《符号逻辑引论》②,直到 1942 年,她的主要著作《哲学新解》(*Philosophy in a New Key*)才出版,显示了她学术方向上的大转变③。兰格在她的主要美学著作《情感与形式》的题头上说,这个艺术理论是从她的《哲学新解》发展而成,这就写作过程言,当是如此,但就思想过程言,到底是先有一套哲学的想法然后贯串于艺术理论之中,还是由于艺术理论中的难题迫使哲学上的更新,则当有待考证。我觉得,我们不无理由地可以认为,正是被逻辑实证主义者宣布的"无意义"的一些艺术理论问题,使兰格在那套逻辑的严格训练的束缚下解脱出来,形成自己的独特的哲学观点。

这样,我们之所以重视研究兰格的思想,一方面,我认为,她的哲学,特别是美学是当代欧美哲学、美学上相当有系统的学说。它一方面吸取了当代欧美哲学主流派——分析派的主要哲学精神和方法,同时又有近代德国哲学的"思想的彻底性"和系统性,这在当代欧美哲学言,是不多的;另一方面,使我们感兴趣的还在于她如何在美学的问题上,突破了分析哲学的局限,对美学问题,不仅"网开一面"地"容纳"了下来,而且成为她的哲学的核心。这里体现了艺术、美学对哲学的冲击作用,实际上反映了实际生活本身对一种已近僵化的哲学体系(尽管逻辑实证主义口头上反对"体系")的突破。

事实上,尽管分析哲学大师们"宣布"了艺术、美学的"无意义",但艺

---

① 参阅莱恩(B. Lang):《兰格的图式和符号的崩溃》(*Langer's Arabesque and the Collapse of the Symbol*)《形而上学评论》1962—1963 年,第 349—365 页。
② 这在当时是相当早的一本系统介绍符号逻辑的书。
③ 兰格其他主要著作是,《情感与形式》(1953 年),《艺术问题》(1957 年),《哲学散论》(1962 年),《精神——论人的情感》(1967 年第一卷,现出第二卷)。

坛、文坛并没有冷寂下来，哲学更没有真正"沉默"。

当然，由罗素、维也纳学派、维特根斯坦所奠定的分析哲学是有重大的历史作用的，在哲学，特别是哲学认识论发展上，他们是有新的贡献的。

我们知道，近代哲学从康德开始，从认识论来谈本体论，把"世界是什么"这个问题转变成"人如何掌握世界"的问题，这是很重要的。从此以后，有相当一部分哲学家和科学家从人的主体结构上探讨知识的可能性。这个思路，到罗素诸人手里，更进一步明确为语言分析问题。由逻辑分析到语言分析应该说是一个进步，语言作为人掌握世界的核心范畴被引进哲学，是这一派哲学的很大的贡献。一个典型的例子是：康德认为 $7+5=12$ 这样的数学命题，不是分析判断，而是综合判断，引起了不少的争论；罗素诸人则认为数学命题既怕分析，也怕综合判断，而是"语言的知识"（Verbal knowledge），就像一码等于三呎一样，是语言的规则。然而，他们把这种观点推到了极端，认为语言的规则，应是可以公式化的，就像逻辑和数学一样，可以证明的，否则就是语言的滥用。从这里，他们提出了语言的"意义"问题。根本上说，他们认为语言的"意义"就是语言的"所指"，即需有相应的物理的对象，否则就是"无意义"（Meaningless）的，这样，语言的"意义"的问题就成为哲学认识论的一个重要问题。

在这个总的思潮影响下，具体来说，对兰格哲学和美学思想的形成作用比较大的，应包括这样三个方面，首先当然是以罗素、维也纳学派为中心的分析学派，特别是早期维特根斯坦的哲学，其次是新康德主义恩斯特·卡西尔（Ernst Cassirer）的符号哲学，再次则是文学批评和艺术理论中的语言符号学派（Semiotic），这些艺术学派当然不是孤立的，而是相互影响、相互渗透的①。

我们知道，兰格的《哲学新解》是献给新实在论者怀特海的，这当然有她自己的理由，但就这本书的思想脉络来看，主要还是得自卡西尔的《符号形式哲学》，这大概就是她把《情感与形式》献给了卡西尔并在 1946 年亲自翻译出版了卡西尔的一本小书《语言与神话》的原因。

---

① 有人指出兰格所受的影响可分为七个方面：1. 卡西尔的符号形式哲学；2. 罗素和怀特海的逻辑和哲学著作；3. 维也纳学派和维特根斯坦的哲学著作；4. 文学中语言符号学派的著作；5. 美国实用主义的著作；6. 美国行为主义著作；7. 格式塔心理学著作。见理瑟（M.Rieser）：《美国的语言艺术论》，《美学和艺术批评杂志》，1956 年，第 13 页。

新康德主义者卡西尔在哲学上最重要的工作就是把康德的先验主义认识论发展成为形式符号论或符号形式论，使哲学认识论成为一种新的精神哲学：从符号的角度研究人的精神结构。在卡西尔看来，康德的先天综合判断构成的科学经验，事实上可以看成语言符号系统，并由此决定科学世界的本质。卡西尔并认为人类已创造的符号系统，除语言外，还有神话、艺术等，归根结蒂，为科学和艺术两种，一种为科学的语言系统，一种为艺术的、隐喻式的思维系统，而这两种符号系统是原始人类就有的。应该说，卡西尔这种观点，与现代分析哲学有许多共同之处，同样都是属于研究语言哲学这个现代思潮的范围之内，所不同的只是卡西尔由于出自康德哲学，比分析哲学家们更多一层系统的哲学训练。我们将会看到，卡西尔这个基本思想路线，是兰格所恪守不移的；兰格所作的工作，除了将卡西尔符号哲学体系清晰化、更加现代化外，还进一步利用当代美学理论的成果，在美学上也发展成为一个相当完整的体系。

欧洲的美学，从亚里士多德以来，传统上作为哲学的一个方面，受一定的哲学思想的支配，特别是近代以来，成为哲学体系的一个部分，在理论上得到了加深和提高。然而，这种情形，自从逻辑实证主义以来有了很大的变化，美学问题和传统的哲学基本问题一样被新的、激进的分析哲学家在原则上加以抛弃，研究美学任务，落到文艺批评家的肩上。1923年文学批评家欧根（C.K. Ogden）和理查德（J.A. Richards）出版了《意义的意义》（*The Meaning of Meaning*），这本书不仅在文学理论上，而且在哲学上也有重大的影响。当时，他们很有远见地指出，语言的作用不是一种，而是两种，即语言不仅有"指谓"的作用，从而可以作为科学知识的工具，而且有"情绪"的作用，可以为艺术表现的工具。这就是说，语词的"意义"，不仅局限于指谓（referential）方面，而且包括了情绪（emotional）方面，这样在更加广泛的基础上来理解语言的作用，正是现代某些激进的分析哲学家所缺少的，也是后期维特根斯坦所正视的问题[①]。我们将会看到，虽然兰格在语言的功能上始终恪守分析哲学的立场，但在"意义"问题上的突破，不能不说是由于欧根和理查德的著作在哲学和文学上的影响。

---

① 已另文论述。

然而，欧根和理查德毕竟是文学批评家，通过在"意义"问题上的突破，从而重新把美学引入哲学，使它在哲学体系内占有确定的地位，这一工作，在当代说，兰格应是做得出色的大家。

欧美哲学鄙弃体系的时间已经很长了，在那浩如烟海的、虽不无创见但难免支离破碎的美学学说中，发现一个相当完整、系统的美学学说，自当引起人们的注意。

任何人的思想都不能从天上掉下来，兰格哲学和美学思想的渊源自然是一清二楚的，在她的著作中不仅经常表现出对她的老师和前辈大哲学家们的尊敬，而且还大量引证了许多艺术部门以及艺术史家、人类学家们的专门研究著作，说明她作过非常广泛的认真的研究——有时甚至表现了妇女所特有的过分的细心，但是，前人的思想，别人的研究成果，由于有一种更高的哲学的总体的立场，从而使那些并非独创的概念范畴，得到新意。

兰格的哲学、美学思想，是她提出来的一个比较完整的世界观，是她对于人的本质、人与世界的关系的一个总体的看法，这个看法当然不会完满无缺，它的问题和矛盾是很多的，概括来说，这些矛盾和问题仍然反映了欧美主流哲学——分析哲学的先天不足。从我们自己的哲学立场来研究兰格所研究的问题，揭示她的哲学的矛盾，提出我们的看法，是本文要做的工作。

二、"符号"（Symbol）作为把握世界的方式

世界到底是什么，即世界的本源、本质问题，是永远吸引人们探索的一个课题。就哲学而言，欧洲历史上经过两个巨大的思想转折点，一个是古代希腊的苏格拉底，一个是近代德国的康德。我们都知道，欧洲哲学起源于希腊的泰利士，是他第一个明确地提出了"世界本源"（αρχη）问题，此后，希腊的哲学家，对这个问题作了许多哲学的、科学的研究。这条哲学路线，发展到德谟克利特的原子论，在古代，已有相当高的思想水平；但是古代的历史条件和科学水平，并不能给"世界本源"问题在宇宙论上作出"满意"的回答，为了寻求世界的最根本的本质，苏格拉底在多年研究天文地理之后从"求诸外"转向"求诸内"，把写在德尔菲阿波罗神庙上的格言"认识你自己"作为哲学的核

心，提出了"理念论"，为从哲学上研究人的主体结构跨出了历史性的一步。此后柏拉图，特别是亚里士多德把这个问题完善化，形成逻辑、范畴一整套认识论体系。苏格拉底的工作，康德在近代更高的思想水平上重演了一遍，他把人的注意力从研究客体世界重新引向研究主体结构，并在他自己的哲学基础上，发展了柏拉图的理念论和亚里士多德的范畴论。他把自己的工作誉为"哥白尼式的革命"，事实上，如果说是"革命"的话，这个革命已在苏格拉底那里预演过了。

不错，康德这个由客体转向主体的方法，被黑格尔尖刻地斥为不下水而在岸上空谈游泳，但事实上黑格尔自己却紧紧地抓住了主体结构中最为抽象的部分——绝对理念，而把世界万物都归诸于它，成为它的行程的一些环节。

黑格尔这种过于绝对的唯心主义体系，即使在欧洲也超出了从古代希腊以及近代文艺复兴以来的科学的传统，于是有"回到康德"的呼声，后来又在经验主义传统深厚的英国出现了摩尔、罗素诸家对黑格尔绝对唯心主义的反动。这个思潮的最主要的特征之一，或者说，如果它还有某些积极的方面的话，我认为就是进一步认真地从不同的角度研究主体的结构。

人与世界的关系，不同于动物与世界的关系，因为人不仅以感官与世界沟通，因而它不像动物那样，始终是世界的一个部分，而能够把自己和世界暂时分离开来，来观察、研究世界，把世界作为一个"客体"与自己对立，对它加以"把握"。人如何来"把握"这个世界，就是我们常说的，人对世界的把握方式。动物不存在把握方式问题，它与世界是一种自然的沟通，但人却有多种的把握方式，我们通常说的有科学的、艺术的、道德的、哲学的以及宗教的这类方式。这样，对人所展显的"世界"，就和对动物展现的世界不同，它不仅仅是感性的，只与感官沟通的。从这里，古代哲学基本问题"世界是什么"、"世界的本源"问题，就有了一层新的意义。事实上，我们与世界的交往，固以感性为基础，但却不止于感性，更还有一层理性的关系。于是对于人的理性的研究，研究它的本质以及它与感性的关系，就成为哲学的重要课题。

毫无疑问，理性是一种抽象的、能动的作用，但对这种作用由一般逻辑概念、判断、推理或认识范畴的认识到以"符号"作为它的共同本性的认识，我认为是现代哲学把问题明朗化、具体化的一个进步。这就是说，人的理性可以理解为以各种感觉为基础的"符号"体系。也就是说，人与动物在感觉所指示的意义上是大同小异的，但人的理性的特点还在于把这种感觉上的"所指"（最初级的意义）符号化，而这种符号化的最基本的形式就是"语言"。

这样一个符号系统，正是兰格所要研究的，她说："正是运用符号的能力——语言的能力——使人成为地球的主人。"①

所谓"符号"，它不同于感觉的地方首先在于它不是客观对象的"模仿"，也不是一般意义上的抽象，它首先是对感觉对象的"命名"，因而是一种"创造"，而这种创造又离不开对感觉的"理解"，这就是说，人首先要运用这种符号来表现感觉对象，所以语言的第一个功能是"描述"性的。兰格的老师卡西尔说："特殊的符号形式不是模仿，而是现实的结构（组织，organs of reality），因为只有通过符号的作用，现实的事物才成为理智理解的对象……"② 人运用符号，按照感性世界的模式，构成自己的体系，这样，世界对人就不仅是可以感觉的，而且是可以理解的。所以人与动物的本质的区别，就认识论来说，首先在于人是理解的动物。兰格说："无论好坏，人具有一种构想的能力（this power of envisagement），这种能力为人增加了一种为纯粹敏捷、实在的动物所没有的负担——即理解的负担（the burden of understanding）"③。

这样，由符号学说的提出，为我们通常所谓的"思维"概念，提供了更进一步解释的可能性。我们的"思维"的本质是什么？按照符号哲学的看法，我们可以把人的思维大体上分成"经"、"纬"两个方面。"经"的方面由感觉材料（sense of data，或 signs）组成，"纬"的方面就是这种符号系统，这两者之间的错综复杂的结合，构成了我们的科学知识体系。"由印记（signs）和符号我们织成'现实'（reality）的织品（tissue）"④，在这个意义上说，人已经把自己的全部感觉理性化，"一切的可感性无不打上精神性的烙印"⑤，就感觉来说，它具有抽象性、普遍性，就符号来说，它又具有相应的感性对象，又有"所指"。

---

① 兰格：《哲学新解》1948 年企鹅丛书版，第 20 页。以下书名缩写为"NK"。
② 恩斯特·卡西尔：《语言与神话》，兰格英译，1953 年纽约多弗出版社，第 8 页。
③ NK，第 233 页。
④ 同上书，第 227 页。
⑤ 同上书，第 73 页。

在我们的感官中,就认识论来说,最重要的是"视"、"听"二官。由于符号的运用,人的"视"、"听"二官同样也"理性化"、"符号化"了,这就是说,人的感官具有某种程度的抽象性,兰格说:"由耳朵和眼睛形成的抽象(abstractions)……是我们理智的最原始的工具。它们是符号的真正的材料,是理解的真正的契机,通过视听二官感知(apprehend)事物以及作为事物历史的事件(events)的世界。"① 这种抽象性表现在人的感官,特别是视、听二官对自己的对象首先作整体的把握,因而可以通过想象的作用,对整个视听世界作整体的把握。这里所谓"整体"的把握,显然来自"格式塔"心理学,兰格认为,一切思想来源于"总体的视觉"(Seeing Gestalt),她说:"一切思想起于视觉;不一定限于眼睛,而是通过感知的某种基本的结构(basic formulations of sense perceptions)……因为一切思想都是概念性的(conceptual),而概念性起于对整体的理解(Comprehension of Gestalt)。"②

我们看到,就像罗素、早期维特根斯坦一样,在这里,无论成功与否,兰格是力图把她的"符号论"和感觉、把理性世界和感性世界结合起来研究,并没有完全回避或否认其中的复杂关系。但是这种学说,不满意于停留在朴素的感觉式的、照相式的、直观式的反映论(或模仿论)来探讨人的主体结构这一点当然是更为明显的。

这就是说,人脑不同于感官,它不是一面镜子,而是远为复杂的器官,具有极为高级的组织功能,这些功能则是亿万年历史发展的产物。人脑把从感官得来的信息转化成为各种符号,并按照逻辑的规则,将这些符号组织起来,以此来能动地反映世界、掌握世界、理解世界。兰格在《哲学新解》开头不久的地方就提出一个比喻的说法,她说:"人脑不仅是大发报机(传送机,transmitter),不是超级开关(配电器 Super-Switchboard);而毋宁说象一部大转换器(变压器 transformer)。"③ 这就是说,经过大脑加工后输出的信息已与输入的材料完全不同,这里有一种质的飞跃。

至于人类大脑如何会获得这个质的飞跃,即运用符号能力产生的历史根

---

① NK,第75页。
② 同上书,第216页。
③ 同上书,第33—34页。

源,对于这个问题,卡西尔、兰格提出了一个与"实际需要"不同的纯"理智"的解释,这是这个学派的中心思想之一,我认为,也是他们学说的问题所在。他们过分强调了一切符号的理智的方面,这一倾向使他们的理论局限于"解释世界"的范围,而比较地忽视了支配这种"解释"的"改造世界"的实践基础。这一点,将在本文的最后部分加以讨论,这里的问题是兰格从与"实际需要"不同的角度来揭示人类科学知识的起源,在这方面作了不少工作,提出了一些值得重视的现象,是不应忽视的。兰格说:"实际的获得,对自然的支配并非(科学知识——Scientific Knowledge)最初的动因;这种知识的动因是理智的,存在于富有想象力的人心把不断发掘事实世界(factual World)可能性作为组织思想的领域这样一种无休止的欲望(the restless desire)。"① 在这里,我们回到亚里士多德早已提出的"好奇心"、"求知欲"。这种欲望就像饮食男女一样是一种本能的倾向,但却是人类所特有的,一种理解世界、表现世界的欲望。

这种倾向,在原始民族那里,最初表现为一种神话式的思维方式,这就是原始宗教的基础,也是后来发展成艺术创作的思想基础。

古代神话式的思想方式是隐喻式的,即它所用的符号体系是"隐喻"(Metaphor)体系,这种符号体系是与抽象的视觉分不开的,也可以说是一种想象的、幻想的产物,也可以叫做"审美的"(aesthetic)产物,这种意象是物、我不分的,"物"并未完全成为静观的科学对象。这种思维方式的集中的表现形式就是原始的宗教仪式(Rite)。

兰格在《哲学新解》中研究到原始宗教仪式时着重划分了两个界限,即这种仪式即非实际的,也非游戏的。原始宗教仪式不是巫术,不是出自一种实际的需要,它是认识性的、理智性的,也不是游戏,它是严肃的、道德性的;这种仪式是一种理智性的、静观的表现形式(expressive form)。在这一点上,它很像"梦"——既非实际需要,又非游戏需要,"梦"是私人性的,而原始宗教仪式则是部族性的。兰格说:"神话起于幻想(fantasy),它可能被湮没了很长时期,因为幻想的私人形式(private form)是完全主观的,是私人的梦

---

① NK,第220页。

的现象(private phenomenon of dream)。故事(story)最低的形式和述梦(a dream-narrative)差不多少。"①

在兰格(和卡西尔)看来,这种神话的、隐喻的思维方式是早于科学语言的思维方式的。"审美的(aesthetic)吸引力、神秘性的恐惧或许是精神作用(mental function)的最初表现……"②这样,我们就有两大类型的符号系统,一是神话式的,一是科学式的,前者后来发展成艺术系统,而后者则是以三段论推论为特点的语言系统③。

兰格和卡西尔似乎都没有告诉我们与神话隐喻阶段相当的科学语言的前身具有什么特点,我们只知道这两个系统是各具特点、不易沟通的,他们的着重点都在划这二者的限界,以便把他们的学说和当代主流哲学——分析学派的基本理论衔接起来,兰格对这个学派的突破在于她强调了除语言的推论式的符号(discursive symbol)系统外,还有一种非推论的(nondiscursive)、表象式的符号(presentational symbol)系统,后一种仍是"符号",因为它们有"意义",有"形式",有"逻辑",同样是一种"抽象",但它们有自己的特点,它们不是推论式的。这个符号系统早就植根于原始的神话思维方式之中,"隐喻是我们抽象视觉(abstractive seeing)即人心运用表象符号(presentational symbols)力量的最引人注目的证明"④。

我们现在就来进一步研究兰格是怎样阐述这两种不同的符号系统的。

三、作为科学知识的符号系统——语言

无论从任何意义说,语言都是人类最重要、最基本的符号系统,但是说也奇怪,人类对于语言的研究,进展得却是很缓慢的。当然,应该说,语言的一些具体的科学性的特征在古代早已为学者们所注意,但把语言作为一个哲学概念来研究,把语言引进哲学领域,却为时并不过久,因为直到罗素、维特根斯坦才把语言分析作为哲学的主要问题。在语言作为一个哲学范畴言,兰格和罗

---

① NK,第139页。
② 同上书,第89页。
③ 卡西尔:《语言与神话》,第91页。
④ NK,第114页。

素、早期维特根斯坦的观点是很相接近的。

我们已经说过,这一派哲学在语言问题上主要任务是要改造、净化日常语言,使之逻辑化、公式化,因而他们把语言限制于科学知识的范围之内,并因此而排斥、否定一切哲学形而上学、审美、道德的语言。由于他们把语词的"意义"限于语词的"所指"(reference),因而这个学派早期对语言与感觉对象的关系作过一番研究。如罗素的逻辑原子论,维特根斯坦的"基本命题"、"图象理论"(theory of picture — die Bildung)等。但这个学派在贯彻自己的主张时遇到各个方面的很大的阻力,这个阻力主要来自生活本身,即生活中、日常运用的语言是不可能完全公式化的,特别是他们的"意义"即"所指"的理论,即便在科学领域里,也不容易贯彻到底。维特根斯坦在早期著作中,不得不承认数学上"0"的巨大作用,虽然它本身所指为"虚无",即无"所指"。事实上,不无讽刺意味的是,在维特根斯坦命令哲学家(形而上学家)闭嘴之后,沉默的不是别人,正是他自己。在经过认真思考了多年之后,维特根斯坦回到了日常语言的立场,把语言从公式化、计算化的阴影中解放出来,承认了语言的多种功能,即除了"描述"客观世界外,还有命令、感叹等作用。在语言的"意义"方面,也由强调"所指"转而强调语词在语句中的逻辑地位,从而不再提"基本语句"、"图式理论"而提出了语言的"家族相似说"和"游戏规则说"。然而,我们看到,由于维特根斯坦的后期著作《哲学的研究》在他死后1953年才发表,所以兰格似乎没有从后期维特根斯坦哲学中吸取什么东西,他们之间的共同处,是兰格独立研究的结果,在意义问题的突破上,兰格与后期维特根斯坦相近,而在语言仅仅作为科学思维的符号看,只能是早期维特根斯坦的反响,兰格在这方面的特点只是作了更为细致的、具体的研究。

在与其它符号系统对比的研究中,兰格指出语言具有明显的三个特点:a,具有自己的词汇(语词)系统(vocabulary);b,每个词可以有另一个词加以解释,因而可以有词典;c,同一个"意义",可以有不同的词表现出来[①];当然,作为"推论式的符号",语言的语词之间,当有一定的、严格的逻辑语法结构,这种逻辑语法结构的规则原则上的确可以公式化,甚至计算化,所有

[①] NK,第76页。

这一切，都是"表象式的符号"所不具备或不能充分具备的。

科学语言，就其本质来说，是按逻辑语法规则组织起来的语词概念系统。语词的意义由语词的"所指"以及它在语句中的地位决定，因而每个语词的意义是确定的，因为它的"所指"是确定的，但同时又是可塑的，它的具体的意义要靠它在具体的语句中的地位而定，因而由于语句的不同，不同的词可以有相同的意义，而相同的词也可以有不同的意义，但在科学语言中，这种可塑性、可变性是为语言的确定性服务的，是达到确定性意义的手段，所以，可以"词典化"，是语言的最为明显的特点。

与其它符号力量的获得一样，人类获得语言的能力，在兰格看来，并不是实际的需要，不是为了"交往"，而是一种理智的需要，为了"理解"、"再现"（representation）。如前面已提到过的，人类有用符号来看现实的倾向（the tendency to see reality symbolically）[①]。

从这个意义说，语言的功能即使可以承认有多种多样，可以有命令、感叹等等，但它的基本的功能，应该说，的确是"描述性的"（descriptive）。这就是说，产生语言的最本质的原因是人要把对现实的认识、理解表现出来，如果说相互交往的话，也是一种理智上的交流，而不是实际的沟通，就人之间的关系来说，语言的交流首先影响人的理智，然后转化为行动，才能产生实际的作用。兰格这派学说，正是抓住这样一个重要的现象，加以发挥，但却并未进一步研究这种理智的倾向与实际交往需要之间的复杂关系[②]。但她在强调语言描述性本质及理智的契机方面所做的工作，还是应当肯定的。她曾经提到过一个有趣的现象，在动物界，即使是相当接近人类的黑猩猩都没有以嘴唇模仿声音作游戏的现象，而婴儿则时常玩弄自己发出的声音，他最初"牙牙学语"，也并没有多少实际的需要[③]，因而兰格认为，语言的产生不是实际的（impractical），而是理智的（conceptual）、静观的（contemplative）[④]。从这个角度来理解兰格下面的一段话，就不会觉得她过于武断。在回答为什么全体人

[①] NK，第94页。
[②] 在这一点上，后期维特根斯坦则比兰格要前进了一步，指出语言像博弈一样，需要人们互相共同形成一套不可违反的规则，从而反对有纯粹"私人的语言"。
[③] NK，第94页。
[④] 同上书，第96，97—98页。

类都有语言这个问题时,她说:"一切人都有语言,这是因为,他们全都有同样的心理本性(psychological nature),这种本性在真正的人类阶段,已发展到这样的程度,以致运用符号和创作符号已支配他们的活动。"① 这里我们应该预先指出,兰格这种理智主义的精神,同样贯彻于以后对于艺术的研究,因而与美学上的主情论或情感主义是有很大区别的。

我们看到,正是语言的这种描述性的功能,使人类脱离了神话的世界,进入一个客观的、现实的世界。语言这种把握世界方式的产生,改变了人类与自然的关系,把人与自然分离开来,自然成为与人相对立的、保持一定距离的观察、理解、研究的对象。所以,就严格意义说,第一个展现在人类面前、与人类本身不同的客观世界,是与语言的产生分不开的,所以兰格才说:"事实是:我们最初的现实世界是语词的世界(a verbal one)。"② 这个意思并不是说,语言创造了现实的、客观的世界,而是说语言的静观的理智作用,把现实作为一个对象展现于人类面前。

然而,尽管科学语言具有如此巨大的历史和现实的作用,但人类毕竟不是纯理智的、静观的动物,人是自然的一部分,人有七情六欲。神圣的语言一旦产生,马上就变成交往的工具,为满足人的七情六欲服务,成为一种工具。因而作为完整的人来说,是超越语言的,人时常总觉得有些经验是不可言说的,所谓可以"意会",不可"言传"。这种倾向(当然不仅是这种倾向)反映在哲学上,有古今的怀疑论和不可知论,在现代,由维特根斯坦代表发令,叫人对那些不可言说的问题,保持沉默。这一些哲学学说的提出都是有深刻的原因的,因而是很有兴味的问题。

就兰格的哲学思想来看,我们可以说,她认为语言作为把握外部客观现实的事实(factual things)言是合适的,但作为把握人的内心世界来说,则是不合适的。这就是说,语言就理智化、规范由外界通过感官给人的感觉(印象、材料)(sense of data)言,是足够的,但就符号化、理智化人的内部情感(feeling)言则显得很不适应——语言可以以自己的科学逻辑体系描述、表现外部世界,却不能充分表现人的内部世界,为了表现这个内在的情感的世界,

---

① NK,第115页。
② 同上书,第102页。

人类需要不同于科学语言的符号——艺术的符号。在《哲学新解》中，兰格主要提出了音乐，她说："人的情感的形式，与其说与语言的形式相会，不如说与音乐的形式相会，音乐可以表现语言所不可企及的情感本性的细节和实质"①，而在《情感与形式》中，则涵盖了一切艺术部门。

在从科学语言向艺术符号过渡的时候，我们应该指出，兰格仍然坚持她的学说的原则，即包括艺术在内一切符号都是理智性的，因而不仅语言有"意义"系统，而且艺术符号同样有自己的"意义"，这就是她在《哲学新解》一开始就提出的"意义学（semantics）的领域大于语言的领域"②，她指出，这个观点和叔本华、卡西尔、杜威等哲学家一致的，我们这里应补充一句，不同意她这个观点的，将是罗素和维也纳学派诸家。

在本文过渡到具体兰格的艺术哲学前，有一段话是不可忽视的，她说："语言的界限，并非经验③的最后的界限，语言所不能接受的（inaccesible to language）事情有它们自己的概念形式（forms of conception），这就是说，有它们自己的符号设计（symbolic devices）。那种具有'意义'（meaning）之逻辑可能性的非推论式形式赋予音乐以（自己的）意义（或作用，significance），承认这些形式就扩大了我们的认识论（epistemology）的范围，使它不仅包括科学的'意义学'（semantics of sciences），而且包括严肃的艺术哲学（philosophy of art）"④。这段话是兰格艺术哲学的概括，在兰格心目中，那种古代神话的非推论式的、表象式的符号，随着历史的发展，形成了一个与科学不同的世界——艺术的世界。

四、艺术的符号⑤——情感的形式

现在我们离开了那个为语言所把握的外部的、事实的、科学的世界，进入

---

① NK，第191页。
② 同上书，第70页。
③ 这里 experience，包括内在情感的体验，与康德的"经验"不同。
④ NK，第215—216页。
⑤ 兰格在《艺术问题》中说，她在《情感与形式》中用"艺术符号"这个概念，后来接受批评者的意见，改用"表现的形式"（expressive form）。我们认为，这两个概念在兰格哲学中并无多大区别，同时"expressive"一词中有一些歧义，所以本文主要还是用"艺术符号"。又，兰格后来在《精神》（Mind）一书中，开始用"艺术符号"一词。

到内部的、情感的、艺术的世界。在我们面前关于兰格语言哲学的论述中,实际上已经把艺术哲学的地位确定了。和语言一样,艺术并非动物的活动,仍是人的活动,因而本质上仍是理智性的、认识性的,是整个人类经验的一大部分——也许可以说,科学是对外部世界的经验,而艺术是对内部世界的经验。这样,我们就应该从她提出的"情感"和"形式"之间的复杂的、相互制约的关系去理解她的基本思想。

这里,我们应该对"形式"(form)这个概念作一些说明。在欧洲早期的哲学传统上,"形式"是和"质料"相对的。自从苏格拉底、柏拉图以后,"形式"[1]就成为规整"质料"的规范或范型。这种传统的用法,似乎一直延续到康德,而在黑格尔那里,我们才看到"形式"(die Form)与"内容"(der Inhalt, content)对应的用法,强调"内容"的主导作用,在兰格的哲学中,"形式"似更多保留了传统的用法,因而形式就是"符号",起着规范内容或质料(就艺术言为情感)的作用,因而,在这里,"形式"是人类理性的产物,人用特殊的即不同于科学语言的符号,把情感理智化表现出来,这就是艺术活动。这样,在兰格心目中,人的艺术活动就有下述两大特点:

1. 就情感言,艺术不是自我表现

艺术要表现情感,这一点固不待言,因为正是在表现情感这一点上,科学语言显得软弱无力,但是,在兰格看来,艺术不是人的情感的自然宣泄,艺术作品不是艺术家情感的自我表现,而是经过人们智慧的创造的。艺术是人工的,不是自然的,人的理智给情感创造了特有的符号,使之形式化,因而艺术创作是理智活动的产物,而不是感情的自然流露。在兰格看来,艺术与现实的实际生活是有区别的,艺术是人对生活的认识的产物,兰格曾很强调地说:"艺术家所表现的,不是他自己的现实的情感(actual feelings),而是他所认知(knows)的人的情感。"[2]

为了说明这种区别,兰格把"符号"与"征状"(symptoms)严格区分开来。在兰格看来,就像话言的符号不是感觉的指示(signal)一样,艺术的符

---

[1] 在希腊文 ειδος, 一般译成"理念"(idea),也可译成"形式"(form)。
[2] 《艺术问题》1957 年,纽约,第 26 页。

号也不是自然的征状。剧中角色的喜、怒、哀、乐,并非实际生活中真的喜、怒、哀、乐;艺术家固是"有感而发",但这个"感",已包括了对于人生的理解在内,表面上虽像自然的流露,实际上则已是理智加工的产物。因此,艺术家并非赤裸裸地表现自己的自然的情感,而是表现对这种情感的观念(idea)①,"艺术所表现的不是真实的情感(actual feeling),而是情感的观念(ideas of feeling),就像语言并非表现真实的事物和事件(actual things and events),而是表现它们的观念(ideas of them)一样"②。

从这个方面来说,兰格是强调在艺术上"形式"对"情感"的制约作用的。和语言一样,艺术所表现的情感有自己的"逻辑结构",由于这种逻辑结构,就把艺术的符号和单纯的情感表露的征状区别开来。如兰格所明确指出的,"单纯的自我表现不需要艺术的形式"③,因为"情绪宣泄的规律(The laws of emotional catharsis)是自然的规律(natural laws),不是艺术的(规律)"④,艺术的规律需要形式的组织,有自己的逻辑的规则,自己的内在的意义,而不是自然的感觉印象或情绪的流露。在《哲学新解》中,兰格以音乐为例,指出:"音乐不是自我表现,而是情绪(emotions)、心情(moods)、精神紧张(mental tensions)和松弛(resolutions)的型式(formulation)和再现(representation),——是感性的、感应的生活的'逻辑图象'(a 'logical picture' of sentient, responsive life)"⑤,因此,在这方面,艺术的符号和语言的符号具有相同的性质,因为语言的符号与它的对象也必定有某种"共同的逻辑形式"⑥。

这样,经过人的理智按照一定逻辑加工的艺术形式就不是情感的生理征状,而是情感的理智的符号,这就是说,符号与其所代表的意义之间不是自然的联系,艺术的符号的意义,像语言符号一样,不在符号所用的材料本身(如声音、色彩等),而是有一层更为深刻的逻辑的意义,所以艺术本身也有自己的"意义学"(semantics),而不是"征状学"(symptomatics)所能涵盖的。

---

① 《情感与形式》(下简写为 FF)1953 年,纽约,第 26 页。
② 同上书,第 59 页;这里所谓"idea",接近"形式"(form)。
③ NK,第 175 页。
④ 同上。
⑤ 同上书,第 180 页。
⑥ FF,第 27 页。

兰格说："如果音乐有任何意义（significance）的话，它应是意义学的，而不是征状学的……音乐不是医治情感的手段，而是情感的逻辑的表现（logical expression）。"①

之所以会有这种区别，即符号及其意义之间的逻辑的（而不是自然的）关系之所以产生，兰格看来，就在符号作为把握世界（就艺术来说，是内部世界）方式的本性自身，即符号是要用一种媒介来表现另一种东西，而在艺术中，是因为人把情感投射（或灌输，project）到一个对象中去的缘故。兰格认为，这是情感符号化、形式化的基本特点，她说："把情感投射到另一个对象是符号化（symbolizing）从而是意识化（concieving）这些情感的第一步"②，而在《精神》这部大著作中，兰格就详细地论述了人如何把情感投射到对象中去的具体过程③。

于是，在这里，我们必须对"表现"（expression）这个概念作一些限制。

我们知道，"表现"自克罗齐以来是美学理论中常用的概念，但对这个概念的理解，并不是十分清楚的。克罗齐同样是从一个尽管有很大的问题，但的确是属于哲学的高度来谈艺术的。他把人对世界的把握分成行动（doing）和知识（knowing）④ 两个方面，"行动"包括"经济的"和"伦理的"；"知识"则分成"直觉的"（intuitive）和"逻辑的"，后者是科学知识，前者则是艺术创作。应该指出，所谓"直觉"在克罗齐那里也并非是被动的（passive），不是感觉（sensation）和知觉（percept），而是理智性的，克罗齐甚至叫"概念性"（conceptualization）的，所以他有一个著名的公式：直觉即表现（expression）。这里所谓"表现"，自然也不是普通所说的直觉情绪的流露，而是把"直觉"对象化（objectify）。当然，兰格的美学和克罗齐是有很大的区别的，这种区别主要表现在兰格并不认为"情感"（在克罗齐为"直觉"）就是"表现"，因而兰格多次批评克罗齐否认表现手段之重要，从而否认艺术分类的

---

① NK，第176页。因此兰格在音乐创作上倾向于叔本华和瓦格纳的意见。
② 同上书，第100页。
③ 兰格的最后的两大卷《精神（Mind）——论人的情感》是非常有趣但也非常专门的书，这里不能介绍它的细节，但基本思想我认为还是在她自己的哲学基础上改造了桑塔耶那的"愉快的对象化"而来。
④ 相当于中国古代哲学的"知"、"行"两个范畴。

可能①。然而在从理智的而不是自然的角度来理解"表现"这一点上，他们是相同的。从某种意义上可以说，兰格是把克罗齐的"直觉"分为"情感"和"形式"两个部分，以此来进一步阐明"情感的形式"和"表现"的理智性。

既然"表现"不等于"情感"本身，因而情感的表现形式就不仅仅为一种，而是有两种：一种是情感的"自我表现"，另一种则为情感的"逻辑表现"，在兰格看来，前者是生理性的"征状"，后者才是认识性的"称号"②。

艺术的符号有自己的逻辑，这一点兰格是很坚持的，这里的"逻辑"是指"结构"、"组织"的意思，一般情况下，兰格常用"有组织的"或"有结构的"（articulate），来表达一种比科学知识中三段论推论式的逻辑更为广泛的经验；无论如何，这样一种"组织"、"结构"和"逻辑"，离不开人的"抽象"能力，所以，兰格很强调艺术思维中的"抽象"的作用，她甚至说："一切真正的艺术都是抽象的。"③ 然而，由于艺术是一种"表象性的符号"，所以艺术思维的抽象和科学三段论的抽象又有原则的不同，从前我们必须研究艺术符号的第二个方面，即：

2. 就形式言，艺术符号是非推论式的、表象式的

在兰格看来，艺术符号既不是情感自然流露的征状（自我表现），也不是一种特殊的语言，就表现形式言，艺术符号与语言是有原则区别的。我们应该承认，人类只有一种语言，但却有多种"有结构的符号"（articulate symbols）。

前面我们曾经谈到过兰格提出的语言的三大特点，对比之下，艺术的符号，就与之没有共同之处。

首先，艺术符号没有自己的独特的词汇，这一点，兰格和许多美学家、艺术理论家在看法上是不一致的。包括克罗齐在内的相当一部分美学家常常认为艺术是一种不同于科学的、有自己特点的语言，因为它有自己的类似逻辑的结构，在借以表达意义的媒介中有类似语言词汇的程式等等；在兰格看来，这种

---

① 此外，克罗齐把直觉与逻辑完全对立起来，于是他的直觉如何成为"理智的"、"能动的"就成了问题，而兰格肯定"情感"的"形式"有自己的"逻辑"，至少表面上避开了这个问题。
② FF，第180页。
③ 《艺术问题》，第163页。

说法作为比喻固未尝不可，但就理论上说是不适合的。首先，兰格认为，艺术符号没有自己的词汇系统。在这方面，音乐是个比较突出的例子。

音乐把声音按一定规则（如和声、对位等）组织起来，表达某种情感。随着长期的经验的积累，在声音结构方面总有一些程式被提炼出来。中国音乐常"一曲多用"，有所谓"黄钟宫唱富贵缠绵，正宫唱惆怅雄壮"（芝庵《唱论》）之说，就是西方的音乐也同样以各种不同的板式、调式来表现各自比较适合的情调，但这一切，由于自身很大的不确定性，不能是严格意义上的"词汇"。所以兰格说："逻辑上来说，（音乐）不是一种语言，因为它没有词汇（vocabulary）。把音阶（scale）的音调（tones）叫做音乐的'词'，和声叫做'语法'，主题的发展叫做'句法'是无所补益的比喻，因为音调（比起语言的词汇来）正缺乏区别字与单纯语音的特性：固定的内涵（fixed connotation），或者词典的意义（dictionary meaning）。"[①]

我觉得，兰格在这里指出的现象是很基本的、重要的，虽然我们以后还会谈到她的不足之处。主张艺术语言的人，都回避不了这样一个尖锐的问题：没有人能编一部艺术语词词典，并非至今尚未有人编，而是根本不可能编出这种词典来，音乐编不出来，别的艺术部门更加编不出来。"摄影无词汇"[②]，一切艺术都是如此。

这个现象蕴含了艺术符号与语言之间的深刻的区别。"诗无定解"。我们已经说过，和语言一样，艺术的符号固然也有自己的"意义"，但这种"意义"是不能用别的符号完全解释清楚的，用语言不行，换一种艺术形式也不行[③]，但语词则总是可以互相翻译、互相解释的，一部词典，就是各种"词"互相解释的汇集，所以兰格说："艺术的符号是不可翻译的（untranslatable）；它们的意义（sense）与它们所具有的特殊形式不可分离。所以它们的意义永远是内含性的（implicited），而不能以任何解释（interpretation）来使之外显化（explicited）。"[④] 这里所谓"外显性"和"内含性"简单说来就是指可定义性

---

① NK，第185页。
② 同上书，第77页。
③ 我们可以承认改编的作用，但改编本身同样是一种艺术创作，批评家并无可靠的理由以原作来套改编。
④ NK，第212页。

与不可定义性的区别，语词符号是可以定义的，艺术符号则是不可定义的。这里涉及艺术符号的根本特点，即艺术符号本身的材料与它所代表的意义之间有一种不同于语词的材料与意义间的关系。诚如兰格所指出的，艺术的符号也有自身的"意义"，也有"意义学"（semantics），即艺术符号所用之材料本身的意义与它真正所要表达的意义之间是不同的，而艺术符号的真实意义是由整个艺术作品的结构（articulation, context）决定的，但艺术符号的意义又是离不开那些符号所用的感性材料的，它内在于（implicited）那些材料之中，与这些材料不可分地结合在一起；但语词则不同，它的意义与它所用的材料没有不可分的关系，因而可以用别的材料来解释，使之"外显化"（explicited）。这就是我们常说的，语言符号是"得意忘形"，而艺术符号则"得意"而不"忘形"的①。

这样一种内在于感性形式（符号的材料）的意义一方面当然不可能给以清晰的定义，另方面也不能有一整套严格的逻辑句法，一句话，艺术的符号，不是纯粹的抽象概念，也绝不能公式化。人们可以造出语词的计算机，但绝造不出艺术的计算机。

然而，艺术又需要抽象、需要逻辑，因为艺术符号并非生理征状，艺术不是纯感觉的，而是理智的产物。这是一切艺术哲学家所面临的共同的问题，而兰格则以她自己的特殊方面来处理这个矛盾，回答这个问题。

前面已经提到，从远古时代起，人类就存在着两种理智思维方式，神话与科学的方式比较起来，前者早于后者。由欧洲的文明史言，古代希腊是由荷马史诗时代发展到伊奥尼亚的自然哲学的时代。神话传说对整个世界的整体的把握，从人类早期"面相的视觉"（physiognomic seeing）②发展成与科学思维不同的另一种抽象的过程，这种抽象，并不离开对事物的总体——即具体的把握，兰格把这种抽象过程叫做隐喻式的过程（metaphorical），它与科学的概括化、普遍化过程是不同的，她说："科学中的抽象（abstraction in science）伴随着连续的普遍化（succesive generalization），但在艺术的抽象中则并无此种理智

---

① 但是，我们也不能因此像克罗齐那样说，既然艺术的意义内在于它们表现形式，因而"直觉（情感）即表现"，否认艺术为一种符号体系，因为艺术的意义与其表现形式之间虽是内在的，但并非是等同的。
② 《精神》，第133页。

的过程。"① 也许我们可以把艺术的抽象叫做主观的或内部的抽象，以区别于科学的客观的外部的抽象。科学以对感性对象静观的观察为基础，把感觉印象的材料首先概括为"图型"（schema），语言则给这些图型表象以名称，其中并不杂有主观情感的成分，其结果为语词；但艺术借客观的图型表象体现主体的情感，把情感概括于客观的表象之中，其结果为艺术符号。艺术的抽象是整体性的，因此，如果说，科学的语言可以分成语词、语法和语句的逻辑结构等部分的话，艺术的符号在严格的意义下，则不可能作这种区分。我们既不能有艺术的词汇，不可能有艺术的语法，更没有艺术的句法类型，艺术的符号是一个整体，它的各个部分是不可分的，是一个有机体，在这个意义上，艺术符号就是艺术作品。

我们看到，兰格正是从她自己的整个哲学立场试图回答"什么是艺术"这样一个古老而又很根本的艺术哲学问题，她在《艺术问题》中说："我认为，我们可以放心地说，一切艺术是创造'表现形式'（expressive forms）或创造表现人的情感的表象形式（apparent forms expressive of human feeling）"②。这种形式对情感来说，它是客观的，对自然来说，又是主观的，所以兰格说："艺术是情感的客体化（objectification of feeling），也是自然的主体化（subjectification of nature）。"③

于是，兰格就把艺术哲学的传统问题：艺术与自然的关系，从情感与形式的关系上作了自己的解释。

艺术不像科学那样主要是表现世界的逻辑结构（规律），它表现世界本身，所以，艺术是艺术家创造的世界，但这个世界又不是真实的世界，而是真实世界的表象，它与真实世界之间有一种对应的、相似的关系，在这里兰格的"相似"（semblance）和德国哲学和美学中的"现象"（der Schein）具有相同的意义。人创造的艺术世界，不是人创造的实际世界，而是经过人的理智加工过的虚构的、想象的世界，兰格在这里引进了一个概念，叫做"虚拟的世界"（virtual world）。这个世界不像真实的世界（actual world）那样表现人的意志，而是体现了人的情感，正像人的意志在现实世界得到肯定一样，人的情感

---

① FF，第379注。
② 《艺术问题》，第109页。
③ 《精神》，第87页。

在这个虚拟的世界得到规范、体现,从而理智化了自己的情感。

由于人的情感及其表现形式的多样性,艺术随着历史发展出现了各种艺术部门,兰格的《情感与形式》的主要工作是要把她的艺术哲学的原则贯彻到各艺术种类中去,我们将看到,由于她的深厚的哲学背景,她对这些具体艺术部门的论述,也有一些是富有启发性的。

3. 各艺术种类在运用艺术符号方面的特点

艺术的世界既然也是一个世界(虽然是虚拟的),也像现实的世界一样可以分成一些不同的方面,形成不同的艺术种类。

(1) 首先是表现虚拟空间的造型艺术

造型艺术是以视觉的形式表现人的情感,而视觉在艺术中是对对象作空间的总体的把握,艺术家就是把真实的空间转化为虚拟的空间,以体现更为深刻的情感。在兰格看来,这一转化过程,不是模仿,而是创造。她说:"一切造型艺术都是组织视觉形式(to articulate visual form),从而把那种形式表现为唯一的、至少是最高的知觉对象——使这种形式直接表现人的情感,好像形式本身就具有情感一样。"[①] 绘画、雕塑和建筑的材料都是死的,而只有它们的形式是活的形式。

按其本质来说,这种由艺术家创造出来的虚拟空间,既不同于实际的、真的空间感觉,又不同于科学里的空间观念。实际的空间是真的,但艺术的空间只具有空间的形式,科学的空间是不可感的,是一种逻辑形式,而艺术的空间则把这种逻辑形式转化为(或在某种意义上,还原成)可视的。

这样,造型艺术就不是为了实用目的被创造,而是为了理智的、静观的目的被创造,即使是建筑亦复如是。在兰格看来,建筑作为艺术品言,很少出自家用,而是出自庙宇、神殿[②],因而如果说雕塑表现"自我"的情感,那末建筑就体现了种族(ethnic)的情感[③]。

(2) 表现虚拟的时间的音乐

从兰格著作中表现的倾向言,她对音乐的素养大概是很高的,在各艺术部

---

① FF,第71页。
② 同上书,第97页。
③ 同上书,第101页。

门中她大概更加喜欢音乐，因而在表现她的哲学体系的《哲学新解》中，曾为音乐作为她艺术哲学的主要例证，在《情感与形式》中，对音乐更有相当充分的阐述。

关于音乐，我们已说过，兰格的思想概括起来的：音乐既非自我表现，又非特殊语言①，音乐是情感的"形态学"（morphology of feeling）②。

与空间一样，音乐中的时间既非实际的真实的时间的流逝（绵延）的感觉，又非科学的尺度的观念；它是一种虚拟的时间，把流逝感与尺度的逻辑结构结合在一起，所以兰格说："音乐使时间成为可听的，使它的形式及连续性成为可感的"③，这就是说，使本来在科学里不感的逻辑结构成为可感的，所以兰格给音乐艺术下的定义是："什么是一切音乐的本质？这就是：虚拟时间的创造，音乐完全由可听形式的运动所规定。"④

在音乐这部分，由于强调了形式的作用，兰格主张音乐的演奏（以及一切表演艺术）中对情感的控制，反对情绪的自然流露⑤；由于强调了形式的创造，兰格提出了艺术的"吸收原则"（The principle of assimilation），音乐可以把歌唱等因素"吸收"进自己的形式，因而无所谓"纯"、"不纯"的区别⑥。

（3）表现虚拟力量的舞蹈

兰格认为，舞蹈不是音乐的附庸，而是一种独立的艺术，不是以姿态（gesture）来处理音乐的形式⑦，而是表现一种力量（power），是意志的符号（symbol of will）⑧，她指出："舞蹈的基本的幻觉是力量的一种虚拟的领域——不是真实的体力的消耗，而只是一种由虚拟姿态创造的进退活动的现象（appearance）。"⑨

所以舞蹈并非生活姿态的模仿，也不是真实的情绪的流露，支配舞蹈演员的是一种想象的情绪⑩，所以不可想象在演"天鹅之死"时，演员真的感到死

---

① NK，第175页；FF，第31页。
② NK，第193页。
③ FF，第110页。
④ 同上书，第125页。
⑤ 同上书，第138页。
⑥ 同上书，第152页。
⑦ 同上书，第169、171页。
⑧ 同上书，第174、175页。
⑨ 同上书，第175页。
⑩ 同上书，第177页。

亡来临时的虚弱①。

由于舞蹈的本质在于表现一种力量,所以它的姿态就不是模拟"生活动作",从而现代舞蹈是日趋"芭蕾化",而不是"戏剧化"②。

(4)表现虚拟人生的"诗艺"(Poesis)

除了音乐外,"诗艺"是兰格艺术哲学中的重要部分,她的分析是相当细致的。

说到诗艺的特点,首先遇到的一个问题是它也运用语言,那末在这个领域里如何区别"推论式"和"非推论式"的符号,就是必须解决的先决问题,而我们看到,这个问题早在古代神话传说那里已经遇到了。

表面上看,史诗和历史都用语言来描述事件(人事),而用不用韵文,早在亚里士多德已认为不是什么要紧的问题。他认为这里本质的区别在于历史讲已然的事,而史诗讲可能的事,这里已涉及二者的内在的区别。

无可否认的,无论韵文或散文,诗艺必须运用推论式的语言,但在诗艺中,语言只是手段,是艺术符号的材料,因而它并不起支配作用,起支配作用的是"想象的规律","支配诗的创作的不是推论式逻辑的规律(laws of discursive logic)。支配诗的规律和推理的原则一样是'思维的规律'(laws of thought);但它们并不运用于科学的或伪科学的(实践的)推理上去。事实上,它们是想象的规律。"③

在这里,兰格提出了一个需要进一步探讨的思想,即她认为,诗艺里所运用的逻辑推理,只是"像"逻辑推理,是逻辑推理的"相似物"、"现象",而其目的和本质是完全不同的。她说:"诗的反思(poetic reflections)本质上不是逻辑推理的训练,虽然这种反思至少可能体现推论式论证的某些片断(fragments of discursive arguments)。本质上说,诗的反思创造的是推理的相似物(the semblance of reasoning),……是哲学思维全部经验的相似物。"④ 可惜的是,兰格只是在谈到诗艺时才提出这个思想,事实上我们将会看到,整个

---

① FF,第177页。
② 同上书,第173页。
③ 同上书,第234页。
④ 同上书,第219页。

艺术符号的结构形式正是语言逻辑形式的"相似物"。

但无论如何，诗艺不是历史，不是真实的人生的记录，而是虚拟的人生的表现，诗人所创造的人生，不是历史的报告，而是人生的一种心理形态，或是在心理形态中的人生①。要创造这个人生，当然不能单纯模仿人生，单纯记录人生，而是要经过诗人头脑的"转换器"。"单纯现实生活的经验当然会启发艺术，但艺术必须把它完全转化于（transformed）自己的作品之中"②。

根据这个观点，人们在欣赏、批评诗作时，就不应采取纯历史的眼光，而应是艺术的眼光，因而，在兰格看来，诗人个人的历史和作诗时的具体情景的知识，对欣赏他的诗作，并不起重要作用。不无兴味的是，她在论证这个观点时，举了中国唐代诗人韦应物的"暮雨送李曹"为例，以欣赏异国诗作的通例来说明有关诗人的传记知识，并不能帮助对诗的理解，有时甚至有所妨害③，兰格这个看法不无偏颇之处，但却不是偶然的感发，而是与她整个艺术哲学的基本观点密切相联的。

这就是说，包括史诗在内的诗艺不给人以历史知识，而给人以艺术的陶冶，它的世界，不是真实的人生，而是虚拟的人生，是真实人生的写照。

根据这个总的观点，在诗艺下，兰格又分成文学、戏剧和电影三大部分，分别涉及人生的过去、未来和现在。

文学（史诗、小说）是以想象的记忆表现虚拟的历史（过去），而戏剧则以想象的动作表现（虚拟的）未来。

在戏剧部分，兰格以自己的美学理论回答了戏剧的本质及传统的悲剧、喜剧范畴。

首先，兰格同意亚里士多德在《诗学》中的观点，戏剧的特点不在人物性格，也不在对话，而在"动作"（act）；而人的活动是创造未来的，所以作为真实动作的"相似物"的虚拟动作也是指向未来的。兰格说："文学创造虚拟的过去，戏剧则创造虚拟的未来。文学的模式是记忆的模式，戏剧则是定向④

---

① FF，第216页。
② 同上书，第254页。
③ 同上书，第126页。
④ 这里destiny颇难译，它只是对未来的规定，与一般理解的"命运"似有不同。

的模式（mode of destiny）。"①

由于未来的定向的不同，戏剧就分成两大类：喜剧和悲剧，前者为一连串偶然事件造成的幸运（fortune），后者则在必然性中表现为灾难（fate），因而喜剧表现一种生的活力——其高峰为"笑"，而悲剧则面对一个不可避免的问题——"死"。

人类作为一个种族来说，虽不能说是永恒的，但却是长存的，只有人把自己作为个体来看，才强烈地感到"死"的威胁，所以兰格说，喜剧是种族性的（ethnic），而悲剧只有个人意识发展以后才产生②，正是这个原因，西方悲剧发展得较早，而东方喜剧有更深厚的传统；但兰格很着重地指出，中国的戏剧《长生殿》无论在任何意义下，都是真正的悲剧③。兰格关于喜剧和悲剧的特点，概括地表现在她下面这段话中："喜剧表现的是自我保存（self-preservation）的生活的韵律，悲剧则展现了自我消亡（self-consummation）的韵律——这并不是单纯的新陈代谢过程，个人生命向着死亡逼近有一系列阶段，这些阶段是并不重复的；生长（growth），成熟（maturity），灭亡（decline），这就是悲剧的韵律。"④ 生、死对种族言是可重复的，而对个人说，则是不可重复的。

悲剧作为一种戏剧仍然是一个虚拟的世界，并非真实的人生，悲剧的韵律，不是道德的规范，而是情感的节奏，悲剧的英雄并不是为道德的理由而创作，而是"为结构的目的（structural purpose）而创作"⑤。这是所谓结构的目的，就是指情感的形式、情感的逻辑。

兰格在《情感与形式》中只是在"附录"的地位提到电影，这一部分相对地说显得比较单薄。她认为，电影艺术既不是文学，也不是戏剧，就是说，它既不表现虚拟的过去（历史），也不表现虚拟的未来，而是表现虚拟的现时（virtual present）。这样，在兰格看来，电影就与"梦"有相同的地方，因

---

① FF，第 307 页。
② 同上书，第 354 页。
③ 同上书，第 337 页，注 9。
④ 同上书，第 361 页。
⑤ 同上。

为,"梦的模式是一个无止境的现时(an endless now)。"① 然而,兰格申明,她的意思并非说电影是梦的翻版,或者是"日梦"(day dream),因为一切艺术都是一种"表象的模式"(a mode of appearance),"电影是在表象模式上(in the mode of its presentation)'象'梦:它创造一个虚拟的现时,一个直接幻象(direct apparition)的秩序"②。

事实上,我们看到,按照卡西尔和兰格自己的理论,不仅电影与"梦"有相近之处,整个艺术从古代神话传说和史诗起,与梦就有密切的关系。它们在符号结构上是同一模式的,只是梦是私人的(private),而艺术则是公众(public)的事,由此而带来了一系列的形式上的特点。

我们已经大体上研究了兰格的哲学和在这种哲学思想指导下的美学体系,我们感到,她在把人对世界的各个不同把握方式的对比中深入细致地研究了一系列美学问题和艺术现象,对这些问题的进一步探索是很有启发作用的,她所提出的以"推论式"和"非推论式"符号的区别为核心的哲学、美学理论在西方,特别是美国是很有影响的,当今相当流行的以摩里斯(Charles W. Morris)、潘诺夫斯基(Panofsky)等人为代表的"意象论"(iconology),就和兰格的表象的符号说有相当的关系。然而,我们也应该指出,兰格虽然努力摆脱逻辑经验主义、维也纳学派、早期维特根斯坦否定审美命题意义的限制,但在大的哲学问题上,仍在这个思潮的笼罩之下,最为突出的是表现在她对于两种符号系统,即艺术和科学的符号,过多地强调了它们的区别,而没有在它们两者之间具体而复杂的关系上进一步下功夫,因而给人一种"平行论"的感觉。

事实上,人的主体领域中知、情、意三个部分是互相区别而又相互渗透、相互沟通的,毋庸讳言,主体的三个部分,都有生理的、感情的基础,知识有外界给予的感觉印象(从客体到主体),意欲有对外界的反作用(从主体到客体),情绪有喜爱与憎恶等等,但这一切就与动物有本质上区别的人来说,都是被理性(或理智)化了的,是一些精神性的活动,所以从感觉印象可以升华

---

① FF,第361页。
② 同上书,第412页。

为科学知识，从欲望可以提高为道德律，由情感可以凝结为艺术品。我们看到，这些升华、提高和凝结过程，不是平行的，而是交叉的，其基础应是科学的逻辑的概括和抽象。

诚如兰格所指出的，人类并不只拥有语言一种符号系统，人创造了包括各艺术部门在内的各种"有结构的形式"（articulate forms），而语言却是其中最基础的一种。我觉得，人类的语言虽不能代替一切，但却是可以渗透一切符号体系、可以贯穿一切符号体系的。

兰格说，艺术符号同样具有"意义"，因为它也是"有结构的形式"，有自己的"逻辑形式"，但又说艺术的"意义"与科学所指意义不同，艺术没有语词，不能编词典，也没有逻辑语法。然而，我觉得，人类只能有一种逻辑，这就是由语言语法体现出来的科学的逻辑[1]，所谓情感的、艺术的逻辑，却倒是真正意义上科学逻辑的"相似物"，这就是说，语言的逻辑虽不是直接地，但都是间接地、曲折地支配着艺术符号的形式结构。这并不是抹煞或者冲淡艺术与科学作为把握方式的区别，恰恰是为了更好地说明、解释兰格所指出的艺术符号的各种特征。

譬如，我们可以承认"推论式"和"表象式"符号的区别，但"表象式的符号"之所以当自己的理智性的结构（形式，或逻辑），正是语言结构、科学逻辑的一种曲折的反映或一种折光（refraction）。离开语言的逻辑去寻求一种独特的情感的逻辑，只能把问题神秘化。

同时，我们可以承认艺术符号意义的不确定性和多面性，但它之所以也具有意义，如"意义学"（semantics），则仍应承认这种意义与语言的意义不是毫无关系，因而艺术符号（艺术形式）的意义虽不能与作为符号形式本身"分离"，但却仍具有一定的"游离性"，这就是说，艺术作品的意义，也常常不是一眼就能看穿，而同时也需要一定的思考、理解，需要一定的知识[2]。

艺术的情感不仅与知识有关，而且也与意义有关，所以艺术作品也并非与道德无关。康德就说过，美是道德的象征（symbol）。意志要创造一个真实的世界，情感创造一个虚拟的世界，这两个世界之间有一种对应的关系，情感的

---

[1]　"逻辑"这个词，在古代希腊语中，就从"说话"、"语言"演变而来。
[2]　从而对韦应物那首诗的理解，一般说，我们中国人就会比兰格来得深刻些。

态度，是把意志所创造的世界作为观照的对象，因而人不但能欣赏艺术品，同样也能欣赏实际作品，不但能欣赏虚构的世界，也能欣赏真实的世界。

既然艺术要把自然因果提高到人的作品，把私人的情感提高到普遍的理智阶段，就离不开带有普遍性的抽象作用，这就是康德以来哲学家、美学家经常提出的这样一个问题：为什么都是个人的愉悦的情感，都成为普遍的审美判断；"美"之所以似乎（"像"）是一种客观的"属性"（quality），其根本的原因，我认为，正在于美感和艺术的创造仍然贯穿了为人类共同遵循的语言逻辑的形式，虽然它与这种逻辑不是直接的联系。

从这个立场来看艺术，我觉得可能有一个优点，就是可以把艺术与科学、道德，把知、情、意统一起来考虑，而不是并列起来平行地考虑；我相信这样，从一个统一的角度出发，兰格所揭示的艺术符号的一系列特性，就会获得一种新的意义。

本文是由作者在美国进修时的一篇论文改写、扩充而成。文中涉及的某些看法，曾与一些美国的同行讨论过，受到他们的启发，特此致谢。

评伽达默的美学观*

西方的哲学思潮,从近代以来,有一个比较大的变化,即将原本是相对独立的关于艺术、美的思考,接纳到哲学的体系中来。这种作法,当然可以追溯到中世纪阿奎那将真、善、美统一于"神"的那样一种"理性"神学体系,甚至可以追溯到亚里士多德《诗学》作为经验哲学体系的一个部分,但与哲学的基本问题联系起来考虑的则是近代启蒙主义的做法。在德国,首先是根据沃尔夫哲学建立讲授系统的鲍姆加登,而影响更大的是康德将美和艺术作为他的第三个批判的前半部分。

现代的哲学家以笛卡尔、康德作为欧洲近代哲学的开创者,当有相当的理由,这种看法,不仅体现在大多数的哲学史的著作中,而且更重要的,是体现在可以看作当代哲学的创始者的那一些哲学家的著作中。这些著作,为提出不同于近代哲学所提问题并给以不同的解答方式时,总是要回到笛卡尔和康德。胡塞尔的著名的关于笛卡尔的著作和海德格尔那部被看作《存在与时间》续篇的《康德与形而上学问题》,都是明显的例子。

海德格尔思想的特点在于在现代的环境下,重提存在论(本体论)的问题,这是与康德的思想针锋相对的;康德的工作正是要从传统的"存在论"问题转向"知识论"问题,这是他自己心目中的"哥白尼式的革命"的具体意义。这样,海德格尔要把颠倒了的关系再颠倒过来,康德的问题,当然是不可

---

* 原载《外国美学》1992 年第 9 辑。

回避的。然而，海德格尔对康德的批判工作，是基本的，但并不是全面的，这个工作需要有人继续做下去，而这个后继者就是海德格尔的学生伽达默。

伽达默是海德格尔思想的继续者，也是他的思想的完成者，因为当伽达默在本世纪六十年代初期正式建立起一门学问——"解释学"（"释义学"）后，他已经"终止"了海德格尔的思路。我们这种议论的根据在于：当海德格尔反对一切"主义"、"论"时，就在根本上否定了胡塞尔提出的建立一门"活的"、不同于"自然科学"的"人文科学"的可能性。在海德格尔的心目中，哲学的问题只在于不断的"思"和"想"，而并不能建立一门"学问"把"思"和"想"来"教授"给别人。在这个意义下，伽达默的工作与其说是接续海德格尔，倒不如说是接续胡塞尔，或者更加公平地说，是接继海德格尔《存在与时间》中所提出、而后来弃而不用的"基本存在论（本体论）"的工作。

从"基本存在论"到"解释学"之间思想上的发展关系，是比较明显的。"存在"是"意义"的"存在"，"存在"的"意义"，"解释"什么？"解释""意义"，"存在"需要"解释"。"意义"不是"感觉"（心理学），"意义"也不是"概念"（逻辑学），这样，"解释学"就从过去与"语义学"和"心理学"这些逻辑学和经验科学的纠葛中摆脱出来，成为"存在论"的问题。用中国的语言来说，关于"存在"的问题，要成为一门"学问"，可以叫做"存在""论"，也可以叫做"解释""学"。

伽达默阐述这门学问的主要著作是《真理与方法》，显然，他这里的"真理"，是在存在论意义下来使用的，中国话可以叫做"真在"，即"存在"的"真理"（真义），或"真理"（真义）的"存在"。

《真理与方法》以三个部分来阐述存在论的解释学，其中第一部分就是"审美的"、"艺术的"。在这里，伽达默所讨论的问题，大部分为康德已经提出，而我们知道，在康德那里，这部分的内容，构成了他的第三个批判——《判断力批判》。

伽达默对康德思路的这种"颠倒"，反映了他们在理论上的深刻的分歧。

我们知道，康德哲学以主体与客体分立为原则，以主体性先天原则，建立起知识论必然性的根据，而道德领域中"纯主体"、"纯理性"的"绝对命令"原则，使他的主体性原则得到了坚决的贯彻。然而，受黑格尔启示的欧洲大陆现代哲学——黑格尔哲学作为古典哲学的"终结",当之无愧地具有这种启示作用——,对这种主体性原则的批判,必将导致由这个原则建立起来的"知识论"和"理性论"的转变,而在康德的第三批判中,却由于"美"、"艺术"和"目的论"使这种"纯主体性"原则受到抑制。"美"不是一个知识性"概念","艺术"有其明显的存在形式,而不仅仅是一种"思想"、"知识"。康德第三批判中"目的论"部分因其充斥各种过时的落后的词语而不受重视,然而从解释学眼光来看,自从"人"出现在这个世界上,"自然"就为"人"显示出一种特殊的"意义",成为"人"的"世界"的一个部分。正是在《判断力批判》中,康德的主体性先天原则受到客体性的经验原则的抑制,迫使他在美、艺术、目的中寻求一种"和谐"。所以,从黑格尔开始,"美"和"艺术"就成为他的"绝对理念"显示自身的"初级阶段"。在舍弃了"绝对"这种思辨概念后,伽达默的问题则是:如何从"存在论"上理解美和艺术。

一、审美、艺术作为基本的存在方式

西方现代关于"存在"的思想,是海德格尔奠定的。知识论的问题是:"世界(这)是什么?"重点在于"什么"。科学上对这个"什么",不断地有相当精确的回答,但胡塞尔说,"什么"不是与"我""生活"无关的纯客观的"概念",而是"世界"向"我""显现"的那个样子,这是他建立的"现象学"("显现学")的基本观点。世界向我显现的样子是基本的"知",是最为纯粹、严格的"知"。现象学同样是海德格尔的思想的出发点,即"知"不是概念式的、主体性的"科学体系",不是"我"在"世界"之外冷眼旁观的知识,而是"我在世界之中"的"知"。"我"看世界、认知世界时不是一个抽象的、纯理论的"思"("我思"),而是一个活生生的、生活在世界中的人,"我的思"和"我的在"是不可分的,不是"我思故我在"(笛卡尔),而是"我在故我思"。这样,海德格尔就和黑格尔一样,恢复了为笛卡尔、康德所破坏了的古代希腊哲学的基本命题:思维与存在的同一性,但黑格尔的重点仍在"思维"上,——一种思辨性的辩证思维;海德格尔的文章则做在"存在"上——一种特殊的、有思想的"存在"——"Dasein","人"。

在《存在与时间》中，海德格尔强调从"Dasein"的分析入手，来理解欧洲哲学的传统问题。他认为，康德虽然反对笛卡尔以"我思"论"我在"，但仍坚持"我"即只是"思"，这样，就一定要把"思（维）"和"（存）在"割裂开来，认为"存在"（本体、本质）不可知。事实上，"我"本不仅仅是"思"，"我"是实实在在的，有思想、有感情、有血有肉的，"思"和"在"本不可分，"思"是"在"的一种方式，即"人"的"存在"的特殊方式。因此，即如康德所云，"存在"不是概念知识的"对象"，但却是可以"理解"的，因为"理解"本是"存在"的一种方式，而不是抽象的概念。从这个意义上说，"存在"不但是"可知的"、"有知的"，而且是一切科学知识根源，是"真知"。"我"确确实实地、非常具体明确地"知道"我的"存在"和世界的"存在"，这种"知道"，不是科学性、概念性的，而是存在性的，它的具体内容，受制于世界，受制于我生活的世界，受制于我的生活。生活都是具体的，是"Da"，而不是抽象的、概念的。一切概念的知识（科学）都植根于生活的活树上。

海德格尔的"存在状态"相当于胡塞尔那个不同于物理感觉刺激的"纯粹心理状态"——所以我们用"心境"来译海德格尔的"Stimmung"，但"心理"（Psyche）显然缺少"存在"的度而成为主体性原则的一个佐证，因而"人"作为一种特殊的"存在状态"或"存在者"，海德格尔坚持用德语中现成的字"Dasein"来描述，而后来雅斯贝斯对这个词的攻击和讽刺，也都是有相当的理论根据的。

由《存在与时间》提出的基本存在论的问题围绕着"Dasein"，强调由Dasein来看sein问题的提出，而《存在与时间》的侧重点虽在分析"Dasein"，但实际上却在分析"Da"，如"有限性"、"时间性"、"历史性"和"死"的问题，都在说明那个"Da"。后来海德格尔的工作似乎侧重于来分析sein，所以他在《康德与形而上学问题》中才指出将"时间"观念引入科学知识是康德的重大贡献，而海德格尔对"无"的分析，即指出自亚里士多德以来的"存在论"之所以成为形而上学乃是把"存在"当作抽象的"概念"，即"诸存在的存在"，这里的"存在"是为从诸属性概括出来的"最普遍"的"属性"，而这种理解下的"存在"实为"不存在"——"无"。

事实上，按照海德格尔的原则，没有抽象的、概念性的"sein"，因"人"

为"Dasein",因而一切的"Sein"按其本性言,都是"Dasein",即从"Da"来理解"sein"。

于是,被认为是一个个具体的、个别的"Da"如何又具有普遍的、可交往的特性,就成为一个严重的问题。海德格尔说,"理解"是"Dasein"的存在方式,这对于破除"理解"的抽象性、概念性方面是有相当的攻击作用,但还必须进一步解决:"Dasein"如何具有"理解"的可能?这就是伽达默在《真理与方法》第二版序中所提出的,解释学的主要问题在于解决"理解"如何可能。

我们看到,伽达默提出的这个问题,固然直接接续海德格尔关于 Dasein 之分析,但这个问题的提问方式,显然来自康德。我们知道,康德思想体系主要是由几个"如何可能"构成。他关于"科学知识如何可能"的问题,针对笛卡尔、休谟的怀疑论,在变化万千的感觉、意见中,寻求知识的先天原则,为普遍必然的知识提供根据;伽达默也要从存在论上为个别的、具体的 Dasein 之间相互理解、相互交流的可能性寻求根据。

Dasein 是具体的、个体性的,Dasein 的"知"、"理解"也是具体、个体性的,如何在个别的、具体的方式中蕴含着普遍的、可交流的,而不是"私人的""知",很自然地就想到了"审美"和"艺术"。所以伽达默说,"审美的经验不是各种经验中的一种,而是经验的本质"[①]。

从这里,伽达默接过了康德《判断力批判》中关于审美判断批判的问题,并把它们放到更为广阔的背景中来研究。

不难看出,艺术和审美之所以成为经验的基本形态在于它被普遍认为是个别与一般、感性与理性、特殊与普遍等的统一和结合,在科学性思想方式中被认为可以分析、分离的两种因素,以及产生它们的主体性与客体性两种原则,在审美经验和艺术作品中是不可分割的。正是在传统和古典的意义下,艺术被看成是个性中见共性,感性是体现着、显现着理性。而艺术和审美的形式,不是科学概念的形式,而是生活本身的形式,艺术作品和审美经验正是那种生活中、经验中的"Dasein",是恩格斯、黑格尔说的"这一个"。

的确,"Dasein"有点类似于黑格尔哲学中的"具体的共相",受过古典哲

---

① 伽达默:《真理与方法》,英译本,第63页。

学训练的人不妨从这个角度来体会 Dasein 的意思，这是不无帮助的。然而，"具体的共相"在黑格尔哲学中是"绝对"，因而是一种"超越"，而"Dasein"却如其德文词意所显示的，是"经验"的。从这方面来看，无论海德格尔或伽达默，都注意到新康德主义扩大康德"经验"概念，以消融黑格尔的"绝对"的内容，从而使"回到康德"的口号不致完全流于"复旧"、"倒退"的软弱反响，而使自己的学说有一种新的面貌。

新康德主义者扩大了康德的"经验"范围，使它不局限于狭义的"科学知识"的领域，而扩展到人类一切文化的领域之中。如大家所知，新康德主义各流派对各种文化领域即各人文学科的结构顺序有所不同，但毕竟把艺术、宗教等作为经验的一些具体形式接纳到哲学的体系中来。新康德主义这种对"经验"的宽容态度，的确受到了现代现象学的猛烈攻击，因为胡塞尔的现象的超越精神，扩大的不是康德的"经验"部分，而是他的"先验""超越"的原则，从而把一切自然、感觉和经验都"括了出去"，以求纯净的、直接的世界的"显现"。于是，胡塞尔的现象学给现代欧陆哲学带来了一种与新康德主义所提倡的"文化哲学"、"人类哲学"相反的思路。

然而，胡塞尔的现象学当然并不是不要"文化"，不要"经验"，胡塞尔的原则是"先验的"（transcendental），但不是"先天的"（a priori），"先验的"或"超越的"固然"超越""经验"，但并不是脱离经验，而在求"经验"之本和源，求一种纯净的经验，或基本的"经验"，作为其它一切经验（文化）之条件，而不是脱离经验的"逻辑"的条件。

这个问题，一旦由知识论的角度转向存在论的角度，则更为清楚。"经验"不再限于"知识性"的理解，它是一种"存在"的方式。"经验"不仅是科学知识的形式，也不是文化意识各具体形式之总和，"经验"就是那个"Dasein"。在"经验"之中，思维与存在、理性与感性，用古典哲学的语言来说，概念与直观是同一的。我们不妨把胡塞尔的"理智的直观"和"直观的理智"理解为"Da-Bewusstsein"，由知识论的"Da-Bewusstsein"转化为存在论的"Da-sein"，则"Da"也没有"超越"的意思，"Da"不是"Meta"，Da就是"Da"，是具体的、个体的、实在的。所以"Dasein"就是基尔克特所说的"实存"（Existenz）。

在这个意义下，就可以比较顺利地理解艺术和审美为基本的存在方式，亦即基本的经验方式。经验的方式亦即存在的方式。在这一点上，伽达默以存在论的解释学把胡塞尔的现象学与整个人类文化沟通起来，从而完成了胡塞尔建立"严格的人文科学"的理想。

所谓"科学"，正如海德格尔所指出的，按欧洲从古代希腊巴门尼德以来的传统，都是关于"存在"的学问，"人文科学"亦不例外。"科学"讲"真理"，关于"存在"的"真理"，本与"存在"不可分，"存在"的"真理"，即为"真理"的"存在"，因而关于审美和艺术的"科学"，即"美学"，即为"艺术"的"真理"，或"真理"的"艺术"，即"真""艺术"；而关于"艺术"和"审美"的学问，就是关于"人"作为 Dasein 的基本存在方式或基本经验方式的科学。

"人"是群体的，"人"与"人"之间，构成"我"、"你"、"他"的关系。关于"人"当然也可以作实证科学性的研究来把握，于是我们有生物学、生理学、心理学和社会学等等。"人"作为群体当然就有"我们"、"你们"、"他们"，这个"们"为科学性概念的研究提供了根据，"们"有"们"的"属性"。然而，"人"不是"概念"，不是各种"属性"的总和，"人"大于诸概念和属性之和，概念和属性不能穷尽"人"。"人"是有血、有肉活生生的存在。

"人"分"我"、"你"、"他"，"人"与"人"之间自然有各种的关系，"我"、"你"、"他"之间要有"交往"。"交往"包括了科学性、概念性的知识传授，但就本质来说，"人"与"人"之间的交往关系不是"传授知识"的关系，而是一种实际的、现实的过程。这种既不同于动物性、物质性交换关系又不同于抽象性、概念性、思想性交流关系的"人""们"之间的交往关系，海德格尔——以及伽达默叫做"理解"（或"领悟"）。"人""需要""交往"，即"人""等待"（被）理解"。

"理解"或"领悟"是"人"的"存在"的形式，而它的基本的、本质的形态为"共感"（或译"常识"，sensus communis），这是伽达默首先提出的一个基础性观念。

伽达默解释学里的"常识"或"共感"与知识论中的"感觉共同特性"不同，也是一个存在论的概念。这里的"sensus"与生理感官感觉不同，而接近于通常所谓"直感"、"直觉"的意思,比感官感觉具有更加深层的含义,即这个意思,是可以在日常语言中很清楚地体会出来的①。问题在于:"感"本是内在的、私人的,本不可传达,而为什么又有"共通性"?这个问题,正是前面提到过的那个解释学的基本问题:理解如何可能?因为这里的"感",当有"悟"、"理解"的意思在内。

"感"虽不等同于"感官感觉",但却离不开"感官感觉",它是"直接的",而且这种直接性,并不仅仅是逻辑推理的直接性,不仅是"豁然开朗"、"忽然贯通"的"顿悟"、"妙悟",而且实实在在地是面对着可视、可听……可感的世界的。在感官感觉的直接性中蕴含着具有普遍性的内容,二者融会在一起,使可以交流的不仅是那个普遍的内容,而且也包括了那直接的、具体的、感性的形式。这样,在交往中,人们不仅能懂得对方所要表达的逻辑和理论上的"意义",而且能体会对方的具体的"感受",是一种"经验"、"体验"上的"交往",而不仅是思想、观念上的"交流"。

伽达默说,"sensus communis"来自罗马的拉丁文化,有这种"感",是有"教养"(Bildung)的表现,但"感"中有普遍性,在亚里士多德已经认识到了。在这里,伽达默强调这种"感"中的伦理、道德的意味,以便和知识论中的感官感觉共同性更为清楚地区别开来。有教养的人不仅是有知识的人,而且也是有道德的人。

从这个观点出发,伽达默批评了康德对这种"sensus communis"的忽视。然而正是在康德的第三批判中,康德在审美活动中,看出了"知性"概念以不确定的形式调节着各种关系,使之与感觉的形式形成自由的和谐关系,从而提出审美中"象征"与知识中"图式"的不同,这一点,是很受伽达默称赞的。

事实上,我们看到,所谓"sensus communis"的思想,在黑格尔那里,是以艺术作为理性的感性直观形式出现的,而胡塞尔的"直观的本质"和"本质的直观"当可以看成解释学"sensus communis"的直接的思想来源,而"sensus communis"中的诗意的和道德的情感意味,则又是海德格尔对胡塞尔知识性现象学变革成为存在论现象学的结果。

---

① 如英语中 sense of beauty, sense of……,我们所谓"口感",与"味觉"当不是一个意思。"味(感)"不仅是指咸、淡、酸、甜、苦、辣……

"sensus communis"在解释学中是一种综合性、经验性的状态,但却又是基本的、本质的状态,它是个别的,又是一般的,是个别中见出一般,而又是在一般的"判断"形式中表现出个别性。因而"sensus communis"被理解为"判断力"。

"判断力"是康德第三批判的主题,但他的"判断力"只限于他所谓的"美",因为他割裂了美与善的关系,因而"判断力"成为"经验"的一个部分或一个方面;而伽达默解释学则将这种判断力扩展为基础的、全面的经验领域。

分析起来说,"判断力"(判别力)是根据一个普遍的原理来"判别"(判断)一个具体的事物的能力,这种能力反映了一个人的"教养"。人们对个别事物的"判别"和"识别",都蕴含着一些普遍的原则,"这花是美的","这人是善的",都蕴含着"美"和"善"的普遍的观念和标准,但这些观念和标准在"判断力"中不是以抽象的概念形式出现,而是与"这花"和"这人"的个体感性形象紧密相联的。康德说,"判断力"不是由个别上升(概括)到普遍(概念),而是从普遍到个别的过程。事实上,判断力中的个别,乃是一个普遍原则的"例证"。

在判断力问题上,伽达默进一步发挥出一个思想,即"判断力"是不能"教授"的,即不可能像知识那样来培养的,是不可"学"、不可"教"的,而需要自身生活经验的陶冶和锻炼。在判断力中,普遍与特殊的东西是结合在一起的,不可能有一种普遍的概念形式可以一劳永逸地适合于每一个个别体,因此,"判断力"只能一步一步地通过对个别事物的实际观察、体验才能训练出来。

这样,"判断力"就成为"鉴别力"——不仅是对"美"的"欣赏力",也包括了"道德"的"评判力",而且,这种"欣赏力"和"评判力"又是不可分开的。通过这种个别与一般的同一性的关系,伽达默认为,康德《判断力批判》中最有意义的一个观点是关于"象征"(Symbol)与"图式"(Schema)的区别的问题[①]。我们知道,在《判断力批判》中,康德指出,"美"是"善"

---

① 伽达默:《真理与方法》,英译,第67页。

的"象征",而"象征"不是知识、科学的"图式",不是一种具有"指称"和"图解"能力的"记号"(符号),即不是用一个"符号"指示一件"事物",而是用一件"事物"指示一种"意义"。"象征"离不开感性的事物,这个"事物"并不只是"记号",而是自身起作用,不是可有可无的,"记号"(符号)可以用别的"记号"(符号)来"代替"、来"翻译",但"象征"是不可替代的。因此,"象征"与"比喻"(allegory)不同,"比喻"是"符号"(记号)之间的转换,因而是"意义"之间的转换,但"象征"则离不开具体、个别的感性事物。

"判断力"就是把个别的、感性的事物当作一种具有"象征"意义的事物来看,在不脱离具体的事物的"观察"、"欣赏"中,见出该事物的"意义",去"理解"该事物的"意义",因而,这种"意义",也就不是该事物的概念"本质",不是它的各种"属性"。对这种"意义"的理解力,表现了一个人的"趣味"。

"趣味"不是私人的,但又不是概念的,这是康德根据他的哲学原则对英国经验主义——休谟、柏克等在"趣味"问题上的修正。"趣味"保持着个性的特色,因而保持着"自由"的优越性,但"趣味"却仍然要求被承认为"高尚的"(good sense)。"谈到趣味无争论",只是说关于"趣味"的分歧概念和逻辑不具有决定的裁决权。作为"实际的"(practical)知识的基本形态的"趣味","理性"、"学说"、"推理"并不像对"理论的"(theoretical)知识那样具有"终审权"。在这个意义下,"趣味无争论"实际上是"永远有争论"。在趣味领域中任何"权威"不能"令人""沉默"。

"趣味"为"自然"发现(意义的)"例证";"天才"则为"自然"创造(意义的)"例证"。康德认为,只有"天才"才能创造艺术作品,自然通过"天才"向艺术立则,即提供具体的范例。在趣味和天才的关系上,伽达默认为,趣味更具有一种普遍的意味,而天才则是一个例外和特例,并指出,在康德的思想中,趣味要重于天才,天才为使自己不至"流产",当符合趣味要求的准则。伽达默既然把"sensus communis"作为最为基础的经验存在形态,则他自己也更加重视康德关于"趣味"的思想,则是很可以理解的。伽达默说,在这个问题上,康德更倾向于当时显得守旧的古典主义,而他关于"天才"的思想,后来则为浪漫主义所发挥①。

然而,我们也可以设想,在康德思想中,"天才"固然要符合趣味的要求,但趣味却又是在"天才"的范例指引、培养下形成的;艺术只为趣味立则,同样也可以理解为生活——各种实际的作品——为趣味立则。在基本的生活中,人生活在共同的群体中,但每个人又都是一个"特例",甚至是一个"例外",因为"人"对"自然"来说,本就是一个"特例"和"例外",因而,就本质而言,每个人都有几分"天才",只是在社会发展到某种阶段的时候,"天才"才显得为"少数",正如只在早期宗教活动达到一定的组织程度之后,"巫"——与艺术"天才"观念有历史的关系——,才真正形成一个少数人的集团。

当然,正如伽达默所指出的,作为少数人的"天才"观念随着浪漫主义的衰退而为"生活"(Erlebnis)所代替,这已进入狄尔泰和胡塞尔的时代,而他们则为当今解释学的直接的思想来源。

"艺术作品"已不从少数"天才"人物的产品来着眼理解,而是从生活的眼光来理解,这时,"艺术作品"本身也已不作为一个"作品"、一个"事物"来看;"艺术作品"被理解为展现了一个"世界"。

就生活的环境来说,艺术作品只是这个环境的一个部分,是一件"事",一个"物",如挂在墙上的"画",为一件装饰"品",放在博物馆、艺术馆展览厅里的希腊雕塑,亦只是一件"展品",而商店里的艺术品竟还是"商品"。然而,这各种类型的"品",却展现了自身的"世界"。

艺术作品所展现的"世界"不属于作为当下生活环境的这个"世界",是这个"世界"中的另一个"世界",是"世界"中的"世界",而作为"展品"、"商品"、"物品"则都是属于这个世界的;艺术品则是"世界"中的"世界"。

我们看到,从这里,我们已经离开了康德关于艺术和审美的知识上、理论上的看法,而进入存在论的视野。康德的美学,从审美的主体性特征出发,分析了感觉、知性、情感、理想等不同"能力"(faculties)之间的关系,尽管这些"能力"具有非经验的先天性质,但它们只是主体性的(逻辑条件),从这

---

① 见伽达默:《真理与方法》,英译,第52页。

些条件的不同关系中，康德厘析出"真"、"善"、"美"不同的领域①，从而也把它们割裂了开来，这样，"美"和"善"就没有"真"的问题，而我们看到，这正是伽达默根据胡塞尔，特别是海德格尔以来的现象学所要纠正的问题，即使"艺术作品"的真理性在存在论上重新合法化，"艺术作品"作为一种存在的形式，同样有其真理性问题，艺术、美正是真（理）存在的一种基本的形式。

"艺术作品"不仅仅是"工具"。当然，"工具"也是"存在的"，我们可以说它是"为'存在'的"，但不是"自为"的，"工具"是作为某种"属性"存在，因为只有某种"属性"才有用——可以作为"工具"存在。认真讲来，"人"当然也可以为"工具"，"人"可以被"利用"来作为达到某种"目的""工具"，但"人"却不可以归结为"工具"，所以康德才说，"人的王国"为"目的王国"，只应把"人"当作"目的"，而不应当作"手段"。从存在论来看，只有"人"才"自为"地"存在"，即不单是作为"工具""存在"，之所以如此，是因为"人"不仅有一个"环境"（工具性的），而且有一个"世界"。但与康德不同，在这个世界中，目的与手段是不可分的，因而不是一个"纯粹目的王国"，因而不是一个"纯粹思想"、"纯粹理性"的王国，而是一个真正现实的王国，是一个"真""世界"——不是"思想"、"理性"的"假""世界"，不是"镜花水月"。于是，我们看到，只有"人"及其"世界"，才是"真""存在"。"工具性"的存在，各种"属性"的"存在"，是科学知识的"对象"，而这种"真""世界"，却只有从"存在论"上才能得到"理解"。

正如艺术品也可以被利用来作为"工具"一样，一切的"工具"也都可以将其视为艺术品，即一切的"工具"本都展现着它自身的"世界"。海德格尔曾在《艺术作品之本源》中分析过凡高画的一双鞋。不论海氏的分析在知识（论）上有无可攻击处，就存在论来看，他只是在说，这双鞋本可以不作单纯的工具观，而体现了"农妇"（或画家本人）的"世界"。画中之鞋不可拿来"穿"，它的"工具性"隐去，则它的"世界"——"世界"并非属性，因而不

---

① 而据法国当代哲学家德留斯（Gilles Deleuze）对康德的研究，在"真"、"善"里，各"能力"都得到规整的和谐，而在"美"中，则保持着一种无规则的自由。见他的《康德的批判哲学》（*La Philosophie Critique de Kant*，1963年，法兰西大学出版社）。

能说"世界性"——就更加突出了出来。一切的古迹、古物之所以常常成为审美的对象,正因为它们的实用价值已经发挥过了,所"剩余"下来的——"现象学的剩余者",反倒是一个历史的"世界"。

透过(或暂时"摆脱"、"悬搁"、"括起来"……)那五光十色的工具性的环境的世界,看到那真实的、真理的世界,——作为这种"穿透"、"洞察"、"摆脱"、"悬搁"等的"能力",这就是"教养"、"趣味"、"鉴赏力"、"鉴别力",即"判断力"。"判断力"离不开"知识",但这种"知识"不是"概念"式的,而是生活的、经验的,是与人的整个的生活经验分不开的,也就是与他自身的生活的世界分不开的,因而是一种"存在性"的"知"。我们对艺术品的"知",不单是"认知"它的各种的"属性",而且更重要的是"认知"它所展现的"世界","认知"一个"世界",是谓"真知",是谓"真理"。在这个意义上——即在现象学存在论的意义上,伽达默改造了黑格尔在绝对唯心主义基础上提出的艺术同样是"真理"的一种显现方式。

二、 艺术的特殊存在方式——游戏

把"知(识)"看作为概念式的、纯思想的,则"真理"和"真知识"乃是"无限的","绝对的",这是黑格尔的绝对唯心主义的结论,然而,"存在性"的"知(识)",则是在"有限性"中求"真理",求"真知(识)"。既然"存在"不是概念,不是从"诸存在者"诸"属性"中概括、抽象出来的"本质""属性",于是,关于"存在"的"知(识)"就是具体的、有限的。"有限的""真知"、"真理",不同于"无限的""真知"、"真理",前者是实实在在的,后者只"存在"于"思想"、"理想"之中;前者为"有",后者为"无"。因此科学只能是关于"诸存在者"、"诸属性"之科学,而不能是关于"诸存在者"之"诸属性"之抽象概括——即关于"无"的科学。但形而上学正是那种关于"无"的科学,因而是伪科学,伪知识,伪真理。"真理"、"真知识"只能在具体的存在形态中,这种既不同于伪科学的形而上学、又不同于诸存在者诸属性的实证科学的"存在性"的"知(识)",本不是科学性的,而是艺术性、审美性的,伽达默把这种"存在"与"知识"的关系,理解为

"游戏"。

伽达默在这里使用的德语 Spiel，在英语有 play 和 game 两种含义。play 是自由的、无规则的，而 game 则是按照相当严格的规则进行的，如同下棋那样。Spiel 的后一种意思，为分析学派所发挥，他们主要的立足点是：坚持主体性原则，实际即坚持人的"制定规则作用"，而这种观点，不难看出，是康德的"理性为自然立法"这一说法的精确化。

伽达默的 Spiel 采取了自由的、无严格规则的那种意思，同时也包括了"博弈"、"体育竞赛"这种有规则的游戏，但并不强调它的主体制定规则的作用，这就是他自己所谓的，把"游戏"从康德的主观意义下解脱出来，而作为"艺术作品自身的存在方式"来理解①。

不难看出，伽达默这种"游戏"观是海德格尔《艺术作品之本源》中关于在"作品"与"作者"之外找出一个第三者——"艺术"来阐述"艺术作品"之本源这种思路的继续和发挥，只是"游戏"的作品与"游戏"活动本身不可分，因而三层关系被"简化"为两层。我们看到，伽达默这种"简化"，其结果固然使"艺术（作品）"更加现实化，但也使"游戏"、"艺术"成为一个自身封闭的两极——游戏与游戏者关系，从而使问题又回到了"作品"与"作者"的圈子，而海德格尔的"第三者"（"艺术"作为一个"事件"和"存在方式"），则有着更为广阔的内容使"艺术的世界"与"生活的世界"有着一种内在的关系，"艺术作品"成为"（现实生活）世界"中的"世界"；"艺术"规定着"作品"与"作者"，即"（现实生活）世界"规定着艺术的世界。

然而，无论如何，伽达默发挥了海德格尔的主要思路，即克服对"游戏"和"艺术"的主体性的理解，使"游戏者"和"艺术家"居于背景的地位，从而突出了"游戏"和"艺术"的存在性意义。

所谓"主体性的游戏观"，就是说从主体的状态来解释"游戏"的特点，譬如，"游戏"是无目的的，是与"严肃"相对立的等等，从游戏者的主观状态来确定什么是"游戏"，什么不是"游戏"。事实上，如伽达默所指出，从主观意识上来讨论"游戏"的特点是根本说不清楚的，譬如，"严肃性"与否并不能划

---

① 伽达默：《真理与方法》，英译本，第 91 页。

清"游戏"与"非游戏"的界限,因为只有"严肃地"对待"游戏",才能使"游戏"成为"游戏",而"艺术活动"则更是有相当严肃的目的的。因此,伽达默说:"游戏具有独立于游戏者意识的自身的本质。"① 并不是游戏者规定游戏,而是游戏规定游戏者。游戏者为游戏所吸引,是游戏本身支配着游戏者,而游戏是不以游戏者的主观意志为转移的。游戏者之所以成为游戏者,是因为他在做游戏,游戏使人成为游戏者。艺术家之所以成为艺术家,是因他在搞艺术,艺术(活动或作品)使人成为艺术家,这就是伽达默关于"游戏"的两极关系的理解。"作品"或"活动",当然意味着有一个"作者"或"活动者",但作品、活动、作者、活动者之所有具有"游戏"的关系,则还要寻求别的原因,这个原因不在这两极关系之中,这里需要海德格尔的"第三者",这个"第三者"的特性,是由在这两极的世界之外的更为广阔的世界所处之地位来决定的。

我们看到,伽达默在"作品"(活动)与"作者"(活动者)的关系问题上提出一个"观者",正是说明了海德格尔的那个"第三者"问题是不可回避的。

表面上看,"游戏"并不需要"观者","观者"不是"游戏"的"参与者",中国有句俗话叫"观棋不语真君子"。然而,认真讲起来,真正的"游戏",包括"博弈"、"竞技"等在内,都包括了"观者"在内,"观者"是"游戏"的一个组成部分。我们知道,"博弈"和"竞技"需要"评判者","评判者"是"观者"的代表,在众目睽睽之下,"游戏"才是认真的,是"真""游戏"。"竞技"固然并不是橱窗的摆设,但同样需要"观者"的"理解"和"共鸣"。一场竞技,如果没有任何"观者""懂得"它的"规则",则就没有任何意义;而任何竞技,对那些不懂它的规则的人来说,是没有意义的,正如音乐对于非音乐的耳朵没有意义一样。伽达默甚至认为,宗教的仪式活动,同样是需要"观者"的,"仪式"的"观者"是这种仪式活动的一个组成部分,因为仪式的"观者"同样具有"膜拜"的作用。这样,总起来说,"游戏"包括了"观者",设定了"观者","弈者"与"观者"实属于同一"弈局"。没有"观者"的"游戏",实际是将"观者"虚拟化、抽象化了。深山对弈,以天地为观者;结庐鼓琴,以鸟兽为知音,实在都像剧场的排练一样,设定了许许多多的"观众"。

---

① 伽达默:《真理与方法》,英译本,第92页。

从这个意义来看,"游戏"、"博弈"、"竞技"、"仪式"和"艺术",似乎都要经过"群众的鉴定",这种"鉴定",是为一种"评判",以分辨其优劣,但最为根本的,是作为这些"游戏"的"见证","艺术"作为"艺术",只有在"观者"那里才得到确认。这就是说,"艺术"之所以成为"艺术",最终是"观者""说了算"。"艺术的天才"固然时常不被承认,埋没于一时,但从长远来看,终将找到它自己的"见证人"。"孤芳自赏",当是一时的现象,而即使在这一时的现象中,同样也有"观者"("赏者"),只不过这个"观者"与"作者"是一个人。事实上,在某种意义上,"作者"本首先是"观者","言者"必首先是"听者",因此,"观者"这个"第三者"的身份,从存在论角度来看,竟然成为"首先的"、"第一的"立足点,正是这个"观者"规定了"艺术作品"和"艺术家"的本质。

不难看出,伽达默既然以"游戏"作为他理解"艺术"、"审美"的核心观念,这样,他就需要置"表演艺术"于他的美学思想的中心。

应该说,以"表演艺术"为自己美学核心部分,在哲学家中,伽达默是为数不多的一个。不错,狄德罗谈过演员的艺术,并提出了著名的"演员的悖论",席勒自己是剧作家,但这些涉及某种表演艺术的部分,很难说在他们的思想中占据中心的地位。在这方面,似乎只有叔本华是个例外,因为他的确是将"音乐"置于他的哲学和美学思想的相当重要的地位,把音乐与他所谓的"意志"联系起来,其重视程度,当是不可否认的。然而,伽达默对"表演艺术"的重视,则有他自己的理由。我们知道,在各种艺术品类中,唯有"表演艺术"是最不能够"孤芳自赏"的,它离不开"观者",它必定要寻求"知音"。"知音"是"艺术"与"生活"间联接的不可缺少的环节,因而,"观者"与"知音"是"解释学"美学的重要概念,当是很容易理解的;"艺术"寻求"知音",也就是寻求"理解"。

伽达默这种以"表演艺术"为中心的"观者"艺术观,虽然在近代哲学家那里得不到多少有力的支持,但却在古代寻到了"知音"。伽达默说,亚里士多德关于"悲剧"的定义中,就包括了观众的情绪在内[①],大家知道,亚里士

---

① 伽达默:《真理与方法》,英译本,第115页。

多德把"悲剧"定义为能引起观众"怜悯"和"恐惧"的戏剧。

对于古代希腊的戏剧,尽管我们现在所能看到的主要是那些具有永久艺术魅力的"剧本",但在当时,"剧作家"、"演员"以及"观众"并不是能截然分开的,而所谓"戏剧"的观念,正是由这三者共同组成的,同时在这三者中,又自然以"演员"为中介环节,而沟通"作者"与"观者"。这或许可以解释亚里士多德关于悲剧的研究,竟主要以演员的艺术("动作"——希腊文"戏剧"原本是"动作"之意义)为中心,而把人物"性格"放到次要地位的做法。我们可以想象,在戏剧初创时期,剧作家与演员可以是一个人,所谓"自编自演",不少是即兴式的台词和动作。这种情形,在近代音乐中还可以看得到,作曲者自己弹奏,加许多即兴的乐曲,以表现技巧和乐思,即"名家技巧"(virtuoso)式的演奏,在莫扎特、贝多芬诸家中,是相当普遍的现象。

至于"观众",在古代希腊,大概也不像现今那样"正襟危坐"。古代戏剧,来自群众性节庆活动,"观者"与"演者"亦难截然划分界限,无非是围成一圈,容"演者"表演,适当的时候,也许围观者中亦可有人"入圈"参与表演。这样,"观者"随时处于"参与"的地位,随时可以成为"演者"。这种表演形式,在布莱希特的导演思想中占有一定地位,而斯坦尼斯拉夫斯基的学生梅耶荷德则常常运用这种手法,以使舞台与观众打成一片。所以,伽达默说,"观看"是一种真正的"分有"、"参与"[①],实际上,为什么"观看"会有"分有"、"参与"的效果,正是因为这种"观看"不仅仅是知识性的,而本来就是从一种实际性、实践性的"活动"的基础上,"淡化"出来的,所以这种"观看"才始终保留了那种"分有"、"参与"的特点。

同时我们还看到,正是在亚里士多德的《诗学》中,艺术的"模仿"说被强调了出来,这就是说,对于西方美学理论具有重大影响的"模仿"说,是亚氏在讨论戏剧的表演时提出来的。正如后来的一些研究者所指出的:在早期古代希腊,"模仿"是动作性的"模拟",是舞蹈性的、戏剧性的。在这个问题上,伽达默注意到柯勒(Koller)在1954年发表的关于"模仿"与"舞蹈"之间的原始联系[②],而我们知道,波兰美学史家塔特尔凯维奇在他的美学史巨著

---

① 伽达默:《真理与方法》,英译本,第111页。
② 同上书,第102页及第510页之注释。

中，曾相当详细地研究了古代希腊"模仿"概念与"舞蹈"以及宗教仪式中对"神"之"模拟"之间的关系①。这些历史上的研究有助于说明最初的"模仿"并未被理解为一种"知识性的、主客分离式的""镜像""翻版",而有一种主动的、积极的"参与"、"分有"意义在内。正如伽达默所指出的:"模仿和再现不仅是第二位的版本,不是一种翻版,而是本质的认定。"②

这样,从本源的意义上来说,"演员"和"观众"都是"表演艺术"的一个组成部分,如同"游戏"包括了"游戏者"与"观者"在内一样。这种从本源性、存在性意义上来理解"表演艺术"所引申出来的一个重要的结论,是不应忽视的。

"表演艺术"作为"作品"来看,它与"观众"的关系是一种交流的关系,这种关系,是一种"经验",而所谓"经验",按存在论解释学的说法,就是双方都得到了"改变"。在"经验"中的双方,都是实际"参与者"。"作品"不仅仅是一个静止的"对象","观众"也不仅仅是一个被动的"接受者"。"观众""参与""表演"的结果,"被改变"的,就不仅仅是"观众",而且也是"表演"。这就是伽达默所着重提出来的,"表演艺术"的"可重复性"和"可更新性"的特点。

的确,从现实的情形来看,"表演艺术"有这样一个特点:同一些演员,在同一个地点,演同一出戏,但两次"表演"又应看成是不同的,这真是与古代希腊的赫拉克利特所说的"人不能两次涉同一条河"有同样的意境。每一次的"演出"是相同的,又是不同的。这种同异相参的"重复",伽达默以"节庆"来加以说明。"节庆"活动,每年都有定时,一年一度,同一个"节庆",但年年又有所不同。今年的活动"重复"了去年的活动,但又是一次"新"的活动,所以叫"重新","重复"而不是"纯新"的,英文叫"re-new",德文叫"er-ne-uern","重复"的是"新"的。

伽达默正是从这个角度,提出了所谓"审美的时间性"(Zeitlichkeit des Asthetischen)、"同时性"(Gleichzeitigkeit)与"当时性"(Gegenwärtigkeit)的问题。戏剧的演出,不是"重复""过去"同一个"剧本",而是"当下"

---

① 参阅《外国美学》第2集中我写的关于希腊古典艺术的文章。
② 伽达默:《真理与方法》,英译本,第103页。

的、"现时"的,但这个"现时"又是"过去"的一种"新"的形态。"现时"由"过去"而来,"过去"在"现时"中。"现时"由"过去"而来,因而有"重复";"过去"又是"在""现时"中,因而又是"翻新"的。所谓"经验",即是"经历",即是"历史"。"历史"为"过去"、"现在"、"未来","经验"必有同一性,亦有"变异性"。寻求"历史的""原貌","历史的""起源",是知识——历史科学的任务,但在现实的、真实的历史发展中,"过去"就"在""现时"之中。由历史科学所"恢复"、"重建"出来的"历史原貌"已成"过去",早已"不在"(不存在),"在"的,"存在的"只是化为"现时"的"过去",即改变了的"过去","新"的、"现时的""过去"。这是伽达默的"有效性历史意识"在审美、艺术的具体表现,而这种思想,其理论根据为对"经验"的存在性的理解,即"经验"之所以是"存在性"的,正在于它"改变着""存在的形态"。"今日之我",已非"昔日之我",但"今日之我"又是"昔日之我"的"改变"。"新东西"在"旧东西"中,"旧东西"也"在""新东西"中。"在"——"存在",即是"新"与"旧"的同一。

这样,就戏剧表演来说,每次的表演都是"新"的,但又可以演同一出戏,同一个演出形式;"观众"可以"重复"地去"看"同一些演员演出的同一出戏,之所以可以不感到"厌烦",正在于这种"重复"原本可以是有"新"意的,从这些不同的"演出"中得来的许多的"体会",固然可以是"重复的",但也可以是"一次性"的。这就是为什么许多大演员的演出可以"百看不厌"的缘故。

艺术作品(这里着重在表演艺术作品)这种"可重复性"与"现时性"的特点,还规定了艺术作品作为"作品"来看,具有一种"未完成性"。艺术作品本身不是一个封闭的系统,而是一个开放的世界,它在"现时性"中凝聚着"过去",也孕育着"未来",而恰恰正是"观众"的存在,使艺术作品中的"未来"展示着自身的意义。没有"观众"的"作品",则没有"作品"的"未来"。在这个意义上,"观者""补充"、"扩充"着"作品"的"历史","观者"使"作品"完成"存在",即使"作品"在真正的意义上作为"作品""存在"。没有"观者"的"作品"是"不存在"的。"观者"完成着"作品"。这样不仅"作者"和"作品"本身的"变化",改变着"作品"的"存在形式",而且

"观者"的"变化",也改变着"作品"的"存在形式"。

艺术的这种存在性特点,在表演艺术中显示得比较明白,对于那些不是以动态过程为特点艺术部门,如对于造型艺术,是否仍然保持着这种特性,这是伽达默要进一步解决的问题。

三、"游戏"与造型艺术和文学

在这个题目下,伽达默是要把他的存在论解释学的基本观点,贯彻到不同于表演艺术的造型艺术和文学中去,在这两个领域中,伽达默所遇到的问题,也是很值得重视的。

伽达默首先划清两个方面的界限。一方面,"画像"(造型,Bild,Picture)不是"翻版""复制"(Abbild, copy),在这一点上,"绘画"像"镜像"(Spiegels Bild)一样,是一种"形象",在这里,伽达默的德文原文同样为 Bild,但他同时指出"镜像"与"画像"虽同为"形象",但有一定重要的区别,即"镜像"没有自身独立存在的价值,而完全为"原像"(原型,Urbild)的"再现"(Repräsentation),这正是问题的另一个方面。"镜像"没有自身的独立的"存在形式",而"复制"则又是与"原本"相比次一等的"翻版",为"原本"而"存在"。即,无论"Abbild"或"Spiegelbild"都没有自己的独立的"存在形式",而"Bild",即作为艺术品的"画像",却有这种自身独立的存在形式。

实际来说,"镜像"当然就是一种"复制"或者说,是"复制"的一种"最佳"、"典型"形式。"镜像"之所以没有"自身存在形式"并不是说,"镜子"不存在,而是说,"镜像"除了"反映""原像"之外,没有其它意义;在"原像"被"反映"出来后,"镜像"的"存在"就被"取消"。然而,作为艺术品的"画像"却并不在"再现"了"原像"之后,"取消"自己。"画像"与"原像"是"两件事",是"两个东西",各自有自身"存在"的价值、意义和形式,是不能相互代替、相互取消的。

表面上看,"画像"与"原像"是一种"复制"、"仿制"的关系,但"画像"之所以能成为"艺术品",正在于它不仅仅"复制"了"原像"。我们看到,如何理解它们之间的复杂的关系,是历来哲学家和艺术家所关心的一个大问题,而伽达默从存在论解释学方面作出的某些推论,是颇有启发性的。

我们不一定要说,"画像""大于""原像",我们只需要说,"画像""不同于""原像","画像"是"原像"的"理解"和"叙说",伽达默说,"画像"是关于"原像""说了些什么"①,这个"什么",就是"画像"作为一个特殊的、独立的"存在形式"自身的价值和意义,也正是它"不同于""原像"的地方。很明显的,"镜像"和"复制"没有这个"什么"。

这个"什么"对"原像"来说,是一种"增加"、"扩展",是"原像"所没有的;当然"原像"原本有的一些"什么",也会在"画像"中被"失落"。因此,一方面,我们也可以同意伽达默所说的,"画像"是"原像"在存在形式上的"扩展"②,但我们同样可以说,"画像"是"原像"的"缩小"和"删减"。因此,"画像"是"原像"在存在形式上的"变化"、"改变"。"画像"和"原像"是两件不同的"东西"。

然而,"画像"与"原像"变为两件不同的东西,但毕竟它们之间有一种"关系",它们之间在知识论上、在意识上的"再现"、"反映"关系,在存在论上,在实际的历史过程中,就被理解为一种"产生"、"生长"的关系。"画像"是从"原像"那里"产生"、"生长"出来的。因此,从存在形式上来说,从"原像"到"画像"的确是一种"增长",世界"多了""画像"这种"东西"。

这并不是说,"画像"或艺术作品为这个现实的物质世界上"增加"了"什么",现实的物质世界并无增减,而只是改变自己的形态。然而,物质形态的改变,对人的生活的世界来说,就是"意义"、"价值"的改变,就是世界的"存在形式"的改变。从"原像"到"画像"并不仅仅是一种思想、意识的"投射"或"表现",而且也有一种实际的、现实的"变化",即,有一种实际的、现实的"经验"或"经历"。这种"经验"或"经历",正是许多艺术家和美学家所常说的,艺术"创造"了一种"价值",艺术家是"创造者",使原来没有的"价值"被"创造"了出来。伽达默从存在论上进一步发挥了这种"价值"说。在伽达默看来,"价值"和"意义",不仅仅是思想性的、意识性的,

---

① 伽达默:《真理与方法》,英译本,第124页。
② 同上。

同时是"存在性"的。艺术品的意义和价值，正在于它为我们生活的世界"创造"了"新东西"，从而丰富了我们的"世界"①。父母生出了"儿子"，本是自然的、物质的过程，但父母毕竟"多出了""子孙"，"子孙"是与"父母"不同的"人"。广义来说"人"是"大自然"的"儿子"，"艺术"也是"大自然"的"产物"，"人"和"艺术"都是"大自然"的"扩展"，"艺术""丰富"了"自然"。

这样，伽达默就从存在论上肯定了"画像"——"艺术"的意义。他说，关于基督的"圣像"，也应从这个角度来理解。希腊的教父们在批评《旧约》反对"圣像"时，正是指出了"圣像"使"神"成为"可见的"，是使"神性"得到了"丰富"和"完满"②，而不是受到"贬损"。伽达默还进一步指出，国王和政治家这些英雄人物之所以需要"画像"，在于要使他们的崇拜者、追随者能瞻仰其神采，使他们的价值和意义"显现"出来③，即使他们的"存在"的意义和价值得到完善。

这样，"画像"作为艺术品，就不应只理解为"审美意识"的"对象"，并不是这种"对象"有什么特殊的"属性"，也不是"审美意识""规定了"这种"对象"的特性。"画像"和艺术品本身是"存在"的形式，而不是"意识"的形式，它既不是"原型"（客体）的"复制"，也不是"意识"（主体）的"表现"。"画像""分有"了"原像"的存在形式，艺术品为世界存在形式的"分有"。

从这个基本点，伽达默进一步发挥道，"画像"是"记号"（sign）与"象征"（symbol）之间的中间环节。"记号"是纯指示性的；"象征"是代表性的。记号也"表现""某种东西"，但并不"分有""某种东西"；"象征"固然有其自身的存在形式，但这种形式，也并不"分有""某种东西"，即它并不"画""某种东西"。"象征"没有"画像"与"原像"之间的关系。因此，只有"画像""分有""原像"的"存在"，是"原像"的"扩展"。

无论"记号"或"象征"，都以它们要"指示"或"代表"的东西（原象）

---

① 伽达默：《真理与方法》，英译本，第125页。
② 同上。
③ 同上。

为主,记号和象征的"观者"以体会出它们的"原意"为依归;但"画像"和艺术品由于自身的存在形式,和"原像"、"原型"有着复杂的关系,从而就要求"观众"不仅"认出"所"画""对象",而且要把它当作一件自身独立存在的"作品"来认识,即不是要"认出"那被画的"原初的世界",而是要认出那"画"本身的"世界",尽管"画"本身的"世界"是从那个"原初的世界""生长"出来的。

"原初的世界"是"过去了"的"世界",是"死的",而"画"本身的"世界"却是"现时的",是"活"的;"过去"在"现时"中"存活",那个"原初的世界"只有在"画"的"世界"中才能保持着"生命力"。"艺术""存活着""历史"。

在这里,伽达默提出了一个很有兴味的问题:"造型艺术"是否也像"表演艺术"那样保持着"常新"式的"重复"特点。前面提到过,"表演艺术",由于自身动态的特点,每一次都是既重复又是新的,那末,自身静态的造型艺术,是否也同样具有这种"重新"的特点?伽达默的回答是肯定的。我们看到,他肯定这种"重新"的特征所依据的根据,不在于"观众"心理和理解方式的不同和变化,而是非常明确地指出,不同时间和不同地点所看到的"那"幅"画",本身就是不同的"画",是不同的"东西"①。伽达默这个论断,是需要一些解释的。

一幅画,如达·芬奇的《蒙娜丽莎》,作为一个物质性存在物来看,是否在"变化",与作为艺术品来说,具有不同的含意。"物体"上的"认同"和"艺术"上的"认同"固然是有联系的,但又是有区别的。我们根据所画"对象"(内容)和画本身的物质结构——画布质地、颜料性质,甚至调配技巧的风格……可以认定,我们每天看到的是同一幅《蒙娜丽莎》;但作为艺术品来看,我们竟然可以甚至应该把这幅画看作如同因一个"演员"在"表演"那个"蒙娜丽莎"一样,每次都是一次"新"的"表演",因而,我们每次看到的这幅画,既是"相同的",又是"不同的"。

这样,艺术品的"时间性",不仅在表演艺术上体现出来,而且同样也在

---

① 伽达默:《真理与方法》,英译本,第130页。

造型艺术上体现出来。历尽千年的古代建筑艺术，其"变化"并不仅仅表现在它那久经风雨斑驳陆离的残墙断垣上，而且还表现在它向我们——作为当代的"观众"所显示出来的"意义"上。所以，尽管"阿房宫"已荡然无存，但它仍可借一篇文学作品向我们展示它的存在性的、时间性的、从而也是历史性的"意义"，正如同一切"古人"都已作"古"、死去，但他们仍可借他们的"绩业"（包括文字方面的）向我们（后人，生者）展示他们的"意义"，甚至产生巨大的"影响"。相反，古代的建筑，如只作"死物"看，则只是历史的"遗迹"，当这些"遗迹"在物质上消失后，它的"存在"也就随之消失。

这就是艺术作品的"时间性"与"存在性"的关系。艺术品之所以是"存在的"、"永久的"，正在于它的"时间性"，而并不是因为它有什么"永恒的""属性"。一切艺术品都是"当时的"、"现时的"，只是在"现时性"为"过去"、"历史性"的"扩展"和"延伸"的意义下，我们才把历史和过去的"原意"、"原像"，作为一种参考系数加以考虑。

艺术品是"人"的产品，对艺术品的"认同"与对"人"的"认同"有相似的特点。"这一个人"每天向我们显示的是"同一个人"，但这不意味着今天的"这一个"和昨天的"这一个"是完全相同的。"今生昔死"，"生活"从"今天""重新开始"，"你"遇到的"我"，已非昨日之"我"，并不仅仅是"你"变了，"你"、"我"都在变。今日所见之《蒙娜丽莎》已非昨日之《蒙娜丽莎》，其原因也不仅仅是因为今日之"我"与昨日之"我"在心情方面之不同，而同时也是在于《蒙娜丽莎》这幅画作为艺术品来说，也已变了。这样，我们才既可以说《蒙娜丽莎》的意义不是一成不变的，也不是随着"观众"的主观心情状态而变化的，《蒙娜丽莎》的变化是有规律的，不是主观任意的。

就像活生生的"人"一样，艺术作品所展现的不是一个死的世界，不是一个既成"事实"的过去了的"世界"，而是一个"活的世界"，因而它像"人"一样，还在"继续""生长"，"等待"着"继续"、"扩展"、"延伸"、"补充"和"完善"。我们不妨借用法国杜弗朗的说法，把艺术作品的"类（quasi）主体"引申为"类活人"。一切的人的"世界"，都可以有这种"类活"（"类似活人"）的特点。"人"等待着"他人"，"艺术品"等待着"欣赏者"；"他人"构成"人"的本质的因素，"欣赏者"也构成"艺术品"的重要成分。"艺品"等待着"理解"。

这样，我们可以说，艺术作品不是"超时空"的，不是"无时空性"的"意识"的产物，它"再现"一个"世界"，同时也是"再造"一个"世界"，是一个"新"的"世界"。这个"艺术的世界"对"自然的世界"来说，不是一个"影子"，不是一种"意象"，同时也是一个"真实的世界"，是"自然的世界"自身存在的一种延伸、扩展和补充，在这种存在论的意义上，也可以说是一种"装饰"（Dekorativen）。建筑是自然的"装饰"，而其它一切艺术，又都是建筑的"装饰"的一个部分。"花园"为建筑的一个部分，绘画、雕塑是建筑的一个部分，甚至音乐、舞蹈、戏剧的表演，也都需要适当的建筑①。总之一切艺术皆为自然中之"装饰"，即"装点江山"，"分外妖娆"。

对于艺术的存在论的解释，在"文学"问题上遇到了更大的障碍，因为"文学"是"文字"的艺术，而"文字"是一些"符号"（记号），用以记录语言，它最多只有"比喻"的手段，而没有"象征"的作用，因而只是"纯知识"的，而不是"存在性"的；"文学作品"的"阅读"似乎完全是"内在的"事②。

伽达默在阐述"文学作品"的存在性意义时，首先强调了为胡塞尔晚年提出过的"书写"的重要性，他说，"书写"的"字"在历史上的出现要比我们平常想象的早得多③。我们知道，这个思想，后来为法国的德里达从不同的立足点发挥成"文（字）学"，但在伽达默这里，他是为了强调"书写"与"语言"的一致性从而论证"文字"的存在性的意义这一目的而加以强调的；相反，德里达则是强调"文字"与"语言"的区别，以"文（字）学"来涵盖"语言学"（"口头文字学"），以"消解"伽达默的"现时的""存在""意义"而强调"书写"的。然而，无论如何，伽达默已经将"书写"提高到与"语言"相等的地位，因而突破了西方柏拉图-卢梭-塞修贬抑"文字"的传统。

在这里，我们应该说明的是，伽达默为了论证"文学作品"的存在性意义，不把"文字"当作纯"记号"系统，而将它与"语言"放在同一层次，其

---

① 伽达默：《真理与方法》，英译本，第139—140页，以及第515页注⑦。
② 同上书，第142页。
③ 同上。

目的是可以相当顺利地把海德格尔关于"语言"的存在论思想运用到"文学"中来。"文字"不是"死"的"记号",而同样是活的,"文学"和"诗"处在同一个层次上。

我们知道,海德格尔在他的《存在与时间》中提出了"语言"作为存在的形式的新的思想方向,他的"语言为存在的家"、"人诗意地存在着"这些说法,将"语言"牢牢固着于"人"作为"Dasein"的意义上,使"语言"不再被理解为单纯的抽象符号(记号)系统,不再被理解为"人"在利用自然和改造自然过程中的一个单纯的工具,而成为"人"的存在的本质。在海德格尔看来,人的语言,就其本质而言,是诗意的,即是人的存在状态的显现,而不仅仅是表达反应客观世界的抽象的知识性的"思想"。"人""在世界中",生活在"世界"中,与世界交融,人的语言是这种交融、同一关系的"显现",所以人不仅"说""思想",而且"说""情感","说""喜、怒、哀、乐","说""悲、欢、离、合"。"人"的"存在"不是抽象的、概念的,而是具体的、诗意的、艺术的。

这一些,都是我们所熟悉的海德格尔的思想。伽达默在这里的工作是把海德格尔的这种思想贯串到"文学"中去,他的办法是把"文学"提高到"诗"的相同的层次。

伽达默认为,"文学作品"与"诗"并没有多大的原则的区别,"文学作品"也需要"读",而"朗读"和"默读"也没有重大的区别。我们在"朗读"时,即使读"小说"——一种典型的、不同于"诗"的"文学作品"——同样有抑、扬、顿、挫,是表现出一种实际的、具体的思想感情,而不是把语词、文字的抽象概念复述一遍。这种情形,在"默读"时,也是同样的。这里,我们想到海德格尔关于"沉默"比"说"更强烈的观点,伽达默的意思,也就不难理解。然而,伽达默还进一步说,"文学作品"最初本不是为了让人"默读"的,而是让人"朗读"的。他甚至说,荷马的史诗,并不是先有"口头"流传,然后再笔录为"文学"的,因而"行吟诗人"们实际上仍在"朗读"文学作品",因为荷马史诗早有文本流传。

这样,史诗的"朗读"就如同戏剧的表演一样,不是一种内在的心理活动,而是一个实际的外在过程。"文学"也不仅是一种"再现",而且是一种

"再造",即不仅是一个知识的"增进"过程,而且是一个"存在"的"生长"过程。

然而,伽达默也认为,"文学"的确有一种其它艺术作品所不具备的特点,因为"文字"毕竟是一种"符号"或"记号",而不是像其它艺术品作品那样要依附于某种物质的存在形态。因此,一切巍峨的宫殿、辉煌的塑像……都难免风吹日晒,时光可使它们失去原有的光泽,只有文学作品似乎是"心灵"的直接的呈现,经过"解读",那些"死"的"符号"、"记号",就会恢复它的生命力,仍是一颗活的、跳动着的"心"。在这个意义下,伽达默说,只有"文学",经过"解读",能将"历史"表现为纯粹的"现时性"。伽达默说,这是一种"奇迹"——所以在古代,"解(阅)读的能力"被看作是一种"神秘"的技术,甚至被看作一种"魔术"①。同时,我们也可以看到,我们如果从相对应的方面来看这种现象,则那些"死"的"符号"、"记号"正等待着"解读"来恢复它们的生命力,等待着把死的"过去"转化为活的"现时",因此,与一切其它艺术作品一样,"文学作品"同样需要"读者"("观者")来"完成"它。

这样,伽达默就把"文学""还原"为"语言",把"死"的"文字""符号"和"记号",通过"阅读"(朗读和默读),"还原"为"活"的"语言"和"思想",从而确认"文学作品"的存在论的意义。我们同时也看到,正是在这里,法国的德里达走着与伽达默完全相反的道路,尽管他们都同出海德格尔,而德里达甚至曾被看作是法国的海德格尔。

这就是说,当伽达默把"文学"转化为"语言"时,德里达却把"语言"转化为"文学"。德里达从批评结构主义塞修的语言学入手,指出把"语言"归结为"语音",而把"语音"又归结为纯粹的"思想"的表现,这正是欧洲"语音中心论"和"逻辑中心论"的错误:"语音"被想象为空灵的、纯精神性的"思想"。而事实上,在德里达看来,"语言"不过是广义的"文(学)字"的一个部分,而不是"文字"为"语言"的一个部分;"语言"为"口头的文字",而不是"文字"为"书面的语言"。这样,"文字"与"语言"就永远摆

---

① 伽达默:《真理与方法》,英译本,第 145 页。

脱不了它那"划道道"、"刻痕迹"的特点，而不可能成为真正"抽象的""符号"和"记号"。"刻痕"不能归结为"声音"，文字中一些"符号"是念不出来的，而只有"看"才能领会它的意思。

德里达和伽达默这种分歧，当然有他们的更为广泛的思想背景。在确定的意义上说，德里达已经脱离了伽达默"存在论"和"解释学"的立足点。显然，在德里达看来，"过去"既已"不存在"，则由"过去"而来的"现时"则也是由"不存在"而来，因而"现时"就失去了它的纯粹的"存在性"的特点。"现时"为"过去"的"分延"。这就是说，"过去"的"刻痕"——"文（字）学"不可能完全成为"活"的"现时"。"死"东西已然"死"去，我们不可能使它们"死"而复"生"。"现时"（活的）既是"过去"（死的）"分延"，因此所谓的"活"，就不是空灵的，纯思想、纯精神的"哲学"，而只是对"死"东西的一种现实的"处理"、"调整"的方案和方法，因而不是"活的""哲学"，更不是什么"存在论"，而是"死"的"经济学"。

"解释学"把"现时"想象为一种纯思想的、活的"意义"的"显现"，既然"现时"原本是一些"痕迹"，是"分延"，那末一切"纯粹的""思想（体系）"都是人自己"构造"（"虚构"）出来的，因而随着"现时"的不断"分化"，而必定要自行"解体"，因而，"消解学"正是要"消解"（de）那些为"解释学"所寻求、所建构起来的"意义"系统。当然，德里达并不是完全否定"意义"，因为"人"毕竟是有思想的，是要寻求价值和意义的，德里达只是向人们揭示：世上并不存在单纯的、纯粹的"意义"形态，因为世上并不存在单纯的、纯粹的"现时"，一切"现时"都是"过去"的延伸，因而，一切"意义"都"埋藏"在历史的"痕迹"之中。"维纳斯"的"意义"，在那个雕像之中，"蒙娜丽莎"的"意义"，也在那幅画之中，就连"文字"的作品（"文学作品"）其"意义"同样是"被"历史的"刻痕""掩盖着"的，因为它仍是"过去"的产物，而"过去"已然"死"去，我们不可能使它"复活"。作者的"心灵"、"原意"都已被埋藏了起来，我们的"解读"也不能使其"复活"，而"解读"不过是按我们自己的体会去解释它，使其在现时的社会制度、思想状况中有一个适当的安排，如福柯说，我们的"解读"不能使"作者"（的"思想"）活得更长。这就是说，一切思想形式的作品——包括文学艺术作品,都没有自身完全独立的"历史",因此我们没有纯粹的"意义"的"历史",没有"纯粹的""思想""历史",没有"纯粹的""哲学史"。

* * *

伽达默指出,存在论解释学的工作不是要"恢复""艺术作品"的"历史"的"死"的"意义",而是立足"现时"来"再造"这些"作品"的"意义"。因此,在他看来,把圣像放回原来的教堂只是为了吸引旅游者,而无助于体会作为艺术品的圣像的意义;然而,在德里达看来,即使是"现时"的"再造",同样也不能使作品的"意义""活"起来,而正因为"意义"不可能"纯粹地""再造"出来,所以人们才根据各种社会环境和需要,不断地"再造"这种"意义",而同时又不断使这种"意义""解体"。"文学"作为一种"描述性"的文字记录,正是这个"意义""消解"的过程的记录。"现时"不能使"过去""活"过来,而一切的"现时"都会成为"过去","现时"(意义)在"过去"的"记录"(文学)中,因而,与海德格尔把一切艺术归于"诗",伽达默把一切艺术归于"表演艺术"不同,在德里达看来,一切艺术都可以"文(字)学"观。

尼采论悲剧*

《悲剧的诞生》是尼采早年的著作。1871年尼采以古代语言学者的身份出版此书,但人们读到的,却并非一部实证性的考据专著,而是一个天才思想家的呐喊,遂使这本书产生了两方面的效应。一方面,以维伦谟维茨为首的专业古典学家,表示了极大的不满;另一方面也引起富于思考的学者的重视。这两个方面的效应,都是"轰动"的[①]。

维伦谟维茨等人究竟以何种理由批评尼采,我们能得到的信息阙如,也许问题过于专门缺乏普遍的兴趣而渐渐被人遗忘;而尼采在《悲剧的诞生》里所提出的思想,其影响力却经久不衰。而且这种影响,也不仅仅是美学方面、艺术方面的。应该说,《悲剧的诞生》是尼采哲学思想的早期表述,是一个天才的思想的闪光,是一颗孕育着丰富思想内容的哲学"种子"。这颗"种子",就尼采而言,与其说得益于他的古典语言学的训练——这当然是必要的,不如说"受孕"于欧洲哲学的"母体",特别是叔本华的哲学启发。

一、酒神与日神

古代希腊的神话,非常丰富复杂,诸神的起源,是一个很专门的学问。大体说来,奥林匹斯山上诸神,来源各异,很少是纯粹的希腊当地的"土神";

---

* 原载《清华哲学年鉴》(2002)。
① 参阅雅斯贝尔斯:《尼采其人其说》,鲁路译,社会科学文献出版社2001年版,第29页等处。

但是希腊人以自己的智慧把他们连串在一起，使之有了自己的"谱系"（赫西俄德的《神谱》）。

据现代专家的研究，希腊的"日神-Appollo"可能来自北方，或许与放牧有关，是一尊"牧神"，这样，他就具有"取亮"、"音乐"、"医疗"、"狩猎"等与放牧有关的技能，也许还披着"羊皮"，以便于管理羊群；① "酒神-Dionysus"也具有同样复杂的"出身"，他之所以与"酒"有关，乃是他有酿酒的技术，并把它传授给人们，有时因酒能醉人而引起误会。②

这两位神祇和古代希腊的悲剧有何种关系，也是很专门的复杂问题。大体说来，希腊的悲剧表演集中在节日庆典的活动中，和体育竞技一样，具有比赛性质，或许悲剧的奖品是一只羊，或许因为阿波罗善歌舞，或许是其他什么原因，使这个比赛跟日神联系了起来。

在诸种传说中，悲剧竞赛和日神的关系是很明显的，而和酒神就没有那样密切的关系，尼采《悲剧的诞生》主要意图就是要把"日神"与"酒神"联系起来，指出古代希腊悲剧的远古传统，乃是在"日神"的背后隐藏着"酒神"的精神。在这里，"日神"被定位于"光明"、"理智"、"静观"；而"酒神"则是"玄暗"、"迷狂"、"情感"和"运动"。

尼采认为，希腊悲剧按其"起源-诞生"说为如此，而以后的发展，则是"日神"精神日渐重要，而"酒神"精神则深深地被"埋葬"了。尼采自己的任务就在于要唤醒这种"原创性"的酒神精神。这原本是一个哲学理念上的问题，而借助于对于希腊悲剧的研究，阐发出来。

这个理念就是尼采以后充分发挥了的"意志"作为"创造性"的"自由""力量"，"超越"、"高于"、"更本源"于"理智"。这里，很清楚地看出，尼采表现了来自叔本华的一个哲学理念："意志"才是世界的本源，而这个本源，被理智化了的"现象界——日神的管区"掩盖了。尼采就是循着这个理念来利用他的古典学知识的。

在《悲剧的诞生》中，尼采明确指出，这种被掩盖着的迷狂——酒神精

---

① 参阅 H.J.Rose, *A Handbook of Greek Mythology*, E.P.Dutton & CO.,INC.New York, 1959.中有关阿波罗（134 页以后）。
② 同上。该书在介绍阿波罗之后，紧接着介绍酒神，说明他们是仅次于天帝宙斯等大神的主要的年轻的神祇。

神，并不是动物性的，不是"猴子"，而恰恰相反，正是"人的原型- Urbild des Mensch"，表现了"最高的- hëchsten"，"最强有力的- stärksten"。①

在这里我们看到，尼采特别强调了"意志"、"情感"的"非动物性"，不是一种"被动的""情欲"，而是一种主动的"创造"精神，甚至在分析到普洛米休斯的悲剧时，尼采还强调希腊早期悲剧家埃斯基拉斯所阐明的仍是"被动"中的"主动"因素②。

酒神就这样进入日神的"另一面"。从古典学的眼光来看，两位神祇的来历关系上未必有如此密切的关系，但是，就哲学的理路来看，这种区分和关系是有相当的力量的③。

就希腊古代艺术的观念来看，原本就有"模仿"和"灵感"两种对立的趋向，这我们从柏拉图的记述中可以看出。在柏拉图的"理想国"中，没有"模仿"艺术的地位，但是却推崇来自"灵感"的艺术活动。尼采的悲剧研究，对于理解这样一个发展过程，也是有启发的。

二、"梦幻"与"迷狂"

我们看到，尼采以"梦幻- Traum"和"迷狂- Rausch"分别指日神和酒神两种不同的精神，前者是"理智的"、"静观的"，后者则是"情感的"、"运动的"。

就艺术来说，尼采的观念正好和古典学者的思路相反，而体现了他的一种独特的哲学视角。通常的艺术观念认为，酒神所代表的"迷狂"是一个低级的原始阶段，那是人们尚缺乏"理性"的控制，是感情-情绪的直接发泄。当此种情绪得到"理性"的控制之后，人们才能认识真善美，按黑格尔的说法，"美"为"理性"的"感性"体现。"美"是一种庄严静穆的"凝视"，而不是混沌的躁动。

---

① Nietzsche, "Die Geburt der Tragödie"，本文利用 Das Bergland - Buch 出版社两卷本《尼采文集》上卷，第621页。下同此书，只注明页码。
② 参阅同上书，第628页。
③ 或许，在实际上，古代希腊德尔菲神庙的祭祀将日神和酒神分别开来，并轮流进行，似乎在考据方面也有一定的根据。

这种观念，在尼采的时代，也许来自早年古典艺术理论家温克尔曼的提倡。是温克尔曼在古希腊的雕刻中，发现了"静穆"之美。此后，"美"就被理解为一种"合规律"的、"有韵律"的东西，古代希腊人，也被想像成崇尚一种理智型"自由"的"君子"，他们"随心所欲"，但并不"逾矩"。在这种观念指导下，希腊的许多艺术作品都得到"合适"的"解释"，但却离古代当时的真实情况相距甚远。

在18~19世纪德国自身的艺术情况，也对古代希腊的艺术提供了另一种解释，有另一幅图景。这个时期正在兴起的浪漫主义艺术思潮，正摧毁着温克尔曼所建构的观念。在我们哲学中，最具有代表性的这种浪漫主义艺术观，当以康德为代表。康德使古典主义对"美"的崇拜受到了一种哲学理路的威胁，他在《判断力批判》中，不仅对"美-审美判断"作了哲学的分析，而且对于"崇高"概念作了决定性的论述。

跟他的哲学一样，康德的美学也自有其来源，远及古代希腊以及后来拉丁文化和基督教文化的影响，而近因则大体不离开英、法以及自身的理论学说的启发，这一点他在谈到休谟和卢梭的影响时已有清楚的表露。关于美学中"崇高"的思想，如众所周知，是受到英国的柏克的影响；但是康德的工作不仅仅在指出一种"现象"，而且能创造性地将这个现象与他的整个哲学思想系统联系起来，找出它在这个系统中的恰当位置，而这个"现象"也就不仅仅有一个"孤立"的意义。

康德关于"崇高"的理论，揭示了它和更高层次的"理性-意志-自由"的内在联系。表面上看，"崇高"与"美"相对应，它具有一种"放任"甚至"放荡"的特点，似乎是"不受控制-不受限制"的，因而它在某个意义上似乎是"违反理性"的，是"悖理的-荒谬的"，然而正是在"不受限制"这一点上，它接近康德那个居于哲学宝塔之尖上的"意志-自由"。"崇高"是"意志自由"的体现，是超越于日常理性-知性的。

这样，"崇高"的地位就像"意志自由"的地位一样在哲学中得到确立，而不等同于一般的感性的"放任-放荡"。

我们看到，康德的"自由意志"，正是叔本华-尼采哲学思考的"出发点"；在美学上，尼采所谓"日神"精神和"酒神"精神也正是"美的-古典的"精神和"崇高的-浪漫的"精神的对照。

当然，我们现在以理论分析的方法梳理的思路，而在当时是很丰富多彩的。我们知道，浪漫思潮对于黑格尔的影响，他的"绝对精神"的那种"不受限制"的"创造性"活力，同样是这种精神反映；只是黑格尔仍要以更高的"静观"——"理念"的"静观"来把握那个原本是"放荡不羁"的真实的世界，使之成为"有规律"的"美"的世界。这一点，连叔本华也不能例外。

在美学理论上，我们也不能忘记莱辛所做的工作。他对于康德美学的阐述，有其积极推广的作用，而他的论希腊雕塑"拉奥孔"的论文，对于"诗"和"画"的理论区别，应该同样影响到尼采日神-酒神两种精神的划分。

莱辛曾有一段时间潜心研究康德的美学，写了有关抒情诗和叙事诗的论文，从浪漫主义和古典主义的关系入手，颇得康德美学的旨趣，加上他以文学的笔法消除了康德文笔的学究气，备受当时文坛的重视，康德美学借以更进一步发挥影响。莱辛研究古代希腊雕塑"拉奥孔"，也有理论上的含义。

"拉奥孔"的故事与古代特洛伊战争有关。特洛伊人拉奥孔因反对木马进入特洛伊城而得罪了阿波罗神，神派遣蟒蛇把他和他两个儿子活活绞死，遂有雕塑家将他父子被蛇绞缠临死前挣扎痛苦情状塑成雕像。这个雕像后来被发现，但是拉奥孔本人的一条胳膊缺失，专家学者们纷纷设想原来的胳膊应是一种什么样的姿态，以便仿制后增补上去。文人们大概按照他们理解的古代希腊的审美观念，认为拉奥孔作为一个英雄人物，虽然经受被蛇缠绕的极端痛苦，在垂死的挣扎中，应仍不失其英雄之本色，那只增补的胳膊必定要显得坚强有力，如此等等。莱辛的论文在思路上并无与众不同之处，但是他以此阐明浪漫与古典在艺术原则上的区别，旨趣已经大大超过所论的范围，产生了更加广泛、更加深远的思想影响。莱辛认为，"诗"与"造型艺术——包括雕塑与绘画"两种艺术门类的区别，体现了两种不同的艺术精神。"造型艺术"侧重于视觉形象，应在直观形象中体现庄严肃穆的美，诸如"痛苦"、"挣扎"、"撕裂"等场景，不宜于"入画"；而借助语词的艺术"诗"，则不受这种限制，它所表达的内容"不受限制"，因而更能体现一种浪漫的精神。于是我们看到，"造型艺术"为"古典主义"的艺术，而"诗"则是"浪漫主义"的艺术。把艺术门类与艺术精神联系起来思考，莱辛可说起了很大的作用，一直到黑格尔，他在美学的讲义中，仍把艺术门类和艺术精神联系起来讨论，尽管具体说法有所不同，但是大体区分还清晰可见。

应该说，尼采同样也受这种说法的影响，这是无可否认的。

尼采认为，"造型艺术"体现了"日神"精神，而"音乐"则体现了"酒神"精神。在这里引起我们注意的是：尼采认为"日神"的理智静观的世界，恰恰只是一种如梦般的幻象，而"酒神"营造的那种狂欢境界，却是"真实"的。

三、"音乐-合唱"在希腊悲剧中的地位

我们知道，"诗"原来就有"韵律"，这个韵律的加强，就成为音乐，当然音乐的来源似乎应该更早于"语言"。尼采在悲剧研究中特标出"音乐"，当受叔本华和瓦格纳的影响；而后二者则又有密切的联系。

我们从美学思想的重点中可以看出叔本华和黑格尔的不同。黑格尔的美学，重点放在雕塑绘画在戏剧（文学剧本）的分析研究上，将艺术分为象征的、古典的和浪漫的，重心显然放在了"古典艺术"上，造型艺术是他的研究重点，当然对于希腊的悲剧也有很好的分析，但也因哲学立场不同，已是尼采心目中的批判对象。因为黑格尔欣赏艺术的古典性，而当时浪漫主义盛行，遂使他有"已非艺术时代"之叹。

在艺术精神上，就时间划分而言，叔本华则至少是赶上了那个时代的，是顺应了时代的潮流。他把重点放在了浪漫艺术的巅峰——音乐，而音乐部分，正是黑格尔美学中最为薄弱的环节。

我们难以确定到底是"音乐"精神促成了叔本华的"意志"哲学，还是"意志"哲学使叔本华看中了"音乐"，但是无论如何，叔本华把"音乐"这个艺术门类，和他的整个哲学体系联系了起来，使音乐在他的哲学理路中有一个坚实的地位，以便人们更深入地把握这门艺术的特性，某种意义上"填补了"黑格尔美学的"空缺"。

当然，叔本华和黑格尔是两种哲学精神的区分，或许我们也可以理解为哲学的"浪漫精神"和哲学的"古典精神"的区别。

"音乐"进入了哲学家的视野。哲学家已经不限于像亚里士多德那样对"音乐"作些经验的研究,而是接纳它到哲学里来,使其有一个"安身立命"之处。"音乐"在"哲学"里找到了"本质"。叔本华说,音乐和造型艺术不同,是"意志"的直接体现。也就是说,"音乐"就处在"本体-意志"的位置。

《悲剧的诞生》显然与叔本华这种思想密切相关,在前提上是相通的。当然,尼采重视音乐,同样也和他曾经是瓦格纳的崇拜者有关。

尼采酷爱音乐,与瓦格纳有过交往,曾经想以演奏瓦格纳音乐为生。[①] 尼采自己也作过曲,但未获成功。

瓦格纳在音乐上有一个理念:要使戏剧和音乐进一步结合起来,形成一个包容众多艺术门类的最为综合的艺术,在这个综合的艺术中,使戏剧与音乐密不可分,亦即使戏剧"音乐化"[②]。瓦格纳这个艺术理念,并未得到完全的实现,但他的乐剧以其音乐的卓越而名垂千古。或许,瓦格纳的音乐创作并未得到尼采的全部理解,但是他这个使戏剧音乐化的理念却得到尼采的积极响应。尼采对于古代希腊悲剧的理解,和这种理论有相当的关系。

尼采认为,古代希腊的悲剧原本只是歌队合唱——Chor,而一般认为这种歌队只是作为一个"旁观者-观众"的地位而存在[③],其歌词大体也是代表"观众"的一些感想、赞叹之类;但尼采却说,悲剧起源于"歌队——Chor",最初只有"歌队"[④],演员是后来产生的。

古代希腊的悲剧表演,起初却是依靠歌队叙述故事,据说是埃斯基拉斯设置了第一位演员,被称作希腊悲剧之父,以后,经过索福克勒斯、欧里匹底斯,歌队的作用逐渐减弱,于是遂由说唱艺术的形式转变为演员表演的戏剧艺术,这种转变,在通常的艺术史家看来,无疑是个进步;尼采却采取了相反的立场,认为歌队的减弱以致消失,就艺术精神来说,如同道德伦理和哲学一

---

① 参阅雅斯贝尔斯:《尼采其人其说》,鲁路译,社会科学文献出版社2001年版,第32页以及同书第66页关于尼采与瓦格纳关系部分。
② 瓦格纳或许不知道,这种理念在中国的戏剧传统中早已成为现实。中国古典戏剧,载歌载舞,以歌唱的"对话"和舞蹈的"动作"为特色,把戏剧和歌唱、舞蹈、雕塑、绘画、器乐等诸种艺术门类全都总和进去,是世界上最为"综合"的艺术。
③ 参阅 Richard G.Moutton, *The Ancient Classical Drama*, 1898年第2版,第65—66页。
④ 见 Nietzsche, "Die Geburt der Tragödie",《尼采文集》上卷,第617页。

样，就精神上的意义言，乃是一种退步，是一种"遮蔽"——是"日神"精神"遮蔽"了"酒神"精神的表现，也就是"意志"被"理智"所"蒙蔽"，而在悲剧艺术上，则是以"造型"的戏剧表演，代替了"音乐-舞蹈"性的"歌队"。

于是，尼采的对于古代希腊悲剧的研究，与其说是一种学术研究，不如说是一种理念、一种哲学的表现。

当然，尼采在掌握古代希腊悲剧的材料方面，也还是相当专业的，有相当的学术水平，并非完全以自己的观念强加于古人。尼采研究这个问题的艺术史根据，乃在于他侧重于理解原始艺术的"参与性"，强调古代艺术并非单纯地为"观赏-欣赏"而设。这种以"庆典活动"为艺术之本源的观念，应该说也是于史有据的。

尼采以古代希腊的剧场设置为例，说明古人在设计悲剧表演场地时，并无"观众"的位置，或许古代剧场因地制宜，利用如同"山谷- Gebirgstal"的地形①，自然形成一个表演的空间，而"围观者"随时可以进入"圈内"，"参加"表演，而这种演出方式，无论古今，都还有不同程度的保留痕迹，甚至在上个世纪初，在新生的苏联，成为激进的一个戏剧表演流派——与斯坦尼斯拉斯基相对立的梅叶霍德表演体系。

原始艺术体现了艺术本原的创造性契机，这自是无可否认的事实，但是艺术以及一切文化形式的历史发展，是否为一种倒退的进程，则需要经过实践和理论两个方面的检验。

希腊的悲剧艺术，经过埃斯基拉斯、索福克拉斯、欧里匹底斯三大悲剧家的创造，由雏形走向成熟，这是一历史发展进程，并非一种倒退。在历史的发展中，不可避免地会有一些因素丢失，譬如那种物我两忘-天人合一的境界逐渐消失，理性静观因素逐渐加强，然而在这个过程中，"人"本身的问题得到确认，人的"个性"特点得到强调②，"分"意味着"个体"的成熟和完成，于是"人间"才出现"关系"，出现"人"与"人"之间的"关系"，才需要"理性""分"而使其"协调"，"乱"而后"治"，是一个历史的必然的过程；当然我们也需承认，历史进程不能完全消除"混沌"，"理智"并非万能，但是

---

① 见 Nietzsche, "Die Geburt der Tragödie",《尼采文集》上卷，第 621、622 页。
② 尼采说"迷狂"否定了"个性- Individuum"（"Die Geburt der Tragödie", 607），是很深刻的观察。

人类需要"理智"来调节自己,绽开"理智"之光仍是古代希腊文明对人类的巨大贡献,"理智""劈开""混沌","光照""混沌",使之清晰明了起来。然则,"混沌"不可能完全"透明",如同赫拉克利特说的,"自然-混沌"经常"隐匿"自己,"混沌-迷狂"被"埋"在"心灵"深处。"理智"不能完全"烛照""混沌-迷狂",以此"酒神"精神自是一个永久性问题。尼采对此有深刻之体察,揭示其本来面目,有警世之功。

然而,人类原始的音乐舞蹈固然显示了人的本真存在的基础形式,但是这种形式本身也需要阐述,需要理解,因而人们并不能贬低古代希腊人在"理智"自由方面所作的巨大贡献,在悲剧的发展中,也不能完全否定从埃斯基拉斯经由索福克拉斯到欧里匹底斯的进展,在这个进展中,人们扬弃-丢失的是"原始""感性"的"迷狂",揭示的是在"理智"的照耀下的"自由"在创造中的"冲突"——一种真正的"悲剧-戏剧"精神。原始的"迷狂"并没有真正的"冲突","冲突"建立在"自由"的基础上,建立在"诸自由者"的基础上,而"自由"作为"一"中之"多"-"多"中之"一",正是尼采哲学的薄弱环节。缺乏这个基本环节,尼采的"迷狂"虽强调不是"动物式"的,但仍然常和"感觉经验"式的"迷糊"不易区分,而就艺术来说,则崇尚原始迷狂的节日庆典,否认展示人生矛盾冲突供人思考欣赏之"静观"性质,这种思路;自身不能避免"倒退"之讥。

四、欧里匹底斯与苏格拉底

尼采论希腊悲剧的论文并非纯粹讨论艺术,而实际上的旨趣在于哲学。我们甚至可以说,在这篇论文里,体现了尼采今后哲学思路的大体趋向,或许说是他的哲学的预演亦不为过分。

尼采论文的主题乃在于揭示希腊悲剧由埃斯基拉斯到欧里匹底斯的演变,丢失了"酒神"精神,而欧里匹底斯在古代悲剧艺术中的地位,恰恰和苏格拉底在古代哲学中的地位相当。

尼采认为,希腊悲剧精神至欧里匹底斯就宣告消亡,因为这时出现了一个新型的"人"的观念——苏格拉底式的"理论性""人"(…den Typus des theoretischen Menschen)①。在这里,尼采把他的悲剧理论明确引向了哲学问题。

苏格拉底在古代希腊哲学史上的地位与作用,就和他的实际政治立场一样,一直是有争议的,尼采——以及上个世纪的海德格尔都采取批判的态度,他们认为,苏格拉底所引导的哲学方向是一条苍白的、幻想(像)式的道路,把活生生的生活引向抽象概念的"理念"世界。这个批判,在近代是从尼采开始的,因为在叔本华那里,苏格拉底-柏拉图的"理念论"仍是"最为接近"他的"意志"而又具有"解脱(自由)"作用的根本环节,甚至仍是叔本华哲学的追求的"目标";然而,到了尼采手里,苏格拉底-柏拉图的"理念论"受到了彻底的清算,而这项工作正是从尼采研究希腊悲剧问题就开始了的。尼采论悲剧,实际也可以和他的《论道德的谱系》一样②,看作他批判欧洲传统哲学的一篇"檄文"。

的确,苏格拉底-柏拉图哲学的诞生,意味着一个时代的结束和新时代的开始,意味着人们的"思想-精神"已经脱离原始的朦胧状态,脱离了原始的"混沌",进入"分"的阶段。也就是说,人们在"哲学性"的"思考"上,进入一个"理智-分析"的时代,事物向"理性"展现了它们各自的"自身"属性,"事物"和"人"都有了"自己",而不是"混"在一起。"人"有了"个性"——这也正是戏剧史家通常对于欧里匹底斯在希腊戏剧史上地位的理解。

然而,问题在于此种"事物"与"人"的"分离",被理解为只有"思想-精神"才是关键的环节,"人"被归结为"会思想的动物"。于是"人"与"物"的关系被理解为"静观-客观"的关系,"从思想上""把握""事物"成为哲学的最高目标。"知识"-"真知识"-探求"真知-真理"为哲学之最高使命。这是苏格拉底-柏拉图——包括亚里士多德在内希腊哲学为哲学奠定的基本路线。

在这个意义上,"人"就会成为"知识性-理论性"的人,而不是"全面的"人。

---

① 见 Nictzsche, "Die Geburt der Tragödie",《尼采文集》上卷,第 648 页。
② 尼采:《论道德谱系》,谢地坤译,副标题译为"一篇论战檄文"(漓江出版社 2000 年版),很好。

不错，苏格拉底强调"德性- arete"，亚里士多德更对"德性"有诸多考察，但是他们对于"德性-道德"仍是作为一种"现象-对象"来观察研究，仍是知识性的，而非考察"德性-道德"本身，就像亚里士多德的《诗学》乃是把"诗"当做一个"对象"，跟他的"动物-植物"和"政治体制"一样，作知识性分析研究一样。

"道德"不是"知识"，而苏格拉底却说"只有知识才是美德"[①]。

这样一种源自经验科学的思想方式对于他们的形而上学问题的思考，也有相当的影响。尽管柏拉图的"至善"理念后世有许多很好的阐发，但就其原意也还是一种圆满而抽象的概念；亚里士多德的"存在-实体"也可以阐发出很好的意思，但仍不免有"抽象概念"之讥。

在尼采看来，在哲学中经过苏格拉底，就像悲剧经过欧里匹底斯一样，"酒神"精神丢失殆尽，而"日神"精神成了"无本之木-无根之树-无源之水"。抽掉了"酒神"，架空了"日神"；如同康德说的，"概念"无"直观"就成为"空洞"的。

"空洞"的"日神"精神表面上给人以"乐观"、"平静"、"幸福"的假象——因此意味着"悲剧"的消亡。因为"悲剧"的"结局"都是诸种矛盾"和解"，显示着最高理念的胜利，像后来黑格尔的著名的悲剧理论所宣传的那样，"绝对理念-无片面性的理念"最终在悲剧的"结尾"处总是以各种方式"显现"出来，这样，古代真正的"毁灭性"的悲剧精神也就寿终正寝。

古代悲剧精神的丧失，"酒神"精神的丧失，其根源概在于设定了一个最高的（绝对）"理念"。这个"理念"的设置，给人以虚假的"寄托"，似乎有了这种"理念"，世界上一切痛苦和罪恶都可以得到"理解"，世界变得"合理"而可以"忍受"起来。

尼采对于苏格拉底-柏拉图哲学传统实质的揭示，也是人类哲学思考历史经验的总结。当这种传统的优点和缺点经过数千年的发展充分暴露出来后，对于这个传统的清理，也就不完全是少数哲学天才的事，而且少数像尼采这样的哲学天才的工作，才不至于被埋没，而变得能够为人们所接受，并在一定条件

---

① 见 Nietzsche, "Die Geburt der Tragödie",《尼采文集》上卷，第 639 页。

下产生巨大的影响。

　　希腊的"日神"精神，希腊的"理念论"，在黑格尔哲学那里有全面的总结，把各种问题都发展到了"绝对"的地步，遂使聪明才智之士，难以在"体系"内部再行"添砖加瓦"，要进行创造性的工作，要把哲学"推向"前进，只有"走出"这个"体系"，"粉碎"这个"体系"，另行"创造"一个新的哲学的天地。如果说，叔本华曾经"走出"这个"体系"，但是他为这个"体系"之外的世界所困扰，于是又"走了回去"，回到那平静而安宁的"理念"。尼采则继续着叔本华"出走"的尝试，勇往直前，果然"走"出了一条新的道路，把原本是与"日神"不可"分割"的"酒神"精神恢复出来，实际上"走"出了一条真实的生活之路，或者说是真正的"幸福"之路，"幸福"就在"现实"的生活之中，要靠人自己的"争取-斗争"，而不是向往虚假的"和谐-幸福"的"天国"。"斗争"为争取"幸福"的权利，需要"权力"的"意志"，而不是"虚无"的"意志"。

　　悲剧中的"酒神"精神乃在于不承认一个虚假的"绝对理念"，不承认自己的"失败"乃是为了显示这个"绝对理念"的"胜利"，不承认自己只是显示这胜利的"工具"，悲剧的乐观精神不在于"悬设"一个虚无缥缈的"理念"，而在于悲剧英雄的自己的肯定，只承认自己的"失败"是由于经验的"原因-理由"，而并无"绝对的必然性"，从而仍可抓紧另一次的"机遇"，而不放弃"斗争"，不放弃"实现""自己"的"意志"，"悬设"一个至高无上的"绝对理念"，乃是让人"放弃""实现"自己"意志"的斗争。承认"失败"有一种"超验-超越"的"必然性"，好像非失败不足以显示"理念"之伟大和不可抗拒。具有酒神精神的古代希腊悲剧不承认"理念"的"命定-命运"。悲剧英雄自己开创着自己的"命运"，"创造着"自己的生活。

　　正是在这个意义上，尼采批评苏格拉底-柏拉图以及在这个传统下的当时的哲学，为"理论上的乐观主义- theoretischen Optimismus"，而"实践上的悲观主义- praktischen Pessimimus"。[①] 在"理论上"，这个哲学传统，似乎给出了一个"可望而不可即"的"理念-理想"，而"在实践上"，在实际上，人

[①] 见 Nietzsche, "Die Geburt der Tragödie",《尼采文集》上卷，第 649 页。

们却永远得不到"完满"的结局。这种哲学只能败坏人们的"意志",使人们放弃"自由",而"信仰"一个虚无缥缈的"天国"。

果然,希腊哲学由苏格拉底-柏拉图建立起来的形而上学传统既然设定了一个与现实世界完全对立的"理念"世界,对于这个世界的理解和把握,就不能求助于一般的经验知识,而只能归之于一种"超越"于一般知识之上的把握方式,这种方式在当时被理解为"哲学"的主要形式,而在亚里士多德则就和"神(圣)学"同一,"(第一)哲学"就是"神(圣)学- theology"。

在此后的哲学思想发展中,希腊的哲学传统与基督教思想虽然有过激烈艰苦的斗争,但终于得到某种程度的"融合",除了其他各种复杂原因外,在包括尼采在内的一些人看来,希腊哲学传统本身已含有接纳基督神学的切入点;基督教为增加自己教义的理论性,也需要利用希腊哲学中可以被利用的因素,经过长期的实际和思想两个方面的"磨合",无论从康德到黑格尔,还是从奥古斯丁到托马斯,欧洲的"哲学"和"宗教"在思想上已经不可分离。

就悲剧-艺术问题言,尼采指出,自从产生柏拉图"对话"哲学后,就有了一种新型的艺术作为罗马艺术和伊索寓言的原型,而在等级上类似于这种"辩证-对话哲学",这样就使数百年后,"哲学"成为"神学"的"婢女-ancilla"①。

基督教神学发展,希腊哲学传统的理念论在理论层次上并不会从根本上与基督教"创世说"绝对相冲突,甚至可以利用来对这个学说作出"理论"的"论证",于是有各种"上帝存在"的"论证"问世;而欧洲希腊哲学的传统也从基督教神学中受到启发,把自己的领地扩大到"宗教"的范围,从"知识"的"超越",进入到"道德-伦理"的"超越",从"理论理性"进入"实践理性",从"知识"进入"意志"。我们看到,尼采同样没有真正离开这一条欧洲哲学的发展路线。

---

① 见 Nietzsche,"Die Geburt der Tragödie",《尼采文集》上卷,第 645 页。

| 哲学论文补遗 |

关于培根对亚里士多德哲学观点的批判*

培根是英国十七世纪伟大的唯物主义哲学家,他所处的时代,正是英国资产阶级革命的序幕时期。资产阶级在当时是处在新兴的、上升的阶段,培根面对的任务就是要从思想上为资产阶级取得政权廓清道路。这样他就必须把文艺复兴运动的杰出思想在哲学上加以概括,并对中世纪经院哲学来一次彻底的批判。

我们知道,培根在完成这个任务的过程中,亦即在和中世纪哲学神学斗争中建立了自己唯物主义的世界观,开辟了英国哲学以后发展的唯物主义方向,因此马克思曾经称培根为近代唯物主义哲学的第一个创始人。[①]

我们在培根的著作里,发现培根对亚里士多德的哲学观点,从宇宙论,认识论到逻辑学进行了一系列的严格的批判。为了使自己的哲学和亚里士多德的哲学鲜明地对立起来,培根把自己的主要著作定名为《新工具》,因为亚里士多德的有关哲学、逻辑的著作被定名为《工具论》。

那末,我们究竟应当怎样评价培根对亚里士多德哲学的批判呢?这显然是哲学史上一个重要的问题。我们下面就来谈一谈培根对亚里士多德哲学在一些主要问题上的批判,看看培根的批判究竟哪些地方的确是正确的,是对亚里士多德哲学有所发展、丰富和克服,哪些地方是片面的,反映了培根自己哲学的局限性。

---

* 原载中国科学院哲学研究所西方哲学史组编《培根哲学思想——培根诞生四百周年纪念文集》,商务印书馆1961年版。
① 见《马克思恩格斯全集》,第2卷,第163页。

一、培根对亚里士多德宇宙论的批判

我们知道,培根的世界观基本上是唯物主义的,他坚持主张物质世界的客观性,并且以此反驳一切经院哲学的神话,他是近代唯物主义的创始人和奠基者。培根从比较彻底的唯物主义自然观的立场出发,批判了亚里士多德哲学的唯心主义倾向。

正如列宁所指出过的,亚里士多德的哲学是动摇于唯物论和唯心论之间的,是一种折衷主义的哲学。亚里士多德一方面承认个别的物质实体是世界的基础,一方面在解释质料和形式的关系上又表现了唯心主义的思想。他虽然认为质料是脱离不开形式的,但认为形式是最基本的、主动的因素,形式乃是实体发展的动力和源泉。亚里士多德这种思想显然没有摆脱柏拉图客观唯心主义思想的痕迹,而终于倒向了柏拉图主义。

根据这种不彻底的观点,亚里士多德提出了他的四因说。亚里士多德认为客观世界是由四种原因支配:一种是质料因,一种是动力因,一种是形式因,一种是目的因。亚里士多德的四因说显然掺杂着唯心主义的成分,他把自然界的必然性歪曲为目的因,这样就促使了以后的目的论的形成。培根对这一点,作了正确的批判。

培根虽然承认客观世界有这四种原因,但认为它们的作用是有一定范围的,他指出:"现在人们虽然说,'真正知识就是由原因得到的知识'。他们(亚里士多德及其拥护者——引者)虽然适当地把原因分为质料的,形式的,助生的(即动力的——引者),目的的四种,不过目的的原因,除了在与人行动有关系以外,毁坏科学者多,助进科学者少。"[①] 当然,培根有时也错误地把人的一些生理机能看成目的因,但他对亚里士多德的批评基本上是正确的。

培根认为,形式因和目的因都是属于形而上学范围的,只有质料因和动力因才是物理学(即自然科学)研究的对象,培根在《崇学论》里发挥了这个思想,认为形而上学第一部分是研究形式因,而第二部分就要研究目的因。他曾

---

① 培根:《新工具》,商务印书馆 1983 年版,第 154 页。

经指出过:"我所以责难柏亚二氏,并不是说,目的因在它适当的范围以内亦是不真实的,不值得研究的;乃是说:目的因一涉及到物理学的范围,便要使物理学荒废了,枯寂了的。"①

培根既然把质料因和动力因归于物理学,把形式因和目的因归于形而上学,并且认为只有在谈到有关人的问题时才能谈到目的因,这就克服了亚里士多德四因说中的唯心主义成分,向唯物主义大大跨进了一步。

不仅如此,培根虽然承认形而上学的存在,但和亚里士多德相反,他不仅区别了第一哲学和形而上学,并且还区别了物理学与形而上学。他在《崇学论》里写道:"我是想把从来相混的第一哲学(简要哲学)同形而上学,分为截然两事。因为我已经把前一种当做一切知识的公共父祖,而把后一种当做自然科学的分枝或子孙。"② 从这个观点出发,培根就集中地批判了亚里士多德把物理学(自然科学)屈从于他的逻辑学之下,认为亚里士多德偏好逻辑学,因此把自然科学硬归结于他的逻辑公式之下。培根在《新工具》里说:"他(亚里士多德——引者)曾经使自己底自然哲学只成了他底逻辑底仆役,因此,他底自然哲学亦就成了多争辩的,而且几乎成了全无用的。"③ 在《新工具》的另一处地方他又说,亚里士多德用他的逻辑把自然哲学搅乱了,"在亚里士多德底物理学中,除了逻辑底字面而外,你几乎听不到别的"。④

对于培根这个观点,我们应该指出两个方面。一方面,培根的批评是正确的,因为亚里士多德的确是用他的逻辑学来统帅他的物理学,亚里士多德是用许多逻辑的范畴(十个)来规范客观世界,并且认为形而上学、逻辑学才是基本的科学。把逻辑概念生搬硬套地运用到自然科学里来,当然是不正确的。但我们不能不注意到问题的第二个方面,即培根对亚里士多德物理学(自然哲学)采取全盘否定的态度也是片面的。我们知道,亚里士多德对自然科学是有很大贡献的,他的研究,几乎涉及当时可能涉及的一切科学范围,在自然科学领域内,正像列宁所指出过的,亚里士多德是更接近唯物主义的。⑤ 就是培根

---

① 培根:《崇学论》,商务印书馆 1933 年版,第 134 页。
② 同上书,第 128 页。
③ 培根:《新工具》,第 52 页。
④ 同上书,第 58—59 页。
⑤ 见列宁:《哲学笔记》,人民出版社 1956 年版,第 288 页。

自己也不得不承认，他的动物学，"很少以虚假不实的材料混杂在内"。① 同时，亚里士多德按照自己的逻辑学的原则来研究自然科学，这在当时科学与哲学还没有明显分离的时候不但是自然的事，而且在原则上也没有什么错误。因为亚里士多德要找寻世界的根本原因，他认为物理学只是探求事物的某个方面的性质，而只有哲学、逻辑学才是探求事物的根本属性，所以在他看来自然科学必须服从逻辑学的原则。

显然，亚里士多德这种思想被中世纪经院哲学歪曲了。中世纪经院哲学家使一切自然科学以及一切哲学问题都服从神学的原则，结果就不但使自然科学而且使哲学也成了神学的婢女。这也就是为什么培根这样反对亚里士多德关于哲学和物理学的关系的原因。但培根并没有区别哪些是亚里士多德原有的错误，哪些是后来经院哲学的歪曲。

我们知道，培根的唯物主义，虽然基本上是机械论的，但并不像他的后继者那样发展到极端的地步。培根的哲学体系中，包含有许多朴素辩证法的因素。这突出地表现在他对物质和运动的态度上。马克思曾经指出，在培根看来，"在**物质**的固有特性中，**运动**是第一个特性而且是最重要的特性，——这里所说的运动不仅是**机械的**和**数学的**运动，而且更是**趋向、生命力、紧张**，或者用雅科布·伯麦的话来说，是物质的**痛苦**"。②

根据这个思想，培根批判了亚里士多德对运动的形而上学观点。在《新工具》里，培根批判了亚里士多德的外因论倾向和所谓"自然运动和狂暴运动"的区别，他指出一切运动都是自然运动。虽然培根自己的运动观也有许多机械论的成分，如把运动只归结为 19 种形式等，但他对亚里士多德这方面的批判还是正确的。

二、培根对亚里士多德认识论的批判

我们知道，培根虽然是一个经验主义者，但他认为："历来研究科学的人，

---

① 培根：《崇学论》，第 27 页。
② 《马克思恩格斯全集》，第 2 卷，第 163 页。

不是单弩实验的人,就是只重教条的人。单重实验的,就如蚂蚁似的,他们只管采集,来供实用,爱行推论的,就如蜘蛛似的,他们只凭着自己的材料织成网子。不过蜜蜂却采取着一种中道,他不但从田园的花朵中采集来物质,还要以自己底力量来变化它们,消化它们。"① 不过培根特别强调经验、实验在认识中的作用,这是明显的事实。他显然是想用经验的事实来摧毁中世纪神学的宫殿。因此在培根的哲学中,虽然唯物论地解决了认识问题,但对理性的作用就没有多少的阐发。

根据这种观点,培根对亚里士多德进行了严厉的批判,他说:"他(亚里士多德——引者)虽然屡次提到经验,可是我们并不能看重这一层。因为他底结论是预先得到的;他并不曾按照规矩,先求助于经验,然后再来形成判断和公理;他只是凭自己底意志先解决了问题,然后再求助于经验。"② 培根这段话是很重要的,他认为亚里士多德是先有原则然后再借经验求例证的。亚里士多德是要经验服从于他的原则,而在培根看来,应该以经验为基础,从经验中得出普遍原则来。

我们看到,培根的这个批判是接触到亚里士多德认识论的内在矛盾的,当然培根并没有明确地揭发这种矛盾。

一方面,我们知道,亚里士多德在认识论上是有唯物主义的成分的,他认为,"虽然知识的对象一朝不再存在就会同时取消了作为它的相关者的知识,反过来却不然。如果知识的对象不存在,就没有知识;这是真的,因为将会没有什么东西可以被认识"。③ 在《分析后篇》里又说:"完满的科学知识的真正的对象,乃是那不能异于它本来的样子的东西。"④ 对于经验,亚里士多德也认为:"普遍的是从好几堆个别事物抽拔出来的"。(《分析后篇》)

但是亚里士多德没有把这个思想贯彻到底,在自己的哲学体系中,他特别强调理性的作用,认为科学知识不能从感性认识直接获得,并且认为,个别命题的真理性是要由一般命题来证明的。这就是说,在真理的标准问题上,亚里士多德离开了唯物主义原则,陷入了唯心主义、公式主义的泥坑。

---

① 培根:《新工具》,第 90—91 页。
② 同上书,第 59 页。
③ 亚里士多德:《范畴篇、解释篇》,商务印书馆 1959 年版,第 28 页。
④ 《古希腊罗马哲学》,第 293 页。

由此可见，亚里士多德并没有把感性和理性结合起来，而是将它们分割了开来，甚至认为："感觉的机能是依赖于身体的，而心灵则是和它分开的。"①

因此，培根批判亚里士多德忽视经验，把经验屈从于理性——逻辑公理——是有一定道理的。但是培根并没有揭示亚里士多德割裂感性和理性的矛盾，因为培根自己的哲学对理性作用没有足够的估计，因此在批判亚里士多德忽视经验的唯心主义倾向时，培根又走到别一个偏向，即忽视理性的机械论的倾向。

在认识过程问题上，培根和亚里士多德又有分歧。培根曾经这样来表达这种分歧："两条途径都出发于感官和殊事，都止息于最高的概括原则。不过它们底区别实在是无限的。因为一种只是顺路瞥见了经验和殊事，另一种则适当地，秩然地，沉潜于其中。前一种一起首就立了一些抽象的无用的概括原则，后一种则逐渐上升，循次到达自然秩序中先在的、较熟习的那些原则。"② 这就是说，在这里，培根认为，他和亚里士多德的主要分歧不在于出发点，也不在于目的，而是在于过程。

我们看到，培根是十分重视认识的过程的，他反对亚里士多德从少数个别事物一下子就飞到最高真理。培根对亚里士多德这个批判的精神是正确的，他强调要多方面实验，多经验一些个别事例，然后再概括成普遍原则，同时这个概括过程又是要一步一步的，而每一步都离不开经验。亚里士多德满足于获得抽象的一般命题，强调前提是第一性的，不能论证的，这种观点当然是与他忽视经验的观点一脉相承的。

培根为了强调认识的过程，提出了所谓"中间公理"的概念。他在《新工具》里再三强调这个理论的重要性，但对这个概念他并没有确切的论述。

培根说道："探讨真理，发明真理，只有两条途径。一条途径从感官和殊事一直飞到最普遍公理，并且把这些原则认为是确定不变的，从而又进于判断，又进而来发明中间公理。这是现在所通行的途径。至于另一条途径，则由感官和殊事得出公理以后，才逐渐推移，不越等级，往上追寻，最后才达到最

---

① 《古希腊罗马哲学》，第282页。
② 培根：《新工具》，第42页。

普通的公理。这是一条真正的途径，不过是尚未试验过的。"① 这里培根反对了亚里士多德用一般的抽象公理来证实个别的判断，而认为从个别事物到最高公理之间一定要经过中间公理，中间公理的真理性不是由最高真理来证明，而是由经验来证明。如前所述，这种批判本质上是正确的。

但是，正因为培根自己在认识论上也是有局限性的，它过分强调经验的作用，忽视理性的作用，因而在谈到中间公理和最高公理的关系上，流露出否定最一般的公理在认识过程中的作用的倾向。他认为："只有中间公理才是真正的，坚牢的，活动的，才能为人类底事务和幸运所依据。在这些公理以上，诚然有最普遍的公理，不过我们所说的不是抽象的公理，而是为中间公理所限制的公理。"② 这里培根并没有说明中间公理限制最普遍公理的含意是什么；但在另一处地方他却说："实质这类东西（指最普通的公理——引者）纵然是真的，亦与人类幸福无多大关系。"③ 培根这种思想，实际上是反映了这样一种片面性，即认为最一般的普遍公理对人的生活是没有多大作用的，只有经验，只有对个别事物的实验才能给人以知识。

培根这种认识论上的片面性，同样也反映在他的逻辑学上。

我们知道，培根是十分重视逻辑学的。他认为逻辑学是获得知识的工具。他的重要著作《新工具》主要目的就是解决认识方法问题，而他对亚里士多德的批判主要也是集中在逻辑学上。

培根对亚里士多德的三段论演绎法进行了严厉的批判。他认为三段论不能给人以新的知识，而培根研究认识方法的问题，目的就在给人以新的知识，扩大人的知识范围。他认为三段论的中词和前提是无法用三段论本身来证明的。他在《崇学论》里曾说："我们纵然承认人们推得了一些正确的原则同公理，但是关于自然现象，我们仍不能说，中段命题，是可以借三段论法，从这些原则演绎出的，仍不能说，在借中名词把这些大原则演绎为小原则以后，就可把中段命题推出来的。"④ 培根十分反对亚里士多德把三段论拉到第一位，因为

---

① 培根：《新工具》，第41页。
② 培根：《新工具》，第95—96页。
③ 同上书，第63页。
④ 培根：《崇学论》，第162页。

这是和他的经验论的出发点相矛盾的。为了和亚里士多德的三段论法对立，培根提出了他的归纳逻辑。

我们知道，在这个问题上培根也是有片面性的，因为亚里士多德并没有完全否认归纳法，他认为对一般人说来，归纳法是非常重要的，但为了对付诡辩论者就需要三段论演绎法。他说："一方面，有归纳法，另一方面，有推理。现在，归纳法是从个别到普遍的过渡……"① 亚里士多德认为，"归纳是在清楚认识到的特殊中表示出其蕴藏着的一般。"② 甚至他还认为没有归纳，就不可能有从一般中取得的知识；但是与其对待经验的态度一致，亚里士多德认为归纳法"并不能提出对于实体或本质的论证，而只是提出别种揭露实体或本质的方式。"③ 因此亚里士多德常常把归纳法归结于三段论法之下，从而使它成为三段论的一个部分。他曾说过："归纳法，即归纳法形成的三段论式，是以三段论式的方法用两端项之一来建立其他一端项和中项之间的关系，例如 B 是 A 和 C 之间的中项，就用 C 来证 A 属于 B。这就是构成归纳法的方式。"④ 可见亚里士多德尽量把归纳法向三段论法方面拉。黑格尔的《哲学史》中也谈到，在亚里士多德看来，每个归纳法都是三段论法，从而认为培根对亚里士多德三段论的批判乃是形式的批判，认为把归纳法和三段论对立起来是一种形式的对立。⑤

然而，在这里，培根和亚里士多德是有分歧的，分歧在于亚里士多德是以三段论演绎法作为逻辑的基础，而培根则是以归纳法为逻辑的基础的。这里也反映了这两个哲学体系的不同。

培根虽然也不完全否认三段论演绎法的作用；他曾经说过："关于自然底解释，我底指导有概括的两个类别。第一类是教人如何由经验来推演并形成公理，第二类是教人如何由公理再推演并导引新的实验。"⑥ 但是培根从其经验主义立场出发，认为归纳法是逻辑的基础，因此他就提倡一种归纳逻辑。

培根对自己的归纳法是很重视的，认为既然以前的三段论是包括一切科

---

① 亚里士多德：《辩论常识篇》，标准页 105a 第 12—14 行。
② 同上书，71a 第 8 行。
③ 《古希腊罗马哲学》，第 243 页。
④ 亚里士多德：《工具论》，标准页 68b 第 15 行。
⑤ 见黑格尔：《哲学史讲演录》，第 2 卷，第 181 页。
⑥ 培根：《新工具》，第 162 页。

学,他的归纳法也是包括了一切事物的。同时认为它是与当时流行的一般归纳法不同,他的归纳法不是简单枚举的归纳法,而是要有排斥法的归纳法。他说:"以真正的归纳法来形成观念和公理,乃是廓清幻象的适当方法。"① 什么是"真正的归纳法"呢?就是在归纳法中运用排斥、分析、类比等方法。马克思曾经指出过:"归纳、分析、比较、观察和实验",在培根看来,"是理性方法的主要条件"。② 培根自己说:"现在科学所需要的归纳形式是要把经验加以分析,加以分割,并且要按照适当的排斥法来达到不可避免的结论。"③ 又说:"最适用的归纳法应当先用适当的排斥法和驱除法来分析自然。"④ 培根的归纳法以经验、内容为基础,以对自然的观察和实验为基础,只是在培根的归纳法中并不排斥分析的作用。

应该指出,培根在逻辑学上的作用是远不及亚里士多德的。恩格斯认为亚里士多德"已经研究了辩证法思维的最基本的形式"。⑤ 培根强调了归纳法的作用,但他是用片面的经验主义的观点来批判亚里士多德的,他同样没有看到归纳和演绎之间的辩证关系,正如列宁所指出的,"以最简单的归纳方法所得到的最简单的真理,**总是**不完全的,因为经验总是未完成的"。⑥ 而培根则认为光靠归纳法就能得出新的、可靠的知识来,因此他具体运用归纳法时,诸多牵强附会的地方;同时对自己归纳法的特点,也始终没有一个科学的说明。

三、培根对亚里士多德哲学批判的意义

以上我们分析了培根对亚里士多德哲学的几个主要方面的批判,从这些批判中我们看到,培根从其唯物主义立场出发,对亚里士多德哲学中的唯心主义成分作了严厉的批判;这是有进步意义的。

培根对亚里士多德的宇宙论、自然观的批判是有巨大作用的。培根通过这方面的批判,坚持了彻底唯物主义立场,克服了亚里士多德哲学中的某些唯心

---

① 培根:《新工具》,第46页。
② 《马克思恩格斯全集》,第2卷,第163页。
③ 培根:《新工具》,第21页。
④ 同上书,第96页。
⑤ 恩格斯:《反杜林论》,第18页。
⑥ 列宁:《哲学笔记》,人民出版社1956年版,第165页。

主义因素，同时在吸收亚里士多德哲学的某些成分的基础上，就世界观、认识论问题的某些方面来说，的确是比亚里士多德的哲学有所发展、丰富。

但是，我们也不得不指出，培根对亚里士多德哲学的批判，在许多方面是片面的，缺乏历史观点的。虽然培根对亚里士多德的哲学并没有完全否定，他在《崇学论》里曾经认为亚里士多德是独出众表，其聪明和忠实的确有注意的价值，前面提到过，培根认为亚里士多德的动物学是很少有虚假不实的材料的；但是从培根对亚里士多德哲学具体批判来说，他是抱着基本否定的态度的。他这种态度，到了他的继承者霍布斯那里，则发展成了一棍子打死的全盘否定的态度了。

培根虽然原则上也承认中世纪哲学对亚里士多德哲学有所歪曲，他认为亚里士多德的哲学一代不如一代地传下来，当时虽已取得普遍同意，但有许多人并没有获得亚里士多德哲学的原意①；但是在具体分析时，培根却并没有区别哪些是亚里士多德哲学本身的错误，哪些是中世纪经院哲学的歪曲。

正如列宁指出的，"僧侣主义扼杀了亚里士多德学说中活生生的东西，而使其中僵死的东西万古不朽"。② 亚里士多德哲学虽然当时已成了经院哲学的同义语，但就其本质来说，它们是不同的。培根就其批判经院哲学来说，是勇敢而深刻的，但就其对亚里士多德哲学的批判来说，就缺乏历史的观点。

同时我们也看到，虽然在坚持唯物主义这一点上，培根的批判有不可抹煞的意义，但的确存在着不少的片面性。

培根是以经验主义的观点来批判亚里士多德的认识论和逻辑学的，这就形成培根自己哲学的另一种片面性，即过分强调了经验、归纳的作用，忽视了理性的作用。

因此，我们如果历史主义地评价培根对亚里士多德的批判，就可以看出，培根这个批判的最主要的意义，是在于坚持了唯物主义的世界观，在很大程度上克服了亚里士多德哲学的不彻底性。正如培根自己说的："我底逻辑学和普通逻辑学特别有三种差异之点。第一则是企图的目的不同，第二则是解证底次

---

① 见培根：《新工具》，第73页。
② 列宁：《哲学笔记》，第383页。

序不同,第三则是研究的起点不同。"[①] 就这三点来说,主要只是方向和基础不同。这就是说,培根是着重强调了唯物主义的世界观这一方面。

这样看来,我们现在来研究一下培根对亚里士多德哲学批判的实质,是具有重要意义的。因为研究《新工具》对《工具论》的批判,不仅在逻辑学上可以进一步研究归纳和演绎、归纳法和三段论法之间的关系,可以作我们在修改形式逻辑时的参考;同时就哲学史来说,对培根对亚里士多德哲学的批判,也应该作出适当的评价,找出从亚里士多德到培根之间的哲学思想发展的内在联系,指出培根这种批判的意义;对一些片面的观点,也应该还其本来的面目,指出这种片面性的历史根源,从而对哲学史上这两个杰出的哲学家作出适当的历史评价。

[①] 培根:《新工具》,第19页。

批判康德的"天才"论*

"天才"这个问题,历来是剥削阶级的思想家、特别是资产阶级哲学家所喜欢谈论的题目,因而这个问题也往往被歪曲得不成样子。资产阶级从理论上宣扬所谓"天才",是为了在实践上把他们的代表人物捧为"天才",从而抹煞或贬低劳动人民的创造才能,而林彪反党集团鼓吹什么"天才",也是为他们篡党窃国的野心服务的。

在欧洲哲学史上,"天才"观念本来是和艺术的创造活动密切相连的,哲学家们从哲学上和美学上加以论述,后来就不局限于艺术创造的范围,而可以泛指人的实践和理论活动的一种特殊表现和特殊性质。谈论"天才"的哲学家绝大部分都带有神秘主义色彩,这和他们的历史唯心主义的哲学思想是分不开的。古代希腊,由于早期宗教的影响和当时对诗艺的提倡,往往把诗人的创作当作一种在一时的迷狂中与神契合而创造出动人的诗篇的"灵感",而"天才"则是最具有这种灵感的人物。早在苏格拉底、柏拉图那里就已经有了这样的看法。

古希腊哲学家的这个思想,经过西赛罗、荷拉斯等一鼓吹,影响是很大的。但是,真正把这个问题放到一个大的哲学体系中去论述的,则是从康德开始。

一、康德的"天才"论和他的先验主义哲学体系

我们知道,康德的哲学体系主要分成三个部分:《纯粹理性批判》研究人

---

* 原载汝信、叶秀山、傅乐安主编《欧洲哲学史上的先验论和人性论批判》(论文集),人民出版社 1974 年版。

的认识，《实践理性批判》研究人的道德，而《判断力批判》则研究人的情感领域。康德这三个批判，都是建立在唯心主义的先验论的基础上的，而他的"天才"论，就是这个先验论哲学体系的一个组成部分。

在欧洲近代哲学史上，资产阶级哲学家被人的认识中感性因素和理性因素的关系，弄得很苦恼，他们当然不能正确地、科学地、辩证地解决这两者的关系，到了休谟，干脆采取怀疑主义的态度，从经验主义走向怀疑主义。康德受休谟的影响很深，他自己说，是休谟把他从独断主义迷梦中唤醒的，但他不满意于休谟的怀疑论，想来调和感性和理性的矛盾。作为当时德国资产阶级代言人的康德，当然也不能解决这个问题，因此，康德制造了一整套哲学先验论体系，企图以唯心主义的先验论来统摄感觉和理性，最后仍导向不可知论。

在康德看来，人的知识固然是来源于经验，但知识并不是完全由感觉组成的。他和休谟一样，认为感觉是杂乱的，但又和休谟不同，康德认为，杂多的感觉可以经过知性的统摄和整理规范，成为既有经验内容，又有普遍必然性的知识。他认为，这种知性的统摄、规范的能力是先天的，不依赖经验的。因此，他把知性的判断，叫作先天综合判断。休谟曾经认为这种判断是不可能的，而康德则认为是可能的。但是，正因为康德把知性的能力归诸为先天的，知识是经过我们的主观先验范畴加工的，因而只能掌握事物的现象，而不能掌握事物本身——"物自体"。这个"物自体"，康德把它推向可望而不可即的彼岸，归诸为"理性"的一种不断追求的目标，这种观点，在他的《实践理性批判》里，得到了进一步的发挥。

在感觉的世界和理性的领域、事物的现象界和本体界即《纯粹理性批判》和《实践理性批判》之间，康德制造出一个审美的领域和目的的领域，即《判断力批判》的研究对象。康德以为弄出一个判断力来，就可以解决他的难题了，但是事实上，康德的《判断力批判》仍然是以唯心主义先验论为理论基础的。

在《判断力批判》的"审美判断"这一部分，康德基本上提出了两个问题，即审美判断（包括美的判断和崇高的判断）和艺术（包括天才问题和艺术种类问题）。

在知识论里，康德认为是知性统摄感觉材料，而在审美判断里，康德则把在知识判断里被排斥的"想象力"(Einbildskraft)提到重要的地位。因为审美判断是离不开具体的形象的,而想象力和知性的和谐就是美的判断,因而是一种无利害关系的愉悦;想象力趋向于理性,就产生崇高的判断,因而是一种无利害关系的敬畏。所谓"天才",则是由想象力突破(或统摄)知性,因而是一种无利害关系的创造——艺术创作。

应该首先说明,康德是把"天才"这个概念,严格限制在艺术创造里的。在康德看来,只有艺术才有"天才",而艺术品也必须是"天才"的作品。科学的认识活动是无所谓天才的,因为它是普遍必然的、先天的知识能力对感觉的统率,形成普遍必然的知识判断传达给别人,所以用不着"天才";而只有不脱离具体形象的艺术形象的创造,才需要"天才",而且只有"天才"才能创造真正的艺术作品。

我们看到,"天才"论在康德的唯心主义先验论哲学体系中只是一个小部分,但却是很突出的部分。一方面,在他以前,还没有一个哲学家把这个问题作为哲学体系的一个部分加以论述,另一方面也是因为康德在"天才"问题上,他的唯心主义先验论观点贯彻得很彻底,表现得很突出,言语虽然不多但却非常尖锐,把过去在资产阶级艺术家那里的一些片断的思想明确化、系统化了,因而影响很大,流毒极深,必须予以彻底批判。

首先,康德再三明确,"天才"是一种天赋的能力,它和"才能"是有本质上的区别的。才能是可以学来的,是经验的,而"天才"则是学不到的,是先验的、超经验的。康德在概述他的"天才"的几个特点时,第一点就说天才"是一种天赋的才能,对于它产生出的东西不提供任何特定的法规,它不是一种能够按照任何法规来学习的才能"[①]。这样,康德就把他的"天才"论,直接奠定在他的先验主义的哲学体系的基础上,反对天才作为一种社会实践的产物,作为历史的产物。

在论证这个先验主义命题时,康德认为,"天才"的活动和美的判断或鉴赏活动虽然都需要想象力,但二者的特点是不同的。在鉴赏活动时,想象力和知性是和谐的,是受知性节制的,因而是可以普遍传的,人人都具备的;而

---

① 康德:《判断力批判》上卷,商务印书馆1964年版,第153页。

在艺术创作的活动中，想象力则不受知性的节制，它是绝对自由的，是一种创造的想象，因而不是从经验中积累起来的，是天生的，不能学得的。"天才"要打破一切经验的框框，对知性的规律来说，是一种突破。康德就是这样歪曲了想象力的性质，把它变成了一种天赋的灵感，从而否认了想象仍然是人的主观对客观现实的一种反映形式。

我们知道，康德在认识论里有一句先验主义的名言，就是"知性为自然界立法"。因为既然感觉的世界是杂乱无章的，只有先验的知性才给予统摄，所以自然界的一切规律（包括因果联系等）都不是自然本身所具有的，而是知性加到自然身上去的；套用这个先验主义的公式，在"天才"问题上，康德也说，"天才是天生的心灵禀赋，通过它自然给艺术制定法规。"① 这就是说，大自然授与艺术家以特殊的想象力，可以不受知性规律的制约，可以违反一切思维规律，可以脱离一切经验，来进行"自由的创造"。这样，艺术家的艺术创作，不是受客观社会实践制约的，不是代表一定阶级对一定的社会现实的反映，而是一些脱离现实的"天才"人物的头脑的产物。一句话，在康德看来，不是现实决定艺术家，不是艺术的历史决定艺术家，而是艺术家决定现实，艺术家决定艺术史。于是，我们在这个问题上，又一次看到了被先验主义地颠倒了的关系。

由这样的"天才"创造的作品，当然不是客观现实的反映，因而不受客观社会发展规律的制约，是无规律可循的一种偶然现象。康德在这方面也很彻底。既然"天才"是天生的，是"每个人直接受之于天，因而人亡技绝，等待大自然再度赋予另一个人同样的才能"②，于是，"天才"的产生完全是偶然的，用康德自己的话来说，是一种"幸运"，"天才本质地建立于那幸运的关系里"③。

康德这种以先验主义哲学为基础的"天才"论，必然导致神秘主义、反历史主义。我们知道，同一切意识形态一样，艺术也是历史的产物，是客观社会实践的能动的反映，是阶级斗争的反映，因而它是有历史的，有规律的。毛主

---

① 康德：《判断力批判》上卷，第152—153页。
② 同上书，第155页。
③ 同上书，第163页。

席教导我们:"作为观念形态的文艺作品,都是一定的社会生活在人类头脑中的反映的产物。"① 马克思、恩格斯也指出:"甚至人们头脑中模糊的东西也是他们的可以通过经验来确定的、与物质前提相联系的物质生活过程的必然升华物。因此,道德、宗教、形而上学和其他意识形态,以及与它们相适应的意识形式便失去独立性的外观。它们没有历史,没有发展;那些发展着自己的物质生产和物质交往的人们,在改变自己的这个现实的同时也改变着自己的思维和思维的产物。不是意识决定生活,而是生活决定意识。"② 因此,现实世界的阶级斗争史,决定着文学艺术的发展史,而大艺术家,也只有在一定的社会实践和社会环境下,才能产生、才能发挥其作用。即就艺术创作来说,也是如此,马克思曾经指出:"象拉斐尔这样的个人是否能发挥自己的天才——这完全决定于需要,而需要又决定于分工及其所产生的人们受教育的条件。"③ 康德把艺术"天才"歪曲为天生的、偶然的、神秘的东西,就完全否认了艺术发展的历史规律性,而把艺术的历史歪曲为一个个孤立的"天才"人物的创造活动,至于艺术的未来,则有待于神的恩赐。

二、在"天才"问题上的形而上学手法

康德的先验主义哲学本来就是一个庞大的形而上学的体系,他的基本手法就是首先把主观和客观、精神和物质以及人的认识的各种能力从原则上绝对分割、对立起来,如把人对客观世界的把握分成在原则上有区别的知、情、意三个领域,然后再"弥补"这些裂缝,因此,虽然在某些方面,特别是早期的关于自然科学论著方面,康德的思想也有一定的辩证因素,但正如恩格斯所指出的,"要从康德那里学习辩证法,这是一个白费力气的和不值得做的工作"④。

在关于"天才"问题的论述方面,康德使用的仍然是形而上学的手法,抓住了某些区别,加以割裂、对立,筑成各个领域的不可逾越的鸿沟。

如前所述,在这个问题上,康德首先割裂了艺术与科学的关系。当然,艺

---

① 《毛泽东选集》第3卷,人民出版社1969年版,第817页。
② 《马克思恩格斯全集》中文版第3卷,第30页。
③ 《马克思恩格斯论艺术》(一),人民文学出版社1960年版,第355页。
④ 《马克思恩格斯选集》第3卷,人民出版社1972年版,第469页。

术在对现实的把握方式上是和科学有所不同的，艺术有本身的特殊矛盾，对艺术特性本身的研究不但是容许的，而且也是重要的。但是，康德却把这种区别歪曲了、夸大了。他认为，科学家无论多么伟大，都不是艺术家，他的成果只要用功，是人人都能学会的，而艺术家则需要"天才"，是天生的，因而他的创作源泉和经验既得之于天，则是不能传授的，他说，"牛顿在他不朽的自然哲学原理那一著作里所写的一切，人们全可以学习；虽然论述出这一切来，需要一个伟大的头脑。但人不能巧妙地学会做好诗，尽管对于诗艺有许多详尽的诗法著作和优秀的典范"。① 康德还再三解释，他并无贬低科学家之意。的确，康德在这里说的是精神活动上的种类的不同，不是等级的不同，而等级的不同，是经过谢林到黑格尔才完成了的；但是，康德这种把科学与艺术完全对立的观点，也并不是一种偶然的有感而发②，而是他的先验唯心主义、形而上学哲学体系的必然结果。

当然，康德对科学的观点也是先验主义、形而上学的，这在他的《纯粹理性批判》里有系统的论述；而在《判断力批判》里，他把先验主义、形而上学更加发展了一步，在知识（科学）判断领域里还具有的普遍必然性（虽然是先验的），到了趣味判断里变成普遍的愉快，而到了艺术（天才）里，就变成赤裸裸的偶然性了。

从这个前提出发，康德抓住了艺术创作里一些现象，加以歪曲夸大，其目的就是要把艺术变成了一个"天才"人物的独立王国。

我们知道，创造性在艺术创作里是向来为人们所重视的，在艺术创作问题上，历来就有创造论和模仿论的对立。柏拉图曾经嘲笑过当时希腊流行的艺术创作模仿论，但是像狄德罗、歌德、莱辛等人还是很强调艺术和自然的模仿关系的。在这两种对立的艺术观中，作为先验唯心主义者的康德，很自然地站在反模仿论的立场，他采取的方法就是把模仿、学习和创造性完全割裂开来、对立起来。

在康德看来，科学是需要学习、模仿的，而天才则绝对排斥模仿。他说：

---

① 康德：《判断力批判》上卷，第154页。
② 鲍桑奎说康德这种议论是针对十八世纪英国批评家强逊说的"牛顿如果愿意的话，将写出伟大的诗篇来。"见鲍桑奎《美学史》，1892年英文版，第279页。

"人们在这一点上是一致的,即天才是和模仿的精神完全对立着的。学习既不外乎是模仿,那么,最大的才能,学问,作为学问,仍究竟不能算做天才。"①

排除了学习,排除了在实践活动中经验的积累,康德的"天才"就成了无本之木,无源之水,只能从天上掉下来了。

康德说,模仿就是依样画葫芦,而艺术需要创造性。他认为,在艺术创作里,想象力本身就有创造性。其实,想象力不过是人们对于客观现实的一种把握方式,创造性也必须建立在对客观现实发展规律的认识的基础上,在实践过程中,不断修改自己的计划、方案,以便将客观世界改造(创造)得符合我们的目的。在现实的实践活动中是如此,在艺术的创造活动中也是如此。可是康德却认为,想象力是不受规律的控制的,就连他所谓知性建立起来的规律也限制不了想象力,因为它不像科学那样,要以感觉提供材料,以知性提供范畴,因而不能完全脱离经验,而想象力则是完全脱离经验的,或者说,想象活动中的感觉材料是不受知性约束的,因此,具有这种"绝对自由"想象力的"天才",不是得自经验的积累,而是得之自然天禀。

显然,康德这一套,完全是神秘主义的、先验主义的,在理论上是十分荒谬的。他以为,只要把本来就是他虚构出来的在《纯粹理性批判》里所论述的感觉与知性的关系颠倒一下,就能解释"天才"问题了。在科学领域里,知性通过普通人,为自然(感觉)立法,而在艺术领域里则是自然(感觉)通过"天才"为艺术立法,所以在艺术里,"天才"所立的"法",和科学家的成果不同,不是人人都能学习、模仿的,它只是一个范本,用来启发具有同样"天才"的人的灵感的。

总而言之,康德尽力把艺术天才和群众对立起来,成为一个剥削阶级垄断的独立王国,康德这一套在理论上是一系列武断的割裂,而在事实上歪曲了全部的艺术发展的历史。

从"创造的想象"出发,康德又把艺术形象和逻辑判断绝对对立起来。艺术形象当然离不开具体的感觉表象,和逻辑推理是不同的,但他们同样都是客观世界的一种反映方式,毛主席在《实践论》中教导我们,"感觉到了的东西,

---

① 康德:《判断力批判》上卷,第154页。

我们不能立刻理解它，只有理解了的东西才更深刻地感觉它。"可是康德从他反对反映论的立场出发，认为感觉、想象和理解是对立的。在艺术形象里，概念的理解是不能完全掌握表象的，甚至在诗里，表象也是加到概念上去的，因此，康德说："想象力是创造性的，并且把知性诸观念（理性）的机能带进了运动，以致于在一个表象里的思想（这本是属于一个对象的概念里的），大大地多过于在这表象里所能把握和明白理解的。"① 这就是后来流行的"形象大于思想"的错误观点。

康德既然把艺术形象和逻辑推理完全割裂开来，从而就把"天才"的创造活动变成不自觉的、无意识的神秘的活动。这样，康德又把"自觉"和"不自觉"的关系完全割裂了。

在这里，康德仍然抓住艺术创作里的一些表面现象，把它夸大、歪曲。"天才"既然不得自经验和训练，他的创作，就只能靠"灵感"，而这种灵感，又只能是得之于天。古希腊哲学家的神秘主义，在康德那里，得到了一种形而上学的哲学色彩。他说："既不是荷马，也不是魏兰能够指示出他们的幻想丰满而同时思想富饶的观念是怎样从他们的头脑里生出来并且集合到一起的，因为他们自己也不知道，因而也不能教给别人。"② 康德这种神秘主义、直觉主义观点，影响了许多资产阶级理论家对"灵感"的崇拜，从柏格森、克罗齐到斯坦尼斯拉夫斯基，都是康德的信徒。这样，林彪在认识论上宣扬先验论，在文艺上也鼓吹"灵感论"，就决不是偶然的了。

康德在《纯粹理性批判》里把知性的一些概念、范畴看作先天的、超经验的，实际上是笛卡儿的"天赋观念"的变种，不过康德强调的是先天的逻辑条件，而不是经验的内容；到了《判断力批判》，又提出了一种作为"天赋才能"的"天才"，把"逻辑条件"这一套迷宫抛掉了，变成赤裸裸的神秘主义、天启主义。

当然，艺术创作和人类一切活动一样，都需要一定的自然条件，但艺术才能的形成主要靠后天的实践和一定的社会条件，马克思说："搬运夫和哲学家

---

① 康德：《判断力批判》上卷，第161页。
② 同上书，第154—155页。

之间的原始差别要比家犬和猎犬之间的差别小得多，他们之间的鸿沟是分工掘成的。"① 康德却既无视社会条件，又无视后天的锻炼。

表面上看，康德也承认，任何艺术作品，都包括有一定的机械的成分，因为艺术作品需要物质的材料，要驾驭这些材料，就要经过锻炼，但他认为，这是和艺术家的天才无关的，天才不需要训练，训练也不能造成天才，而只能造成模仿的匠人。康德的这种观点，排斥、贬低了一切艺术实践，在艺术里排除了一切经验的因素，而把艺术抽象成为超经验的、先天的神秘领域。

我们看到，康德为了论证其神秘主义、直觉主义的"天才"论，进行了一系列的割裂。天才与才能，创造性与学习，艺术形象与逻辑推理，不自觉与自觉，天才与训练等等，在康德那里，都不是对立统一的关系，而是绝对对立，互相分割的。这一切的目的是要论证艺术和科学的原则区别，把艺术（天才）归诸直觉的、不自觉的、想象的、绝对自由的领域。

康德一方面把天才从科学领域里赶了出去，似乎在科学领域里不能有创造性似的，一方面又把艺术天才神秘化，过分夸大艺术创作的特点，终于成为艺术中无头脑的（无知性的）直觉主义的祖师爷。在科学里，康德贬低感觉经验，歪曲知性概念范畴，使他成为先验主义的理性主义者，在艺术里，他却贬低知性，抬高、歪曲想象，使他成为神秘主义的直觉主义者。

三、康德"天才"论的阶级性

有的资产阶级学者认为，康德的美学理论似乎和当时的艺术创作、艺术理论和美学理论没有关系，而只是他的抽象的哲学思维的产物②，这种脱离实际的超阶级的观点，显然是荒谬的。

康德关于"天才"的思想，和他的整个哲学、美学思想一样，是十八至十九世纪德国资产阶级的意识形态，是当时德国资产阶级在哲学上、美学上的表现。

---

① 《马克思恩格斯全集》中文版第 4 卷，第 160 页。
② 参阅鲍桑奎：《美学史》，1892 年英文版，第 255—256 页。

康德的美学思想是当时英国和法国思想的德国式的反映。法国的唯物主义者、特别是狄德罗，对艺术理论作出了巨大的贡献，他们那种唯物主义、现实主义立场，是德国资产阶级不能接受的。康德在美学里首先接触的问题是英国的休谟和柏克提出来的，康德用建立在主观知性基础上的普遍性、共同性来补充英国人的对趣味判断的经验主义、怀疑主义的观点，把趣味判断（美的判断）定义为想象力和知性的游戏式的自由和谐，因而是一种无确定知性概念的、无利害关系的、但又有普遍可传达性的愉悦。这种思想，在席勒的"审美王国"里得到了更进一步的发展。

在文学艺术的创作方面，由于英、法资本主义的发展，逐渐更加鲜明地暴露出资本主义内部的不可克服的矛盾，这种矛盾的激化，反映在资产阶级文艺创作上出现了浪漫主义的流派。这些艺术家，或者对尖锐复杂的矛盾采取回避的态度，要回到中世纪的田园生活，或者片面强调主观精神作用，沉浸于主观幻想之中。在德国，从古典主义到浪漫主义的过渡，在文艺创作和文艺理论上也是酝酿已久的。莱辛的《拉奥孔》提出诗和画的区别，认为诗可以直接表现诗人的思想感情，因而更适合浪漫的体裁。从浪漫主义观点看，"天才"这个观念，就具有更加重要的意义，康德不过是从哲学上加以概括而已。

康德固然实际上给浪漫主义总结了经验，把"天才"这个概念在哲学上大加发挥，可是在对待古典主义和浪漫主义的态度上，康德是动摇的、不坚决的。这反映在他对趣味判断和"天才"之间的关系的论述上。

在康德看来，"天才"和"鉴赏力"是不同的，"天才"具有创造性的想象，而"鉴赏力"则是对自然美的不断观摩练习得来的，"天才"决定内容，"鉴赏力"决定形式，因此，"这里人们会在一个应该成为美术的作品上面有时见到有天才而无鉴赏，在另一作品上见到有鉴赏而缺天才"。[①]

康德的理想是要叫这两者统一起来，他认为，"天才"要受"鉴赏"的制约，才符合艺术创作的要求，因为鉴赏是要符合知性的规律的（虽然不像科学里那样明确和占主导地位），因而具有普遍的意义。他说："鉴赏（口味）和判断力一般是天才的训育（或管束），剪掉天才的飞翼，使它受教养和受磨

---

① 康德：《判断力批判》上卷，第159页。

练。"① 显然，一种静穆的和谐，是古典主义的德国的理想，从温克尔曼对古希腊艺术的解释就确立了的，而这种新内容与旧形式的"和谐"是当时德国资产阶级妥协性的反映，康德显然正是在这个思潮之中。

可是康德还进了一步，他问，如果二者不可得兼怎末办呢？康德的回答很干脆："如果在一作品上两种性质的斗争中要牺牲掉一种的话，那就宁可牺牲天才"②。看来，德国资产阶级的妥协和庸人气息在康德是根深蒂固的了，在他的心目中，宁可要内容平庸、贫乏但形式雕琢的作品，而不要较有生气、形式粗犷的作品，所以他把在"审美判断"中大加论述的"崇高"概念却排斥于艺术之外而不愿意把它和"天才"联系起来，这也不是偶然的疏忽。在这里，康德由对"天才"的神秘主义、直觉主义观点，又走向了另一个极端，即对艺术的形式主义观点。神秘主义、直觉主义和形式主义表面上矛盾的东西，却同时存在于康德的哲学体系中。因此，后来的资产阶级形式主义美学家和艺术家，又找到康德做他们的祖师爷，也就不足为怪了。

康德从他的先验唯心主义和资产阶级政治立场出发，大肆鼓吹了"天才"，但他不得不承认：天才"在它的无规律的自由中只能产生无意义的东西"③。原来，康德的"天才"，表面上很神秘，实际上却很虚弱，这就如同他的"绝对命令"一样，表面上庄严肃穆，实际上是德国小市民的"善良愿望"的虚弱性的反映。康德的"天才"，是德国小市民的流产了的、病态的"天才"，他离开了封建君主的保护，离开了封建艺术的陈词滥调的"约束"，只能产生一些"无意义"的东西。

如果说，这种表面上很"自由"、很有"创造"的"天才"的病态方面，在康德那里已经提了个头的话，到了他的后继者叔本华那里，就发挥得淋漓尽致了。

到了叔本华的时代，德国资产阶级更加没落、更加腐朽了，因此叔本华笔下的"天才"，就是赤裸裸的资产阶级变态心理的反映。

在叔本华那里，"天才"的能动性、创造性已不被强调，而强调一种脱离

---

① 康德：《判断力批判》上卷，第166页。
② 同上。
③ 同上。

现实斗争的"静观"的认识性的能力。在叔本华看来，普通人的智慧只照亮自己的道路，而"天才"则照亮全人类的道路，但在现实世界，"天才"却是和普通人（群众）完全对立的，天才是反时代的，反传统的，因而是孤独的。因此，叔本华说，"天才"既像疯子，又像小孩。显然，叔本华的"天才"，完全是资产阶级精神贵族的写照。

从康德到叔本华，说明了资产阶级思想家所鼓吹的唯心主义天才论内容越来越反动，越来越把天才问题歪曲得不成样子。只有马克思主义的辩证唯物主义和历史唯物主义，代表着无产阶级的根本利益，才正确地、科学地阐明了这个问题。马克思主义者并不是不要说天才，天才就是比较聪明一点，天才不是靠一个人几个人，天才是靠一个党，党是无产阶级先锋队。天才是靠群众路线，靠集体智慧。对天才问题的这一马克思列宁主义的观点，是建立在唯物论的反映论和主张奴隶们创造历史的唯物史观的科学的基础上的。只有以马克思列宁主义、毛泽东思想为武器，才能彻底批判康德的唯心主义天才论。

欧洲近代哲学史上的资产阶级人性论*

在资产阶级哲学思想体系里,"人性论"是非常重要的一个核心部分。资产阶级在其革命时期,曾经拿起这个武器来反对封建主义,反对中世纪的宗教统治,在历史上起过一定的积极作用;但即使在那个时期,"人性论"也是骗人的谎言,抽象的、超阶级的"人性"是从来也不存在的,人性论者不过是用资产阶级的"人性"来冒充为普遍的"人性"而已。随着历史的发展,资产阶级掌握政权后转变为反动的、没落的阶级,无产阶级登上了历史的舞台,"人性论"也就成为反动的资产阶级用来同革命的无产阶级进行斗争的一种手段。资产阶级人性论者反对阶级斗争,反对无产阶级革命和无产阶级专政,从而充分暴露了它的反动性。

毛主席早就指出:"有没有人性这种东西?当然有的。但是只有具体的人性,没有抽象的人性。在阶级社会里就是只有带着阶级性的人性,而没有什么超阶级的人性。"[①] 这是对资产阶级"人性论"的最深刻的批判。

本文打算从历史发展的角度来揭示资产阶级"人性论"的反动性、反科学性及其阶级实质。

一、"人性"的提出——文艺复兴时期的人性论

十五世纪,欧洲经过了长时期的中世纪封建黑暗统治,进入了一个新时

---

* 原载汝信、叶秀山、傅乐安主编《欧洲哲学史上的先验论和人性论批判》(论文集),人民出版社1974年版。
① 《毛泽东选集》第3卷,人民出版社1969年版,第827页。

代。这是一个从封建社会向资本主义社会过渡的转折时期。

欧洲的中世纪封建统治阶级以宗教作为维持自己统治、毒害人民的一种重要工具,基督教教会制度在中世纪起着极其反动的作用,它以各种手段控制被压迫人民的生活和思想,形成了一条沉重的宗教枷锁。在这座大山的压迫下,人民得不到半点自由,农奴的身体被束缚在地主的土地上,思想则被束缚在宗教教条上。教会对敢于怀疑或反对基督教的人所施加的惩罚,是极其残酷的。

中世纪的封建和宗教统治严重地阻碍了社会生产力的发展,人民的生活在物质和精神两方面都处于极端贫乏的状况下。一般人民被剥夺了学习的权利,只有僧侣才有受教育、写作的权利,教会垄断了一切文化。最初,在修道院里,僧侣们还能背诵维吉尔、奥维德、西赛罗的一些著作,后来,经院哲学成了教会批准的唯一合法的哲学,它经过奥古斯丁、托马斯·阿奎那等人的加工,成了一整套神学思想体系,用以压制和麻醉人民的思想。

可是历史总是在前进,虽然有时比较缓慢,但是生产力的发展必然要冲破旧的生产关系的束缚,新的经济基础必然要砸碎旧的上层建筑的枷锁,为自己的发展开辟道路。

中世纪后期,封建采邑的城堡里出现了一批脱离土地的自由民手工业者①,其中某些人是后来形成的资产阶级的前身。"从中世纪的农奴中产生了初期城市的城关市民;从这个市民等级中发展出最初的资产阶级分子。"② "当欧洲脱离中世纪的时候,新兴的城市中等阶级是欧洲的革命因素。它在中世纪的封建组织内已经赢得了公认的地位,但是这个地位对它的扩张能力来说,也已经变得太狭小了。中等阶级,即资产阶级的发展,同封建制度的继续存在已经不相容了,因此,封建制度必定要覆灭。"③

当时的手工业者,往往同时又是商人。商业的发展,打开了人们的眼界,为了寻找黄金、香料、樟脑、麝香等,人们发现了美洲并开辟了通向东方的航道,这对于欧洲资本主义的发展具有极其重要的意义。

在罗马帝国崩溃以后,各小公国相继割据,公路被切断了,只有意大利没

---

① 从十二世纪开始,先是在法国,后来在英国、德国、俄国,陆续出现这种情形:农奴逃往城市一年如不被地主发现则可以成为"自由民"。
② 《马克思恩格斯选集》第1卷,人民出版社1972年版,第252页。
③ 同上书,第3卷,第389页。

有中断过和东方各国的贸易,因而它有比较好的基础来首先发展经济。

这种经济上的发展反映在意识形态上就出现了一批叫做"人文主义"者的新知识分子。"人文主义"者是和意大利的城市发展密不可分的,他们带有明显的地方色彩,而且最初他们也并没有明确地反对教会。可是,阶级斗争的发展、社会历史的发展是不以人的意志为转移的。代表新兴资产阶级利益的人文主义者,终于向教会公开提出了挑战。

意大利的人文主义者后来发展成一个共同的思想,即把世俗的、现实的东西和宗教的、精神的东西对立起来,反对神的压迫,主张人性的解放,从而带有突出的个人主义的色彩。

马克思、恩格斯指出:"资产阶级在它已经取得了统治的地方把一切封建的、宗法的和田园诗般的关系都破坏了。它无情地斩断了把人们束缚于天然首长的形形色色的封建羁绊,它使人和人之间除了赤裸裸的利害关系,除了冷酷无情的'现金交易',就再也没有任何别的联系了。它把宗教的虔诚、骑士的热忱、小市民的伤感这些情感的神圣激发,淹没在利己主义打算的冰水之中。"①

资产阶级意识形态由其阶级地位决定必然是赤裸裸的个人主义思想体系。中世纪基督教,以神学来压制现实生活,以"神性"来否定"人性"。基督教认为,人生下来就是有罪的,人的生活、感觉、情欲是恶的,是可鄙弃的;人只有在否定自己时才能体会到上帝,才能得到上帝的肯定。人的肉体是要腐朽的,而灵魂却是不灭的。资产阶级在其发展初期即在人文主义最盛行的时期,对基督教这一套是表示否定的。他们从利己主义立场出发,宣布凡是人的一切都是合理的、正当的,人并不要去追求什么虚无缥缈的"天国",而是要尽情享受现实的幸福。他们的中心命题是要为人的感性的存在和需要进行辩护。

由于当时基督教控制了一切文化,因此资产阶级的这些要求首先是在教会僧侣内部得到反应。初期的人文主义者,有相当一部分人本人也就是僧侣,因而他们所提出的问题,最初仍然脱离不开经院哲学的范围。

基督教神学崇奉亚里士多德,用歪曲了的亚里士多德的学说代替一切科学

---

① 《马克思恩格斯选集》第1卷,第253页。

研究，资产阶级要摆脱中世纪基督教的束缚，首先要从亚里士多德开刀。当时的资产阶级改革者，除了一部分人如德国的路德彻底反对亚里士多德外，大部分人文主义者都利用希腊哲学家原著的发现和翻译，指出基督教所崇奉的亚里士多德是假的。譬如，关于灵魂不灭问题，人文主义者就接受了阿拉伯-西班牙的阿威罗伊（伊本·路西德）学派的观点，认为亚里士多德从没有教导过个人的灵魂不灭。波旁那齐（1462—1524）在1516年写了一本论灵魂不灭的书，认为真正的亚里士多德并没有说过个人的不朽，而个人的灵魂不灭在物理学上是不可能的，在道德上也是没有必要的。

和这个抽象的争论相适应，在文学、艺术、哲学等各意识形态部门出现了前所未有的情景。恩格斯曾经这样描述过这个时代："拜占庭灭亡时抢救出来的手抄本，罗马废墟中发掘出来的古代雕像，在惊讶的西方面前展示了一个新世界——希腊的古代；在它的光辉的形象面前，中世纪的幽灵消逝了；意大利出现了前所未见的艺术繁荣，这种艺术繁荣好象是古典古代的反照，以后就再也不曾达到了。"① 在人文主义者达·芬奇的带动下，绘画、雕刻、建筑等艺术部门，有了重大的变化。达·芬奇的成就是多方面的，他在科学上、理论上也有很高的成就，但他对绘画的影响超过了其他一切。他摒弃了中世纪宗教绘画的呆板、神秘的画法，而代之以资产阶级的追求现实生活、满足感性需要的、在当时是很清新的风格。过去呆滞、幽灵般的圣母被女性化了，"神圣家族"逐渐变成了资产阶级的小康之家，享受着所谓天伦之乐，资产阶级的生活终于直接搬上了画布。这一切，都是在"人性"的幌子下，贩卖着资产阶级的思想、感情和趣味。

资产阶级的"人"被抬到过去封建阶级的"神"的地位，凡是"人"的一切，即凡是资产阶级的一切，不管用当时流行的眼光来看是好是坏，都是合理的，都是自然的。住在罗马的一个人文主义者卡尔丹（1501—1575）给自己作了一番生动的描述，他说："我本性上具备一个哲学的、宜于从事科学的头脑；我是机智的，文雅的，有教养的，放纵的，快乐的，虔敬的，忠诚的；我是智慧的爱好者，是内省的，有进取心的，勤勉好学的，乐于帮助他人的，充满竞

---

① 《马克思恩格斯选集》第3卷，第444—445页。

争心的，有创造性的，自学成功的；我热望作出奇迹，我是奸诈的，狡猾的，辛辣的，蓄满密谋的，清醒的，用功的，小心翼翼的，多口舌的；我是宗教的鄙夷者，我热中于报复，妒忌他人，忧郁，恶毒，阴险；我是一个巫师，一个术士；我是不幸的，对待家人凶暴的，禁欲的，难对付的，严酷的；我是占卦者，是妒忌成性的，说淫秽话的，诽谤他人的，顺从人意的，变化无定的；——在我身上有着这种本性和举止的矛盾。"① 不用说，这完全是一幅当时资产阶级的自画像，把资产阶级的本性，作了一番暴露，用以对抗基督教所谓"彻底完善的神性"；但是却又硬把自己的阶级本性说成是"普遍的人性"，鼓吹什么"我是人，人的一切特性我无所不有"；于是，打掉了基督教"神性"的"圣光"，却又出现了资产阶级"人性"的"圣光"，虽然当时的历史作用不同，但却都是反科学的骗人的把戏。

资产阶级人文主义者并不限于从感性上描述自己的本性，也不限于用艺术的手法来表现自己的生活，他们也从理论上、哲学上概括了自己本性的特点。这方面，我们应该首先提到十六世纪初意大利最著名的人文主义者之一特勒肖（1508—1588），他是拿不勒斯自然科学学会的奠基者，在当时有很大的影响。他提出了一个命题，即自我保存是人类斗争的唯一目的，这个思想，影响了整个近代资产阶级哲学。

从哲学上来说，当时的资产阶级人性论者、人文主义者当然还是很不成熟的，他们的思想还不很系统，分散于小说、诗歌、散文、论文以及绘画、雕刻等作品中，当时的资产阶级对历史、对自己的认识，总的来说，也还停留在感性的阶段。他们受中世纪宗教影响还很深，虽然他们当中不少人在反对教会斗争中不惜牺牲自己的生命。但是，以"人性论"面貌出现的资产阶级思想体系的轮廓已经形成，许多基本观点已经提出，而这一切，都集中到一点，即是把资产阶级的本性冒充为普遍的"人性"，这说明资产阶级"人性论"从一开始就带有欺骗性。

文艺复兴时期的人性论者大都是感觉主义、经验主义者。因为中世纪基督教既然实行宗教、宗法统治，也就把所谓精神的东西神秘化，排斥感性的东

---

① 转引自黑格尔：《哲学史讲演录》第3卷，商务印书馆1959年版，第345—346页。

西，而人文主义要反对这一切，必然首先抓住感性不放，以感性的东西来对抗精神的枷锁，以感觉的知识来反对天启的知识。因此，可以说，文艺复兴时期的人文主义者是近代英国、法国经验主义的先驱，而在这些经验主义思想家中，有许多人是突出的资产阶级人性论者，也可以看成是人文主义的必然发展。

二、"人性"作为自然的欲求——英国经验主义和法国启蒙主义的人性论

十六和十七世纪资产阶级活动的主要舞台，由意大利转到了英国和法国。英国的经验主义者和法国的启蒙主义者，实际上继承了意大利人文主义者的传统，结合着本国的情况，为资产阶级在政治上取得胜利而制造舆论。这个时期的资产阶级人性论得到了更进一步的发展。

十六世纪的英国，有它特殊的发展条件，当欧洲其他各国忙于各种战争时，英国获得了一段相对稳定的发展时期。随着经济发展而逐渐壮大起来的资产阶级，必然与当时的封建统治发生进一步的矛盾。王权和国会的斗争表现了英国封建统治阶级和新兴资产阶级的斗争，而这种斗争，又是与宗教斗争结合在一起的。

伊丽沙白和詹姆士时期，是在封建社会内部，资产阶级意识形态大发展的时期，当时相当一部分思想家，拥护科学，反对迷信，鼓吹个性解放，鼓吹自由，反对中世纪宗教统治。资产阶级从各个方面顽强地表现自己，但和意大利的人文主义者一样，却把自己打扮成"普遍的人性"的表现，似乎解放了资产阶级，就解放了"人"。这个时期的许多资产阶级文艺先驱，在他们的作品里以"人性"的外衣表现了资产阶级的个性，莎士比亚的戏剧就是这方面的典型。这位作家的创作生活处在伊丽沙白和詹姆士两个朝代，而他的《罗密欧与朱丽叶》、《奥赛罗》、《麦克佩斯》等，深刻地描写了资产阶级的性格和各种心理状态。

这个时期英国资产阶级哲学先驱的主要任务，就是从理论上论证资产阶级逐步形成的世界观，把资产阶级的利益，概括化为带有普遍意义的、永恒的"公理"，而把资产阶级的阶级性美化为"人性"。当然，伊丽沙白时期社会相

对稳定的发展，也给英国资产阶级带来极大的妥协性，就是在他们的最优秀的代表人物那里，同样不可避免。

和莎士比亚一样，弗·培根（1561—1626）也是伊丽沙白和詹姆士时期的重要代表人物，他在英国的特殊社会条件下，继承、发展了意大利人文主义的感觉主义传统，把那些人文主义者的许多资产阶级思想的片断，加以系统化，拟订了一个庞大的、但未完成的计划。培根的工作重点主要放在认识论和科学的方法论方面，因此，他的计划就叫作"科学的大复兴"，主要的攻击对象是被中世纪僧侣歪曲了的亚里士多德的方法论。培根以当时的科学发展为依据，以一个自然科学家作为人的标本来研究人的认识的基础和过程，提出了许多著名的唯物主义认识论的原理，正如马克思所指出的："英国唯物主义和整个现代实验科学的真正始祖是培根。在他的眼中，自然科学是真正的科学，而以感性经验为基础的物理学则是自然科学的最重要的部分。"①

当然，和一切旧唯物论者一样，培根在社会领域里是十足的唯心主义者，和早期的人文主义者一样，他的社会观是奠定在资产阶级"人性论"基础上的。

在1597年，培根出版了一本《论文集》，其中大部分文章是谈论社会问题的。在这本书里，培根和早年的人文主义者一样，提倡抽象的善、爱，认为人的本性自然趋向于善，而善就是幸福。显然，培根在制定他的科学复兴计划时，并没有忘记这样一个基本思想，即人要按照自然的法则办事，而科学要为人谋幸福，亦即科学要为资产阶级的存在和发展服务。因此，培根提出了一句名言，"知识就是权力"，要把自然界建立成科学的人的王国②，因为"自然界的事物同时是真理又是效用"③，人们在求知识时，"应当着眼于人生底利益和效用；应当本着仁心来完成统治自然的知识"④。在这里，培根自己说得已经很清楚了。应该指出的是，培根的所谓建立大不列颠世界霸权的思想，也正是反映这种资产阶级统治世界的野心。

然而，英国资产阶级的妥协性，在培根那里也得到了反映。在哲学认识论

---

① 《马克思恩格斯全集》中文版第2卷，第163页。
② 培根：《新工具》，中译本，第65页。
③ 同上书，第110页。
④ 同上书，第15页。

上,培根相信"双重真理",为宗教信仰留有余地,他接受了基督教的说法,人保留了神性,所以高于动物,在"人性"方面,培根则以"社会性"来补充意大利人文主义者鼓吹的赤裸裸的个人主义。培根反对无限制地发展"自我",尤其是对臣属和公民来说,一切都归结为人的自我则是不可救药的恶①,因此,按理性来说,人分成两个部分,即自爱和社会。

这个思想,在培根本人那里,没有得到详细的展开,但却有深远的影响。马克思早就指出:"功利论一开始就带有公益论的性质……"②而无论私利或公益,在当时都带有资产阶级的性质。

培根的直接继承者是霍布士(1588—1679),他把"培根的学说系统化了"③,在关于"人性"的论述方面,霍布士比培根详细得多,系统得多,因而也重要得多。

霍布士所处的时期,英国的社会矛盾已经很尖锐了。代表新兴资产阶级势力的克伦威尔,推翻了封建统治,打败并处死了查尔士一世,可是在克伦威尔死后,逃亡在法国的查尔士二世又在1660年实行复辟。

霍布士所生活的这样一个阶级斗争激烈的时代,给他的人性论打上了特殊的烙印。

霍布士在哲学认识论上是唯物主义者,他对宗教进行批判,反对"双重真理"论,主张无神论,因而曾受到教会的迫害,可是,在社会观上,他却是唯心主义的,是资产阶级"人性论"的重要代表,而在政治立场上,他虽然反对封建割据,代表了资产阶级的利益,但在当时却是比较保守的。霍布士代表了资产阶级内部妥协的势力,我们只能从这个事实出发来理解霍布士的人性论。

1640年霍布士因反对克伦威尔逃往法国,在那里他写了一部著作《利维坦》,于1650年出版,这是一部系统地宣扬资产阶级人性论的著作。

在这部著作里,霍布士的理论上的出发点仍然是文艺复兴时期人文主义者和培根经验主义的立场,认为人的本性是保存自我,趋善避恶,而人人都有同等的天性,同等的权力。就这一点说,霍布士反对了中世纪的等级制度和亚里

---

① 培根:《论人的自我的智慧》,见《论文集》,1928年英文版,第96页。
② 《马克思恩格斯全集》中文版第3卷,第484页。
③ 同上书,第2卷,第164页。

士多德人天生就不平等的奴隶主学说。但最突出的是霍布士提出了一个"人类的自然状态"这一极有影响的学说。

霍布士认为,在"自然的状态"下,人都有同等的权力,无所谓法律、公道,但人的本性又是自私的,因此必然要引起人们互相之间的战争。因为"自然权力,乃是每一人有运用他自己的权力以求保全他自己的本性即保全他自己的生命的自由"①,"因此,很明显的,当人类居住在没有共同的权力来把他们都压服的时候,他们是在所谓战争的状态中,而这种战争乃是人人互相为敌的战争"②。

在阐述这些思想的时候,霍布士的心目中显然不仅幻想着一个抽象的"自然状态",而且注视着英国连年的国内战争,可是他却把阶级斗争歪曲为人的本性的斗争。

但是,霍布士认为,"自然的战争状态"是不能持久的,人类要生存首先就要有和平,于是霍布士把"和平"作为法律的第一个基础,他继续发挥他的理论说:"只要人是在纯粹自然的状态中,也是在战争状态中,则私人的嗜欲即是善与恶的衡量。但是,也因此,结果大家也同意于下面的几点:就是承认和平为善……"③ 在这个前提下,霍布士提出了一种"契约论"。他认为,权力的转让就成为契约,即"一个人是应该愿意放弃运用一切物的权利的"④。由于人人都放弃一部分自己的权力,由契约联系在一个共同体中,过着和平幸福的生活,而在霍布士看来,这个共同体如果没有最高的权力,人们是得不到幸福的,因而是不能存在的,"当没有权力可以压服他们大家时,则人和人相处,人是不会有快乐的,反之,且会有极大的忧虑"⑤,所以,霍布士明确地说,"无至上权力的共和政体不过是空话"⑥。

剥开抽象理论的外衣,霍布士是要用君主的权力来节制资产阶级的本性,而在与带封建性君主妥协的条件下发展资本主义。

霍布士的这套理论,是和他的实际政治立场完全一致的。他在政治上反对

---

① 霍布士:《利维坦》,见《西方伦理学名著选辑》上卷,第 664 页。
② 同上书,第 661 页。
③ 同上书,第 671 页。
④ 同上书,第 665 页。
⑤ 同上书,第 660 页。
⑥ 霍布士:《利维坦》,1928 年英文版,第 189 页。

克伦威尔，支持查尔士一世，当查尔士一世到巴黎去的时候，霍布士带着《利维坦》去欢迎他，而看到曾经是他的学生的查尔士二世复辟时，他显然认为找到了一个权威来节制资产阶级革命了。

因此，我们可以说，在哲学认识论上，霍布士把培根的唯物主义经验主义发展了，特别在对宗教的批判上，大大超出了培根，而在社会观方面，在政治方面，霍布士却发展了培根的保守、妥协的一面。我们看到，资产阶级人性论，在霍布士那里，反映了英国资产阶级阶级性的保守的、妥协的一面，这在当时英国来说，是有历史原因的。

关于霍布士以及当时英国经验主义者社会观点的贵族性质，恩格斯曾经指出："随着霍布斯，它作为至高无上的王权的保卫者登上了舞台，并且号召君主专制制度镇压这个强壮而心怀恶意的小伙子，即人民。同样地，在霍布斯的后继者博林布罗克、舍夫茨别利等人那里，唯物主义的新的自然神论形式，仍然是一种贵族的、秘传的学说，可见，唯物主义之所以被中等阶级仇视，既由于它是宗教的异端，也由于它具有反资产阶级的政治联系。"①

随着英国社会的发展和资产阶级本身的逐步成长，洛克在宗教问题上鼓吹自然神论，而在政治上则更加彻底地为保卫资产阶级的利益而斗争，所以，可以说，在洛克那里，资产阶级人性论更进一步反映了当时英国资产阶级本身的发展。

查尔士二世复辟后，将王位传给了詹姆士二世，可是英国贵族的极权统治好景不长。1688年，代表资产阶级利益的奥伦治的威廉，带了一小股士兵，把詹姆士二世赶到了法国，1689年的国会通过了法权案和宗教容让法，容许宗教自由，给资产阶级以更大的发展余地，这就是资产阶级历史学家所津津乐道的"光荣革命"。

在这些政治事变中，洛克（1632—1704）是站在资产阶级一边的，他因为参加代表国会资产阶级势力的辉格党的活动曾逃往资产阶级已经取得胜利的荷兰，而在1689年革命成功后回到英国。这和霍布士在克伦威尔时期逃往封建统治下的法国而后来拥护查尔士二世的复辟恰好形成了鲜明的对照。

---

① 《马克思恩格斯选集》第3卷，第394页。

洛克明确地把人的幸福，最后归结为感觉上的愉快。他说："充其量的幸福就是我们所能享受的最大的快乐；充其量的苦难就是我们所能遭受的最大的痛苦。"① 而"人人都欲望幸福——人们如果再问，什么驱迫欲望，则我可以答复说，那是幸福，而且亦只有幸福。"② 洛克的这些思想，为英国后来的享乐主义、功利主义伦理学派奠定了基础。

洛克在他1690年发表的几篇政论文章里对待人类"自然状态"采取了和霍布士不同的看法，他认为，在"自然状态"下，不是普遍的战争，而是和平，因为人的本性不但爱自己，而且也爱自己的种族，之所以产生契约和政府，是为了更好地保存社会的每一个分子。从这里出发，洛克反对神授君权的极权主义，认为立法者不是社会最高权威，而要服从公善，即人民的福利。洛克所说的人民，实际上就是资产阶级，因此，只有资产阶级才是社会真正的权威。

我们看到，人性——即资产阶级的阶级性，在洛克那里，比在霍布士那里得到更大的保障，君主和立法者不是和人性、人的自然本性即资产阶级获利的本性相对立，不是对它的限制或否定，而是更好地使其发展，因此，国家应该切实地保护资产阶级的私有财产，提倡勤俭，发展生产和商业。这一切，正如马克思所指出的，"特别是洛克，他的著作就是属于英国政治经济学的第一个时期的，属于出现股份公司、英国银行和英国海上霸权的那个时期的"③。

洛克的思想，对法国资产阶级启蒙思想家有极大的影响，在英国的影响下，法国的资产阶级也要在政治上顽强地表现自己，而当时的启蒙思想家，就是为资产阶级登上政治舞台制造舆论的。

十八世纪的法国，阶级斗争是特别激烈的。当时法国资本主义的发展和英国、荷兰等国相比是落后的，封建的生产关系仍然占着统治的地位。腐朽的封建贵族和高级僧侣掌握了国家政权，对广大人民实行封建地主阶级的残酷专政。经济上的敲骨吸髓的剥削和掠夺，政治上的君主绝对专制，思想上的宗教统治，压得人民喘不过气来。很明显，封建制度已成为阻碍资本主义进一步发

---

① 洛克：《人类理解力论》，见《西方伦理学名著选辑》上卷，第728页。
② 同上。
③ 《马克思恩格斯全集》中文版第3卷，第481—482页。

展的严重桎梏。法国资产阶级和其他被压迫阶级一样属于毫无政治权利的所谓"第三等级",他们当然不能长期容忍下去,而力图推翻封建统治,夺取政权,为资本主义的发展扫清道路。封建贵族的极权统治和高压政策,把法国资产阶级推向了革命。与英国相比,法国的资产阶级革命是较彻底的。

十八世纪的法国启蒙思想家和唯物主义者,是法国资产阶级的哲学代言人。恩格斯说:"在法国为行将到来的革命启发过人们头脑的那些伟大人物,本身都是非常革命的。他们不承认任何外界的权威,不管这种权威是什么样的。宗教、自然观、社会、国家制度,一切都受到了最无情的批判;一切都必须在理性的法庭面前为自己的存在作辩护或者放弃存在的权利。"① 资产阶级"人性论"依然是法国启蒙思想家用来和封建制度进行斗争的武器之一,而在"人性论"方面发挥得比较系统的则是卢梭(1712—1778)。

1750年卢梭把他的应征论文《论科学与艺术》提交给法国科学院,在这篇论文里,卢梭把道德和科学艺术文明的发展对立起来,认为文明的发展败坏了淳朴的风尚。"我们可以看到,随着科学与艺术的光芒在我们的天边上升起,德行也就消逝了。"② 他把人们视线转向太古的自然,认为那是人类的极乐世界。"我们想到风化时,就不能不高兴地追怀着太古时代的纯朴景象。"③

我们看到,卢梭这个观点,代表着当时法国资产阶级中相当激进的利益,而这种观点的理论渊源则是霍布士、洛克的资产阶级人性论在法国启蒙时期的反映和发展。

霍布士和洛克都提出这样一种观点,即现存的不平等的封建等级制度,不是人的天性的不平等,而是由历史、社会制度造成的,他们都认为,人在"自然状态"是平等的,而霍布士对这种状态持否定态度,认为在"一切人反对一切人的战争"中人类无法生存,因此由契约转让权力,由最高的权威人物保证和平的建立,从而得出了保守的、贵族式的结论。而洛克和卢梭则对"自然状态"持肯定态度,将批判的矛头转向现存封建主义的极权统治。至少在这一篇著作中,卢梭以这个理论作为出发点,带着资产阶级革命初期的激进情绪,不

---

① 《马克思恩格斯选集》第3卷,第404页。
② 卢梭:《论科学与艺术》,商务印书馆1959年版,第7页。
③ 同上书,第22页。

仅对现存封建制度，而且对整个人类历史的发展都从道德上加以否定。

卢梭的思想发展是很清楚的，在发表了《论科学与艺术》以后，1754年发表了他的《论人间不平等的起源和基础》，提出不平等产生的历史根源，而1762年则发表《论社会契约》提出他的"公民状态"的理想，完成了他的主要的理论体系。

卢梭对霍布士、洛克的资产阶级人性论作了进一步的发挥，他首先在理论上把知识和道德割裂开来，认为知识虽然是经验的、历史的，而道德则是先天的，无关乎知识的，是情感的。卢梭明确提出，"我们是在有观念以前已经有了感情的"①，这种感情即自爱与同情，而"认识善并不等于爱好善：人对于善并无天赋的认识，而是人的理性使他一认识到善，他的良心就立刻使他爱它；这种感情乃是天赋的"②。这种割裂知识与道德、宗教，割裂知识与情感、意志，固然可以追源于"双重真理"论，但是卢梭以这样明确语言加以着重地论述，对以后的资产阶级哲学发展是有很大的影响的，在割裂知、情、意方面，在指出一种不依赖于知识的绝对的道德价值方面，人们自然要想到康德。从这里我们也可以看出法国的启蒙主义是如何过渡为德国的理性主义的。

关于人的天赋的道德情操，卢梭也有进一步的发挥，他说："人最初的感情是对于自己的存在的感情；人最初的关怀是对于自己的生存的关怀。"③ "人的第一条法则是维护自己的生存，人最先关怀的是他自己……"④ 卢梭认为这种人的天赋权力是不可侵犯的，合理的，而在原始的状态下，大家没有固定的关系，都为保存自己而生活，不可能成为敌人，而且只有在这种状况下，才能有最淳朴的、平等的道德风尚。于是，卢梭继洛克之后，反对霍布士所说的"一切人反对一切人的战争状态"。

这样，卢梭就企图来解决这样一个问题，即：人类怎样从原始的平等状态过渡到不平等状态的呢？当然，从唯心主义、资产阶级人性论立场出发，卢梭不可能科学地解决这个问题，他的观点常常是含混的，他虽然反对不平等起源于暴力的主张并接触到一点所有权的问题，但事实上他又把不平等的起源归诸

---

① 卢梭:《爱弥儿》，见《十八世纪法国哲学》，商务印书馆1963年版，第183页。
② 同上书，第184页。
③ 卢梭:《论人间不平等的起源和基础》，见《十八世纪法国哲学》，第154页。
④ 卢梭:《论社会契约》，同上书，第163页。

于"软弱"、"懒惰"、"性格"等等,这仍然是资产阶级人性论。

卢梭的"契约论"和霍布士的"契约论"在具体内容上是不同的,卢梭的契约论带有明显的反对封建君主专制色彩,提倡一种个人与集体在资产阶级经济基础上的幻想的"统一",在这个共同体中,人们自己立法自己遵守,因而是自由的。他说:"人由于社会契约而失去的,是他的天然自由,以及对于他所企求和所能得到的一切事物的一种无限制的权利;他所获得的,是公民自由,以及对于他所拥有的一切事物的所有权。"①

显然,卢梭这种"公民状态",不过是美化了的资产阶级共和制,所以他的思想,成为雅各宾党人的思想旗帜,对于法国1789年资产阶级"人权宣言"有极大的影响,也就不足为怪了。

马克思和恩格斯对卢梭的"契约论"不只一次地指出其资产阶级的本质,马克思说:"卢梭的通过契约来建立天生独立的主体之间的相互关系和联系的社会契约论,也不是奠定在这种自然主义的基础上的。这是错觉,只是美学上大大小小的鲁滨逊故事的错觉。这倒是对于十六世纪以来就进行准备、而在十八世纪大踏步走向成熟的'市民社会'的预感。"② 恩格斯也说:"理性的国家、卢梭的社会契约在实践中表现为而且也只能表现为资产阶级的民主共和国。"③

总之,在卢梭看来,只有资产阶级共和国是最符合于"人性"的理想的社会制度,戳穿了讲,他所宣扬的一套"人性论"不过是为法国资产阶级的政治要求作论证而已。

三、"人性"作为一种"理性"——德国理性主义的人性论

资产阶级在德国发展的特点,决定了十八世纪末德国哲学家对自己的本性——他们冒充为普遍的"人性"——看法上的特点。德国当时的特殊社会条件决定了德国十八世纪资产阶级哲学家们对中世纪封建神学思想体系斗争的特

---

① 卢梭:《论社会契约》,见《十八世纪法国哲学》,第174—175页。
② 《马克思恩格斯选集》第2卷,第86页。
③ 恩格斯:《反杜林论》,人民出版社1970年版,第15页。

别软弱性，这种软弱性当然立刻就反映到关于"人性"问题的看法上。

当英国和法国的资产阶级已经获得较大的发展，并已逐渐暴露出反人民的反动性的时候，德国的资产阶级才带着先天的软弱性刚刚登上历史的舞台，他们来晚了，"在法国和英国行将完结的事物，在德国才刚刚开始。"① 因此德国的资产阶级一开始就有双重的顾虑，既害怕封建统治阶级，又害怕人民，由于害怕人民，宁可与封建统治妥协。正如马克思所指出的："不仅德国各邦的帝王登基 mal à propos〔不及时〕，而且市民社会每个领域也是未等庆祝胜利，就遭到了失败，……—一个阶级刚刚开始同高于自己的阶级进行斗争，就卷入了同低于自己的阶级的斗争。所以当诸侯同帝王斗争，官僚同贵族斗争，资产者同所有这些人斗争的时候，无产者就开始了反对资产者的斗争。"②

德国资产阶级政治上的软弱性，必然反映到哲学上来。德国资产阶级哲学家力图把英、法资产阶级激进思想和宗教神学调和起来，把代表资产阶级利益的所谓"人性"和封建统治阶级所宣扬的"神性"调和起来。他们把抽象的理性作为人的本质，不是把理性和信仰相对立，而是把两者调和起来。这种倾向在康德那里表现得十分明显。

德国最初的资产阶级哲学代表人物康德是德国古典哲学的奠基者。恩格斯指出："在法国发生政治革命的同时，德国发生了哲学革命。这个革命是由康德开始的。他推翻了前世纪末欧洲各大学所采用的陈旧的莱布尼茨的形而上学体系。"③

从认识论上来说，英国的经验主义发展成为休谟的怀疑主义，从感觉没有逻辑的必然性，走向怀疑知识的可靠性。康德为解决这个问题，提出了"先验综合判断"即认识既有经验内容，又有普遍的必然性，而这种普遍必然性不是从经验实践来的，它来自于知性的概念和范畴，由"知性为自然界立法"，完成了他的先验论的认识论体系。在伦理学上，康德集中反对经验主义的幸福论，把道德领域归结为理性的绝对命令，"为义务而义务"，从而与以自然为对象的科学领域对立起来，架起了一座通向信仰、宗教的桥梁。康德的基本手法

---

① 《马克思恩格斯全集》中文版第 1 卷，第 457 页。
② 同上书，第 465 页。
③ 同上书，第 588 页。

就是割裂感性和理性、现象和本质、科学与道德、幸福与义务，抬高后者，贬低并压制前者。

大家知道，基督教神学的原理之一就是胡说什么人生来是有罪的，人按其本性来说是恶的，要达到善，只有皈依宗教，信仰上帝，因为只有上帝是至善、至美、至真，这样一种荒谬的宗教思想，在康德哲学那里，仍然占有重要地位。在康德看来，人的感性存在、人的自然的欲望不是人的本质，只有"理性"才是人的本质，人按照自然的本性追求幸福是恶的，至少是无关乎道德的，只有按理性的命令行动，才是善的，道德的。他说："人自身实在有个使他与万物有别，并且与他受外物影响那方面的自我有别的能力；这个能力就是理性。"① 因而人按其自然本性来说，是坏的，而只有理性——即在人格中的"神性"是善的。他说："人类诚然是够污浊的；不过他必须把寓托在他的人格中的人道看做是神圣的。在全部宇宙中，人所希冀和所能控制的一切东西都能够单纯用作手段；只有人类，以及一切有理性的被造物，才是一个自在目的。那就是说，他借着他的自由的自律，就是神圣道德法则的主体。"②

中世纪神学说，人性是恶的，神性才是善的，康德认为，人的自然性是恶的，而理性虽不是神性，但更近于神性，是善的，是人的本质。卢梭已经说，就单纯的自然欲望来说，人是奴隶，由理性来支配欲望，人就成为自由的，成为主人。康德发挥了这个思想，认为在道德领域里，人人都是主人，都以自己和别人为目的，而不能当成手段。因此，他的理性的道德命令是绝对的，是不计成败的，是一种从原则出发的行为，而不是从后果出发的活动。在这里，康德割裂了动机和效果，认为评判一个人的行为，不是看他的效果，而是看他行为所根据的原则或"善良的愿望和动机"。总之，康德力图在道德的领域里排除一切感性的因素，弄成一个纯而又纯的"道德王国"，而似乎只有在这精神的虚构里，人才能实现自己的本质。

康德的这种思想，表面上看起来非常"严肃"、非常"崇高"，但实际上却非常虚弱，完全反映了德国资产阶级的软弱性。马克思恩格斯在《德意志意识形态》里，曾多次指出康德的这种特点，"18世纪末德国的状况完全反映在康

---

① 康德：《道德形而上学探本》，商务印书馆1959年版，第65页。
② 康德：《实践理论批判》，商务印书馆1960年版，第89页。

德的《实践理性批判》中。"① "康德的这个善良意志完全符合于德国市民的软弱、受压迫和贫乏的情况,他们的小眼小孔的利益始终不能发展成为一个阶级的共同的民族的利益,因此他们经常遭到所有其他民族的资产阶级的剥削。"②

那个时期,英国和法国的资产阶级比起德国的资产阶级来,是比较坚决的,他们还敢于同封建势力作斗争,正面提出自己的利益,把自己的追逐利润、追逐私有财产的本性冒充为普遍的人的本性,公开鼓吹享乐主义、追求幸福,即追求资产阶级的享受和幸福;可是德国资产阶级却既怕人民群众,又怕激怒封建统治阶级,他们看到,要在德国这块四分五裂的土地上,追求资产阶级的最大的利润,取得全面的胜利,不是那末容易的,只有妥协的改良才是较稳妥的出路。康德把这种情况理论化了,在资产阶级的自私自利的本性上,加上一层抽象的理性的"圣光"。在康德看来,本来,有德的人应该得到幸福,即资产阶级处境本来可以更好些,但是,事实上却不是这样,许多有德的人得不到现实的幸福,因为幸福是经验中的事,除非你全知全能,不能保证你处处、时时都幸福,但人不能因为得不到眼前的幸福就放弃道德,因此,道德律是绝对要服从的,不管你能不能幸福。可见,把话说得那样绝对的康德,是有不得已的苦衷的,他对资产阶级的现实的幸福,并不能完全忘怀,只是要理性来节制一下,"纯粹实践理性看自私原是人的天性,并且甚至在道德法则之前就已发生于我们心中,所以它只把它加以挫抑,加以范围,以便使它与这个法则相符合;这时候这种自私就被称为合理的自爱。"③ 所谓"合理的自爱"就是马克思所指出的,当时德国的道德基础即"被压抑的利己主义"④,就是把资产阶级的利益和封建统治者的利益调和起来,而当不可调和时,康德就抬出宗教来安慰资产阶级。在现实世界有德之人既然不能都得到应有的幸福,而只有在上帝那儿,在不死的、永恒的灵魂那儿,美德和幸福才能统一。"康德只谈'善良意志',哪怕这个善良意志毫无效果他也心安理得,他把这个善良意志的实现以及它与个人的需要和欲望之间的协调都推到彼岸世界。"⑤

---

① 《马克思恩格斯全集》中文版第 3 卷,第 211 页。
② 同上书,第 212 页。
③ 康德《实践理性批判》,第 74 页。
④ 《马克思恩格斯全集》中文版第 1 卷,第 464 页。
⑤ 同上书,第 3 卷,第 211—212 页。

当时德国的资产阶级的特性，是理解康德哲学的关键。恩格斯指出："在德国，小市民阶层是失败了的革命的产物，是被打断了而且被阻滞住的发展的产物；德国小市民阶层具有了三十年战争和它以后的时期——这时候其他各大民族正经历着一种猛烈的成长——所造成的特殊的畸形发展的性质：怯懦、狭隘、软弱无力、无任何开创能力。"[①] 康德所鼓吹的理性主义，把人捧到色厉内荏的"理性"的宝座，他所谓的对道德律的"敬畏"，正是这种德国小市民庸人习气和心理在哲学上的反映。

康德的"人性论"本身就已经充满了妥协、调和的色彩，但他使用了一系列的割裂的手法，把实践理性捧为绝对的、最高的境界，因而维持着表面上的严峻和崇高；康德以后，这样一种"实践理性的尊严"的假象逐渐没有了，妥协、调和的特点更加突出，"人性的和谐"变成了津津乐道的口头禅，德国的资产阶级在怯懦、狭隘、软弱无力的轨道上，愈来愈习惯了。

如果说，霍布士、洛克、卢梭他们是从社会的角度来试图解决人的"自然状态"向"社会状态"的过渡，即人性的发展的问题，那末，席勒就是从康德的抽象的理论的角度来调和"自然状态"和"道德状态"即调和人性的各种能力，以表现"人性的调和"的美。

德国资产阶级的诗人、剧作家席勒（1759—1805），早期是卢梭和英国经验派的信徒，认为人的自然天性是人的本质。他后来接触到康德哲学，立即成为这种学说的拥护者。

席勒主要是把康德的哲学（特别是《实践理性批判》和《判断力批判》）运用到美学上，和他自己的艺术理想结合起来，在艺术里，在审美里，追求一种"人性的完美"。席勒的美学思想在艺术史和美学史上占有重要的历史地位，对德国后来的资产阶级哲学家有很大的影响。

在席勒的眼里，人的自然的本性不像在康德那里那样可鄙了，它虽然也要受理性的节制，但却也是人性的一个部分，而且从理论上讲，是人性发展的一个阶段。人性的发展，就是要从"自然状态"发展到"道德状态"，而中间的环节则是"审美状态"即艺术状态。在席勒看来，"审美状态"是人从"自然

---

① 《马克思恩格斯论艺术》（一），第179页。

状态"发展到"道德状态"的必由之路,因此,席勒就把重点放在对这个领域的研究里,他说:"教养的最重要的任务之一就是使人在他的纯粹自然的生活中也受形式的支配,并且使他在美的领域所能够扩展到的范围内成为审美的人,因为道德状态只是从审美状态发展出来,而不能从自然状态发展出来。"①

席勒认为,人在自然状态,完全受自然的支配,受自己情欲的支配,这是一个感性的领域,在道德领域里,则完全受理性的支配,而只有在审美和艺术的领域里,感性和理性才达到了统一、和谐,"人在自己的自然状态中只是服从自然的力量,在审美状态中他摆脱了这个力量,而在道德状态中他控制了这个力量。"② 因此,在自然状态人是放任的,随心所欲的,在道德领域是严峻的,只有在审美领域里,人既不为情欲所迫,又不为道德律所压,是一种"随心所欲而不逾矩"的"自由境界"。在这里,席勒提出了一种"游戏的冲动"的理论,作为审美状态的本质,游戏既摆脱了实际的实用目的,摆脱了情欲,又没有职责的命令,是形式和内容、感性和理性的统一和谐,这在席勒看来,是人性的理想境界。

应该说,作为一个资产阶级艺术家,席勒整个哲学思想是建立在资产阶级人道主义、人性论的基础上的,他以人性的发展作为他的理论的基础和主要内容,因此,它的意义不局限于美学和艺术领域,他是把艺术和审美作为哲学和人性发展的一个重要部分和环节来研究的。

我们知道,自从文艺复兴以来,中世纪被忘记了的古希腊的艺术又重新发出了它的光辉。在德国,经过启蒙主义的艺术理论家和艺术史家温克尔曼的鼓吹,古希腊艺术成了艺术的典范,古代希腊时期的人,成为理想的人,这种"理想的境界",被德国资产阶级解释成为"和谐""静穆"等,即是一种古典主义的优美。席勒就是把这种艺术理论和康德的哲学结合起来,对古典主义的"优美的人性"加以哲学上的论述。

在席勒看来,古代的人——其理想即是古希腊的人,刚刚摆脱了自然的束缚,理性和感性处于一种和谐优美状态,体现了人性的完美,而发展到近代,则把观念提到第一位,理性压倒了感性,这在艺术上就反映为古代的素朴诗和

---

① 席勒:《美育书简》,见《古典文艺理论译丛》,1963 年第五期。
② 同上。

近代的感伤诗的区别。他说:"在自然的素朴状态中,由于人以自己的一切能力作为一个和谐的统一体发生作用,他的全部天性因而表现在外在生活中,所以诗人的作用就必然是尽可能完美地模仿现实;在文明的状态中,由于人的天性的和谐活动仅仅是一个观念,所以诗人的作用就必然是把现实提高到理想,或者换句话说,就是表现或显示理想。"① 这就是说,人性从古代自然的、素朴的发展成现代观念的、感伤的②。而席勒的理想是要把这两者调和起来。

席勒这种思想,在文学上反映了当时浪漫主义的思潮,而这种发展,又是和当时德国资产阶级本身的发展相一致的。

德国的资产阶级的软弱性,使得他们要幻想出一个古典主义的"人性的和谐"的理想来加以崇拜,但这种理想境界不是当前的现实,而德国学者们眼里的古代的希腊,不过是德国资产阶级的特殊的理想王国,席勒所向往的"完美的人性",正是彻头彻尾的资产阶级的本性,他认为只有那样一些人才能体现人的理想,"他们不劳动,然而是积极的,他们不空想,然而能够理想化,他们在自己身上使用全部现实和最少可能的障碍结合在一起,他们随着事件的潮流前进,而不成为这些事件的俘虏。只有这样一个阶级的人才能保持人性的美的统一,而这种美的统一,任何劳动都可以立刻加以妨害,任何劳动的生活都可以永远加以摧毁。"③ 这不正是资产阶级不劳而获的一张自画像吗?可是席勒的软弱性还表现在,他把这种感性和理性统一和谐的理想的人性,放到了一个海市蜃楼的艺术境界之中,变成了可以玩赏而不能实用的空中楼阁。这是由当时德国资产阶级软弱性所决定了的一种逃避现实的方式,他们骇怕尖锐的斗争,强调保守妥协的"和谐",他们的理想本身就是不能实现的,德国的资产阶级在当时只能处在那样一种可悲的地位。

德国古典唯心主义哲学到黑格尔(1770—1831)那里达到了发展的终点。黑格尔建立了一个庞大的客观唯心主义的体系,其中虽然包含着辩证法的合理的内核,但是在保守的、甚至反动的唯心主义体系的高压下,辩证法终于被扼杀了。作为德国资产阶级的思想代表,黑格尔特别明显地表现了德国资产阶级

---

① 席勒:《论素朴的诗与感伤的诗》,见《古典文艺理论译丛》,1961年第二期。
② 从艺术史上说,莱辛在《拉奥孔》里就已经提出了这种发展趋势。
③ 席勒:《论素朴的诗与感伤的诗》,见《古典文艺理论译丛》,1961年第二期。

在法国大革命深入发展后害怕人民群众而力求同封建统治阶级妥协的特点。他维护和吹捧反动的普鲁士国家,为当时德国的丑恶的现实辩护。正如恩格斯所指出的那样,"黑格尔是一个德国人而且和他的同时代人歌德一样拖着一根庸人的辫子。歌德和黑格尔各在自己的领域中都是奥林帕斯山上的宙斯,但是两人都没有完全脱去德国的庸人气味。"① 这种情况也不能不反映在黑格尔对"人性"问题的看法上。

黑格尔从理性主义一般立场出发,接受霍布士的前提,认为人的自然本性必然造成一种无政府状态,因而需要国家和社会来限制。他说:"天然状态不外乎是无法的和凶暴的状态、没有驯服的天然冲动的状态、不人道的行为和情感的状态;社会和国家当然产生了限制,但是这种限制只是限制了纯属兽性的情感和原始的本能……"② 他把人的精神,人的理性作为人的本质,"人类自身具有目的,就是因为它自身中具有'神圣'的东西,——那便是我们从开始就称做'理性'的东西……"③

黑格尔的哲学体系建立在一个超个人的、神秘的"绝对理念"之上,表面上似乎超出了"人性"的范围,但实际上离开人的所谓"理念"、"精神"当然是不存在的,黑格尔无非是把人的精神更加抽象化、神秘化罢了。

黑格尔把"绝对理念"和客观的自然的现实世界对立起来,也就是把精神与自然对立起来,颠倒了他们的关系,否认人的精神、认识是客观世界的反映,而认为,整个客观世界是"绝对理念"的外化,因而在黑格尔看来,精神是第一性的,物质是第二性的。黑格尔的哲学体系就是绝对精神外化为现实世界,然后再通过艺术、宗教、哲学回到自身的过程,他的哲学是典型的"精神"——"物质"——"精神"的唯心主义公式的体现。正如马克思、恩格斯多次指出的,黑格尔的哲学是本末倒置的、头足倒立的,"在黑格尔的历史哲学中,和在他的自然哲学中一样,也是儿子生出母亲,精神产生自然界,基督教产生非基督教,结果产生起源"④。

我们看到,在康德那里,知性只有思维的能动性,而实践理性则被归结为

---

① 《马克思恩格斯选集》第 4 卷,第 214 页。
② 黑格尔:《历史哲学》,三联书店 1956 年版,第 81 页。
③ 同上书,第 73 页。
④ 《马克思恩格斯全集》中文版第 2 卷,第 214 页。

无法完全实现的道德的"应该";在费希特那里,"自我"有一种能动的、斗争的作用,他认为意志的实现需要斗争,但他所谓的斗争,也还是局限于康德的道德领域内,要实现道德的目的;到了黑格尔,这种能动性,才成为创造世界的力量,但由于黑格尔的唯心主义体系的局限,这种外化的斗争,虽然不限于道德领域,但最终还是限于精神领域,在精神领域里打圈圈。马克思曾经指出,当黑格尔"把财产、国家权力等认作人的本质之异化的存在时,这只是在它们的思想形式里来加以考察。……它们是思想物(Gedankenwesen)——因此只是纯粹的亦即抽象的哲学思维之一种异他",在黑格尔看来,"只有精神才是人的真正本质,而精神的真正形式乃是思维的精神、逻辑的、思辨的精神。把自然人本化,把从历史里创造出来的自然,把人的产物人本化,就在于把自然认作抽象精神的产物,从而就把自然的产物当作精神的环节、思想物"[1]。

和康德的色厉内荏的"绝对命令"一样,黑格尔的"绝对理念"看起来很活跃、野心勃勃,要创造一切,掌握一切,实际上却没有什么现实的力量,只能在头脑里称王称霸。人是生活在客观的现实世界之中,他以物质的手段改造世界,革命是历史的火车头,而思想的批判,不能代替革命的实践。人的思想、认识,是客观世界的反映,人利用实践中获得的知识,反过来指导实践活动,毛主席在《实践论》、《人的正确思想是从那里来的?》等哲学著作里,唯物辩证地解决了"物质变精神"、"精神变物质"的转化问题,恩格斯在总结德国古典哲学时也指出:"我们重新唯物地把我们头脑中的概念看做现实事物的反映,而不是把现实事物看做绝对概念的某一阶段的反映。"[2] 承认人和人的认识的现实性,就必须承认人的阶级性,因为迄今的历史就是阶级斗争的历史,而这一点,是唯心主义者、资产阶级人性论者黑格尔所不能看到也不愿意看到的。他宁可在头脑里"控制一切",却不敢触动封建统治政权的现实基础。他的唯心主义体系窒息了他的辩证法,这正适应了当时德国资产阶级保守、妥协的心理。"人类既然通过黑格尔想出了绝对观念,那末在实践中也一定达到了能够把这个绝对观念变成现实的地步。因此,绝对观念就不必向自己的同时代人提出太高的实践的政治要求。……绝对观念应当在弗里德里希-威廉三世

---

[1] 马克思:《黑格尔辩证法和哲学一般的批判》,人民出版社 1955 年版,第 12—13 页。
[2] 《马克思恩格斯选集》第 4 卷,第 239 页。

这么顽强而毫无结果地向他的臣民约许的那种等级制君主政体中得到实现……"①

黑格尔得出的反动政治结论,是当时德国资产阶级的写照,也是他以德国资产阶级的精神(他把它冒充为人的本质,"绝对理念"等)为核心的客观唯心主义哲学的必然结果。

四、"人性"作为人的自然本质——费尔巴哈的人性论

黑格尔刚去世不久,德国就进入了阶级斗争的新高潮。十九世纪三十年代到四十年代的德国,正处在资产阶级民主革命的前夜。在这种革命形势下,黑格尔学派发生了分裂。黑格尔右派发展了黑格尔哲学中的保守的、反动的一面,为反动的封建统治阶级效劳。黑格尔左派则代表激进的资产阶级的利益,企图利用黑格尔学说去批判封建统治的思想支柱——宗教。费尔巴哈(1804—1872)开始是黑格尔左派,后来和黑格尔唯心主义彻底决裂,转到了唯物主义的立场。他第一个用"人本主义"来称呼自己的哲学,他的"人本主义"实际上就是资产阶级人性论的一种表现形式。

费尔巴哈的人性论哲学,代表了当时德国资产阶级最激进的思想,但仍然具有很大的妥协性和软弱性。马克思、恩格斯对费尔巴哈的哲学给予了很高的评价,但也从根本上批判了他的一系列的错误观点,其中特别着重地批判了他的资产阶级人性论观点。

费尔巴哈把对宗教的批判和对黑格尔唯心主义哲学体系的批判结合了起来,把黑格尔的所谓"绝对理念"作为一种"思辨的崇拜"而加以抛弃,从而导向了认识论上的唯物主义。正如恩格斯指出的:"由于对现存宗教进行斗争的实际必要性,大批最坚决的青年黑格尔分子返回到英国和法国的唯物主义。"②

和文艺复兴的传统一样,费尔巴哈首先把人和神对立起来。青年黑格尔派

---

① 《马克思恩格斯选集》第4卷,第214页。
② 同上书,第217页。

如施特劳斯、鲍威尔兄弟已经谈论得很多，神是人幻想的产物，但他们像黑格尔一样，把人归结为"自我意识"、"意识实体"等等，而费尔巴哈则明确地把人作为感性的存在来和神对立起来。在费尔巴哈看来，宗教是作为肉体、感性存在的人想象出来的，因而宗教的秘密就是人的秘密，他指出："我们的任务，便正在于证明，属神的东西跟属人的东西的对立，是一种虚幻的对立，它不过是人的本质跟人的个体之间的对立；从而，基督教的对象和内容，也就完全是属于人的对象和内容了。"① 从他的人本主义的观点出发，费尔巴哈对基督教进行了系统而详细的批判，作为文艺复兴以来唯物主义对宗教批判的哲学总结，费尔巴哈在这方面的著作，是有很大贡献的。

和其他青年黑格尔派不同，费尔巴哈还对黑格尔哲学唯心主义进行了批判。黑格尔把"绝对理念"即一种"思维"、"理性"作为世界和人的本质，费尔巴哈则把感性的自然的人作为世界的基础，而人的本质也就在于他的感性、自然的存在，或者是人作为"种"、"类"的存在。

费尔巴哈在把黑格尔哲学和神学比较时指出："神学的本质是超越的、被排除于人之外的人的本质。黑格尔逻辑学的本质是超越的思维，是被看成在人以外的人的思维。"② 在费尔巴哈看来，不能脱离人的感性的存在来谈人的思维，谈什么"绝对理念"，人的存在是人的思维的基础，"人之与动物不同，决不只在于人有思维。人的整个本质是有别于动物的。不思想的人当然不是人；但是这并不是因为思维是人的本质的缘故，而只是因为思维是人的本质的一个必然的结果和属性"③，而"感觉是先于思维的"④。费尔巴哈按照唯物主义感觉主义的传统，把思维当作人的属性之一，反对了唯心主义，但他固执于"人的抽象的本质"这样的人性论前提，把人归结为自然的、肉体的存在。他号召人们"观察自然"，"观察人"，说这样就可以解决哲学的秘密，他认为自然是人的基础，人的本质，是哲学的最高对象，因而他实际上把哲学同人类学和生理学等同起来。

这样，费尔巴哈就在根本上批判了黑格尔哲学的基础，但他不愿意把他的

---

① 《费尔巴哈哲学著作选集》下卷，三联书店 1962 年版，第 39 页。
② 《费尔巴哈哲学著作选集》上卷，三联书店 1959 年版，第 103 页。
③ 同上书，第 182 页。
④ 同上书，第 107 页。

哲学叫做唯物主义，而叫作"人本主义"，而根据列宁的意见，所谓"人本主义"只不过是关于唯物主义的不确切的肤浅的表述而已。

恩格斯指出，费尔巴哈这个变革在当时所起的重大作用，只有亲身经历过的人才能深刻地体会到。费尔巴哈以清新的、生气勃勃的思想代替了黑格尔沉闷的、学究式的体系，在费尔巴哈的人本主义那里，德国资产阶级表现了一些革命的气息。资产阶级在从文艺复兴、英国经验主义、法国启蒙主义等那里一贯坚持的自身的利益——"人的自然本质"是这种利益的化身——在德国第一次在哲学上得到了响应，人的本质（即资产阶级的本质）不再是凌驾于个人之上的、可敬畏的、森严的道德命令或绝对理念了，而是活生生的、可以感觉到的存在。

于是，从这个人性论的前提出发，从他的人本主义出发，费尔巴哈提出了一整套资产阶级的幸福论，作为人的本质的、自然的要求。

费尔巴哈认为，追求幸福是人的自然的、合理的欲望，他有一句"名言"叫做"我欲故我在"①，他以此来和一切理性主义者所信奉的笛卡尔的名言"我思故我在"相对立，的确是概括了他的人性论的特点，同时也对经验主义哲学家的人性论作了一个哲学概括。人的本质就是人的自然的欲求，你可以怀疑一切，但你的感性的、肉体的存在，你每天要吃饭、穿衣……这一切是无可怀疑的。

费尔巴哈还以彻底的人性论的立场回答了这样一个进一步的问题：人欲求些什么呢？什么是人的欲求的本质？在费尔巴哈看来，人的最根本的欲求是存在，是感性的存在，是肉体的生命。这里他又有一句"名言"，叫做"生命本身就是幸福"②。在费尔巴哈看来，"先是要活，然后才是思维，或研究哲学"③。

为了坚持这个观点，和其他经验主义人性论者一样，费尔巴哈也面对着"义务"、"意志自由"等这样一类麻烦问题，费尔巴哈对这些问题的解决也是很干脆的。

---

① 《费尔巴哈哲学著作选集》上卷，第591页。
② 同上书，第545页。
③ 同上书，第422页。

费尔巴哈虽然也同意人有追求自由的欲望，但他认为，这种"追求自由"的欲望本身也是感性的，"令人沉醉的酒是感性的，然而令人清醒的水也是感性的"①，而"如果不借助于物质的肉体的手段，意志是丝毫无所作为的；如果没有体育和营养学，道德是毫无用处的"②。

费尔巴哈这种赤裸裸的人性论观点，必然导致利己主义甚至活命哲学，从而暴露资产阶级的自私自利的普遍本性。费尔巴哈本人也没回避这种逻辑的必然性。他公开宣布利己主义是永恒的，是"不可克服的"，而只要加以调节，使之成为"善的富有同情心的、合乎人情的利己主义"③ 就可以了，而"自我克制无非是使我服从别人的利己主义"④，"法律……一般地说来无非是与别人追求幸福的愿望相协调的我的追求幸福的愿望"⑤ 而已。

可是，如前所述，资产阶级人性论的先驱如霍布士早就指出，这样赤裸裸的自然的人是不得安宁的，而连崇尚自然的洛克、卢梭也认为人类要进一步按照契约组织起来的。费尔巴哈同样逃脱不了从赤裸裸的个人主义前提所必然产生的困难，为了摆脱这种困境，费尔巴哈被迫从自然进到社会，而正如马克思、恩格斯多次指出的，社会对费尔巴哈来说更是不愉快的，在这个领域里，费尔巴哈是个地道的唯心主义者。也正是在这个真正决定人的本质的领域里，费尔巴哈的资产阶级人性论暴露得更加清楚。

资产阶级的本性注定它不敢正视社会的真实关系，而德国的资产阶级尤其如此。费尔巴哈虽然不得不承认，"只有社会的人才是人"⑥，而孤立的、个别的人不具备人的本质，但是在费尔巴哈的社会里，只有两个人，即男人和女人，"我"和"你"。这样一来，"性关系可以直接地看为是基本的道德关系，看为是道德的基础"⑦。

在这里，我们看不到人们之间的真实的社会关系，即阶级关系，而只看到一个男人和一个女人的性的关系。当然，由这一对男女可以生出许多男人和女

---

① 《费尔巴哈哲学著作选集》上卷，第465页。
② 同上书，第467页。
③ 同上书，第579页。
④ 同上书，第432页。
⑤ 同上书，第427页。
⑥ 同上书，第571页。
⑦ 同上书，第572页。

人来，但正如马克思所指出的，这许多男人和女人也不过是"类"，是"一种内在的、无声的、把许多个人纯粹自然地联系起来的共同性"①，而他们之间的关系仍然是"性爱"。

如果说，黑格尔在论述历史和法律等社会问题时，在唯心主义的笼罩下还歪曲地包括了家庭、伦理、国家、法律等现实生活的丰富内容的话，那末，在费尔巴哈那里，这些内容一概被抛弃了，社会问题被弄得非常贫乏，非常抽象。

甚至在对宗教的批判方面，由于他的人性论，也变得很不彻底了。正如恩格斯所指出的，费尔巴哈并不想消灭宗教，而是想建立一种新的，人的宗教，他的新宗教的旗帜上，写着一个"爱"字："如果人的本质就是人所认为的至高本质，那么，在实践上，最高的和首要的基则，也必须是人对人的爱。Homo homini Deus est（对人来说，人就是上帝）——这就是至高无上的实践原则，就是世界史的枢轴。孩子对父母的关系，夫妻之间的关系，兄弟之间的关系，朋友之间的关系，一般地，人与人之间的关系，总之道德上的各种关系，本来就是的的确确的宗教上的关系。"② 费尔巴哈用对抽象的"人"的崇拜，代替了基督教的对"神"的崇拜。

于是，我们看到，从某种意义上来说，费尔巴哈的人性论，既没有英国资产阶级哲学家被歪曲了的现实的、经济的内容，又没有法国资产阶级哲学家的彻底的反宗教的特点。这正是德国资产阶级的软弱性的写照，——即使在最激进的资产阶级哲学家那里也是如此。

费尔巴哈由于思想激进，被剥夺了在大学教课的权利，被迫隐居在乡村，过着贫病交迫的生活。他虽然在晚年研究过马克思的《资本论》，参加过德国社会民主党的一些活动，但他是脱离政治斗争的。因此，无论他本人也好，或者他的哲学里鼓吹的"人"也好，都不能摆脱德国资产阶级的局限性。

费尔巴哈这种表面上抽象的、自然的"人"，实际上正是德国资产阶级本性的写照，马克思和恩格斯曾经指出："费尔巴哈谈到的是'人自身'，而不是

---

① 《马克思恩格斯选集》第1卷，第18页。
② 《费尔巴哈哲学著作选集》下卷，第315—316页。

'现实的历史的人'。'人自身'实际上是'德国人'。"① 而他表面上能够涵盖一切可感可触的"我欲故我在",实际上仍然是虚弱的,和康德的"绝对命令"一样,是软弱无力的。

这个时期,欧洲的历史发生了根本性的变化,工人阶级逐渐发展成为一支强大的政治力量,资产阶级愈来愈暴露其反动面目,成为镇压工人运动的刽子手。欧洲政治舞台上,由资产阶级与封建统治阶级的矛盾变成主要是工人阶级和资产阶级的矛盾。与此相适应的,是意识形态上的划时代的变化。代表工人阶级的根本利益,以科学的辩证唯物主义和历史唯物主义为基础的马克思主义的思想体系诞生了。

恩格斯指出:"对抽象的人的崇拜,即费尔巴哈的新宗教的核心,必须由关于现实的人及其历史发展的科学来代替。这个超出费尔巴哈而进一步发展费尔巴哈观点的工作,是由马克思于1845年在《神圣家族》中开始的。"② 在哲学理论上,马克思和恩格斯对费尔巴哈人性论进行了彻底的批判,提出了马克思主义的阶级斗争学说。这就是说,人,再不是费尔巴哈(或者霍布士、卢梭)所说的抽象的、感性的存在,也不是像黑格尔(或者费希特、席勒、康德等)所说的那样作为一种能动的精神的实体,而是作为社会关系的体现者,作为感性的实践活动中的阶级的一分子而存在的。马克思说:"费尔巴哈把宗教的本质归结于人的本质。但是,人的本质并不是单个人所固有的抽象物。在其现实性上,它是一切社会关系的总和。"③ 人是生活在社会之中的,是参加社会实践活动的,因而它不仅如费尔巴哈所说的是"感性的存在",而且是"感性的活动"。社会由于必然的法则,分成了利益敌对的阶级,因而只有阶级的人,没有抽象的、普遍的"人"。这样,人与人之间的关系,本质上就是一种阶级的关系,而不是什么"爱"的关系,不是什么"忠"、"孝"、"节"、"义",也不是什么"自由"、"平等"、"博爱"。在《共产党宣言》里,马克思和恩格斯就宣布历史是阶级斗争的历史,历史的动力不是"爱"的宗教神话,而是革命,是一个阶级推翻另一个阶级的革命实践。马克思、恩格斯进一步科学地阐

---

① 《马克思恩格斯选集》第1卷,第48页。
② 《马克思恩格斯选集》第4卷,第237页。
③ 同上书,第1卷,第18页。

述了阶级产生和发展的历史,第一次给予阶级和阶级斗争以科学的说明,从而揭示了阶级斗争发展的历史规律性,这就从理论上宣告了资产阶级"人性论"的彻底破产。

从此以后,阶级论和人性论的斗争,就成为无产阶级和资产阶级在哲学上、在意识形态上斗争的一个重要方面。工人阶级,在马克思主义的指导下,日益成为一个自觉的阶级,逐渐认识到自己的阶级的、历史的使命,在自己政党的领导下,进行了长期的、艰苦的革命斗争,而资产阶级则力图用抽象的"人性论"来破坏工人运动,麻痹工人阶级的阶级觉悟,以"人性的永恒性"来论证资本主义社会制度的"永恒性"。

* * *

马克思和恩格斯在《德意志意识形态》里指出:"每一个企图代替旧统治阶级的地位的新阶级,就是为了达到自己的目的而不得不把自己的利益说成是社会全体成员的共同利益,抽象地讲,就是赋予自己的思想以普遍性的形式,把它们描绘成唯一合理的、有普遍意义的思想。"① 我们看到,资产阶级人性论就是一个很好的例证。资产阶级人性论在一开始就有很大的欺骗性,它把自己的阶级本性冒充为全人类的、普遍的因而也是永恒的"人性",以此来为自己的阶级利益辩护,争取实现自己的存在和发展。以便取代封建统治阶级的地位。在资产阶级内部,也有许多哲学派别,人性论在哲学史上也有一个发展过程;但是无论是把人性归结为自然欲求也好,或者归结为各种精神实体也好,总是资产阶级阶级性的一种表现形式。各种派别的理论有许多不同之处,它们之间也有不少争论,但这一切都不仅仅是理论上的分歧,而也是反映了资产阶级在不同的时间、不同的国家的特殊性。资产阶级人性论在近代哲学上的发展,也就是资产阶级本身在现实生活中的发展的反映,只有通过后者,才能揭示前者的本质。

资产阶级革命的时期早就一去不复返了,资产阶级人性论在现代资产阶级哲学中成为直接反对马克思列宁主义阶级论的工具。修正主义更是资产阶级的

---

① 《马克思恩格斯全集》中文版第3卷,第54页。

应声虫，资产阶级人性论在这一伙人中间的泛滥自然也是不足怪的。但是，历史早已撕破了"人性论"的画皮，即使在资产阶级革命的时期，即使经过许多哲学家的精心加工，他们的"人性论"也不过是资产阶级的阶级本性的一种表现形式，因而只是一种骗人的东西而已。

古希腊智者学派的主观唯心主义诡辩论[*]

诡辩论是反动统治阶级、剥削阶级的思想工具，反动统治阶级为了欺骗人民时而用谣言、时而用诡辩来达到其奴役人民的不可告人的目的。一切剥削阶级的代表人物、阴谋家和野心家，都要利用诡辩论，林彪反党集团就是这样，他们用无耻的诡辩来颠倒是非，混淆黑白，用无耻的诡辩来掩盖他们的狼子野心和罪恶目的，进行篡党窃国的反革命阴谋活动。

作为一种哲学思想，诡辩论是和唯心主义的哲学路线分不开的，因为唯心主义者妄图将主观和客观、精神和物质、思维和存在的关系颠倒过来，就不能不采取诡辩的手法。

可是，诡辩论往往却要冒充辩证法，因而从本质上说，诡辩论者又是一些骗子。

诡辩论最早在古希腊智者学派那里比较集中地表现出来，我们现在就来对这个学派加以分析批判。

自从公元前 443 年伯利克里统治希腊雅典后，希腊的文化出现了一个新的阶段。伯利克里推行的奴隶主民主制，激励了希腊文化的发展，但是这个制度以及雅典和斯巴达之间的长期战争，也给希腊文化带来了深刻的烙印。在公元前五世纪出现的智者学派，就是这样一个时代的产物。

有的哲学史家认为智者们（Sophists）不是一个学派，因为他们没有一

---

[*] 原载汝信、叶秀山、傅乐安主编《欧洲哲学史上的先验论和人性论批判》（论文集），人民出版社 1974 年版。

定的组织，有些观点也互相矛盾，教课的内容也很庞杂，因此只能是一个阶层[①]；但是，作为当时希腊的职业教员，大部分智者们之间还是具备许多共同的特点。他们改变了希腊的教育制度和讲授内容，不让青年人光是背诵荷马的史诗，而授以更加实用的知识，其中特别是当时的统治者很有用的修辞学和辩论术。他们的观点虽然纷乱，但却表现了一种大体一致的倾向。这一切，在柏拉图的某些对话和亚里士多德的一些著作中，反映得是很清楚的。

智者学派的出现，标志着希腊哲学的一种新的动向。古代伊奥尼亚学派的朴素的唯物主义哲学，是一种原始的、自发的唯物主义。伊奥尼亚学派的大部分哲学家都是从自然界本身出发来研究哲学问题的。他们或者认为宇宙的根本是水（泰勒斯），或者认为是火（赫拉克利特），或者认为是多种元素（恩培多克勒）等。智者们反对伊奥尼亚学派的朴素唯物主义的自然哲学，主张把研究的重点转向人本身。西赛罗曾经认为，智者们把哲学从天上（日、月、星辰）带到地下，从而把目光从外在世界拉到人，而近代一些研究者则明确地把智者学派时期叫做反伊奥尼亚时期。由此可见智者学派所坚持的是与伊奥尼亚学派的朴素唯物主义相对立的唯心主义路线。

智者学派流行的时间并不长，随后由于出现了苏格拉底、柏拉图、亚里士多德这样一些唯心主义哲学家而显得黯然失色。苏格拉底和柏拉图对智者们是很不客气的，对他们的学说、辩论方法以及生活作风，都有很刻薄的讽刺。可是，事实上，无论从哪方面来说，智者们都是他们的先驱和老师。古希腊的哲学，从智者们到柏拉图的唯心主义，是一条一脉相承的黑线。

智者们在论证他们的唯心主义观点时，用了一种貌似辩证法而从根本上讲是一种诡辩的方法，因而这个学派后来被理解为"诡辩学派"，也不是毫无理由的。亚里士多德对这个诡辩派曾经进行了揭露，他说："辩证家与诡辩派穿着与哲学家相同的服装；对于诡辩术，智慧只是貌似而已……哲学在切求真知时，辩证法（即辩论术——引者）专务批评；至于诡辩术尽管貌似哲学，终非哲学。"[②]

列宁深刻地指出："辩证法曾不止一次地作过——在希腊哲学史上就有过

---

① 参阅蔡勒：《希腊哲学史》1881年英译本第2卷，第496页。
② 亚里士多德：《形而上学》，商务印书馆1959年版，第60页。

这种情形——通向诡辩法的桥梁。"① 我们马上就会看到，智者们是怎样歪曲利用伊奥尼亚学派赫拉克利特的朴素辩证法，把它变成诡辩的。

一、从感觉主义到怀疑论

古希腊伊奥尼亚学派的哲学家们是朴素的唯物主义者，他们认为人的知识是通过感官得来的，感觉是认识的唯一源泉，而感性的世界、可以感觉的世界是客观存在的，是世界的本质，如泰勒斯指出的水等，都是物质的元素。列宁指出："物质作用于我们的感觉器官而引起感觉。感觉依赖于大脑、神经、眼网膜等等，即依赖于按一定方式组成的物质。物质的存在不依赖于感觉。物质是第一性的。感觉、思想、意识是按特殊方式组成的物质的高级产物。这就是一般唯物主义的观点，特别是马克思和恩格斯的观点。"② 列宁所指出的这条唯物主义路线，在古希腊，就是泰勒斯、赫拉克利特、德谟克利特路线。

从智者们留下的少数著作残篇和柏拉图、亚里士多德等人的叙述来看，智者学派曾歪曲地利用了赫拉克利特的哲学思想。他们都是从朴素的感觉主义出发，承认感觉是认识的唯一源泉，承认感觉和感性世界的变动不居。可是，他们和赫拉克利特的思想出发点和路线却是完全不同的。赫拉克利特从感性世界的物质（火）的变动出发，承认通过感官能够反映世界的变化，而智者们则是从个人的主观感觉出发，由承认感觉的变化，却导向怀疑论和不可知论。赫拉克利特哲学和智者学派哲学的对比，充分说明了从感觉出发仍然存在着哲学上两条路线的分歧。

对于赫拉克利特哲学的这种朴素唯物主义和朴素辩证法的观点，恩格斯曾指出它们是"实质上正确的世界观"③，列宁则把赫拉克利特称做辩证法的奠基人之一。对于赫拉克利特说来，虽然"我们走下而又不走下同一条河，我们存在而又不存在"④，但"这个世界对一切存在物都是同一的，它不是任何神

---

① 《列宁全集》中文版第 22 卷，第 302 页。
② 《列宁全集》中文版第 14 卷，第 44—45 页。
③ 恩格斯:《反杜林论》，人民出版社 1970 年版，第 18 页。
④ 《古希腊罗马哲学》，第 23 页。

所创造的，也不是任何人所创造的；它过去、现在和未来永远是一团永恒的活火，在一定的分寸上燃烧，在一定的分寸上熄灭"①，因此，他对于世界的可知性是坚信不疑的，他说，"思想是最大的优点；智慧就在于说出真理，并且按照自然行事，听自然的话"②。在这里，赫拉克利特的唯物主义可知论的立场是很鲜明的。

可是，表面上与赫拉克利特相似的智者学派，却走了另一条道路。

根据柏拉图的对话《泰阿泰德》篇，智者学派最大的代表之一普罗塔哥拉虽然也认为知识就是感觉，但从这个前提出发，引出了关于冷和热的一大套议论。在普罗塔哥拉看来，冷、热都是个人的感觉，是没有什么客观标准的。风对一个人说是冷的，对另一个人说是不冷的，风本身无所谓冷不冷，而"事物之呈现（也可以说存在）于每一个人，就是象他感觉到事物的样子"③。从这里，我们可以看出，从普罗塔哥拉到主张"存在就是被感知"的近代主观唯心主义者巴克莱，正是一条主观唯心主义的哲学路线。

古希腊智者学派另一个最大的代表高尔吉亚在否认世界的可知性方面表现得更为彻底。高尔吉亚以诡辩方式提出了三个论点，一、一切皆不存在，二、即使存在也不可知，三、即使可知也不可传达。这种赤裸裸的怀疑一切的虚无主义，和他论证这三个命题的荒谬手法同样令人吃惊，但这却正是智者学派主观唯心主义感觉论的必然结果。高尔吉亚在"论证"后两个命题时，就明确提出人的思想、感觉的东西"并不真实存在"④，从而抹煞了感觉对存在的反映关系。他们从主观感觉的不可靠性，进而否认客观世界的规律性和可知性。

从根本上否认感觉的可靠性，这个思想显然和赫拉克利特无关，而是智者们从与赫拉克利特相对立的反辩证法的埃利亚学派那里拣来的⑤。埃利亚学派用感觉的不可靠性否定赫拉克利特的辩证法，将哲学引向形而上学，而智者学派则从否认感觉的可靠性直接引向不可知论和怀疑论。

智者学派这种观点，连动摇于唯物主义与唯心主义之间的亚里士多德都感

---

① 《古希腊罗马哲学》，第21页。
② 同上书，第29页。
③ 《古希腊罗马哲学》，商务印书馆1961年版，第134页。
④ 同上书，第141页。
⑤ 参阅蔡勒：《希腊哲学史》第2卷，第445页。

到很不满意,他在驳斥由智者学派恶性发展起来的麦加拉学派时指出,"假如没有人的感觉,就没有冷,没有暖,没有甜,而一切可感觉的事物也就全都没有;持有这种观念的人将皈依到普罗塔哥拉的教义"①,他反驳道,如果把因为没有光线而看不见的人都叫做瞎子,那末,人在一天之中,就不知要瞎几次了。从主观唯心主义的感觉论出发,否认感觉对象的存在和客观性,是逃脱不掉亚里士多德的讽刺的。

应该指出,玩弄感觉的变化、割裂主观与客观、夸大主观的东西(感觉、思想、意识等)和客观的东西的区别,否认物质和精神之间的辩证的转化关系,是一切怀疑论、不可知论的共同手法。古希腊智者学派这一条路线为后来希腊的怀疑论、笛卡儿、休谟、康德等所继承,他们都否认主观的思想本质上能通过实践正确地反映客观世界,以其各自不同的特点,散布一种怀疑一切、否定一切的虚无主义情绪。当然,怀疑主义者在历史发展的不同时期,也有不同的表现形式,但它本质上是一种错误的世界观,最后总是为反动阶级所利用,从而妄图把群众引入歧途。

二、 从相对主义到诡辩论

怀疑主义者从来都是虚伪的,怀疑一切,就是不怀疑他自己;否定一切,就是不否定他自己。近代怀疑论者笛卡儿认为"我思故我在"这一点是无可怀疑的,古代智者学派的普罗塔哥拉则提出"人是万物的尺度"这一著名的命题。

黑格尔很欣赏这句话,认为普罗塔哥拉"说出了一个伟大的命题",而且"从现在起,一切都是围绕着这个命题旋转"②,可是,我们看到,黑格尔首先是从自己客观唯心主义的哲学需要出发,把普罗塔哥拉现代化了,而就普罗塔哥拉当时来说,这句话的含义是很简单的。

当然,普罗塔哥拉所留下的著作很少,关于这个问题,只有这样一句话,因而提供了后人各取所需地理解、发挥的方便;但是,从我们所掌握的普罗塔

---

① 亚里士多德:《形而上学》,商务印书馆1959年版,第174页。
② 黑格尔:《哲学史讲演录》第2卷,三联书店1957年版,第28页。

哥拉以及整个智者学派的基本思想来看,这句话的含义还是清楚的,它的意思很简单,就是凭人的主观感觉、意见来判断一切。普罗塔哥拉从主观唯心主义的感觉论出发,必然会得出这样一种带有唯我主义色彩的结论。在智者们看来,既然我们的知识就是感觉,而感觉又是各人不相同的,因此各个人的感觉就是万物的尺度。

列宁在《唯物主义和经验批判主义》中批判马赫主义时指出:"这种哲学的荒谬就在于:它导致唯我论,认为只有一个高谈哲理的个人才是存在的。"① 在智者学派这里,从主观唯心主义的怀疑论走向主观唯心主义的唯我论,从"怀疑一切"到"以我为中心",这条路线不也是表现得十分清楚吗?

在智者们看来,既然各人的感觉意见不同,而同一个人的感觉又在变化,如前面提到的,一阵风你可以感到冷,他可以不感到冷,因此冷热并没有什么客观标准,说冷也对,说不冷也对,因此,一切都是相对的,相对于人的主观感觉,因而都是正确的。"一切都被说成是相对的;你不能够正确地用任何名称来称呼任何事物,比方大或小,重或轻,因大的会是小的,重的会是轻的"②。

很明显,相对主义又是诡辩论的基础,因为它可以颠倒是非,混淆黑白。

表面上看,智者学派似乎接受了赫拉克利特的辩证法,认为一切都在变化,"因为没有什么东西是永远常存的,一切事物都在变化中"③。然而,正如我们在世界的可知性问题上所看到的,赫拉克利特和智者学派有着基本的区别。赫拉克利特揭示了各种事物的相对性,但并不停留在这一点,而是从朴素的辩证思想出发,力图掌握变化的、发展的必然性,他说:"应当知道,战争是普遍的,正义就是斗争,一切都是通过斗争和必然性而产生的。"④ 因而赫拉克利特的思想虽然是很朴素的,但却是辩证的、健康的,而智者学派则停留在相对主义上,夸大现象的相对性,以维护它的主观唯心主义、唯我主义的世界观。

列宁曾经深刻地指出:"主观主义(怀疑论和诡辩等等)和辩证法的区别

---

① 《列宁全集》中文版第14卷,第88页。
② 《古希腊罗马哲学》,第134页。
③ 同上。
④ 同上书,第26页。

在于：在（客观的）辩证法中，相对和绝对的差别也是相对的。对于客观的辩证法说来，相对中有绝对。对于主观主义和诡辩说来，相对只是相对的，是排斥绝对的。"① 对辩证法的主观主义地歪曲，必然成为诡辩论，智者们的哲学路线，也正说明了这一点。

马克思主义认识论认为，绝对真理存在于相对真理之中，无数相对真理的总和就是绝对真理。马克思列宁主义经典作家都曾深刻地阐明了人的认识过程的辩证法，指出了相对与绝对的辩证关系。毛主席说："马克思主义者承认，在绝对的总的宇宙发展过程中，各个具体过程的发展都是相对的，因而在绝对真理的长河中，人们对于在各个一定发展阶段上的具体过程的认识只具有相对的真理性。无数相对的真理之总和，就是绝对的真理。客观过程的发展是充满着矛盾和斗争的发展，人的认识运动的发展也是充满着矛盾和斗争的发展。"② 可是包括智者学派的一切相对论、诡辩论者都在根本上歪曲了相对和绝对的辩证关系，夸大相对的一面，抹煞绝对的一面，亦即夸大现象的变化的一面，抹煞发展的规律性，从而否认人们可以通过不断的社会实践逐步掌握这些规律。

只看现象不看本质，以现象的复杂性、变幻性否定现实发展的本质、否认事物发展的规律性，这一点，在智者们那里是很自觉的。据柏拉图在《斐德若篇》里的记载，智者高尔吉亚认为，现象比真理更有价值，靠了论辩的力量可以使大的表现为小，小的表现为大③，于是，说这阵风冷也好，热也好，说这个东西大也好，小也好，是非曲直，都没有一定的客观的标准，"人们可以为一切找出理由和反面理由"④。在这里表面上赞成赫拉克利特辩证法的智者们，撕掉了假面具，变成了赤裸裸的反辩证法者，变成了名副其实的诡辩论者。我们看到，智者们也承认事物的对立方面，因为那是不可回避的客观事实，但他们却竭力否认对立面的斗争和发展的规律，因而否认在对立面的双方，必有一方面占主导的、支配的地位，从而决定事物本质特征和事物变化、发展的方向，而是主观主义地任意夸大对立的任何一面，为了驳倒对方，完全不顾原则，不顾事实，可以一会儿强调矛盾的这一方面，一会儿又强调矛盾的另一方

---

① 《列宁全集》中文版第38卷，第408页。
② 《毛泽东选集》第1卷，人民出版社1969年版，第272页。
③ 柏拉图：《斐德若篇》，267A。参阅蔡勒：《希腊哲学史》第2卷，第489页。
④ 黑格尔：《哲学史讲演录》第2卷，第22页。

面，颠倒主要矛盾和次要矛盾，或者貌似公正，把各种矛盾现象摆出来，使对方陷于进退维谷的地步，像大小、冷热、轻重等，都是相对，叫你无所适从。

智者学派的这种主观主义、相对主义、否认客观真理的诡辩论，很受现代资产阶级哲学实用主义的欢迎，因为智者们的观点和实用主义的真理观是完全一致的，所以现代实用主义的创始人之一席勒就经常自称是普罗塔哥拉的徒弟，这是一点也不奇怪的了。

三、智者学派的诡辩手法

建立在相对主义基础上的智者学派，经过了一个发展过程，日益暴露其反科学的实质。这个学派的反辩证法的面貌，越来越清楚了，而其诡辩的手法也越来越拙劣。

智者们不再着重观察、研究自然现象及其本源，而着重于人的精神本身的分析，因此，他们最注意的是使自己立于不败之地的辩论方法。这一点，正是符合当时希腊奴隶主贵族青年的需要。当时的诗歌、戏剧和击技运动在奴隶主贵族青年中是很时髦的，而"雄辩术"更为奴隶主统治阶级所重视，智者们以传授知识为谋生手段，当然把"雄辩术"、"修辞学"等放在重要的地位。普罗塔哥拉曾说过，他教学的目的，除了使人学会把自己的家庭处理得井井有条外，还要"能够在国家的事务方面作最好的发言和活动"[①]，修辞学是当时奴隶主统治者取得权力压迫人民的重要手段之一。

智者学派的辩论方法和以后更加恶性发展了的麦加拉派的方法是完全一致的，而其基本精神却集中地体现在苏格拉底那里。无论从哪方面看，智者学派都是苏格拉底的先驱，因此有人干脆把苏格拉底看作最有名的智者[②]。

在哲学史上臭名昭著的苏格拉底的辩论方法，就是所谓暴露对方的无知和谬误[③]，"有时他也从一件具体的事例出发，推演出它的反面来"[④]，而辩论时盛气凌人、装腔作势，甚至搞突然袭击以吓唬没有辩论经验的青年人，则是智

[①] 《古希腊罗马哲学》，第132页。
[②] 蔡勒：《希腊哲学史》第2卷，第496页。
[③] 参阅康德：《纯粹理性批判》第二版序。
[④] 黑格尔：《哲学史讲演录》第2卷，第54页。

者们和麦加拉学派所共有的特点。

这种辩论方法无论在苏格拉底那里或智者们那里，都是被主观主义地、相对主义地加以运用的，因而雄辩术也好，修辞学也好，在智者学派手里，也都被歪曲得不成个样子。普罗塔哥拉就明确说过，在他看来，修辞学的最高成就在于能"使弱者变强，使不可能成为可能"[①]，而到了后期的智者们那里，辩论方法甚至堕落成纯粹的概念和文字游戏。

智者是怎样进行诡辩的呢？我们可以举柏拉图在《欧底姆斯篇》里引的一个例子来说明这个问题。

据该篇记载：苏格拉底领了一个青年去智者欧底姆斯那里求教，这位智者为了显示自己的本领，给了这个青年一个下马威。他劈头提出了这样的问题：你学习的是已经知道的东西还是不知道的东西？这个青年当然回答说，学习的人是学他不知道的东西。于是这个智者就向这个青年发出了一连串的问题：

你认识字母吗？

我认识。

所有的字母都认识吗？

是的。

而教师教你的时候，不正是教你认识字母吗？

是的。

如果你认识字母，那末他教你的不就是你已经知道的东西了吗？

是的。

那末或者，你并不在学，只是那些不认字母的人在学？

不，我也在学。

那末，如果你认识字母，那你就在学你已经知道的东西了？

是的。

那末，你最初的回答就不对了。

这个青年就是这样被这位得意洋洋的智者弄得昏头昏脑，承认自己的失败，而甘心拜他为师。

---

① 参阅蔡勒：《希腊哲学史》第2卷，第488页。

当然，智者们这种辩论手法，今天来看是很低级的，不值一驳的，其基本手法就是偷换概念，把本来有区别的概念说成没有区别，把本来没有区别的又说成有区别，利用语言的同意和歧意，以达到颠倒黑白、混淆是非的目的。譬如上面这个例子，带着这个青年去的苏格拉底也曾指出，那是利用"学习"和"知道"、"认识"等意义的含混，故意制造语言的混乱。教师教授的内容当然包括字母在内，但绝不光是字母，这更是不在话下的。

据柏拉图的这篇记载，苏格拉底也和这个智者辩论了一番。因为苏格拉底认为，教师只能教学生聪明，不能教学生善，换句话说，道德品质是天生的，是学不到的。当然，苏格拉底这个观点也是十分荒谬的，但是当时在场的另一个智者第奥尼色托罗斯的逻辑却是：这个学生本来是不聪明的，你要教他聪明，那你就是教他不再是他自己，因而就是叫他灭亡。这样的辩论方法，当然是非常荒谬的，它把各种限界和各种属性都混在一起，随便等同概念，不分主次，以偏概全，对事物是这一个又不是这一个这样一种发展中的矛盾变化规律，却加以主观地歪曲，任意地应用，这是十足的诡辩论。

用这种手法，可以否认一切是非的限界，调和一切矛盾的意见，可以为一切荒谬绝伦的东西辩护。普罗塔哥拉认为世界上根本没有错误存在，因为说话有两种可能，一种说的是真实存在的东西，一种说的是不存在的东西，前者是正确的，后者也无所谓错误，欧底姆斯由此认为世界上没有人能够说谎话，真是颠倒黑白、混淆是非莫过于此了。

后期智者学派把这种辩论方法发展到极端无聊的地步，有的变成极不严肃的玩笑，有的成为人身攻击的手段。譬如，他们说既然不能说某人既是又不是父亲，因而某人就是一切人的父亲，而且还是一切动物的父亲，因而你的父亲是狗等等，这类无聊的玩意，已经不是严肃的科学研究对象了。

总之，智者们这套诡辩的手法，固然没有多少值得研究的地方，后来的哲学史家也很少认真地提到这些具体事情，但那种主观主义地、相对主义地歪曲运用矛盾的手法，经过苏格拉底的加工，却成为一切唯心主义和形而上学学派惯用的伎俩之一。在他们看来，为了证明对方的所谓错误，可以不择一切手段，可以歪曲对方的意思，可以偷换概念，也可以造谣。

毛主席曾经深刻地指出："世界上只有唯心论和形而上学最省力，因为它可以由人们瞎说一气,不要根据客观实际,也不受客观实际检查的。唯物论和辩证法则要用气力,它要根据客观实际,并受客观实际检查,不用气力就会滑到唯心论和形而上学方面去。"①

智者学派正是从主观唯心主义出发,发展到不顾事实地瞎说一气,却自命为"青年导师",而事实上他们当中相当一部分人却是一些骗子。亚里士多德说他们的技术"是毫无实在内容的似是而非的智慧",而智者们是"靠一种似是而非的智慧赚钱的人"②,这是一点不假的。

四、诡辩论是为反动派服务的政治工具

这样一个诡辩的、主观唯心主义的哲学学派,只能是为当时的剥削阶级、统治阶级服务的,是为巩固奴隶制度服务的,尽管这个学派的成员之间,在具体的政治主张上有所不同,而且从普罗塔哥拉到后期智者有一个发展过程。

自从早期智者希比阿斯提出"自然法"和"习惯法"的区别以后,到了智者斯拉斯马寇和加里克里斯的手里,就成为反对奴隶主民主制和鼓吹奴隶主贵族寡头政治的工具。

从主观唯心主义、诡辩论的立场出发,智者们既然否认了真理的客观性,也就否认了社会"正义"的客观性。在他们看来,人天生是不平等的,因而强者胜过弱者是"天经地义"的、合乎"自然法"的。从这个观点出发,加里克里斯连奴隶主民主制的一点假"民主""平等"都要加以攻击,认为这只是一种"习惯法"而不合乎"自然法"。

这样,加里克里斯之流对历史上和当时现实里的一些野心勃勃的人物推崇备至就一点也不奇怪了。他们歌颂妄图称霸的大奴隶主波斯王和马其顿王,称他们是世界上最快乐的人,甚至公开为波斯王的赤裸裸的侵略行为辩护,认为他是"根据自然而行为的人",而"在许多情形下,无论是人或动物、或所有城邦与所有种族,自然所昭示的都是:公正是在于优者统治劣者;优者比劣者

---

① 《毛主席语录》,第 182 页。
② 《古希腊罗马哲学》,第 144 页。

占有更多"①。他们恬不知耻地鼓吹，野心家为了达到自己的目的，可以不择一切手段。在当时希腊面临着波斯的侵略的严重威胁的情况下，这些诡辩家就公然堕落到卖国贼的立场上去了。

智者们这种历史唯心主义观点，完全抹煞了社会发展的客观规律，完全抹煞了人民群众创造历史的决定性的伟大作用，鼓吹霸权主义，把少数所谓"强者"说成是"正义"的化身，把历史歪曲地说成是这几个"英雄"创造的；可是，历史是不容歪曲的，历史的车轮不仅粉碎了诡辩论者的历史唯心主义，也粉碎了信奉这种唯心主义的、包括波斯王在内的一切剥削阶级的野心家、侵略者的霸权主义迷梦。当年波斯王薛西斯出兵希腊的时候真是气焰嚣张，不可一世，当他长驱直入，火焚雅典城时，又是何等的威风、何等的神气。可是曾几何时，萨拉密士湾一仗，被打得落花流水。在他命令马东尼驻守色赛过冬、准备明春卷土重来时，已经没有多大胜利的把握了。果然第二年春天希腊海军在色密斯托克的率领下，把波斯侵略军赶出了希腊。历史总是不断地宣判野心家的垮台和侵略者的失败，但是阶级斗争是不以人的意志为转移的，到一定的时候，总有这样一些人，代表着没落的反动阶级的利益，妄图阻止历史发展前进的道路；而且也总有那末一些人，愿意卖身投靠，充当卖国贼，作这些野心家、侵略者的吹鼓手，为他们制造舆论，以便麻痹、欺骗人民。但是欺骗是不能长久的。当时，希腊人民赶走了波斯的侵略者，在被蹂躏的废墟上建立一个新的雅典城，这时候，过去曾号称"拥护"奴隶主民主制的智者们，却仍然贼心不死，不甘心于自己的失败，公然站到侵略者一边，为侵略者招魂。这样，在以后的奴隶主民主制和贵族寡头制的斗争中，他们的立场也就可想而知了。

古希腊的智者学派是一面很好的镜子，它说明了如何从主观主义、相对主义走上诡辩论和概念游戏，说明了如何从唯心主义历史观到为野心家、侵略者辩护。智者学派在学术上的堕落和政治上的堕落，说明了他们的诡辩论是如何为他们的反动政治立场服务的。

---

① 《西方伦理学名著选辑》上卷，商务印书馆1964年版，第29页。

费希特早期政治思想及其哲学体系的建立[*]

在德国古典哲学的历史发展中,费希特的哲学具有承前启后的重要作用,它继承、发展了德国古典哲学的奠基者康德的先验唯心主义,建立了以"自我"为中心的主观唯心主义、理性主义哲学体系,成为德国古典哲学从康德到黑格尔发展过程中的不可缺少的重要环节。

十八世纪末到十九世纪初德国哲学的发展,是当时社会阶级斗争在哲学理论上的反映。德国古典哲学从康德到黑格尔的发展,反映了当时德国资产阶级的利益,表现了这个阶级的思想感情和愿望,但这种反映的形式是哲学的、理论的。哲学史的研究任务在于通过对具体的哲学理论问题的分析,揭示这些理论的阶级实质,而不是简单地把某个哲学家的一切言论都冠以"哲学"的帽子,以抹煞哲学问题的特殊性,从而把哲学和一定阶级利益的联系简单化为表面的、字面的关系,而其真正的、内在的、深刻的本质联系却被搁置一边。从那种片面的观点出发,即使在研究每个哲学家的哲学思想前,都首先去谈他的政治思想,而实际上他的政治思想和哲学体系仍然是被分割了的两个部分,看不出内在的联系,看不出如何具体地通过某个哲学体系来表现特定阶级的意志。

我们知道,在德国古典哲学家中,费希特的政治倾向表现得是比较明朗的,这样就提供一个方便,能比较清楚地看出他的相当抽象的哲学体系与他的整个政治态度的内在联系。本文试图在这方面作一点初步的尝试。

---

[*] 原载中国社会科学院哲学研究所西方哲学史研究室编《外国哲学史研究集刊》第一辑,上海人民出版社 1978 年版。

一、 费希特的阶级立场和早期政治思想

当费希特登上历史舞台的时候,正是欧洲社会经历深刻变化的时期。欧洲各国的资产阶级革命在不同程度上日益深化,而法国的资产阶级革命以前所未有的声势,震撼着整个欧洲。这样就尖锐地提出一个如何对待法国资产阶级革命的问题;同时法国革命的影响和事态的发展,也迫使欧洲各国各阶级不得不正视这样一个重大问题。作为当时德国资产阶级思想代表的费希特,在写了一篇解释康德哲学的著作后,立即转向对这个问题的研究,发表了两篇重要著作,批判了当时资产阶级保守派对法国革命的污蔑,并把矛头直接指向德国的诸侯统治集团。

费希特这两篇文章的题目是:《向欧洲诸侯索回思想自由权》(1793年)和《为纠正时人对法国革命的误解进一言》(1793年)。文章虽然是匿名发表的,但在当时直截了当用这种题目发表意见仍然需要勇气。

这是两篇论战性、战斗性的著作,在后一篇文章中,费希特直接点名的对手是一个不太有名的德国作家莱柏尔格(Rehberg),但事实上费希特在法国革命问题上的批判对象是英国的大作家柏克[1]。

我们知道,柏克作为一个思想家对欧洲特别是对德国的舆论、思想界是有影响的。尽管许多资产阶级学者否认柏克思想的前后变化,但事实上柏克在早期曾经歌颂过美国的独立,后来却恶毒地咒诅法国的革命。这种矛盾的出现并不奇怪,这正是由柏克所代表的阶级基础决定了的。英国资产阶级在1688年取得妥协的但是比较稳固的胜利后,就转向保守、反动。而法国革命的声势,不仅胆小的英国资产阶级,就是法国资产阶级本身也吓得目瞪口呆。正是在这种情况下,柏克充当了资产阶级保守派的代表,以通信的形式,长篇累牍地攻击法国的革命。他说:"从一切方面来看,法国革命是迄今世界上发生的最可惊的事。……在轻浮和凶残的光怪陆离的混乱中,一切都失去了本性,各种犯罪行为和各种愚蠢行为都混在一起。"[2] 对于人民有权选举自己的政府这一点,

---

[1] 参看莱翁(X. Léon):《费希特及其时代》第1卷,1954年巴黎版,第176页。
[2] 柏克:《对法国革命的意见》,1910年伦敦版,第8页。

柏克更是认为简直"大逆不道",并坚持重申在 1688 年已经是一种妥协的王位继承权。

柏克既然反对法国革命,当然也就反对作为当时反映革命利益的最激进的理论代表——卢梭。在理论上,柏克抓住了卢梭的"自然状态"的抽象性,主张一切要从关系去看,而没有什么抽象的自由、平等。在这方面,柏克的确抓住了一点问题,所以他公然嘲笑卢梭,说如果有抽象的自由,那末强盗越狱,恢复他天生的自由,也就会是可庆贺的了。然而,柏克自己所谓的"关系",是与封建统治妥协了的资产阶级关系,其思想实质是要人迁就眼前现实,稍加改革,这就是所谓的"有秩序的自由"。

可是,资产阶级既不能科学地掌握自由、平等、权利的真正的阶级含义,就只能发挥卢梭的理论来驳斥柏克的谬论。费希特就正是这样做的,但我们看到,费希特的思想要比卢梭本人,大大发展了一步。

1. 可让渡的权利和不可让渡的权利

在为法国革命辩护的过程中,费希特首先发挥了这样一个重要的基本思想,即区别可让渡的和不可让渡的权利来作为他的政治法学思想的根据。

自从霍布斯提出社会契约论以后,洛克和卢梭把这个理论从革命的方面加以发挥,成为当时资产阶级思想界最有影响的一种学说。按照这个学说,人在"自然状态",即没有法制约束的情况下,是绝对自由的,不论是"人们互相之间的战争"(霍布斯)也好,或者是"和平状态"(洛克、卢梭)也好,每个人的权利是完全的,是不受限制的,但是随着社会的进化,为了人的更大的幸福,人们组织成社会,在相互制约关系中,人们就要互相让出一部分权利,以维持互相之间的平衡关系。这就是说,人们通过互相协商,哪些权利保存,哪些权利放弃,以生活在一个共同体中求得更大的幸福。人们互相之间的关系是一种契约的关系。

这种理论,显然是用资产阶级生意人的眼光来歪曲历史,歪曲社会,是完全不切合实际的、没有事实根据的幻想。卢梭知道自己的理论根本找不出历史和现实的实例,所以他的著作并没有任何科学的、考古的或调查的材料,只致力于理论的分析。但这种思想,比起当时束缚人们灵魂的中世纪的宗教思想来,还不失为一种解放。它把基督教三位一体、君权神授等维护封建主义等级制度的理论打倒在地,建立了一种世俗的、资产阶级的虚假的平等关系的理论:好像立约双方都是平等的,社会、国家是协商的结果。

在契约论者看来,君主和臣民的关系,同样是一种契约的关系,即臣民把自己的权力交给君主,而君主则要为臣民谋福利等等。在这个问题上,霍布斯认为君权一旦确立,臣民一旦把权力交给君主,君主就是至高无上的;而卢梭则把至高无上的权力交给了人民(即资产阶级),所以霍布斯主张君主立宪制,卢梭则主张共和制。

费希特虽然感到共和制可望不可即而主张君主立宪,但在契约论这方面是紧跟在卢梭后面的,他坚决谴责封建集权制度,反对君主滥用权力。费希特把卢梭的契约论在理论上推进了一步,他的重点在于指出只有可让渡的权利才能缔结契约。

应该指出,在阐述可让渡权利和不可让渡权利的理论基础时,费希特把卢梭的观点和他所接受的康德的哲学观点结合了起来,用康德的先验主义来说明卢梭的"天赋人权"的思想。

首先,和康德一样,费希特主张把现象的、暂时的、感性世界的东西和本体的、永恒的、理性世界的东西加以区别,这个观点运用到法权问题上来,就有两种权利,一种是现象的、暂时的、感性的权利,一种是本体的、永恒的、理性的权利,前者是可让渡的,后者是不可让渡的。而费希特坚持,只有可让渡的权利才能订立条约,而不可让渡的权利则不是契约的基础①。

但是,和康德比较起来,费希特更加着重于指出一个永恒的、不变的、不可剥夺的人的根本的权利。费希特要在变幻不定的社会变化中,抓住一个永恒的东西,抓住一个不变的人的本质,用这个不变的本质来和现存世界对立,来批判现状,改变现状,也用这个本质来驳斥柏克之流对法国革命的攻击。

费希特这种观点,显然是形而上学的、人性论的;他所规定的不可改变的本质、人的不可让渡的权利正是当时资产阶级的本质,资产阶级的不可让渡的权利,即失去这种权利,资产阶级就不成其为资产阶级。但费希特所强调的这种本质和权利,在当时也还是有一定的进步意义的,因为他所代表的资产阶

---

① 见费希特:《为纠正时人对法国革命的误解进一言》,1922年莱比锡版,第125页。

级,在当时还有一定的进步意义,特别是在当时欧洲阶级斗争的具体历史条件下,费希特代表了德国(或欧洲)资产阶级进步势力的一部分。

什么是不可让渡的权利?费希特在《向欧洲君主索回思想自由权》一文中着重强调的就是人的独立的、自由的精神活动是不可侵犯的。在唯心主义者费希特看来,能自由思想是人和动物的区别,因而是人的重要本质,而思想和意志是一致的,是人之所以为人的基本条件。接着,费希特就尖锐地提出这样一个问题:

"君主有社会所赋予的权力;但社会不能给君主以它自己没有的权力。我们现在探讨的问题:君主是否有权限制我们的思想自由,是建立在这样的问题基础上的:即国家是否有这种权力?"①

费希特的回答是否定的。因为思想自由是不可让渡的权利,人民不能把这个权利交给社会,社会无权限制不可让渡的权利②,因而君主也就无权限制人民的思想自由。在费希特看来,精神世界是绝对的、永恒的、自由的,不是现实的社会契约的范围,因而,对于精神世界的事,君主是管不了的③。

除了这个抽象的、空洞的"思想自由"外,在所谓不可让渡的权利中,费希特也接触到一些更加实际的问题。最值得我们注意的是他提出了所有权的问题。

这个问题当然也是卢梭提出的。他认为人间的不平等是由于私有制的原因,但对私有制如何产生,他却没有作出明确解答而归诸于偶然的原因④。费希特在这个问题上比卢梭进了一步,提出了一个劳动问题。费希特认为,在自然的土地上,人人都有同等的权力,因而无所谓占有权,但如果有人在土地上犁一条沟,至少这条沟就是"他的"⑤,这在费希特看来,是合乎理性的,因而也是合乎自然法的。接着,费希特就更进一步提出了一个尖锐的问题,即人的所有权,不是国家给予的,不是君主给予的,而是理性给予的。他指出,"显然,不是国家,而是人自身的理性的本性是所有权的根源"⑥。

---

① 《向欧洲君主索回思想自由权》,莱克拉姆丛书,第8191种,第29页。
② 同上书,第45—46页。
③ 同上书,第54页。
④ 见《人类不平等起源》,商务印书馆1962年版,第111页。
⑤ 费希特:《为纠正时人对法国革命的误解进一言》,1922年莱比锡版,第88页。
⑥ 同上书,第89页。

与此相关，费希特还提出一个重要思想，即人的劳动力本身是不可让渡的，可以让渡的只是劳动创造的财富①。费希特认为，"最直接的、人类其它财产以之为基础的财产是人的劳动力。谁能自由地运用它，谁就直接地有了财产，并且通过运用劳动力，人一定会得到在它（指劳动力——引者）之外的实物财产"②；但是，财产是可以让渡的，这种让渡表现为劳动力运用权的让渡，费希特认为这种让渡的现象，在古代是奴隶，在现代是农奴。于是，费希特就按照契约论的原则来解释地主和农奴的关系。在这里，费希特当然不敢提出打破这种关系，但他从契约论的观点出发，为农奴争生存的权力，在当时不失为一种微弱的呼吁。他说农奴为地主劳动，地主理应养活农奴，这不是地主的"恩赐"，而是一种不可推卸的责任，农奴有权向地主要生活，因为劳动力本身是不可让渡的，这就是说，"每个人必须生活，这是不可让渡的人权"，"奴隶是人"，因而要有人的不可让渡的权利。费希特明确地说："动物的占有者可以因饲料太贵让他的动物死去，或者杀掉它，但人的劳动力的占有者就不能这样。人的必要的生活资料是他自己的财产，虽然这份财产现在在他的主人的财产中。他总要吃，他所吃的是他自己的直接的财产。财产的完全的让渡是不可能的"③。

费希特这些思想，当然是从文艺复兴以来关于人的生存权利的呼吁的直接继承，但他能从劳动和权利的关系中考虑这个问题，的确是跨进了一步。他这种思想，反映了资产阶级社会对自由的劳动力的迫切需要，也反映了资产阶级关于私有财产的神圣不可侵犯的阶级信条。在这里，费希特的矛头是指向欧洲君主的集权统治的，根据这种观点，他关于贵族承继权的否定等观点，在当时也都有一定的进步意义。

2. 人民有无革命的权利？

理论都是为一定的现实服务的，总是要和一定的现实问题相联系。费希特从理论上提出可让渡和不可让渡的权利的问题，对这个问题作了许多思辨的考虑和推论，其目的是非常明确的，就是要为人民有革命的权利辩护。

---

① 费希特：《为纠正时人对法国革命的误解进一言》，1922年莱比锡版，第145页。
② 同上书，第144页。
③ 同上书，第144—145页。

这个问题，本来是现实生活提出的，而且现实生活本来已经作了解答。但怎样来认识现实生活的变革，不同的阶级却有不同的看法。

法国从路易十四（1643—1715年）统治时期开始，资本主义经济因素急剧发展，资产阶级和封建统治的矛盾日益深化。路易十四实行封建极权高压政策，使各种矛盾更加尖锐复杂。法国国王拥有詹姆士一世在英国没有行通的无限权力，法国的国会直到1789年革命时四十七年内没有召开过一次，1685年的南特法令又使宗教矛盾进一步加剧，这样，法国经过路易十五这个昏君的统治，到了路易十六时期，终于像一座火山那样爆发了空前盛势的资产阶级革命。国王被迫召开国会，但是法国的资产阶级比英国资产阶级进了一步，拒绝向封建国王作任何妥协，自己召开了国民议会，并于1789年6月20日在网球场集会，而7月14日就陷落了封建顽固堡垒巴士底监狱，8月4日和5日国民议会通过废除农奴制和等级制度，废除贵族特权，取消什一税，颁行共和历等，终于在8月26日发表了第一个"人权宣言"。法国第三等级对待顽固的封建统治者是决不手软的，他们处死了路易十六，而下层的小神甫却得到了比过去多两倍的薪水。当时巴黎处死了很多"自由的敌人"和"反革命"，被反动保守派形容得一派恐怖的巴黎，却出现了前所未有的欣荣景象，剧场和餐厅拥挤不堪，妇女们用小断头台作装饰。在这个时期，也只有在这个时期，资产阶级作为未来新兴社会的领导力量，充分表现了自己的进步的一面。

这是历史所赋予的权力。法国的资产阶级，抛开了一切封建传统"法制"，也不顾英国"老大哥"的条条框框，自己完成自己的使命，在反动派和保守派眼里，真是无法无天。对于这样一个重大历史现实，社会各个阶层都要表明自己的态度。

虽然，历史已经赋予了人民（资产阶级）这种权力，并且在革命前，在封建统治的黑暗年代，卢梭作为资产阶级的代言人已经在理论上论证了这个权力，但事到临头，人们还是要问：人民有无权利改变现存制度？

对这个问题，英国的柏克回答说，没有；德国的费希特说，有。

辩论的双方都是"说理的"，即都是依据一定的哲学理论和法学观点展开的。柏克说，现存制度是人民同意了的，人民同意服从国王，国王是最高权力代表，如果契约再允许人民有权推翻国王，那末国王就不是最高权力代表，这个契约就是自相矛盾的，因而是不能成立的。这就是说，在柏克（以及他的前辈霍布斯）看来，革命虽是有原因的（如国王不好等），但却是不合法的。

我们知道，康德被这个问题的学术外衣所迷惑，兜了半天圈子说不清楚的问题，费希特却说得明明白白。费希特解决这个"法学"问题的关键还正是依据了他提出来的可让渡的权利和不可让渡的权利的区别。也可以说，费希特之所以提出这个区别，主要目的就在于为革命（当然是资产阶级革命）找寻理论根据。

和卢梭一样，费希特的中心思想是：人民有缔约的权利，也有解约的权利，但费希特进一步的论证是：人的基本权利（如思想自由，作为一个独立的精神实体）是不可让渡的，而只有可以让渡的权利才能构成契约，所以契约所给予的权利是相对的、社会的，而人的不可让渡的权利是根本的、自然的、理性的。人订立契约，正是为了保护人的不可让渡的权利，所以如果国家变得不保护自由相反而破坏自由的话，则不但能够而且应该加以改变①。

费希特明确指出："没有一个国家制度是不可改变的，国家制度的本性就是自身会改变的。"② 在这里我们又一次看到了德国古典哲学的辩证法的火花。当然，费希特的解释是唯心主义的，因为在费希特看来，具体的国家制度是现象界的事，总是要变的，而人的不可让渡的权利才是永恒的，即使缔结了社会契约，这种权利仍然不变，他说，"如果以为因为订立了社会契约，人的自然状态就消失了，这是错误的"③，这就是说，人通过契约，只放弃了可让渡的权利，而人的自然权利，是不可让渡的。

费希特感觉到，要驳斥反动派和保守派，从契约本身去找权利根据往往会上当受骗，被逻辑的循环论所迷惑，所以他要在契约之外找出一个不可让渡的权利，用这个权利来和契约对立，成为打破契约（亦即现存制度）的理论根据。他说：

> 一旦人们愿意，他可以取消他签订的任何契约，这是一条不可让渡的人权；所谓契约具有不可改变性和永久有效性就是对人权本身最粗暴的

---

① 费希特：《为纠正时人对法国革命的误解进一言》，1922年莱比锡版，第65—66页。
② 同上书，第67页。
③ 同上书，第96页。

破坏。①

费希特认为，有了这条不可让渡的权利，人民（资产阶级）就有了革命的权利，这个权利虽然不是契约给予的，但却是更高的理性给予的，同样是合法的。他说："从过去的契约中解脱出来，是革命，通过一个新的契约重新结合起来，也是革命，双方都是合法的，因为每次革命都是按照合法的方式，即从自由的意志出发进行的"② 这样，费希特就得出了一个明确的结论：

> 最后，如果老的共同体已无人拥护，大家都愿意有一个新的共同体，那末就会合法地发生完全的革命。③

从这些论述来看，费希特是站在当时还是革命的资产阶级一边，捍卫自己不可让渡的阶级权利，矛头指向封建统治贵族的。在这个问题上（我们马上就可以看到，也仅仅是在有无权利这个问题上），费希特的态度是很坚决的，说理也是比较清楚的。

我们知道，康德也曾为这个问题费了脑筋，但从立场来说，他是更加动摇的，从说理来说，也没有跳出反对派所设下的陷阱，显得不那末明快。例如，关于缔约双方的关系、国家和人民之间的关系，康德费了许多笔墨得出了一个人民起来革命改变国家是合法的、国家起而惩罚人民也是合法的这类的结论。对这个问题，费希特就干脆说，既然解约了，双方都回到自然状态，国将不国，民将不民，就无所谓"惩罚"问题，国家如果镇压人民，不是国家的权力，而只是自然状态下的一种"复仇"。费希特说，"如果市民对社会行使不可让渡的人权（不只是契约权），那末市民就不再是市民，而是敌人；而社会就不能惩罚市民，而是对它进行复仇……"④ 在这里，虽然也是概念上的阐述，但当时划这种界限，对保护人民（资产阶级）是有利的。国家在解约以后，已

---

① 费希特：《为纠正时人对法国革命的误解进一言》，1922年莱比锡版，第125页。
② 同上书，第113页。
③ 同上书，第119页。
④ 同上书，第80页小注。

无权惩处革命者，它镇压人民，只是根据一种"复仇"的、对等的自然权利。

3. 在革命问题上费希特的动摇性和妥协性

《为纠正时人对法国革命的误解进一言》的第一句话就是"我看，法国革命对全人类来说都是重要的"，和柏克在《对法国革命的意见》中把法国革命说成是"最可怕的"，岂不是针锋相对的吗？看来，费希特对法国大革命是满腔热情地加以歌颂的了。可是，就在这样一篇以法国革命为题目的著作中，对法国革命的具体情况、对法国历史和现状，却根本没有任何分析，通读全文，甚至再没有一处地方提到"法国革命"这个词。这个奇怪的现象，显然不能用"怕担风险"的理由来加以解释。固然，匿名是一种慎重的策略的表现，但我们知道，费希特第一篇解释康德思想的文章也是匿名发表的；何况，采取那样一个大胆的书名，显然不是胆怯或顾虑的反映。

这个怪现象，只有从费希特对法国革命以及他在理论上对革命的看法的动摇性或妥协性来解释。

原来，在费希特看来，革命在理论上是人民的权利，这一点是没有问题的，但实际上是否为一种有利的方法就是另一个问题了。

法国人民在这次革命中表现出来的革命热情和巨大的声势，保守的英国资产阶级接受不了，软弱的德国资产阶级脆弱的神经也是无法承受的，各国反动派和保守派大肆的抹黑，也起了推波助澜的作用。柏克所谓的"破坏社会秩序"啦，"造成一团混乱"啦，等等，德国的资产阶级是不能不起共鸣的。德国的资产阶级，一方面有改变现状的要求，同时又不敢或不愿和封建诸侯彻底决裂，所以他们充其量不过是理论上的巨人，行动上的矮子。只有从这个阶级的历史特点出发，才能解释费希特一方面坚决肯定革命的权利，而在实际上却不主张采取革命的行动这种矛盾的立场。

费希特提出这样一个观点，即，判断一个革命涉及两个问题：一个是否合法的问题，一个是否明智的问题。对于前者，费希特是坚决肯定的，他的主要精力也是集中于对这个问题的论述；对后一个问题，费希特则采取否定态度，费希特认为革命不是解决问题的最好的方式。

在《向欧洲君主索回思想自由权》一文一开始，费希特就提出，贫困是革命的原因，人民因贫困而革命是合法的，但革命不能解决贫困的问题：

> 暴力革命常常是人类的勇敢的冒险行为。如果成功，为了克服困难、取得胜利，付出的代价是很大的；如果失败，就会把人类推向更大的贫困。①

在这里，费希特摆脱不了被革命声势所吓倒的德国庸人的气息。他认为，用暴力革命的方式来解决社会问题是不可靠的、不安全的，弄不好，只会引起更大的混乱，所以他呼吁：

> 向伟大的开明制度逐渐前进是更可靠的，随着这种进步，国家制度可以得到改善。②

这里，他并进一步联系到德国的现实：

> 在我们当代百年历史中，人类，特别是在德国，平静地（没有暴动地）开辟了一条伟大的道路。③

从这种观点出发，费希特激昂慷慨地向欧洲君主所索取的思想自由，实际上是向君主们建议，即：只有交还思想自由，才能避免革命，这对君主本身当然也是有好处的。

费希特在口中高喊"革命有理""革命有权"的同时，却对法国革命的具体革命实际保持缄默，在高举"不可让渡的权利"时，主要的却只提出一个空洞的"思想自由"，而基本上避开了实际的问题不谈，这些都不是偶然的，这当然都反映了德国资产阶级的一种可怜的处境。德国的资产阶级不敢正面提出自己的阶级利益，即阶级的实际权利，只是在思想、精神领域里打圈子，争来一点"思想自由"。所以在法国是革命的实践问题，到了德国成了思想问题、理论问题、教育问题，怪不得费希特要公然说：

---

① 费希特：《向欧洲君主索回思想自由权》，莱克拉姆丛书，第 8191 种，第 19 页。
② 同上。
③ 同上。

> 要阻止革命，有一个可靠的办法，但只有一种：教育人民通晓法律和职责。法国革命给人们一种指示，而对愚钝的眼光给以一幅五光十色的图画；……①

这样的言论，出自一个高唱革命是人民的"不可让渡的权利"的人之口，当然不能不令人惊讶，这决不是费希特的逻辑的混乱，而是他的立场的动摇，是德国资产阶级对待资产阶级革命的混乱的心理的写照。

否认这种矛盾是不对的，抹煞费希特在对待法国革命以及对待一般革命的态度上的消极的一面是错误的，这种全盘肯定的观点，不是阶级分析的，因而不是马列主义的。

德意志民主共和国科学院在 1965 年出版了 M. 布尔（Buhr）的一个小册子《从费希特到黑格尔的过渡》。在小册子的作者看来，除了对拿破仑的错误看法外，费希特对法国革命是始终肯定的，并且引用一个听了费希特最后演讲的人的记述，费希特在那次演讲中说，拿破仑通过压制革命时期已达到的思想自由来欺骗世界，而费希特认为，法国革命是世界历史的，或者更进一步说，是伦理的证实；拿破仑出卖了革命云云，好像费希特对法国革命的肯定是毫无保留的。② 这和费希特对于法国大革命的言论不相符合的。应该指出，不仅是后期，即使在上述费希特最早的著作中，对法国革命的肯定也不是毫无保留的，而是有重大保留的。

二、 费希特对康德哲学的批判

我们知道，费希特在 1795 年给舒尔兹的一封信中说，他写知识学的动机和《为纠正时人对法国革命的误解进一言》的写作是有联系的，从思想实质来看，也不能不是这样。

我们已经说过，费希特在《为纠正时人对法国革命的误解进一言》里，要在各种权利中，找出一个不变的、永恒的"不可让渡之权"（这在当时他提出

---

① 费希特：《为纠正时人对法国革命的误解进一言》，1922 年莱比锡版，第 5 页。
② 见布尔（M. Buhr）：《从费希特到黑格尔的过渡》，1965 年柏林版，第 10 页。

的主要是"思想自由"),而这个绝对的东西,后来就成为他的哲学中心概念:"自我"。费希特根据当时社会斗争的情况,根据自己的阶级立场,给自己的哲学规定了一个方向:即找出一个不变的、永恒的、在经验之外绝对的东西,在这个基础上,建立自己的一元的主观唯心主义的哲学体系。

我们看到,这个方向,是康德哲学思想的飞跃和发展,也是对康德哲学的否定和批判;因为这种一元论的唯心主义和康德的动摇于唯心主义和唯物主义之间的二元论是显然对立的。

1. 康德以后德国哲学的发展与费希特对"物自身"的否定

列宁指出:"在德国古典哲学的发展过程中,紧跟着康德之后就产生了对康德主义的批判,这种批判和阿芬那留斯的批判正好是同一方向。在德国古典哲学里,这种方向的代表是休谟的不可知论的信徒舒尔兹-埃奈西德穆和贝克莱主义即主观唯心主义的信徒费希特。"①

康德以后的德国哲学,经过了一个由二元论到主观唯心论,再由主观唯心主义向客观唯心主义发展的过程,这个方向,是由当时德国的历史条件、由当时德国资产阶级的发展所决定了的。

康德哲学把德国哲学推向了一个历史的新起点,奠定了德国古典哲学的基础,但是德国的资产阶级是不满足于康德哲学的,因为康德哲学动摇于唯心主义和唯物主义之间,是一个矛盾的综合体系。它的不彻底性,决定了它的体系很快就被突破、被扬弃。

自从康德学说代替了莱布尼茨-沃尔夫体系在大学里的统治以后,阐述康德哲学成为时髦的事情,但是阐述们又往往要对康德哲学加以补充和修改,当时最有名的是从休谟观点对康德哲学加以补充、修改的莱因哈德、舒尔兹和梅蒙等人。他们认为,康德哲学并没有解决休谟所提出的问题,先天综合判断的成立是无法证明的,其最后的根据既不是经验,因而只能寄希望于一个不可知的物自身,这是一种独断论的证明方法,是不能说服人的。

当时,从休谟主义来批判、修正康德哲学有两个原因不能成为重要的独立的学派。

---

① 《唯物主义和经验批判主义》,《列宁选集》第 2 卷,第 197 页。

首先，这是一种明显的倒退倾向。我们知道，康德哲学本来是要解决休谟提出的问题的，是对休谟哲学的一种德国式的发展。它坚持了人的经验认识、科学知识具有普遍性和必然性，坚持了因果性等范畴的普遍性、必然性，这在当时对于哲学思想和科学思想的发展是具有重要意义的。当然，康德在解决这个问题的时候，是不彻底的、不坚决的，其理论基础是二元论的、是屈服于唯心主义传统的，但这个方向在哲学史上还是进步的，在总的方面不是一种倒退。但是，像莱因哈德等人那样的立场，则是一种倒退，而倒退是没有出路的。

其次，从当时德国资产阶级对哲学思想的要求来看，莱因哈德等人的简单的倒退也是不能适应的。法国革命所显示的人民（当时是资产阶级）在政治上的权威，在法律上提出一个权力的最后的、最高的根据问题，在哲学上则不能满足于经验世界的现象的变幻不居，既不能满足于休谟的怀疑主义，也不能满足于康德的二元论。前面已经指出，费希特在政治理论中坚持的"不可让渡的权利"，就已经揭示了这个发展趋势，这种趋势才是符合当时还处在进步阶段的德国资产阶级的需要。拿破仑侵略所激起的德意志民族的民族感情，要求祖国统一，要求自强抗战的呼吁，对这样一种强调理性、强调一元论的哲学趋向，又增加了一层现实的迫切性。于是，人们自然不会满足莱因哈德等人的怀疑主义，而对费希特的一元论的主观唯心主义发生更大的兴趣。

同时还应该指出，德国传统的理性主义哲学思想在当时仍然占主导的地位。从笛卡儿、斯宾诺莎到莱布尼茨的思想体系，固然已被康德哲学所打碎，但是他们强调理性，强调统一性，强调必然性的思想，即使康德本人，也还是十分重视的。自从莱辛强调斯宾诺莎的哲学，把世界当作一个发展过程以来，德国的思想界，像赫尔德、歌德等人对斯宾诺莎哲学都十分信服。费希特本人，在讲授康德哲学以前，也信奉斯宾诺莎的决定论，因而斯宾诺莎（以及莱布尼茨）哲学思想对德国古典哲学（包括费希特、谢林、黑格尔）的影响，是无可否认的。对于费希特，我们知道，他曾经把他自己的哲学称做"真正的，系统的斯宾诺莎主义"[①]。

---

① 《费希特著作集》第1卷，1911年莱比锡版，第317页。

1790年由于一个学生的要求，费希特开始讲授康德哲学，因而对康德的思想作了全面的研究。康德的著作在当时是公认为晦涩难懂的，费希特对康德哲学的理解是那样的确切，以至他在1792年匿名写的《对一切天启的批判》竟被普遍怀疑为康德自己写的。但是费希特没有停留在阐述康德哲学的阶段，他很快就发现了康德哲学的不足之处。

费希特在写给莱因哈德的一封信中说："一般说，康德似乎很少把他自己的哲学加以哲学化。"[1] 费希特认为康德的《纯粹理性批判》不是一个完备的哲学体系，而只是向一种完备体系过渡的"准备"。康德对这个评价非常反感，在1799年的一篇文章中宣布费希特的《知识学》作为一个哲学体系是完全不能接受的[2]，这样，费希特就和康德分道扬镳了。

费希特对康德哲学的批判，主要集中于否定康德的"物自身"这一点上，从这里，费希特否定了康德哲学中唯物主义因素，向主观唯心主义跨出了决定的一步，这也就是费希特从右边来批判康德哲学在理论上的主要关键。

承认"物自身"的存在，是康德哲学的重要环节，是他的哲学动摇于唯心主义和唯物主义之间的重要标志，但由于康德在认识论上否认唯物主义的反映论，坚持先验唯心论，因而他宣称"物自身"是不可认识的，把"物自身"归结为与知识无关的信仰的范围。康德的"物自身"引起了德国资产阶级的普遍怀疑，莱因哈德等人早已对这个"物自身"的学说，提出了种种责难。所以费希特说康德的"物自身是一种纯粹的虚构"，是"完全没有实在性"的[3]等等，就毫不足怪了；费希特的特点在于提出一个"自我"来把知识和实践统一起来以代替康德的"物自身"。

本来，在康德哲学本身，"物自身"这个概念也是不十分清楚的，它可以理解为物质的存在（《纯粹理性批判》感性篇、分析篇），也可以理解为精神实体的存在（《实践理性批判》），而后一种思想，已经启发了费希特的"自我"。简单说来，费希特是用《实践理性批判》里的"物自身"（"我自身"）批判了《纯粹理性批判》（感性篇、分析篇）里的"物自身"，所不同的，只是费希特

---

[1] 参见克罗纳（R. Kroner）：《从康德到黑格尔》，1921年图宾根版，第1卷，第366页。
[2] 参见塔尔波特（Talbot）：《费希特哲学的基本原理》，1906年伦敦版，第9页。
[3] 《十八世纪末—十九世纪初德国哲学》，商务印书馆1960年版，第12页。

不像《实践理性批判》那样把这种"物自身"("我自身")归结为信仰的对象，而要用理性的、思辨的认识性和实践性统一的"自我"来代替纯粹道德的、信仰的自我，所以从这个意义说，费希特又是利用《纯粹理性批判》里的许多思想，来否定《实践理性批判》中包含的信仰主义的观点。

所以，和当时的怀疑论思潮一样，费希特否定"物自身"就是否定世界的物质性，就是否定唯物主义。同时，和一切唯心主义一样，在这里，费希特的论证方法，也还是从主观和客观的割裂到否定唯物主义的反映论。

列宁在《唯物主义和经验批判主义》里明确指出："对象、物、物体是在我们之外、不依赖于我们而存在着的，我们的感觉是外部世界的映象。这个结论是由一切人在生动的人类实践中作出来的，唯物主义自觉地把这个结论作为自己认识的基础。"① 可是唯心主义哲学教授却根本不能接受这样一个最基本的事实，这当然是有其阶级根源的。

近代自从笛卡儿提出精神和物质、心和物的二元论以后，物质和精神的关系，常常被一种神秘的形而上学的观点所笼罩。心物之间的唯物而辩证的关系，被歪曲成一种难以解释的两种本源。人们提出了这样一个问题，为什么两种完全不同的实体之间会有某种关系呢？机械唯物论（以及后来的庸俗唯物论）认为思想是物象的简单的复制或是脑髓的分泌，而唯心论则认为只有承认外物本来就是精神性的，思想才能掌握外物。他们都不承认心物之间的唯物而辩证的飞跃关系。

费希特否定康德的"物自身"时，同样是从这样的逻辑出发的。在费希特看来，物质的体系和精神的体系是绝对不能两立的体系，你如果要保留"物自身"，你就势必逃脱不了这样的"难题"：与精神完全不同的"物"为什么能够成为精神的源泉？他说："独断论者（主要是指唯物论者——引者）应当指出从存在到表象的过渡；他们不这样做，也不能做到；因为包含在他们的原则里的只是一种'存在'的根据，而不是那与存在完全对立的表象作用的根据。他们做了一个可怕的跳跃，跳到一个和他们的原则完全不相干的世界里去了。"② 于是，费希特就肆意嘲笑唯物论，而不知道，恰恰在这里，他和康德犯了同样

---

① 《唯物主义和经验批判主义》，《列宁选集》第 2 卷，第 101 页。
② 《十八世纪末—十九世纪初德国哲学》，商务印书馆 1960 年版，第 150 页。

的错误,即否认了物质和精神之间的飞跃和过渡,费希特不知道,这种"可怕的跳跃",是每时每刻都在发生的客观事实。莱布尼茨虚构出心物之间的"预定的和谐",而法国唯物论者则把这种"和谐"建立在朴素的反映论的基础上,但在费希特看来,如果不设想一个独立的、高于物的、作为物的主宰的精神实体来,这种"和谐"是"违反理性"的。他批评狄德罗的"钢琴的和谐"的朴素唯物论的比喻说:"声音的合奏与和谐并不存在于乐器里面;和谐只存在于听者的心灵里面,听者把那杂多的声音在自己心里结合为一;而如果我们不把这样一个听者设想进去,和谐就是根本不存在的。"① 这里,我们看到了"思辨的"、"艰深的"唯心主义和浅陋的唯心主义在基本立场上是多么的接近。

不言而喻,费希特认为只有他的"自我"才能代替康德的"物自身",才能消除一切唯物论的"不可克服的矛盾"。因为康德设定了一个"物自身",那末知识就是关于对象的知识,而取消了"物自身",设定了"自我",那末知识就是"自我"的知识②;而既然是对象的知识,那末就是受对象制约的,但康德又说对象是由思维范畴规定和条理化的,费希特问:"从什么地方认识到它们恰好就是这些规律,如实体性、因果性的规律呢?"③ 这些规律被运用到对象上去,那就只能从对象里通过抽象而概括出来,这就是说,从经验里得来,而费希特指出,这是和康德的原则相矛盾的。与此相对立,费希特认为提出一个"自我",这些问题就迎刃而解了。

否认康德的"物自身",提出一个"自我",这是费希特从康德的动摇于唯物主义唯心主义之间的二元论走向主观唯心主义的决定性的一步,也是费希特哲学对康德哲学发展的重要环节,这对德国古典哲学今后的发展是很重要的一步。费希特通过"自我"把实践理性和思辨理性初步统一了起来,这个"自我"虽然深受康德《实践理性批判》的直接影响,但显示了这样一种意义:对康德的"物自身"即就对象本身来说,我们只能信仰不能认识,但对于费希特的"自我"来说,却是可以认识的④,所以费希特把他自己的主要著作命名为《知识学》,这样,费希特就把康德的不可知论,转化为唯心主义的可知论。

---

① 《十八世纪末—十九世纪初德国哲学》,商务印书馆1960年版,第150页。
② 参见克罗纳:《从康德到黑格尔》,1921年图宾根版,第1卷,第884页。
③ 《十八世纪末—十九世纪初德国哲学》,商务印书馆1960年版,第155页。
④ 参见克罗纳:《从康德到黑格尔》,1921年图宾根版,第1卷,第390页。

2. 先验主义的进一步发展

自从康德在认识论上提出"先天综合判断"以后，历史上的经验主义和理性主义的争论也进入到一个新阶段。康德以前的理性主义者，如笛卡儿、斯宾诺莎、莱布尼茨等人，或者法国唯物主义的理性主义，还都是比较朴素的，他们或者着重从社会斗争的角度（法国唯物主义），或者着重从自然科学的理论的进步（笛卡儿、斯宾诺莎等）强调了理性的作用，从而论证了必然性、规律性等哲学范畴；但与此同时，经验主义（主要是英国的经验主义）也随着社会实际斗争的发展，经历着自己的发展过程。从培根经过洛克到贝克莱、休谟这样一个时期，由朴素唯物的经验主义走向唯心主义、怀疑主义和神秘主义的思想发展线索，是很值得总结的历史现象。经验主义的发展，迫使理性主义改变自己的形态，以解决新的问题，适应新的环境。

我们都知道，康德的"先天综合判断"是调和理性主义和经验主义的产物，它一方面不否认人的知识来自于经验，但同时又提出思想的直观形式和范畴来对经验加以规范，这些直观形式和范畴是先天的，与经验无关，但却是经验之所以能够成立——即能具有普遍必然性的必要条件。这样康德就建立了一个先验唯心主义的认识论体系。康德的这个先验唯心主义体系和贝克莱、休谟的经验唯心主义（或怀疑主义）的体系在表现形态上是有一定的区别的，是在与经验主义调和的基础上建立起来的唯心主义理性主义的哲学体系。

康德以后的德国古典哲学的发展，基本上是沿着唯心主义理性主义的方向进行的。

费希特对康德向经验主义的妥协，非常不满，但对于康德的先验主义思想不但全盘接受，而且还努力加以发展。

在费希特看来，康德的先验主义是不完备的，因为它对理性的作用缺乏更广大的理解，只把它局限于经验的对象的范围内，这就是说，理性的作用只限于使经验本身成为可能的条件，而费希特的基本思想就是理性是彻底地超经验的。在这方面，费希特对于康德的三个《批判》有一个概括的批评："在这样一个体系里（指康德的先验主义哲学体系——引者）只建立起这样一些规律，按照这些规律，通过那仅仅起统摄作用的判断力，被规定的只是外界经验的对象。而这远远地只是理性体系的最小的一部分而已。因此，这种半批判论由于对理性的全部进程缺乏真知灼见，在实践理性和反省的判断力的领域内就盲目地四处摸索，就象单纯的追随者一样，而且同样天真地抄袭着他自己也完全不理解的名词和术语。"① 这就是说，按照费希特的观点，康德的理性只是一种"有限的理性"，这种理性仍然局限于经验范围之内，不能作为一切经验的根据，而只能作当下具体经验对象的根据，这在费希特的彻底主观唯心主义看来，的确是远远不够的。他指出："有限的理性实体，除去经验之外，就不具有别的东西了；经验就是他的思维所包含的全部材料。"②

在这里，费希特提出一个著名的唯心主义原理："因为哲学的任务正就是必须指出经验的根据，而根据必然是在被论证的东西之外的。"③ "因此哲学——我换一种说法——必须说明一切经验的根据。"④

这个原理对费希特哲学来说，是一个很重要的出发点，同时也反映了费希特对康德以来哲学基本问题的概括。

当然，从思想渊源上来说，费希特这一提法，无非是康德再三提出的"经验之所以可能的条件"和"条件系列之全"这类提法的继续而已。但是，在康德那里，和"先天综合判断"相联系，这个问题是指一个一个的具体的经验判断如何可能，即经验的具体对象如何能够成立，因而这个提法在费希特看来是有限的，最终还没有摆脱经验（及其对象），而所谓"一切经验的根据在经验之外"就有更加广泛的本体论的意义。

在这方面，康德的问题是如何在理性的统摄下与经验结合的问题，这里表现出康德对经验主义的妥协精神，而费希特则反对这种妥协，于是他所侧重的问题就是如何超出于经验之外，在经验之外找出一个有独立意义的规定全部经验的实体来，费希特认为这就是哲学的最基本的问题。

在具体分析"先天的"和"后天的"这两个概念时，进一步地暴露了费希特在先验主义道路上越走越远。康德从二元论出发，认为"先天的"和"后天的"是两个不同的系列，两个不同的本源，这二者要结合起来，才能构成"先天综合判断"，虽然，在这个判断里，先天的理性起着统摄的作用。费希特反

---

① 《十八世纪末—十九世纪初德国哲学》，商务印书馆1960年版，第156页，译文稍有改动。
② 同上书，第140页。
③ 同上书，第159页。
④ 同上书，第138页。

对康德的二元论，他要在这两个系列中找出一个最根本的本源来，用以统一这两个系列，把其中一个领域当作那个本源系列中的一个环节。这就是说，以理性作为绝对的本源，而经验则作为理性发展的一个环节，以此来统一"先天"和"后天"的问题。这样，费希特就把康德的二元论的先验唯心主义，改造成为一元论的先验主义，从而为德国古典哲学今后的发展，开辟了一条一元论彻底唯心主义的道路。

揭穿了这一点，费希特有一些故作高深的议论，其本意就昭然若揭了。

费希特说："就人们见到唯心论的结果之为结果本身、之为推理的结论而论，它们就是人类精神里的先天的成分，就人们见到这个先天的成分是在经验中被给予的，而推理和经验实际上符合一致而论，这个先天的成分就叫做后天的。在一个完全的唯心论看来，先天的成分和后天的成分绝不是两回事，而完全是一回事。只不过是从两方面来观察同一个东西，只不过是同一个东西由于人们达到它的方式而有了区别。哲学预知全部的经验，把它只设想为必然性的，在这种范围里，这全部经验和实际经验相比较，就是先天的。就数字之作为被给予的而言，它是后天的。"①

这段话，费希特以德国哲学家特有的晦涩与艰深，说出一个并不太复杂的道理：康德的"先天综合判断"是二元论的，是"不完全"的唯心论，而作为"完全的唯心论"者来看，"先天"和"后天"本来是一个东西，本来就是"先天的"，"后天的"不过是"先天的"东西的一种表现形式。你如果作为一种有具体对象的实际经验来说，是后天的，是给定的，但从根本上说，即作为"全部经验"的一个部分来说，则又是先天的，具有必然性的。所以，康德把这两者当成"两回事"，当成具有两个来源的不同系列，是错误的，你怎样填平这二者之间的不可逾越的鸿沟呢？只有来自同一个系列，才能一贯地解决这个问题。"先天"和"后天"的关系，就是"全部经验"和"实际经验"的关系。而所谓"全部经验"，不是具体经验的无限的发展总和，不存在于相对的、具体的、实际的经验之中，而是作为经验的根据，在一切经验之外。这个在经验之外的根据，成为产生一切具体经验的条件，而通过全部的具体经验，又回到

---

① 《十八世纪末—十九世纪初德国哲学》，商务印书馆1960年版，第158—159页。

了经验之外的这个根据。经验的全不是由无数个具体经验决定的,相反,在费希特看来,倒是经验之全是产生具体经验的根据。现实的关系,就是被唯心主义者这样地加以歪曲了。

因此,哲学是全部经验的科学,是经验之全的科学,它是一切具体实际经验的根据,所以"如果一个哲学的结果与经验不相符合,那么这个哲学一定是错误的;因为它没有实践它的约言,即引申出全部经验并从理智的必然的行为里去说明它"①。

由于费希特把经验所给予的具体性当作经验之全的一个环节,把"后天的"当作"先天的"一种表现形式,所以他所谓"先天的"理性原则(或必然规律)就是一种能动的,带有创造性的特点,而不像康德那样,只是一些"先天的""框架"(如"先天的直观形式"和"先天的知性范畴")。在费希特看来,经验是经验的根据创造的,是理性的精神必然规律创造的,在具体的认识环节上,经验是给予的,是后天的,但就总体来说,就"全"来说,则是先天的。在这个意义上,费希特提出一个很有影响的观点,即"哲学思维就是乘法"②。显然,在费希特看来,康德的哲学思维是一种"加法",即归根结蒂是把"先天的"和"后天的""加"起来;而他自己所理解的哲学思维则是带创造性的、辩证的,是"先天的"吃掉"后天的"。

由于费希特把"先天的"理性精神实体归结为在经验之外的"经验之全",他就进一步把康德的"先验的分析的方法",发展成为"先验的综合的方法"③。

我们知道,在康德哲学中已经谈到了分析和综合的关系问题。康德认为分析判断,固然是具有普遍必然性的,但它却不能增新内容,知识和科学得不到进步,而综合判断虽具有新的内容,但因为它来源于经验,按照休谟的说法,它就不能具有普遍必然性。对于这个问题,我们知道,康德提出一个"先天综合判断"作为他的哲学认识论的主要论题,他提出这个问题主要目的在于论证既具有新内容又具有普遍必然性的知识是可能的。当然,康德提出这个问题是

---

① 《十八世纪末—十九世纪初德国哲学》,商务印书馆1960年版,第159页。
② 同上书,第158页。
③ 因而,克罗诺把费希特的《知识学》的方法叫做"分析的辩证法"(《从康德到黑格尔》,上卷,第402—403页)是不正确的。

富有启发性的，但他解决这个问题的方法则带有调和折衷的性质。德国古典哲学从康德到费希特的发展，在分析和综合问题上，向着综合的方向跨前了一步。费希特、谢林、黑格尔都是沿着这个方向推进的①。

康德指出当时公认的分析判断中有一部分是综合判断并以此来论证"综合判断"也有先天性，而费希特就干脆否认单纯的分析判断的存在，他说，"因此一般地按照内容来说，根本就没有单纯的分析判断；人们单凭分析判断，不仅如康德所说的那样，不能向前迈进，而且简直是停留不动"②。

这种观点，当然是和费希特关于哲学要研究一切经验之根据、研究经验之全的基本观点完全一致的，是后者发展的必然结果。经验是综合的，是有新的内容的，而经验之全是最高的综合，这种综合，就是费希特哲学的一个最根本的思想，即"自我"和"非我"的综合，"自我"设定"非我"，所以它们虽然是对立的，也是可以综合的，因为它们有一个共同的来源——"自我"。这种最高的综合，是一切经验的根据，而自我已是最高的、最根本的，因而不需要别一个东西作为它的根据。在费希特看来，康德局限于具体的经验对象的知识，因而不可能真正解决分析与综合的本质关系，而只有他的"自我"才是"以最一般、最满意的方式答复了"康德"先天综合判断如何可能"这一重要问题。

应该说，在解决"先天综合判断如何可能"即"人的科学知识如何可能"这一重要问题上，费希特是比康德前进了一步，他不是一般地对一个（或某一些）具体的知识判断作分析的研究，而把它提高到一个哲学体系，提高到矛盾的变化、发展的各个环节，和发展的全过程联系起来研究这个问题，但，他的哲学理论基础是唯心主义的，因而他同样也不可能真正解决科学认识里的普遍性与特殊性、一般性和个别性的关系问题。

3. 主观唯心主义哲学体系的建立

费希特既然把哲学的对象规定为一切经验的根据，即"经验之全"，而他采取的方法又是综合的③，这样，他自己的哲学本身就应该是一个体系，一个

---

① 而经验主义则向着康德的另一个方向发展，即分析的方向，一直到当代的分析学派。
② 《十八世纪末—十九世纪初德国哲学》，商务印书馆1960年版，第131—132页。
③ 同上书，第132页。

全，而这个体系，就是主观唯心论的哲学体系。这一点，费希特是非常自觉的，他说："在唯心论所建立的一切东西里面，每一单个的东西都是不可能的，反之，每一单个的东西只有在和一切东西的结合里面才是可能的。因而根据唯心论的固有的主张看来，出现在意识里的只是全体，而这全体正是经验。唯心论愿意进一步认识这个全体，因此必须分析它，并且不是通过盲目的四处摸索，而是依照一定的结构规则，以至它在眼前看到全体的诞生。"①

然而，哲学的对象既然是一切经验的根据，那末就还存在着与唯心主义哲学体系相对立的哲学体系——即唯物主义哲学体系，对于这两种哲学体系的对立，费希特是直认不讳的。这就是说，费希特是自觉地、坚决地站在唯心主义立场向唯物主义哲学进攻的。

我们知道，自从康德的"批判的唯心主义"哲学体系问世以后，一切唯心主义者都把唯物主义斥之为"独断论"，然而由于康德调和唯物主义和唯心主义的立场，他还没有把独断论和唯物主义完全等同起来，这就是说，康德还承认在唯物论以外，有一部分非批判的唯心论哲学体系也是独断论的。可是，到了费希特那里，独断论成了唯物论的同义语，"彻底的独断论者必然也是唯物论者。"②

在思维和存在这个哲学基本问题上，费希特很明确地指出，只有两种可能的回答，即唯心主义的回答和独断主义（即唯物主义）的回答。

费希特认为，哲学家因为能够进行抽象思维，能够把在经验里结合在一起的物的表象和理智分开来，而有所选择，这就形成了两种不同的哲学体系。费希特说："如果他把'物'抽掉，他就保留下了一个理智自身，这就是说，他抽去了理智对经验的关系。如果他把'理智'抽掉，他就保留下了一个物自身，这就是说，他抽去了物出现在经验中这个事实，而把它作为理解经验的根据保留下来。前一种的进行程序叫做唯心论，后一种叫做独断论。"③ 在这里，费希特的界限还是相当明确的，唯物主义承认不依赖于经验的客观物质的存在，而唯心主义则承认不依赖于经验的理智自身的存在。

---

① 见《十八世纪末—十九世纪初德国哲学》，商务印书馆1960年版，第160页。
② 同上书，第144页。可是费希特又说："贝克莱的体系是一个独断论体系，并不是一个唯心论的体系"（同书第150页）不知在费希特看来贝克莱是唯物论者，还是不彻底的独断论者？
③ 同上书，第140页。

费希特认为，从真正的意义上说，只可能存在这两种哲学体系，第三种哲学体系是不可能的。费希特指出，怀疑主义不成为体系，没有一个人是真正的怀疑论者①，虽然他对休谟、梅蒙等人的怀疑主义表示了某种肯定，但在费希特的思想里，是没有怀疑主义的地位的，费希特是一个相当彻底的主观唯心主义者。

针对康德的调和主义、二元论立场，费希特尖锐地指出，唯心主义和唯物主义这两个哲学体系是不可调和的，你既然承认了物自身的存在，就不能同时承认理性自身的存在，反之亦然，因为在费希特看来，物和理性作为两个独立的本源，它们互相之间是无法过渡的，你只能承认一个本源，而不能同时承认两个本源。关于这种不可调和性，费希特有一段很尖锐的话："这两个体系是绝对不能两立的，因为这一个体系引伸出来的结论取消另一个体系引伸出来的结论。因此把它们混合成为一体是必然没有一贯性的。无论在什么地方，只要企图这样做，这个混合体的各个部分都是不会互相协调的，就会在不知道什么地方产生一条可怕的裂缝。凡是想坚持上面那种主张的人，必须指出把两个体系综合起来的那种可能性，这种可能性，是以从物质到精神的不断过渡、或者反过来从精神到物质的不断过渡为前提，或者换个说法，是以从必然性到自由的不断过渡为前提的。"② 从这段话里，我们可以清楚地看出康德的形而上学对费希特哲学的深刻影响，而割裂精神与物质的互相转化的辩证关系，正是康德哲学所留下的主要祸根之一。当然，我们将要看到，费希特并不否认在一定的哲学体系内部的这种转化关系，而是认为这种转化必须在一定的哲学体系内、即确定一个最高本源的实体（或者精神，或者物质）以后，才能有这种转化，但是作为两个独立的本源实体来说，则是不可能转化的，因为两者既然都是最高的，就不存在转化的关系，说一种最高实体产生另一种最高实体当然是矛盾的。在这里，费希特的主要矛头是指向康德的二元论和调和主义。

既然唯物论和唯心论都是解决哲学的最高的、最基本的问题的哲学，是解决全部经验的根据问题的哲学，所以费希特认为这两种哲学体系在思辨上都具有同等的价值，而不能互相驳倒。费希特说："这两个体系中的任何一方，都

---

① 《费希特著作集》（六卷集），第 1 卷，第 315 页。
② 《十八世纪末—十九世纪初德国哲学》，商务印书馆 1960 年版，第 145 页。

不能直接地把对立的一方驳倒：因为它们的争论是关于那个无从再作推论的第一位的原则的争论；只要双方中任何一方的第一位的原则得到了承认，那么它就推翻了对方的第一位的原则。"①

看来，费希特这个观点，是一种欺骗的手法，是为他的主观唯心主义哲学体系打下的埋伏，因为事实上他一刻也没有忘掉驳斥唯物主义。

在费希特的心目中，真正可能存在的哲学体系只有一个，而不是两个。

费希特认为，唯物主义由于承认了物自身作为最高的本源，它就无力解决经验的根据问题。因为经验是由理智规定了的——这是康德确立了的原则，在经验之外的物怎样能规定在经验之中的理智呢？这个问题，在唯心主义者费希特看来，是无法解决的。而唯心主义则有一种"优越性"，因为理性是能动的，是自由的，它不需要别的根据，它自己就是自身的根据，所以，只有它能够具备以下两个特点：一是作为自由的实体，理性不需要任何别的根据，一是作为能动的实体，它可以做一切经验的根据。这样，费希特以为，问题一下子就解决了。在物质和精神这二者之间，只有精神有资格作为最高的本源，作为一切经验的根据。请看，费希特为唯心论辩护道："唯心论的对象不是经验的事物：因为它不是规定了的，而是仅仅由我来规定的，并且没有这个规定就是虚无，没有这个规定一般地就不存在；因而唯心论的对象是超越一切经验的某种东西。"②而物本来应在经验之中受理性的制约，可是唯物主义硬要把它拉到经验之外，成为不以经验为转移的"物自身"，所以这个"物自身"只能是一个虚幻的东西。所以这位刚刚宣布唯物主义和唯心主义在思辨上有"同等价值"的费希特，却又说："独断论就是从思辨方面来看，也完全不是哲学，只是一种软弱无力的主张和保证而已。唯一可能的哲学只剩下了唯心论。"③

但是，唯物论并不像费希特所说的那样"软弱无力"，它以物质的坚硬性冲击着德国唯心论的外强中干的"精神"、"理性"，这一点，费希特本也是有所感觉的，于是他又回到了两种哲学体系不能互相驳倒的立场，而且从这个立

---

① 《十八世纪末—十九世纪初德国哲学》，商务印书馆1960年版，第143页。
② 同上书，第142页，译文最后一句略有改动。
③ 同上书，第151页。

场提出了一个著名的论点:"人们将选择哪一种哲学,这就看他是哪一种人"①。

我们看到,在直率性方面,费希特是很具特色的。他毫不掩饰自己的主观唯心主义观点,他公然把选择哲学的最后根据,归结为一个人的主观兴趣。他说:"这个绝对的第一次的行为是通过任意来决定的,然而这种任意决断也应有一种根据,所以那种行为是通过爱好与兴趣来决定的。因此,独断论者与唯心论者之间的差异的最后根据,就在于他们的兴趣的不同。"②

德国的资产阶级本性再一次在费希特的思辨的外衣下表现自己。当时的德国资产阶级并不掩饰自己的利益,而是作为一个正当的权利正面地(虽然是软弱地)提了出来。它敢于宣称:"最高的兴趣以及一切其余的兴趣的基础,就是为我们自己的那种兴趣。"③ 这种兴趣和理想当然是不可让渡的、本源性的、绝对的。于是,在这个基础上,费希特以这个凝聚着当时德国资产阶级本性的"自我"为中心,建立了自己的主观唯心主义哲学体系,而德国的资产阶级,也附着在这个"自我"上,开始了自己的思想征途。

三、以"自我"为中心的主观唯心主义哲学体系

1. "自我"的提出

唯心主义,虽然有各种形式,归根结蒂,往往总难于逃脱唯我主义的下场,无论是感觉也好,精神也好,理性也好,说到最后,总离不开人的主观世界,离不开"我";但作为一个明确的哲学范畴来加以阐述的,在近代哲学史上最早有两个人,一个是唯心主义经验主义者贝克莱,一个是理性主义二元论者笛卡儿。贝克莱公开宣称世界就是我的感觉到的那个样子;笛卡儿则认为一切都是可以怀疑的,而只有我的理性是可靠的。他们有两句名言,其中的出发点都离不开"我"字。贝克莱说,"存在就是被(我)感知";笛卡儿说:"我思故我在"。在他们看来,客观存在的一切至少是不可靠的,只有"自我"才

---

① 《十八世纪末—十九世纪初德国哲学》,商务印书馆1960年版,第147页。
② 同上书,第146页。
③ 同上。

是可靠的，无可怀疑的，因而唯心主义者总是千方百计地把自己的哲学体系建立在一个精神性的实体上，不管这个实体被理解为建立在直接感觉的基础上，理智活动不过是感觉的深化或综合，还是被理解为超感性的理性。

显然，费希特关于"自我"的学说，其思想来源，可以直接追溯到笛卡儿。

笛卡儿在《方法论》中，追述了他在经验世界学习的经历，他抱着虔诚的态度，向一切事物学习，可是他告诉我们，他终于发现受骗了。他发现过去对许多事物的理解，都是自相矛盾的，他觉悟到外界感觉世界的不可靠，于是转而研究自己，研究自己的思想。经过各种怀疑和困苦的思索，终于发现，寻求可靠的东西，不要远求外在世界，其实就在我的心里，因为你可以怀疑一切，但你不能怀疑你正在怀疑这一点。关于"我思故我在"，笛卡儿有一段论述如下："我已经认为，世上一切皆无，没有天，没有地，没有精神，也没有肉体；因此我同样能认为我也不存在吗？不。既然我认为，并且只要我想某种东西，我就存在。我不知道什么最有力、最有技巧的东西使出全付本领来欺骗我们；但毫无疑问，如果我受欺骗，我就存在。"①

在这里，费希特的思想方法和笛卡儿是非常接近的。

笛卡儿的问题是要找到一个可靠的根据来解除一切怀疑。所谓怀疑一切，只有"我思"无可怀疑，就是意味着，事物的根据是无穷的，而且它们常常是自相矛盾的，而只有"我思"这一点，是用不着再找根据的，是自明的，是最高的根据，最高的实体，它是一切事物的根据，而自己是用不着再有根据的。经过这样的引申，在我们面前的，已经由笛卡儿变为费希特了。我们前面说过，费希特认为哲学的根本问题，就是要找出一切经验的根据，而这个根据是第一性的，因而本身就用不着其他的东西来作为它的根据，这就是"自我"。关于这一点，费希特说："一个关于既不能设定为与某物相同、也不能设定为与某物对立的判断，是不属于根据命题的，因为它不在根据命题的有效性的条件之下。这样的判断是找不出根据的，然而它自身却能为一切有根据的判断的根据。这样的判断的对象就是绝对自我，一切判断，如果具有这样的主词，就

---

① 《对第一哲学的沉思》，巴黎，奈尔松公司，第131页。

绝对地、无须任何根据地有效。"① 所以，费希特在《知识学》里提出的第一个基本原理，就是"自我"作为设定性，是第一性的，是一切根据的根据，因而是本身用不着再找根据的独立的本源性的实体。笛卡儿说，除"我思"之外，一切皆可怀疑，费希特则更进一步说，"除我作为设定者外，一切皆无。"②

在这里，我们看到，费希特在论证他的哲学的基石（"自我"）时，表现出惊人的武断。这在当时来说，也已经不是一种由康德奠定的批判哲学的传统，而是他自己所喋喋不休"批判"的真正意义上的独断主义的传统。

笛卡儿用自己的经历现身说法地描述的过程，康德把它在理论上加以批判、补充。这就说，康德也好，笛卡儿也好，都是出于发现经验的"限制"，找到了先验的、天赋的观念。关于感觉经验所提供的知识的不可靠性，经验主义者、怀疑主义者已经给我们提供了大量的例证，他们企图证明这是一条徬徨、混乱的死胡同，这种混乱、矛盾的现象迫使笛卡儿返求诸内，也迫使康德企图把现象和本体、经验与理性调和起来。

康德和笛卡儿都是二元论者，他们都承认宇宙有两个最高的本源，即精神的和物质的两个最高本源。康德把这种二元论的调和主义更加精致化了，提出了"先天综合判断"来企图从认识论上把理性和感性拉在一起。我们已经说过，费希特对这一点是很不满意的。看来，既然已经有那末多的事实证明感性物质世界的混乱，就应该毅然另起炉灶，走另外一条路线。这就是一下子从最高的精神实体出发，从这里，演化出经验世界的一切。

所以，费希特自己觉得，他把康德的思路颠倒过来了。他说，康德是从杂多的经验给定了的东西出发，引向经验之全，因而只能达到一个所谓"集体性的普遍性"；但是在费希特看来，从有限的东西出发，是不可能达到真正的无限的，这样，费希特就宣布："包括人类精神全部体系的知识学，必须采取从普遍降到个别的道路。"③ 这里所谓从普遍降到个别，就是指从"自我"出发，"降到"经验世界。关于这个问题，克罗纳在解释费希特思想时也说道："如果

---

① 《十八世纪末—十九世纪初德国哲学》，商务印书馆1960年版，第130页。
② 《知识学纲要》，1795年德文版，第9页。
③ 同上书，第9页。

说,康德从经验上升到经验的条件,从有条件上升到无条件的话,费希特采取了相反的方向。他把无条件作为出发点,因为无条件是最高的条件,——不仅对经验,而且对哲学来说也是如此。费希特的思路不是从世界到上帝,而是从上帝到世界。"①

从这里,我们也清楚地看到了从康德到费希特的哲学发展线索。康德既然从经验的杂多性、个别性,导向了经验的条件,导向了先验的理性,费希特就直接从这个理性出发,在康德哲学的终结处,开始了自己的哲学行程。所谓"没有根据"或"用不着找根据"显然是自欺欺人的,事实上,费希特的"自我"不但有"根据",而且有很深厚的历史"根源"。费希特并没有离开当时哲学系统发展的路线,而只是在唯心主义路线上跨进了一步而已。

即使在理论上,费希特也总觉得光宣布一下"自我""不再需要找根据"过于露骨,在具体论述他的哲学思想的过程中,他还是要想给这个"自我"找出一点什么"根据"来,可惜,他为他的"自我"所提出的"根据",总是很不像话的。

作为一个唯心主义者,费希特当然否认我们的感觉、概念、判断和推理是客观现实的一种主观能动的反映,相反的,他认为,我们的感觉也好,思维也好,都不是对物的感觉、思维,而是对我的感觉的感觉,对我的思维的思维,总之,我们没有对物的意识,而只有对于物的意识的意识,即"自我意识"。所以,笛卡儿的"我思故我在"就成为:一切都可以找根据,但我意识到我有意识这一点,是自明的,用不着找任何根据的,如果要说根据的话,只能说是一种"自我感觉"。因此,他对具有理性的人说:"在一切感觉中,你认为只有你自己的存在是真的。"②

也许,我们还会回到以前我们提到过的那个"最有力的""根据",即个人的兴趣。的确,只有这样的武断,或者,只有把这样的武断用思辨的语言加以"合理化",才能挽救费希特的"自我",而不至于被立即斥为无稽之谈的幻影。

费希特既然按照自己的主观兴趣(我们看到,其实是按照德国资产阶级的兴趣,即德国资产阶级的阶级利益)看中了这个"自我"作为他整个哲学的出

---

① 克罗纳:《从康德到黑格尔》第1卷,1921年图宾根版,第416页。
② 《费希特著作集》第3卷,1911年莱比锡版,第298页。

发点，从而把它看成"第一性"的，于是这个"自我"只能是从天上掉下来的，和经验世界一切事物都是不同的。它不是有血、有肉的经验的、现实的人，它是一个抽象，按费希特自己的辩解说，不是一个个的人——小我，而是"大我"。

经验世界的人也好、物也好，都是受因果律的支配的，都是有限的，都和别的物发生关系，互相影响，亦即互为条件，互相设定；但费希特这个"自我"因为是存在于因果序列的最起点或最终点，或者更确切地说，是在因果序列之外，所以它是不受限制的，不受设定的，是无对的，是绝对的。从这里，费希特又给他的"自我"想出了一条最可靠的"根据"，即它自己设定自己，它自己就是它本身的"根据"。

看来，这是费希特对于"自我"的根据的诘难所能拿得出来的"合乎逻辑"而又"机智"的最后的、也是唯一的王牌了。这一方面可以说明，费希特已经改变了康德的哲学思路，找到了一个最高的、本源性的出发点——"自我"，由调和唯物主义和唯心主义走向了彻底的唯心主义，另一方面，也可以看出，费希特决心把"自我"捧上万物本源的宝座时所面对的不可解决的困难。怪不得连资产阶级学者克罗纳也要提出这样一个问题："绝对自我自己设定自己——但谁设定这个自身设定的自我？有限的我？哲学家？"[①] 这个问题也许在费希特自己看来不值一驳，因为既然自己设定自己，还要什么别的设定者呢？但是，如果不把"自己设定自己"作为一个遁词，那末费希特对上述问题的唯一回答应该是：我费希特作为哲学家设定了这个"自我"，因为我是按照我的兴趣这样设定的，而这种权利是思辨哲学所赋予人类的天赋权利，是不可让渡的，是理性的权利。

当然，问题是不会按这种方式解决的，因为这样一来，费希特的整个哲学大厦就无从建立，他放下了一块自满自足、自我设定、无条件的、绝对的砖——自我，就无法设想再有可能砌第二块砖，所以费希特回避了这种解决问题的方法，采取了另一条道路，即通过"自我"与"非我"对立来展开他的全部哲学系统。

---

① 克罗纳：《从康德到黑格尔》第 1 卷，1921 年图宾根版，第 427 页。

2."自我"与"非我"的关系

费希特对于"自我"和"非我"的关系,着实费了一番笔墨,其中有不少对辩证法的猜测,但是,就其理论基础来说,仍是很不牢固的。

在理论上,费希特始终面临着这样一个难题:既然把"自我"设定为不再需要任何根据的、绝对的,那末,怎么又跑出一个"非我"来了呢?换句话说,"自我"既然是那样的独立自足,怎样又进入经验世界(非我)了呢?

于是,费希特不得不把他心爱的"自我",添一点不足之处。在这里,费希特的一个中心思想是:就现实性方面来说,"自我"已经足够了,但就理想性方面来说,"自我"还是不够的。这就是说,"自我"的存在,不需要任何的别的根据,它自己就是自身的根据,这样,它就是自足的;但,这种状态下的"自我"还没有"意识",没有感觉,没有认识,因为一般的认识都离不开经验的对象,而这时的"自我"是没有规定性的,没有限制的,不能成为一般的认识的对象,所以它要设定一个"非我"来和它对立,通过这种对立的斗争,来产生感觉、思维、判断、推理,来产生对"自我"本身的认识。这样,在费希特看来,先有第一条原理:自我自己设定自己,还是不够的,还需要第二条原理:自我设立与自身对立的非我。费希特说:"第一原理的绝对自我并不是某种东西(它没有宾词,并且不能有宾词);它就是它。这是不能进一步说明的。现在凭着这个概念,全部实在性都在意识之中;而且其中不属于自我的实在性便属于非我,不属于非我的实在便属于自我。自我与非我都是某种东西;非我就是那种不是自我的东西,自我就是那种不是非我的东西。"① 一句话,"自我"进入了经验世界,成了有限制的、受因果律支配的实在的东西。只有在这个条件下,才能产生通常的认识,产生经验的知识,自我通过非我的设定,认识了自己。所以,费希特认为,自我是现实的根据,而非我是理想的根据。

非我是自我设定的,但反过来又限制自我,这时自我已失去了独立自足的、绝对的特性,成为与非我对立的一方,受非我的限制,有了规定性,这样,"自我"就既是纯粹的,又是不纯粹的。在这个范围里,我们就有了一个正、反、合的论题:正题:自我由非我设定,反题:自我由我自己设定,合题:

---

① 《十八世纪末—十九世纪初德国哲学》,商务印书馆1960年版,第127—128页。

自我由自我和非我的矛盾设定。

在这里，又产生了费希特的第三条基本原理：自我和非我的统一。这三条基本原理，就是《知识学》的中心理论，正题：绝对自我自身设定自己；反题：自我设定非我，非我又限制自我；合题：自我与非我的统一。

我们看到，费希特就是这样，把他的"自我"引进了现实世界（非我），从而展开自己的精神历程。而这时候，费希特离开康德的哲学已经很远了。在费希特这里，作为一个哲学体系，已经不像康德哲学那样，由各种范畴的比较静止的搭配构成，而是一种能动的、有机联系的发展过程；已经不是心物二元论，而是以"自我"为中心的主观唯心主义的一元论。

前面提到过，费希特自己承认，他的体系和康德的体系在次序上是相反的，他的"绝对自我"，相当于康德《实践理性批判》里作为信仰设定的"我自身"，而费希特的"非我"，相当于康德哲学的经验环节[1]。但是，费希特毕竟不是二元论者。当康德无法解决心物两个体系过渡的问题时，费希特则由于设定了一个唯一的精神本源：自我，从而在唯心主义的基础上，解决了这个问题。

应该指出，费希特在解决这个问题时，是有许多不能自圆其说的地方的，其中康德主义的影响也还是严重的。一方面，他说绝对"自我"是唯一的本源，非我是自我设定的；但他因为要肯定非我对自我的限定作用，又认为非我和自我是两个独立序列，而各自按自己的规律活动[2]。正因为这一点，后来的资产阶级研究者克罗纳就认为费希特的自我和非我是两条第一原理，在这二者之中保持着一种凝固性，从而认为在《知识学》体系中，"仍然有两个绝对"[3]。应该说，这个看法是错误的，是夸大了康德二元论对费希特的影响的结果。从这种错误的看法出发，势必不能确当地估计费希特哲学对辩证法的新贡献。在这里，我们只指出，费希特的哲学，是彻底的主观唯心主义的一元论，他的全部体系是建立在唯一的精神本源——"自我"的基础上的。但在自我展开自己的对立活动时，他提出了自我与非我的对立，只有在这个意义下，

---

[1] 参见克罗纳：《从康德到黑格尔》第1卷，1921年图宾根版，第416页。
[2] 《知识学纲要》，第18页。
[3] 克罗纳：《从康德到黑格尔》第1卷，1921年图宾根版，第424页。

即不是在本源的意义下，而是在经验的意义下，费希特才说自我和非我都是独立的，而就本源的意义来说，非我同样是自我设定的，非我和自我的根源是相同的，同样是绝对的自我。所以费希特才说："自我与非我都是自我的原始活动的产物，而意识本身就是自我最初的原始活动的这样一种产物，即自我自己设定自己的产物。"① 正因为非我和自我都有同一个绝对自我作为根源，所以它们才能统一，它们虽然在一定条件下互相对立，但同时又具有内在的和谐，这样，费希特又把莱布尼茨的"预定和谐"说，在唯心主义基础上，提高到新的阶段。

3. 知识和知识的过程

单纯的绝对自我，和单纯的非我，在费希特看来，都没有知识可言，只有第三条原理所提出的，即自我和非我的矛盾统一，才为知识开辟了道路。

从认识论说，康德曾经认为，一切知识都起源于经验，虽然知识不完全是经验，因为康德把知识的内容归于经验给予的，而形式是先验的；费希特从一元论的主观唯心主义立场出发，认为知识的总根源，不论内容和形式都是来自"自我"，因此，费希特的认识论，是和他的本体论密切相连的，是他关于"自我""非我"的唯心主义关系学说的必然产物。费希特问，如果事物在知识之外，那末知识如何可能呢？事物和人的认识之间的能动的反映关系，是费希特早就"否定"了的独断主义（唯物主义），而他自己的解决方法首先是：所谓"事物"，本不在"自我"之外，事物是自我建立的，是自我的对立物，亦即自我的产物——"非我"，它们本来就是同源的，同一的，所以"自我"能够在意识上掌握非我，当然是没有困难的。这是费希特认识论的主观唯心主义的理论前提。

具体到认识过程来看，费希特也并不否认感觉作为认识的最低阶段，但对"感觉"，他有自己的主观唯心主义的解释。

在这里，费希特的出发点是："自我"一方面作为实践者，有被动的感受（Empfindung），但作为一个有理性的人，又是一个直观的观察者（Anschauung），所以，人的感觉，就不单纯是被动的，而是一种"创造性的

---

① 《十八世纪末—十九世纪初德国哲学》，商务印书馆 1960 年版，第 125 页。

想象"（produktive Einbildung）。费希特指出，事实上，你所感觉到的，不是事物，而是你自己的感受（Affektion），对这种感受进行观察，就是人的感觉的特点。所以，我们是按照我自己的（即"自我"的）内在规律去反映外在的客体的，我们只能有对自己的感觉，没有对事物的感觉，说到底，即我们只能有自我意识，而不能有对事物的意识。就这样，费希特更加进一步地堵塞了通向客观世界之路，把人的认识，封闭在"自我"的圈子内。

费希特举例说，事物的属性，如甜、苦等，并不是事物本身就是甜的、苦的，而是我们感受到甜的、苦的。[①] 费希特说："这里有两重性。感受本身是一种直接的意识；我感受到我的感受。因此我没有任何关于存在的知识，而只有对于我自己的状态的感觉。从根本上说，我不仅是感受，而且也直观；因为我不仅是一个实践者，而且是个理智者。我也直观我的感受；这样从我自身的本质出发，我也有关于一个存在的知识。感受性本身变成一个可感受物；……"[②] 所以，关于外在于我的存在的知识，只是不自觉地从我自身的意识引出来的。

譬如，我看到一个对象，我的视觉似乎是被动的；但在费希特看来，"我所看到的一切在我之外的东西，都是在我之内的"[③]，因此，我就不是一般的看者（Sehen），而是一个观察者（Anschauung），"我是一个活的看者。我看到意识——我看到我的看——我有了意识"[④]。

这样，费希特就把整个认识论的问题颠倒了过来。我看到了一个对象，不是这个不依我的意志为转移的对象对我的视觉作用的结果，不是对外物的视觉的反映的结果，而是我作为一个有理性者，从自身的意识出发，"观察"这种感受的结果。事实上，在这里，费希特一方面不能完全回避感觉的被动性，即外物对主体的作用，所以他就无法完全克服康德关于先天和后天相综合的矛盾；但是，因为费希特的哲学体系是建立在以"自我"为中心的主观唯心主义的基础上，所以他避免了知识来源上的二元论，而把"自我"、"自我的意识"作为知识的唯一源泉，从而在这个基础上，歪曲地解释了感觉的被动性。

---

① 《费希特著作集》第3卷，1911年莱比锡版，第308页。
② 同上书，第326页。
③ 同上书，第324页。
④ 同上书，第325页。

对于时间、空间、原因等范畴，费希特也同样从自己的哲学体系来改造康德的学说。

费希特说，单纯的感觉中，只能有相继（Nacheinander），而不能有并列（Nebeneinander），所以光有点，没有面；但是事实上我们都是由点到面的，所以所谓"空间"，就是我们的感觉，不是客观外物本身所具有的，而是我们自身的一种自我意识。同时，由点到面，是一种量的范畴，在费希特看来，这也不可能是被动的、从外物接受来的，而是我们的思想的一种推断。

从这种观点出发，不但知识的唯一来源是"自我"，而且具体的认识对象，不是独立于我的认识之外的，而是我的认识活动本身的产物。我的认识，不是认识对象的产物，相反，认识对象倒是认识的产物。于是，原先你以为感觉是对外物的感觉，是被动接受的，事实上却是你对自身的感觉，因而是你自身的产物。

在这里，费希特提出了一种主观唯心主义认识论意义上的"自由"。既然认识的对象，是认识的产物，你原来以为外在于你的异己的力量，都是内在于你的，都是你自己的产物，因此，一切恐惧、烦恼都没有了，因为一切都是你自己的产物[①]，费希特说："你相信已经看到了的现实，一个独立于你而存在的感性世界，一个你怕做它的奴隶的世界，对你说是消失了；因为全部感性世界只有通过知识才能存在，而它本身就是我们的知识；但知识不是现实，因此它才是知识。"[②]

当然，费希特这种"消灭""异己力量"的办法，无疑只是一种自我安慰，而也只有当时德国这样软弱的资产阶级，才会相信这种自欺欺人的理论。首先，当时德国的资产阶级不敢正视当前的现实，没有真正改变现状的决心和实际办法，只能幻想用"思想"的力量来"征服"世界。费希特的"大我""自我"，表面上看起来无所不包，气势汹汹，事实上也没有多大的实际力量，它本质上是一个理性的化身，它以为"理性"可以涵盖一切，它不承认理性要真正改变世界，必须通过物质的实践活动，同时在这个活动中，不断地纠正、检验、提高自己。"理性"关起门来称王称霸，这是德国唯心主义一个很大的特

---

① 见《费希特著作集》第3卷，1911年莱比锡版，第336页。
② 同上书，第342页。

点,也是当时德国资产阶级思想状态的真实写照。

4. 唯意志论和信仰主义

从康德留传下来的看法,只有意志、信仰的领域,才能达到最高的自由。同样,费希特也认为,知识领域里的自由,不是最高的,所以知识必然要向信仰过渡,要以信仰为根据,意志才是最高的理性自由。从自我和非我的关系来说,从知识到信仰,就达到了最高的综合。

我们知道,费希特的"自我",是一种能动的精神力量,它建立了一个"非我"与自己对立,在这个对立斗争的过程中,产生了知识,"自我"通过"非我"认识了自己;但"自我"并不满足于知识,因为它是绝对自由的,不容许即使在表面上看来的异己力量——"非我"。这样,通过进一步的斗争,自我克服了非我,达到了更高的统一,进入了信仰的领域。在这个领域里,自我已不受非我限制,没有非我和它对立,这时,自我表现为"意志"。对立的"非我"被克服了,知识的自由提高到"意志的自由",而只有"意志"才是真正的、最高的自由。

作为意志的自我,比作理智的自我更"提高了",已经完全扬弃了被动性,完全是一种主动的、自由的力量,只有在这个时候,才能完全达到主观决定客观,而不容许一丝一毫的客观对主观的影响。

首先,费希特指出,"目的"这个概念是高于"知识"概念的,因为知识概念只模仿既成的东西,而目的概念才预想将来要存在的东西①;对于这种尚未存在的东西,我们不可能有知识,因而只能有"信仰"。知识来自理智(Verstand),信仰则来自良心(Gesinnung)。在这里,信仰就不像知识那样,带有一定的被动性,——虽然非我也是自我设定的,但总是作为一个对立的力量被设定的,而意志则是完全自由的、独立的,这样,也只有在这时候,"自我"才恢复了"绝对"的本性。

我们在知识领域里看到的,费希特费了很多的篇幅来论证感觉虽然是被动的,但因为人是理智的动物,所以同时也是主动的;这时候,在意志、信仰的领域里,费希特的理论似乎就更加"得心应手"了,他更加坚决地指出,意志

---

① 《费希特著作集》第 3 卷,1911 年莱比锡版,第 346 页。

的对象,当然是由意志建立、决定的。费希特说:"我想要某些事情发生,因为我应该行动,于是,果然发生了;——如,我不是因为食物在我们面前才饿,而是因为我饿了,某种东西对我来说才变成食物。不是某物对我是目的,我才这样行动;而是因为我应如此行动,某物对我才是目的。"① 一句话,不是对象决定意志,而是意志决定对象。

当然,费希特对在他面前的对象的客观特性,是毫无顾忌的,他能够把石头吞下去,只要他饿了的话;他也可以对佳肴美味无动于衷,如果他不饿的话。法国的革命对我们——德国的资产阶级——不是很有吸引力吗?但可惜,我们德国人并不饿;德国的现状对我们——德国的资产阶级——不是很讨厌吗?对不起,我们饿了,凑合吃吧。

"自我"到了信仰的地步,真是"为所欲为"了,"意志自由"无坚不摧。本来在知识领域里与"自我"对立的"非我",必定要向意志屈服,世界从知识的对象,变成伦理的对象,成为"自我"活动的一个部分。这时候的世界,已经不是异己的力量,而是"为我"的目的服务的工具,是我的一个部分。费希特说:"那种对抗的力量会逐渐减弱,以至最后消失,因为在合规律的(合目的的 gesetzmäßigen)过程中,没有什么能保留下来,也没有什么力量能得到再生。"②

异己的力量消灭了,"自我"克服了"非我",自我和非我达到了最高的综合。这个世界固然不算好,但早晚会好起来,只有和未来的世界联系起来考虑,现实世界才有意义,只有与信仰联系起来,知识才有价值,只有在意志的统率下,理智才有意义,所以费希特才说,"真理只产生于良心"③。

在这里,我们看到,费希特的所谓"良心""信仰",和康德的"善良意志"是一个意思,虽然它比较起来,更积极、更具有能动性,但仍然没有什么实际的力量。

我们看到,从"自我"出发,经过与自己设定的"非我"的斗争,通过知识,达到了信仰领域,克服了非我,自我与非我完成了最高的综合,这样,费

---

① 《费希特著作集》第3卷,1911年莱比锡版,第360页。
② 同上书,第364页。
③ 同上书,第351页。

希特从自我出发，又回到了自我，形成了以"自我"为中心的"封闭的"哲学体系，这个哲学体系的主观唯心主义的性质，是十分突出的。可是，有的资产阶级研究者却竭力抹煞费希特哲学的这种主观主义性质，认为费希特的"自我"是主观和客观的统一，似乎是谢林歪曲了费希特的意思，把费希特推向主观主义一边；[①] 事实上，我们看到，以"自我"为中心的主观唯心主义，是费希特哲学最明显的特点，也是费希特本人直言不讳的。

四、费希特哲学对辩证法的贡献

从上面我们对费希特哲学的简单评述中，已经可以看到，费希特在辩证法方面，在辩证思维方面，是有一定的历史贡献的，可以说，费希特哲学是从唯心主义方面奠定辩证思维方式的重要环节，而德国古典哲学在辩证法方面的发展，同样反映了当时德国资产阶级的进步的要求。

1. 矛盾的不可避免性

我们知道，康德已经指出了矛盾的不可避免性，但他对此采取了消极的态度。他认为人的理智要想从科学上掌握事物的本质，从知识上掌握物自体，就必然陷于不可克服的矛盾。但是康德认为这种不可克服的矛盾本来是应该避免的（虽然事实上不可能），理性应该首先考察自己在知识领域内所能达到的限度，不要妄想做力所不能及的事。显然，康德对矛盾的态度是消极的、否定的。

与康德相反，费希特则从肯定的方面、积极的方面发展了辩证法。

首先，在费希特看来，"自我"和"非我"的对立斗争是必然的，不可避免的；"自我"集知识、情感、意志于一身，是自由的，又是必然的，它一定要设定一个"非我"来与自己对立，它必定要一分为二。

其次，这种对立和矛盾，不但不应该回避，而且是整个世界以及自我本身得以存在和发展的根据。没有"非我"的"自我"固然是绝对的，是经验之全的根据，但却是空洞的，没有自我意识的，它必然要设定一个"非我"，通过

---

① 见塔尔波特：《费希特哲学的基本原理》，第26页。

这个"非我",来实现自己,来认识自己,成为一个有丰富内容的"自我"。这样,费希特虽然提出了三个基本原理,但只有第三条原理,即自我和非我的统一,才是一个完全的思想,才是原始的、第一个综合,而如果先有正题和反题,则只是空洞的同语反复①。这就是说,只有"自我"和"非我"的对立统一,才是真正的思维发展的辩证规律。

这里,我们看到费希特和康德的深刻分歧:康德认为,只有避开矛盾,才能获得真实、可靠的知识;费希特则认为,只有承认矛盾,只有在对立的统一中,才能有真实的知识。

我们前面指出过,费希特是主观唯心主义一元论者,不是二元论者,所以他的哲学基础,他的哲学的出发点,是在唯心主义基础上的一分为二,是"自我"的一分为二。"自我"和"非我"是一个本源,不是两个本源,"自我"和"非我"都来源于"自我",是"自我"一分为二的结果,所以,在这个意义上,不像近代资产阶级研究者克罗纳所坚持的,这里有什么二元论的痕迹。克罗纳过分夸大了康德对费希特的影响,看不到在这个问题上,在辩证法的问题上,费希特哲学对康德哲学的重要发展,从而认为费希特的辩证法有一种"僵硬性"②,这显然是错误的。

费希特对康德哲学的这一发展,在哲学史上是十分重要的,是一个方法上的飞跃,从此以后,"辩证法"不但作为一个肯定的范畴,而且作为一个重要的基本范畴,进入哲学体系。德国古典哲学的辩证法,由康德的启发,通过费希特,才在唯心主义基础上,得到了肯定的发展。

2. 思想的主观能动性

这个问题,费希特同样也是在康德哲学的启发下,向着辩证思维方面前进了一步。

我们知道,康德在《纯粹理性批判》里已经提出了人的理性的统摄、规范作用,他认为,经验所给予的东西,本是杂乱无章的,只有经过智性的规范整理、范畴的统摄,才能真正成为经验,具有普遍有效性,相互交流。在这里,康德一方面把这种思想的主观能动性绝对化了,抹煞了它的客观的现

---

① 参见克罗纳:《从康德到黑格尔》第1卷,1921年图宾根版,第434页。
② 同上书,第424页。

实基础，同时，他的能动性也只限于整理、统摄的作用，只限于使经验条理化，仍然带有静止的意味。费希特则首先肯定"自我"是能动的主体，它与"非我"的关系，即它与世界的关系，不是被动地接受，而是主动地创造。非我是自我设立的。对象无论是作为知识的或是伦理的，都是"自我"创造的。

同时，费希特还认为，"自我"必须通过斗争，才能获得知识，取得自由，只有通过对立面的斗争，才能达到自由。"自我"设立了"非我"，自己设立了一个对立面，也就是树立了一个斗争对象，只有克服"非我"的障碍，"自我"才能有知识，有自由。这样，在费希特那里，思想的能动性，就不像在康德那里仅只是在自己的头脑里对感觉材料进行加工整理的问题，而是与非我斗争，克服现实世界的种种障碍，从而获得自由的问题，认识论提高到自我与非我的矛盾斗争史，自我在空间、时间中实现自己，在世界中实现自己的本性的过程。这样，费希特就把认识论和辩证法、认识论和人的社会历史在理论上更进一步密切地结合起来，这对后来的谢林、黑格尔，无疑有很大的启发作用。

3. 理论与实践的关系，实践理性的重要性

在费希特的思想里，"自我"首先不是一个静观的思想者，而是一个能动的行动者。费希特认为，自我作为一个思想者和作为一个行动者是完全统一的，但在这二者的关系中，作为一个行动者又占有主导的地位。

我们前面说过，康德哲学的出发点，是二元论的，他是要把经验所给予的和思想的能动性结合起来，因而，其主观能动性，总是带有静观的、被动的意味。费希特的自我首先是一个行动者，他是要动的，不是等待经验感觉给予材料，而是主动地设立对立面，主动地掌握、克服"非我"。所以，在费希特看来，康德的所谓直观（Anschauung），是一种"不动的"，其对象是事物（Ding），而他的直观则是创造的（produktiv），其对象是"活动"。这就是说，"自我"的活动，不是由外物给予的感觉经验的刺激引起的，而是它自身的本性所决定的，因而这样的自我才是真正"自由"的，即它的活动不是由经验决定的，而是自己决定的。

这样，我们看到，费希特更进一步发展了实践理性高于理论理性的思想，

用实践理性来统率理论理性。他说,"实践理性是一切理性的根源"①,认为只有实践理性,才给知识以价值,知识只有为"自由"服务,成为达到"自由"的工具,才有价值。

当然,在康德哲学里,实践理性也具有首要的意义,只有实践理性,只有在道德中,理性才不接受经验的指示,而只接受理性自身的"绝对命令",因而才是"绝对自由"的;但是,由于康德的二元论和形而上学的思想方法,割裂了实践理性与理论理性、道德与知识的关系,因而,在康德那里,所谓实践理性高于理论理性,只有等级上的意义,而缺乏内在的、发展上的意义。康德把实践理性和理论理性当作两个不同本源的领域,因而他把对实践理性的批判作为他的哲学体系的最后一个部分;而费希特从主观唯心论的一元论出发,把实践理性和理论理性结合起来,归诸一个唯一的根源——"自我",因而,在费希特哲学里,实践理性就可能既是哲学体系的终结,又是哲学体系的出发点。这就是说,实践理性和理论理性的对象,已经不是两个,而是一个,康德的道德上的绝对命令,同时也是知识上的绝对准则,知识并不是被动地等待经验和自然的恩赐,也不是为知识而知识,知识是为了更高的目的服务;不是理论理性管不了的地方让给了实践理性,而是由实践理性来总管,理论理性成为自我发展的一个环节。

当然,作为一个唯心主义者,费希特不可能真正解决实践和理论的辩证关系,正如马克思所指出的:"从前的一切唯物主义——包括费尔巴哈的唯物主义——的主要缺点是:对事物、现实、感性,只是从客体的或者直观的形式去理解,而不是把它们当作**人的感性活动**,当作实践去理解,不是从主观方面去理解。所以,结果竟是这样,和唯物主义相反,**能动的**方面却被唯心主义发展了,但只是抽象地发展了,因为唯心主义当然是不知道真正现实的、感性的活动的。"② 费希特当然也是如此。在费希特那里,实践活动不是一种感性的、物质的活动,而是一种精神的活动,因为感性的活动,照例是被唯心主义哲学家所鄙视的,只有精神的活动才是"高尚的"、"自由的"。为了拯救这种空洞的"自由",费希特和康德一样,把感性的行动和理性的活动分割开来,把前者归于经验领域,而认为只有理性活动才是自我的真正的本性。

---

① 《费希特著作集》第 3 卷,1911 年莱比锡版,第 359 页。
② 《关于费尔巴哈的提纲》,《马克思恩格斯全集》第 3 卷,第 3 页。

这样，刚刚由费希特所着重强调的实践理性的重要性，立刻又含糊起来；主观能动性，归根结蒂仍带有静观的性质。

我们看到，正是实践问题，对当时德国的资产阶级来说，是最棘手的。因为实践的问题，本质上是个革命的问题；如果把实践理解为感性的物质的实践，那末就不仅是个思想革命的问题，而是一个社会革命的问题，如马克思、恩格斯早就指出的："……对实践的唯物主义者，即**共产主义者**说来，全部问题都在于使现存世界革命化，实际地反对和改变事物的现状。"① 可是，这不仅对欧洲的封建君主是如洪水猛兽，对软弱的德国资产阶级来说，也是难以想象的。于是我们可以看到这样一种历史现象，要末放弃能动性，成为一个机械唯物主义者，被动地接受既成事实；要末从唯心主义观点歪曲能动性，使之成为抽象的、没有实际作用的东西，这就是资产阶级在这个问题上所能达到的最高水平，他们无法把能动性和物质性统一于人的感性的实践活动。

我们看到，费希特早年向欧洲君主呼吁的"思想自由"，在后来得到了哲学的系统化，原来作为资产阶级一分子发言，现在成了哲学家的"自我"发言。"实践""活动"被严格控制在思想的范围内，以免在实际上从根本上触犯现存制度。

这样一种阶级的局限性，一直给德国古典哲学的发展规定了方向，在费希特后来的哲学著作中，用"知"或"绝对的知"代替了当年的"自我"，以"存在"代替了"活动"②，已经看出了这种发展的趋势。

* * *

从整个费希特哲学体系的特点联系到他早期的政治言论，他的以"自我"为中心的唯心主义理性主义哲学的阶级实质是很清楚的。"自我"是绝对的、能动的精神实体，它的本性是"思想自由"，它拥有"不可让渡的权利"，它与"非我"对立，是现实的创造者、改革者，但最终还要和"非我"达到"最高的综合"。这个"自我"不是别的，正是抽象化了的、哲学化了的当时的德国资产阶级。

---

① 《德意志意识形态》，《马克思恩格斯全集》第 3 卷，第 48 页。
② 参见塔尔波特：《费希特哲学的基本原理》，第 72 页。

乔姆斯基简介[*]

诺姆·乔姆斯基（Chomsky, Avram Noam），生于1928年，是美国现在颇有影响的语言学派——生成语法学派的主要代表人物，他的这个生成语法学派有人称之为乔姆斯基的结构主义。乔姆斯基的语言学理论引起了语言、哲学、教育、心理学界的广泛注意，主要著作有：《句法结构》（1957年）、《句法理论纲要》（1965年）、《笛卡尔语言学》（1966年）、《语言和精神》（1968年）等。

乔姆斯基的语言哲学理论表现了现代资产阶级语言哲学的一种新动向。多年来，资产阶级语言哲学占统治地位的，主要是以施利克，特别是维特根斯坦和卡尔纳普等人所代表的逻辑实证主义。这派哲学，用语意的逻辑分析的方法，特别是用所谓句法学和语义学为工具，企图否定传统的哲学（"形而上学"）问题，并用"证实"（verification）的方法来说明命题的意义，把哲学归结为纯粹的语言问题，从而回避了许多重大的哲学基本问题。和逻辑实证主义的语言哲学相近似，在英国所谓剑桥、牛津的语言分析派，则以"日常语言"（ordinary-Language）为对象，并借助于罗素、G. E. 莫尔、后期维特根斯坦的分析哲学的精神，具体研究语言的各种现象的作用，建立了一种经验主义的语言哲学体系。这个学派的代表人物有G. 莱尔、J. L. 奥斯丁、P. F. 斯特劳生等。就美国语言学界来说，L. 布龙菲尔德的《语言论》曾被认为最有影响的权威著作之一。

语言哲学的经验主义研究与现代科学技术，特别是与现代数学、计算科学

---

[*] 原载中国社会科学院哲学研究所现代外国哲学组编《当代美国资产阶级哲学资料》第三集，商务印书馆1979年版。

和现代数理逻辑等学科相结合，产生了某些积极的成果，但由于理论上的主观性和繁琐性，越来越显示出逻辑实证主义的语言哲学已深深地陷于哲学上的绝境。有的资产阶级语言哲学家埋怨逻辑实证主义忽视具体的语言现象的研究，而所谓"日常语言学派"又忽视哲学理论的探索①。

乔姆斯基的语言哲学理论就是在这种条件下产生的。乔姆斯基在语言哲学受经验主义长期统治之后打出"理性主义"的旗号，以理性主义哲学观点代替经验主义哲学观点，因而被一些资产阶级学者认为是一种"突破"或"革命"，而事实上，他自己也承认，他不过是在新的条件下、在新的问题（主要是语言问题）上，继承了历史上理性主义的哲学传统罢了。

乔姆斯基认为，流行的语言哲学理论都侧重于语言的行为（performance），侧重于对语言行为的经验的分类和分析，以归纳出语言的规则，这样就忽视了他认为是一个更为根本的方面，即语言的能力（competence）方面的问题。与经验主义相反，乔姆斯基认为语言的能力不是由经验积累起来的，而是天赋的（innate），经验不过是刺激这种天赋能力、使之现实化的条件而已，而"一种语言的语法"其目的"是要对理想的言者-听者的天赋能力作出描述"②。

在这种先验主义的理论基础上，乔姆斯基发展了一整套所谓"生成语法"的语言哲学体系。语言的能力既然不是后天通过经验获得的，所以语言的现象本质上就不是一种学习活动，而是一种创造活动（production），这种创造活动的规则，既不存在于语言所反映的对象的规律性中，也不存在于社会交往的关系中，而是潜在于我们心中，我们的思想里面。语言的天赋能力自发地创造出合乎理性的规则，因而这些规则就具有普遍的必然性，这才是句法结构规则的本质，所以他说："我所谓的生成语法只是指一个规则系统，这个系统用某种清晰的、合定义的方法从结构上对句子加以陈述"。

在句子结构方面，乔姆斯基严格区分语言的底层结构和表层结构，生成语法侧重于对句子的底层结构进行分析。乔姆斯基认为，经验主义、结构主义语言学只能解决语言的表层结构问题，只有理性主义的生成语法才能解决语言的底层结构问题。在本书中他举了一些例子来说明这个问题：

---

① 参阅福德，卡茨编：《语言的结构》一书的序言，1964年，美国新泽西。
② 未另注明出处者，皆见本译文。

(8) (i) I persuaded a specialist to examine John.

(ii) l persuaded John to be examined by a specialist.

(9) (i) I expected a specialist to examine John.

(ii) I expected John to be examined by a specialist.

从表层结构看，例（8）和例（9）是一样的，其中（i）（ii）都是由主动句转换成被动句；但从底层结构看，（8）、（9）两句则是很不相同的。

(8)（i）的底层结构是：

名词短语——动词——名词短语——

句子（I——劝说——一个医生——一个医生将检查约翰）

(8)（ii）的底层结构是：

名词短语——动词——名词短语——

句子（I——劝说——约翰——一个医生将检查约翰）

(9)（i）的底层结构是：名词短语——动词——句子

（I——希望——一个医生将检查约翰）

(9)（ii）的底层结构是：

名词短语——动词——句子

（I——希望——一个医生将检查约翰）。

经过乔姆斯基的分析，例（9）的（i）、（ii）在意义上是等价的，只是形式上由主动变成了被动。就像"Mary is loved by John"和"John loves Mary"是等价的一样。在乔姆斯基看来，即使在被动句中，仍然给人一种直觉：John 仍然是主语。例（9）中，无论（i）、（ii），其直觉的主语都是"一个医生"；但是例（8）就不同了。Persuaded 的宾语可以是一个名词片语（a specialist, John），也可以说是整个一个句子（That a specialist to examine John 和 That John to be examined by a specialist），在前一种情形下，a specialist 就不能是两句的直觉上的主语，因此，这两句不是等价的。

乔姆斯基用这种方法来说明他的生成语法高出于一般的经验主义语言哲学，因为语言的表层结构虽然能说明某种语言的形式上的转换，但只有底层结构才具有理性的普遍性，说明人的天赋的语言能力是普遍必然的。这样，乔姆斯基认为，经验主义语言哲学可以对语言的原始材料作适当的描述，而只有生成语言才能更进一步把这种描述的适合性再加以原理化，提高到解释的适合性的高度。因此，就生成语法来说，不仅应有通过切分、分类加以系统化而得来的"外因成分程度机器"（peripheral processing）和意义的装置，而且更重要的是要研究人类获得语言的特殊的天赋能力——天赋观念和天赋原理。

不仅如此，乔姆斯基还在哲学上自觉地把自己的理论和整个理性主义哲学的历史发展联系起来，从柏拉图到笛卡尔、莱布尼兹他都作了肯定的论述。他明确地把语言习得问题当作知识获得的一个部分来研究，也就是说，语言的理论是哲学认识论的一个特殊组成部分。这样，他追述柏拉图的"回忆说"，大段引证莱布尼兹"有纹路的大理石"的论述，他还特别重视笛卡尔的"天赋观念说"，对此作了专门的研究。在语言哲学家中，他充分肯定了阿诺德、科德莫里、杜·马尔赛、比梯和洪堡特对于语言天赋能力的"洞见"，认为他们的理论在原则上是完全正确的，他们之所以没有成功，并不是理论上的错误，而是因为当时缺乏适当的技术装置（或机制）（technical devices）。现在，这些技术装置已经由经验主义语言哲学家多年来的研究充分确立了，因此解决洪堡特等人提出的问题已经没有技术上的障碍，这就是说，形成生成语法体系的历史条件已经成熟了。生成语法在理性主义的基础上，概括了经验主义语言哲学的成果，从而使语言哲学进入一个新的阶段。因此，乔姆斯基认为，过去在语言理论界占统治地位的语言行为（performance）问题只有在生成语法的基础上，作为生成语法的一个特殊部分去研究才能真正解决。

很明显，乔姆斯基的生成语法，是一种唯心主义的语言哲学理论，他企图超出逻辑实证主义影响下经验主义的语言分析理论，另辟一条途径，却回到了柏拉图、笛卡尔、莱布尼兹的基本立场，在哲学认识论上仍是一种唯心主义的、先验主义的观点。但是，由于乔姆斯基大量运用了日常语言学派经验分析的成果，结合了当代数学、计算科学、物理学等新问题和新方法，他的理论就具有更大的迷惑性，值得我们认真地加以研究和批判。

这里从他 1965 年的《句法理论纲要》（*Aspects of the Theory of Syntax*）一书的第一章摘译出一部分，该书共分四章，第一章带有导论性质。由于国内对乔姆斯基的观点还比较生疏，译者又缺乏专门的语言学知识，所以译文容有讹误，请读者指正。

苏格拉底[*]

一、苏格拉底的生平和历史背景

离开我们现在两千多年的时候,在希腊雅典附近的一个小山上诞生了一位为整个欧洲哲学思想奠定了基础的大哲学家苏格拉底(Socrates)。说到这位大哲学家的出身,虽然是正正堂堂的雅典公民,但却非名门望族。他的父亲是一位石匠或者是一位雕刻家,母亲据苏格拉底后来自己说是一位接生婆。他的父母对这个相貌不扬的儿子大概并没有指望他能出人头地,所以就让他继承父业,学点手艺,当一名石匠。我们这位哲学家并未辜负父母的期望,手艺学得不错,据说雅典卫城那些辉煌的神像中原本有他的作品,在古代有人亲眼见过。有的记载说他结过两次婚。后来这位夫人脾气不大好,时常爱吵闹,但他并没有妨碍我们这位哲学家的思考和大量的学术讨论,所以一般都认为关于他的夫人性格方面的逸事,是被夸大了的。

其实,我们这位哲学家的脾气也是有点古怪的。据说他有一件破旧的大氅一年四季都披在身上,冬天也从不穿鞋,光着脚到处乱跑。他的生活简朴大概也是因为经济的原故,因为他自己说过没有钱到市场上买书。大概自从他放弃石匠生涯、当上哲学家后就穷了起来。他和当时到雅典来的智者们不同,他不设教席,只和有兴趣的人"谈话"、"讨论"、"辩论",所以事实上他没有真正

---

[*] 原载叶秀山、傅乐安编《西方著作哲学家评传》第一卷,山东人民出版社 1984 年版。

当过"老师"、"教授",因而我们似乎应该相信他和别人"讨论"问题是不收费的,这样他的生活来源一方面可能是朋友接济(他有一些"阔朋友"),另一方面也许就落到他的夫人的肩上了。据说,我们这位哲学家的身体是很健壮的,我们当然应该相信这一点,他能如此不畏寒冷,其体质之强壮可想而知。不过我们也怀疑这位哲学家在精神上有一点毛病,因为据说在一次行军驻歇时他在雪地里站了一夜。这种"出神"状态,最初可能是哲学家思考问题时的一种正常现象,不过持续那样长的时间,不免令人怀疑有点病态了。

我们这位哲学家在当时的雅典还有一点显得很特别的是他没有直接参与政治,不过问政治,也就是说,他不积极参加实际的政治活动,而光好发议论,后来的学者们似乎都不太重视苏格拉底这个特点在当时雅典公民中所造成的印象,事实上,他这种作风也许给当时雅典人的反感是很强烈的,虽不能说因此而导致对他的判决,但却是一般雅典人不喜欢他的重要原因。当然,我们也应该看到,作为一个哲学家,苏格拉底以大部分时间探讨哲学问题,因而在实际政治生活上并不那样活跃,这对哲学问题的深入是有好处的,我们应该给予公允的历史的评价;但如果说到当时的实际情况,我们就不能不看到他这种作风的严重性。我们知道,雅典的奴隶主民主制是鼓励公民过问政治的,既讲民主,就会有各种不同的意见,雅典的传统不仅保护公民(奴隶主)中不同的政治派别(党派),而且鼓励这种派别。据记载,在梭伦立法时,如果不参加党派,是要被取消公民权的。我们看到,雅典的执政者,对不同政见的奴隶主(公民)是很宽容的,掌权的民主派领袖伯里克利曾表扬过贵族派领袖客蒙的战功,但在伯罗奔尼撒战争动员报告中严厉批评了不关心雅典帝国存亡的倾向。这种从古代原始公社留传下来的关心集体的精神,到了奴隶社会,由于统治奴隶的需要而在公民(奴隶主)内部得到加强。

当然,当时的雅典公民目光并不是很远大的,苏格拉底固然比不上伯里克利的丰功伟绩,但却在思想上、哲学上为希腊赢得了永久的光荣。

实事求是说来,苏格拉底也不是完全不过问政治光要嘴皮子的。根据记载,他曾经三次参军作战,在战争中表现得还很英勇,而后两次战役他已经四十多岁的人了。第一次是在马其顿的波提德。这次战争很重要,是伯罗奔尼撒战争的导火线,那是在公元前432年,苏格拉底三十六岁;第二、三次参战都是在公元前 424 年他四十四岁的时候，先在波爱特的德利后在马其顿的阿姆费。在第一次战役中，苏格拉底救过后来在雅典政治史上起过一定作用的阿尔西比阿德（Alcibiades），第二次战役苏格拉底是与色诺芬一起作战的。不仅如此，公元前 406 年他六十二岁时，还当过一任执政官被选进五百人议会。就在他的任上，他否决了把得胜了的将军因没有顾得上掩埋尸体等事而处死的决定。这一切，正如色诺芬后来为他辩护的，他已经恪尽了一个（雅典）公民的本份。

但是，无论如何，他主要是醉心于他的哲学的讨论，我们认为，这是他招致了杀身大祸的一个不可忽视的原因。

关于处死苏格拉底的真正原因，有各种说法，有的属于分析，有的近乎猜测，又说因为他在法庭态度顽固、故意激怒陪审官等等，但有一点是确实无疑的：在公元前 399 年，曾经戴有历史光荣桂冠的雅典"民主法庭"，以 80 票的多数处死了一个思想犯，一个给他们带来荣誉的哲学家。主要的起诉人是一个不出名的悲剧作家，他指控苏格拉底三大罪状：一是研究天文；二是败坏青年；三是信奉新神。如果不结合当时雅典的历史情况，我们已无法理解这几条罪状的严重性。三条中最轻的也许是第一条，但雅典法庭在前不久曾以此判阿那克萨哥拉死刑，现在按到苏格拉底头上，就当时来说，显然是张冠李戴，但仍可起到一种"不言而喻"、"非处死不可"的蛊惑作用。至于事涉教育下一代和宗教传统，当然就更其严重了。

然而，雅典也曾经有过它的光荣过去。从梭伦奠定了雅典奴隶主民主制以来，经过不断的完善化，特别是经过波希战争的考验，到伯里克利执政时，雅典进入了它的古代的黄金时代。苏格拉底出生时，正是希腊战胜波斯帝国的关键时期。苏格拉底三岁的时候，那位野心勃勃的波斯王薛克斯就死了，他七岁的时候，标志着雅典民主制光荣的伟大领袖伯里克利就已成为奴隶主民主派的领袖。当苏格拉底成年之后，在缅怀赛米斯托克、客蒙这些英雄的赫赫战功的同时，也亲眼看到这个小小的雅典城如何成为当时欧洲文明的中心。大概在他十岁的时候，就有幸看到爱斯库勒斯的悲剧。就哲学来说，阿那克萨哥拉到雅典城时，苏格拉底十八岁。阿那克萨哥拉为雅典城培养了第一个自己的哲学家阿开劳斯（Archelaus），而据说苏格拉底曾是他的学生。公元前 444 年，伯里克利掌权，苏格拉底二十四岁，据有的记载说，他曾是伯里克利情妇家里的座上客，而这位情妇是一位才女。苏格拉底当然不是凭借他的相貌，而是以他的才学进入这个圈子的。雅典城在各城邦中，尤其比起小亚细亚的城邦说，在思想上并不是先进的，雅典公民的风气当时还相当保守，但伯里克利是倾向于新学的，他的民主精神使得他不搞"一言堂"，他本人常常受到攻击，尤其是那些喜剧家，常常挖苦他、嘲笑他，甚至到法庭上去控告他的情妇，逼他上法庭亲自为情妇辩护，出他的洋相。

可是，雅典的奴隶主民主制终究不是完美无缺的、永恒的，它首先是一种奴隶制，它的内在的不可克服的矛盾迫使它走向自己的反面。据说，西方有一句话，上帝要一个人死亡，先让他发疯，在有的情况下，真是这样的，这不很象雅典民主制后来的发展吗？一切都在变，一切都在走向反面，本来是好事的，都成了坏事："人民领袖"成了"蛊惑家"；公平的"选举"成了"听天由命"；自由的辩论成了"舞唇弄舌"……独立的、坚实的原子（公民）在人民大会上互相"碰撞"得天旋地暗（"漩涡"）在精疲力尽之后，鼓噪而散。最要命的是那些自由公民的原子们，由于脱离劳动，不事生产，越来越不那么"坚硬"，公民内部的分化，大部分公民日益贫穷化，使这个曾显赫一时的雅典民主制成了徒具躯壳的累赘。它们有时做起事来朝令夕改，一夜之间可以作出截然相反的决定。另外还有两个原因使这个已经发了疯的制度加速了自己的覆灭：那场灾难性的伯罗奔尼撒战争以及它们很快失去了能够维系平衡、保持一时清醒的领袖伯里克利。

这场战争是非打不可的，虽然它早已怨声载道。雅典虽然是一个民主制的城邦，但它既然是奴隶制，就逃不了这样一个基本矛盾：奴隶们用自己的艰苦的劳动来维护那些不劳动阶级（公民、奴隶主）的特权。从历史的发展来看，要维护这样的特权，光靠小国寡民、物产并不丰富的雅典本身是不可能的，因而雅典是历史上最老的殖民主义者之一，而在希腊内部则始终要为争夺霸权而斗争。从这个意义来说，雅典与斯巴达进行的多年的战争其最根本的原因就不仅是某些领袖人物的野心和虚荣，在这些后面还有着"生存"这样一条重要的原因：要末放弃帝国的存在，要末为帝国而战，问题就是这样尖锐地摆在雅典公民的面前，所以进行伯罗奔尼撒战争不是一两个人的抉择，而是全体公民（奴隶主）同意了的。但是历史就是这样嘲弄了这个曾是自己宠儿的雅典公民，对雅典公民来说，不战固亡，战也要亡。所以，就历史的眼光来说，当时有识之士，多对这场战争、这个制度表示过怀疑是很自然的事。戏剧是生活的镜子，古代希腊雅典的社会生活，那些奴隶主民主制的英雄好汉们，在爱斯库勒斯、索福克勒斯、甚至在幼里匹得斯的戏剧中还是悲剧式的英雄，而在阿里斯托芬的剧中雅典公民则成了喜剧式的小丑了，就连苏格拉底本人也难于幸免。

说到阿里斯托芬，不禁令人想起，以公民大会为最高权力机关的雅典民主制在处理阿里斯托芬和苏格拉底两人的事情（或叫"案件"）上同样也表现出喜剧人物那种特有的前后矛盾、颠三倒四的特点。我们知道，阿里斯托芬不仅反对当时的民主制，而且同样强烈地反对伯罗奔尼撒战争，这有他流传下来的作品为证，后一条罪名，在古代是远远大过前者的，可是雅典的公民大会似乎并没追究此事，只是那个被阿里斯托芬指名道姓地在舞台上挖苦得发怒了的执政官克莱翁在公民大会上提议要把阿里斯托芬"流放"，而且竟未获通过；可是根据现有我们所见的记述，苏格拉底只反对现行的民主制，并没有反对当时进行的战争的言论，却被判极刑。

据说，在判刑后苏格拉底还有一些办法可以免于一死。一个是向法庭认罪求赦，据说这是法律允许的；另一个是逃跑，这当然是违法的，但据记载，当时是不太难的；另外似乎还可以交一笔赎金，当时他的阔朋友愿为他出钱等等。这一切都被苏格拉底拒绝了。认罪求赦固然合法但违反自己的良心、自己的原则；偷偷逃跑则贪生渎法，是一个好公民不应做的。看来，这位老先生有点"迂"。事实上前不久就有阿那克萨哥拉逃跑的先例，这个行动并无损于这位大哲学家的形象。当然，也许阿那克萨哥拉本非雅典公民，无由指责。

恰恰正是苏格拉底的这种"迂"劲，深深地激怒了雅典的公民（奴隶主）。他们不仅看不惯苏格拉底学说中那些新的东西，视为洪水猛兽，而且甚至更加仇视苏格拉底精神中那种传统的菁华：为真理、为荣誉、为法律，即为整个理想献身的精神。这种精神本来是雅典的制度、雅典公民自己教给苏格拉底的，但现在他们自己已永远失去了它，所以他们也像一切堕落分子那样绝不允许自己队伍中任何人保存一点点过去曾是共同财富的优秀品质。雅典的奴隶主（公民）正是那样一群败家子、堕落分子，他们正以百倍的仇恨来消灭自己祖宗留传下来的一切优秀的遗产。

事情就是这样的奇怪，公元前404年贵族寡头在雅典执政八个月，次年被特拉西伯推翻，恢复了民主制，可是这个在风雨飘摇中恢复起来的民主公民大会，对贵族篡权时期翻云覆雨的政客们表现得非常"宽厚"，立即实行大赦，保护他们的身家性命和财产，而对在三十僭主时期被勒令不许讲修辞学的苏格拉底，竟视为死敌。幸好包括柏拉图在内的苏格拉底的学生们在老师死后，都纷纷逃离雅典；后来亚里士多德在马其顿统一希腊问题上被迫逃离雅典时不无感叹地说，他不愿再一次让雅典城负杀害哲学家的罪名，所以只得逃之夭夭。

是的，苏格拉底是哲学家，他的历史功绩，主要还要看他在哲学上的贡献如何来定，研究一下他的哲学思想，是本文的主要目的①。

二、"认识你自己"

历来大多数学者都承认苏格拉底在欧洲哲学史上起过一种划时代的作用，所以以苏格拉底划分前后古代希腊哲学史已为一般所公认，但如何理解这种变革，却需要进一步的探讨。苏格拉底哲学思想包含了许多内容，比如"理念说"、"回忆说"、"知识即美德说"、"灵魂不朽说"……我们应该以什么角度，从怎样一个中心思想来抓住他的思想实质，然后从这个基本环节出发，把他的各种学说贯穿起来考虑，从而对他们有一个全面的、正确的、历史的理解，则是一件很不容易的事。

对这个核心问题，古今学者的研究资料可说浩如烟海，如果我们先一一缕述这些意见，则恐使人有如堕五里云雾的感觉，我想莫不如开门见山，先提出自己的看法，在阐述这些看法时，介绍各家的学说。

我的一个基本看法是：苏格拉底之前，古代希腊哲学家是从"自然"上升为哲学问题；苏格拉底之后，或从苏格拉底开始则从"自我"来说哲学问题。我这个看法，本也并非十分新鲜的，许多研究者都从不同的角度、在不同的意义上指出过这个问题，但我之所以用"自然"和"自我"这两个概念，也还有

---

① 关于苏格拉底的政治立场、社会作用及有关史料方面问题，我在《关于苏格拉底的历史评价问题》(《哲学研究》丛刊《外国哲学史论文集》第二集，山东人民出版社1981年第153—209页)有比较详细的论述，读者可参阅。本文只述大概和一些补充的意见，至于苏格拉底的学说和柏拉图自己的学说的关系，在那篇文章中也提出了我自己的基本看法。

自己的解释，我想用这两个概念来把过去所谓"自然哲学"、"伦理学"、"辩证法"等问题，试图说得更清楚些。

过去不少学者、哲学史家把早期古代希腊的哲学家米利都学派的三位大师、南意大利学派的一些人物、赫拉克利特等都叫做"自然哲学家"，他们都从具体的自然物质中寻找一个或多个"始基"（ἀρχή）。泰勒斯、阿那克西曼德的"水"、阿那克西美尼的（水）"气"，赫拉克利特的"火"，恩培多克勒的"四根"，阿那克萨哥拉的"种子"，德谟克利特的"原子"，莫不如此。这就是说，他们都是通过对自然现象的具体观察，通过研究自然现象，一句话，通过自然科学（虽然当时还是非常朴素的），来接触哲学问题的。在我看，他们之所以是哲学家，即他们的学说在哲学上的意义，不完全在于他们研究了自然的现象，而还在于通过这种研究，提出了对"第一性"问题的看法，所以我们同样很重视爱利亚学派，尽管他们的思想中有形而上学僵化的东西，但在哲学思维的发展上，仍不失为很重要的进步。

这种"自然哲学"在古代从传统宗教神话创世意识的统治下破门而出，其意义是很伟大的，尽管他们的一些具体学说，就自然科学角度来说，往往非常幼稚可笑，但人们却不能否认他们在哲学上的重要的意义，就像古代的绘画，尽管有许多幼稚的技巧，但仍不失为艺术的珍品。

然而，从自然的角度，通过自然科学来研究哲学，在古代是有很大的局限性的。在我看来，古代"自然哲学"的终极是德谟克利特的原子论[①]。在古代，从具体的自然现象（水、火、四根、种子）抽象的一种既具有物质的属性而又有哲学的抽象的概念，是哲学思维的一个合规律的发展产物。然而，随着这种思路的发展，"自然哲学"的内在矛盾也得到进一步的暴露。"原子"概念本身就是一个矛盾的结合：它是物质的，但又是不可分的。事实上，早在原子论产生之前，爱利亚学派已经指出了这个矛盾，但他们所主张的"一"，也和"原子"一样，是一个矛盾的结合。"一"是一个抽象，但又是"存在"。从德谟克利特原子论到"人为万物的尺度"的智者学派，为苏格拉底哲学铺平了道路，指出

---

① 怀特海说，从物质上研究哲学，最后的归宿是原子论，我认为，这在古代是适用的。（怀特海《过程与现实》，参阅沙尔生：《芝诺的悖论》，纽约1970年版第18页。）

了一个新的方向。苏格拉底是从完全不同的角度来解决这个矛盾的①。

苏格拉底自己思想的变化、发展，正是这一段哲学思想历史发展的缩影。

从阿里斯托芬的喜剧《云》来看，苏格拉底年青时是和其他自然哲学家一样，研究过"天文"、"地理"，因而被挖苦为"望天者"。阿里斯托芬这个讽刺倒不完全是捕风捉影，我们可以从柏拉图的《费多》篇得到印证。在《费多》篇里，苏格拉底曾认真地谈到他们思想转变的经过，他说：

> 我在年青的时候，曾很热情地追求过人们称作"自然科学"(περὶ φύσως ἱστορίαν) 的知识。那时我以为掌握每个事物的产生、生长、消亡的原因 (τὰς αὐτίας ἑκάστου) 是最为重要的。当时我总是反复考虑这样一些问题：是否像人们所说的，经过冷热相互作用而发酵以后，就使生物滋长；我们是用血来思想的，还是用气、火，或许都不是这些，而是头脑提供了视、听、味的感觉，并且由此而产生记忆和印象，一旦有了这一切，就产生了知识 (ἐπιστήμην)。接着，我又考察了我们是如何失去这些（功能）的，考察了天文、地理各种现象，终于我自己感到这样一些研究对我特别不适合。现在让我说的更清楚些。过去有些事明明是已经懂得了的，——这不仅我自己这样看，别人也是这样看的，——现在却变得模糊不清了。其原因是我感到过去以为自己懂得的，其实却一无所知，特别是关于人是如何生长的 (διὰ τί ἄνθρωπος αὐξάνεται) 这个问题。以前我以为人明显地是通过吃、喝——从我们的消化了的食物中成长起来的，吃了肉长肉，吃了骨头长骨头，这样，每一部分都由相应的相同部分加起来，身体就由小长大，小人变成大人了。……
>
> 我们再往下研究。当我们看到一个高个子站在矮个子旁边，是因为高的比矮的高出一头，马也是这样。有这种认识，我当时就很满意了。同时，我还认识到，10 比 8 大，因为多了 2，2 尺比 1 尺长，因为多了一倍，这是再清楚没有了……
>
> 可是现在我知道，我还远没有懂得那些事物的真正原因。我甚至自己

---

① 关于这一阶段的历史研究，请参阅拙著《前苏格拉底哲学研究》，三联书店 1982 年。

也不能说服自己，当1加1时，是增加的数本身变成了"2"，还是被增加的数变成了"2"？抑或是增加的数和被增加的数通过加法互相都变成"2"？我怀疑，当把它们分开时，它们每一个都是"1"，而不是"2"，那么是否当把它们放到一起固定下来，就因为这个原因变成"2"了呢？为什么不可以认为是因为把"1"分开了，这个"分开来"就成了"变成'2'"的原因？这样，关于形成"2"的问题，就有了两个对立的原因。一个是因为两个数的靠拢和相加，另一个则是使之相互脱离、分开。于是，对于事物如何成为"1"的，以及事物如何产生、如何消亡、如何继续存在的原因，我完全失去了自信可以得到确切的知识。就这样，我被搞得晕头转向，干脆放弃这一切。

当时，有一次我听到一个人在读一本书，他说是阿那克萨哥拉写的，书上说，心灵（νοῦς）规整万物，是万物的原因。我很喜欢这样的说法，因为我觉得心灵作为万物的原因似乎是很理想的，我想，果然这样，心灵就会使一切都有条理，可以使万物各得其最佳状态。如果谁要找出事物产生、消亡和继续存在的原因，就需要找出什么状态对这些事物是最好的，那它们应接受什么条件和应作出什么事才能得到最好的处境。按这个看法，无论对人类自己或其它一切事物，人们只要考虑一件事，即（事物的）最好的和最高的善（τὸ ἄριστον καὶ τὸ βέλτιον），因为次等的善也就必然包含于对最高善的知识之内了，因为它们是同一类的知识。在我考虑这些问题时，我很高兴发现了阿那克萨哥拉这样一位老师，我想，他首先会告诉我大地是圆的还是长的，然后还会解释其所以这样的原因和必然性，它的最好的状态以及何以能达到这种状况。如果他说大地是在宇宙中心，他就要解释为什么在中心是最好的地方。要是他向我阐明这个问题，我也就不想再知道其他的原因了。如果我学到了这些道理，我自己也就会解释太阳、月亮以及其他星球，考察它们的速度、方位的转换及其它特性，考察什么样的状态对它们是最好的。因为我认为，当他说心灵是规整的原因时，除了指事物存在的最好状态外，别无其它意思。因此，当他告诉我每个事物以及万物作为整体的原因时，也一定会解释什么是它们最好的原因（τὸ ἑκάστῳ βέλτιστον καὶ τὸ κοινὸν πᾶσιν ἀγαθόν）。于是，我满怀着希望，筹款购书，专心阅读,以望尽快弄清什么是最好的,什么是不好的。

但是当我读到他事实上并未用心灵来解释事物秩序的原因,而仍把它归因于气、以太、水这类的东西时,我的热望终于破灭。我感到,这就好象有人一方面说,苏格拉底的行为都是在心灵支配下做的,从这方面努力找出我的行动的原因,但另方面又说,我生在这里是因为我的身体是由骨骼和腱肉组合而成,骨骼是坚硬的,使身体各部分连接起来;腱肉是有弹性的,……可使我做各种随意的活动,这就是我现在能盘坐在这里的原因。……①

之所以不寻常地原原本本地引这样长一段话,是因为我觉得这段话是理解苏格拉底哲学思想发展的最重要的关键,尤其是这段话的历史真实性是无可怀疑的——我们无法把这段话按到柏拉图自己头上——,因而着重体会这段话是非常必要的。

在这里,苏格拉底首先批评了我们所熟悉的包括阿那克萨哥拉在内的"自然哲学家"的一些著名的学说,如泰勒斯的水,阿那克西美尼的气,巴门尼德的"一",恩培多克勒的"同类体"等等。经过一段探索后,苏格拉底认为这些学说,都不能指出宇宙万物之所以如此的根本原因。这里,我觉得应该特别注意的是这样一个颇有兴味的问题:为什么苏格拉底不满足于"水"、"火"、"气"、"骨"、"肉"等自然物质的原因?苏格拉底心目中要寻求的是一种什么样的原因?细体会上面引的那段话,我们可以看出,是一种"令人满意"的原因,这就是说,是一种"充足的"原因,找出这种原因似乎就可以心安理得,心满意足,至少暂时可以不再追索下去,——事实上,这正是古代所谓"始基",近代所谓"第一性原则",或者像莱布尼茨说的那种"充足理由"。在我看来,这是一个真正的哲学问题,苏格拉底觉得不满意,即他认为古代的"水"、"气"、"火"等可以是原因,但非第一性的、充足的。作为具体的自然的原因看,人们可以不断地追问下去,永无满意的时候,而苏格拉底心目中要有个"一劳永逸"的办法,找出一个最根本的原因,其它各具体的原因都在它统摄之下,因而只要找出这个原因来,就足够了。苏格拉底认为,这个根本原

---

① 柏拉图:《费多》篇。

因，不在孤立的具体自然物质属性之中，而是事物在整个宇宙世界系统中的地位，是一种适应性、合目的性，"善"是说明事物之所以各得其所、宇宙之所以和谐地、有秩序地运行的令人满意的原因。我想，苏格拉底当时心目中追求的就是这个"目的因"——"善"。还是用莱布尼茨的话来引申一下：按万物的孤立的自然属性看，世界的运行有无穷的可能性，但世界之所以按现在这个样子现实地运行着，有秩序地运行着，则有它的现实的、充足的原因。现实的世界是各种可能性中最好的可能性。

在这里，苏格拉底就在"自然哲学"的尽头，转向了"善"，转向了"自我"，转向了"人"。于是，他为阿那克萨哥拉的"心灵"说而吸引；觉得"心灵"很可以作为这个目的因来涵盖一切；他不满意阿那克萨哥拉的地方在于他的不彻底性；后者未能把"心灵"说贯彻到底，这一点苏格拉底是很敏锐的。和德谟克利特一样，阿那克萨哥拉的学说是古代"自然哲学"的终点，作为新哲学的起点，还需要跨出一步，这个决定性的一步，是从苏格拉底开始的。

我认为，苏格拉底哲学的重大的历史意义在于他是第一次在真正的哲学意义上发现了"自我"。

与上引《费多》篇相呼应的，柏拉图在其它相当多的对话中，记述了苏格拉底如何揭发了"自然哲学家"和"智者"们自以为有知识而实际并无知识这一事实。这个中心思想，使得柏拉图许多对话、特别是早期和中期的不少对话，带有摧毁性的特点。但是，这种对具体问题（为什么是"勇敢"、"美德"、"审慎"……）上的消极态度，却在哲学上带来重要的积极成果："认识你自己"。

"认识你自己"这句哲理名言是刻在德尔菲（Delphi）阿波罗神庙墙上的铭文。德尔菲是希腊北部的一个小城镇，依山（帕纳斯山）临海（哥林斯湾），风景优美；但它之所以成为游人如云的胜地是在于它的阿波罗神给人以各种预言被认为特别灵验。苏格拉底在哲学思想方面的传说，常与这个地方有关。

柏拉图在《申辩》篇中原原本本记录了苏格拉底的自我辩护词，我相信它的历史真实性是相当高的。苏格拉底在解释为什么他遭到不少有学问的人的仇视其主要原因是他揭穿了这些人是假学者，自以为很有知识，其实并无真才实学。据说就是德尔菲阿波罗神庙的预言宣称没有人比苏格拉底更有智慧。苏格拉底战战兢兢地走访了不少哲学家、悲剧家、技艺家，发现他们其实并不懂得自以为懂得了的事物，所以苏格拉底得出结论：神之所以说他自己比别人有智慧，只是因为他承认自己无知。苏格拉底这种态度当然就得罪了许多有学问的人。

不论这个故事是实有其事，还是苏格拉底编出来挖苦人的，但就其思想内容来说，显然是苏格拉底的真实思想，它和苏格拉底的整个的思想倾向是一致的。

这种精神，从哲学上说，是一种"反躬自问"的精神，当然并不是一般的"谦虚"，而意味着哲学上的一个新的方向。

我们前面说过，"自然哲学"不能提供令人满意的知识，它提供的事物的原因是不足够的，不充分的，或者说，他想象足够的、充分的原因——物质始基，如"水"、"火"等，带有独断的性质，是"宣布"出来的，用逻辑推论来解决这个问题、在古代跨出了决定性一步的是巴门尼德，但如前所述，他的"一"仍然摆脱不了古代"自然哲学"所面临的矛盾。在苏格拉底那里，哲学的问题仍然是寻求一种确定的、经久不变的东西，但这种东西既非具体物质，也非抽象的数（"一"与"多"），而是一个"原则"，一个"原理"，在这个意义上，我们觉得，只有从苏格拉底开始，我们才能认真谈到欧洲哲学传统中的"第一性原则"（The first principle）。这个原则在苏格拉底看来不宜求诸外（自然），而应求诸内（自我），是一种善的原则，目的的原则，道德哲学的原则，一句话，是人的原则，社会的原则。这就是为什么柏拉图在《普罗塔哥拉》篇里着重记述苏格拉底强调那条德尔菲的铭文"认识你自己"（γνῶθι σαυτόν）(343B.)。

我认为，从这个方面来理解古人对苏格拉底哲学变革的记述，将会更清楚些。过去常有一种说法，即苏格拉底把哲学从天上拉回了人间。据说这个说法最早出自斯多亚学派的潘那捏乌斯（Panatius），西塞罗从他那里得到启发，说"苏格拉底前的古代哲学研究数和运动以及万物产生和复归的源泉。这些早期思想家拚命探讨天体运动的方位和轨道之奥秘。苏格拉底从阿那克萨哥拉弟子阿开劳斯学，把哲学从天上召了回来，使它进入城邦，甚至打入家庭，让它考虑生活和道德、善与恶"[①]。西塞罗这段话曾使黑格尔大不高兴，说这样是

[①] 参阅格思里：《希腊哲学史》第3卷第418页。

降低了哲学，把它降为"茶余酒后"助兴的手段①，其实西赛罗这句话的主要精神是符合苏格拉底的实际的，也是符合亚里士多德以来的古人对苏格拉底哲学的评价的，只是我们不应从庸俗化的角度来理解而已。

的确，哲学一向曾是"高尚"、"纯净"、"神圣"甚至带有点"神秘性"的，这种看法一方面有它的阶级的、社会的根源，可以说它是一种剥削阶级、特权阶级的偏见，另一方面也有它的认识论上的根源：哲学常常要超出于一般的常识，超出一般"老生常谈"，去寻求那新的、深邃的、但又是确定的、持久的真理，于是似乎就容易出现这种现象：在我们认识非常清楚明白的地方往往没有哲学②，而对于那些尚未认识得很清楚的地方，却活跃着各种哲学流派。在古代，天上、地下是一个遥远而又富有吸引力的地方，也曾是古代希腊哲学家思想神游的场所。然而，昨天认识不清的，今天可能认识清了，科学知识是不断进步的，在这个长河中，哲学往哪里存身？苏格拉底心中一定已经有了这个问题，所以他才对赛奥多罗引用品达的诗论，人们上穷碧落下黄泉，丈天量地，"但对近在身边之事却不屑一顾"（εἰς τῶν ἐγγυς οὐδὲν αὐτὴν σνγκαθιεῖσα）③。这个近在身边之事正是"自我"、"人"，不是街谈巷议，茶余酒后道听途说，而是人的思想，人的道德，人的情操。

"哲学"（φιλοσοφία, philosophy）这个字据说早是古代希腊南意大利学派创始人毕达哥拉斯用起来的，原意是"爱智"，可是多少年来，似乎没有人谈到过"爱智"和"智慧"到底有没有区别，也许最初并无区别；但在苏格拉底的心中，这二者是有所区别的。"智慧"是对事物的认识，是对真理的掌握，但最高的智慧、洞烛一切真理的智慧，就活生生的人来说是不可能的，所以人只能"爱"这种最高的"智慧"，心向往之，努力追求这种智慧，是一个永恒的目标和理想。现有史料说明，当时已经有了"全知"的观念，这一点，正是在色诺芬的《回忆录》中提到苏格拉底认为神为"全知"（πάνταμαθήματα），能烛照一切，色诺芬指出，这是与希腊的传统观念不合的，因为希腊传说中的神和英雄同世人一样，有所知，有所不知，这一点，色诺芬的记载和柏拉图的

---

① 黑格尔：《哲学史讲演录》第 2 卷第 43 页。
② 这一点被现代逻辑实证主义、分析派哲学抓得死死的。
③ 柏拉图：《泰阿泰德》173E。

《申辩》篇完全一致，而在柏拉图的《费德罗》篇中，苏格拉底更明确地说："'智慧'这个词太大了，只适合于神，而'爱智'却适合于人。"① 在这里，剔除其宗教神学思想的糟粕，这个思想的哲学意义在于：苏格拉底强调了哲学与各种具体知识的联系和区别，人不可能穷尽一切具体知识，但人"爱"这种穷根究底的探索精神，激励和鼓舞这种精神，所以"认识你自己"，一方面认识现实的人的局限，人并非全知，但同时也认识到自己的神圣本质：对知识的永远不停顿的追求、热爱。

这样，刻在德尔菲神庙墙上的那句古老的格言，就赋予了新的哲学的深意。饶有兴味的是我们在柏拉图的《克拉底鲁》篇（Cratylus）中，苏格拉底从语言文字上来解释一些概念，其中有"人（类）"一条，他说，"在一切动物中，只有人（ἄνθρωπος）才是名副其实的，因为只有人对它所见到的事物进行观照（ἀναθρῶν ἃ ὄπωπε）"② 引申开来说，动物与人的感觉与能力固然有很大的程度上的不同，但最本质的一点还在人比动物多了一层：他能认识自己所能认识的一切，即它不仅有意识，而且有自我意识，它可以"反躬自认"，这也正是德尔菲的那条铭文的真义。

于是，我们看到，"爱智"与"认识你自己"相结合，在哲学上产生了一个新的方向，哲学不仅是对"自然"的认识，而且是对"自我"的认识。哲学并非远在天边，而就在你身边，在城邦的社会生活中，在市集上，在家庭中，在你自己身上，在你的心中，"朋友，哲学是人的思想的本性"（φύσει γάρ, ὠφίλε, ἔνεστί τις φιλοσοφία τῇ τοῦ ἀνδρὸς διανοίᾳ）③。

在这里，我想指出这样一个有趣的现象：我觉得应该如实地承认，两千年后康德自称的进行的"哥白尼式的革命"，在苏格拉底那里，已经有过一次预演，虽然是在非常朴素、非常简单的形式下进行的。

三、精神与物质的进一步分化

我们说，苏格拉底把哲学从天上引到人间并不是说前苏格拉底的哲学家就

---

① 柏拉图：《费德罗》篇 278D。
② 柏拉图：《克拉底鲁》篇 399C。
③ 柏拉图：《费德罗》篇 279B。

没有研究过人的问题，似乎在他以前既没有认识论也没有伦理学。我们知道，早期希腊哲学家就或多或少有"物活论"的思想，以人的活动来比附自然现象的变化；恩培多克勒的流射说，可说是认真研究人的认识过程的尝试，此后阿那克萨哥拉、德谟克利特对人的感觉、思想过程都有许多猜测和观察，德谟克利特的"影象说"可以看作古代朴素唯物主义认识论的最高成就。而一般承认的"德谟克利特伦理学残篇"，固然有不少疑问，但其中所反映的思想，可能是属于前苏格拉底的，这种格言式的道德箴言可以追溯到古代七贤。不仅如此，在一般意义上说，第一个把哲学引向人间的是智者学派。智者奠基者之一普罗泰哥拉的"人为万物尺度"已经预示着哲学在孕育着一个新的方向①。然而问题在于：包括智者学派在内的前苏格拉底各家，在涉及人的问题时，大都只是自然的角度来看待它的特点，即使在谈到社会伦理道德时，也主要把它看成人群集聚的自然组织所必须遵循的一些共同规范而已。

人的问题的复杂性还在于它是有思想、有目的、有意识的动物，它不仅能够感觉世界，以自然的一分子来影响自然，而且能够有意识地改造世界。因而人就不仅是自然的存在，不仅是自然集聚而成的社会的存在，而且还是有意识的、道德的社会存在。人不仅适应着各种自然的必然性（包括集体生活的必然性），而且能够认识、掌握这种必然性，利用这种必然性来达到自己的目的——这种目的是在各种自然的可能性中选择出来的最好的可能性，人使之转化为现实性——所以有这样一切说明，人不仅是必然的存在，而且是自由的存在。

我觉得，正是人的这些本质特点的复杂性——至今我们不能说，已很清楚了——，成为古代唯心主义产生的认识论的根源。至于产生这种哲学的社会阶级根源，古代希腊的奴隶主如何从自身的利益需要一种不同于"自然哲学"、不同于"智者学派"的哲学，此处因篇幅关系，不作论述了。

就历史发展言，"精神"与"物质"的分化当然是很远古的事情，甚至可以说，这个问题自人类产生以来就存在了。远古时代的神话传说，已是意味着对人自身精神作用的一种想象；在欧洲哲学传统的开始的地方，在泰勒斯的哲

---

① 关于这个思想进一步的阐述，请参阅拙著《前苏格拉底哲学研究》中智者学派部分。

学思想中，已经有了精神与物质分化的萌芽，这已是公认的历史事实。在古代希腊的传统中，"ψυχή"是一个很古老的字，它最初是和"嘘气"这类意思联系在一起的，这大概是远古人类对自己的精神实体进行猜测、想象的共同倾向，即它是一种精细的、特殊的现象，而本质上仍是一种物质的现象。我们看到，在前苏格拉底阶段，这种古老的传统思想虽在逐渐减弱，但仍占了很重要的地位。直到阿那克萨哥拉，他虽然提出"心灵"（νοῦς）说，但他的"灵魂"（ψυχή）仍被理解为最精微的（物质）微粒，可以穿透一切。

在古人中，大多数人相信人的灵魂要比肉体更为持久，这种思想倾向最初表现在"诸神"、"英雄"的比"凡人"有持久性，而"凡人"则是芸芸众生，转瞬即逝。对人生倏忽的意识，是精神与物质、灵魂与肉体分化的最初的表现。人类思想的发展，"诸神"的持久性转化成为"凡人"自己的灵魂——而是一种比肉体更为持久的东西。这种思想倾向，自从毕达哥拉斯从埃及贩来了"灵魂轮回说"后，更加发扬光大，直至苏格拉底，我们在《费多》篇里可以读到这种学说的详细的叙述；不同的是，在苏格拉底那里，这个学说是用作说服别人的工具，这一点当然至少说明这种学说在当时还有相当大的影响——，而他对这个问题，还是有自己的理论。

我觉得，包括毕达哥拉斯学派的"灵魂轮回"、"灵魂不朽"在内，所有这一切，都是一种想象的产物，因而基本上还是属于神话传说的范畴，而哲学需要的是逻辑推理。当然，我们已经说过，神话传说中有哲学意识，就像我们现在还应该承认文学艺术作品中有哲理性一样；但神话传说是想象的产物，其中涉及的哲学观点，就哲学而言，是以独断宣布的形式表现出来的，不是以推理的形式表现出来的。它们告诉人们，"神"和英雄如何强大，人的灵魂像一团不散的气一样，历经数千年，等等，这些都没有什么逻辑的根据。这就是说，当时人们只是心中隐隐感觉到有那样一个（或一些）最根本的问题，但还不能用逻辑的方式清楚地表述出来。

我个人认为，在欧洲哲学史上，第一个完成这个新任务的是苏格拉底。

当然，我们这样说，并不意味着苏格拉底的思想是没有前人的准备的，是天上掉下来的灵感的产物。我觉得，所有前苏格拉底哲学学说，都为苏格拉底的哲学变革创造了思想条件。

古代"自然哲学"家们固然不具备真正的"自我"概念，但无论如何他们在万物中发现了一种叫做"ψυχή"的，具有与众不同的特性。同时，他们当然是真正意义上的哲学家，他们要通过宇宙万物，寻找一个第一性的始基，特别是经过巴门尼德、芝诺等爱利亚学派的哲学家，这种"始基"已由最初的独断式的"宣布"，逐渐地过渡到逻辑的推论上来，并且经过留基伯、德谟克利特，巴门尼德的"一"，已发展成不可分割的"原子"。所有这一切，都为苏格拉底的"灵魂"说——哲学意义上的"自我"论①在思想上和方法上提供了必要的基础。

在苏格拉底这里，我们看到：早期自然哲学家的"始基"，巴门尼德的"一"，德谟克利特的"原子"，普罗泰哥拉的（有血有肉的活生生的）"人"，已从外在的世界进入了"自我"的心中，从物质的实体转化为精神的实体——灵魂。这就是说，自古以来哲学家们所寻求的那种最初的、也是最后的东西，不在外面，而是在我们自己的心中。

应该说，爱利亚学派已经揭示了物质"始基"说的最本质的逻辑和事实的矛盾；一切具体的事物都是可分的，都是"多"，所以它们的"一"，是一个逻辑的结论，因为既然"多"是可分的；那么只有与"多"对立的"一"是不可分的，最原始、最基本的、也是最后的"始基"。然而，巴门尼德这个"一"仍然是不彻底的，仍然带有"自然哲学"的深刻的影响，因为它又是真实的、因而是自然的"存在"，还是"圆形"的，所以爱利亚学派这个逻辑的结论，仍然带有浓厚的想象的色彩，所以，在它之后，仍然有阿那克萨哥拉的"种子"说，特别是德谟克利特的"原子"说。古代"原子"，固然是一种理论的抽象的产物，但同时也仍然不可避免的有一种独断的、宣布式的意味。"原子"既仍是物质之存在，为何是不可分的？说到了最后，已无逻辑推论的问题。然而，应该看到，在古代，原子论的启发性是非常大的，它启发了智者的"人"，也启发了苏格拉底的"灵魂"，因为在苏格拉底看来，不是物质性的"原子"，而是精神性的"灵魂"才真正具有这种单一的、不可分割的特性。这正是柏拉图在《费多》篇里记述的苏格拉底的主要哲学思想，这种思想不仅是贯串于整

---

① 参阅格思里：《希腊哲学史》第3卷，第469页。

个苏格拉底、柏拉图哲学派，而且是贯串于今后整个唯心主义哲学阵营的。

在古人的心目中，事物的存亡只是一种聚散形式，分解和组合，原子是最基本的粒子，它可以聚而为万物，但本身不能分解，因而它是永恒的、不变的。人的生死亦复如是。苏格拉底在《费多》篇里首先提出的问题就是：人死了肉体固然要分解而消亡，灵魂是否也会分解像烟云一样消散于太空之中①？苏格拉底的回答是否定的，他论证这一点的核心思想是：灵魂不是组合物，而是单一的，是"自身同一的"（μονοειδὲς ὄν αὐτὸ καθ᾽ αὑτό）②。

在这里，人们终究找到了（不是找到了，而是从反面推断出了）不是与自然物质在程度上或在具体属性上不同的实体，而是与它们有本质上、种类上、原则上不同的实体——精神的实体。不是说"原子"因为本身没空隙、没有部分而不可分割吗？灵魂正是这种无色、无形、没有空隙、没有部分的单一的"原子"③，两千年以后，莱布尼茨叫做"原子"（die Monade）。人们不是寻求永恒的、不会消亡的、因而既是最初也是最后的"始基"吗？正是这种精神实体——灵魂。于是，古代"多"与"一"的对立、变与恒的对立，在这里成为物质与精神的对立。

我们看到，从这个意义上来说，古代的"自然哲学家"是不可能找出这样一种实体的，这并不仅仅是因为他们的知识水平还非常朴素，更不是他们本人在智能方面有什么缺陷，而是他们作为"自然哲学家"的方法本身就决定了他们不可能完成这样的工作。因为这种"精神实质"，在自然界根本是不存在的，它是一种与自然绝对对立的"彼岸"，它具有自然界而不可能具有的一切被人认作为美好的特性：智慧、自由和永恒。古代"自然哲学家"只能为此指示出一个方向，因为他们同样要寻求那些美好的东西，要寻求一个或几个"始基"，但他们不可能用逻辑推理形式真正找到它。如果说，"自然哲学家"的"始基"（包括原子论在内）曾经容易引起一个误解，从而引导人们在真实的现实世界去寻求这个"始基"的话，那末苏格拉底的灵魂则是逻辑推论的悬设（用

---

① 柏拉图：《费多》70A。
② 同上书，78D。
③ 参阅柏拉图：《费德罗》247C。

康德的话来说）①。

这样，我们可以看到，古代毕达哥拉斯"灵魂不灭"、"灵魂轮回"这些带有宗教传说色彩的思想，在苏格拉底这里，被披上了一层理性的外衣，有了逻辑推论的内容。

当然，我们并不是说，苏格拉底已经完全摆脱了古代宗教传说的影响，事实上我们在《费多》、《费德罗》等篇中可以看出这方面许多的痕迹。比如苏格拉底曾详细地向他的朋友们描绘灵魂在地狱里的情形，他说得那样的认真，不容让人怀疑他的真诚态度。这些，当然是从前人的神话传说中得来，是一种想象的产物，苏格拉底哲学的新的东西，当然不在这里，而在于他是历史上第一个真正的、自觉的唯心主义者，在哲学理论上开始了"精神"与"物质"的原则上分化；这时候，我们比以前更加清楚地看到了哲学上两条路线的对立：一条是古代"自然哲学家"从"自然"出发探索哲学问题；一条是苏格拉底从"自我"出发探索这同一个问题。唯心主义哲学已经跨出了决定性的一步，我们等待着这个体系的进一步的展开。

四、"理念论"的奠基者②

"自我"在哲学基本问题上的地位现已确定，哲学的任务就在于进一步确定这个"自我"的各种规定性，首先是确定在苏格拉底的哲学中，"自我"和"自然"、"精神"和"物质"的关系，在这里，我们首先遇到的问题是"自我"是如何认识"自然"的，这就是说，我们首先要解决认识论的哲学问题。这个问题的提出，一方面固然是理论上的需要，另一方面也是历史向苏格拉底提出的挑战。

在苏格拉底的时代，哲学认识论由朴素的感觉主义、经验主义，由恩培多克勒的流射说和德谟克利特的影象说走向了智者学派的相对主义、个人主义、

---

① 它同样不是一种逻辑的证明，所以现代分析派才认为传统哲学既非经验可以证实，又非逻辑可以证明，因而是"假问题"。
② "理念论"和"唯心论"在外文常常是一个字，但此处的"理念论"是指"Theory of idea"，不是"Idealism"，也许译"理念论"好一点。

主观主义。赫拉克利特的朴素的、但是正确的辩证法宇宙观被歪曲地发展成诡辩术，真理的客观性、普遍性发生了动摇。个人的、朝三暮四、出尔反尔的"意见"代替了放之四海皆准的真理。这种思想倾向是雅典奴隶主民主制后来逐渐腐败的反映，而这种倾向又反过来给这个社会带来了恶劣的影响。当时在理论上的当务之急是要挽救科学知识，哲学家要为具有普遍价值的科学知识辩护，要维护知识的真理性。这样，古代希腊的哲学认识论，就由感觉主义、经验主义向理性主义过渡，而这个过渡的中心环节仍然是苏格拉底。

当然，我们同样应该承认，这种感觉主义、经验主义与理性主义的分化，感性与理性的分化，是和物质与精神的分化同样古老的，至少应该说这种分化也是在巴门尼德那里已经相当明显了的，因为他认为他的"一"、"真理"、真正的"存在"，是要用"心灵"（νοῦς）来掌握的，然而，巴门尼德的"存在"既是具体与抽象朴素结合的整体的产物，因而也就没有一种相应的理性概念来掌握它。在这里，苏格拉底的"理念"（εἶδος）则比巴门尼德的"存在"发展了一步，不仅具有属性的意义，而且具有沟通主体与客体、一般与个别、抽象与具体的作用，在认识论上，为亚里士多德的系统的范畴论启示方向，尽管亚里士多德严厉地批判了这个学说。

然而，关于苏格拉底与"理念论"的关系，还有史料上的一些问题。

很长时期以来，苏格拉底与"理念论"的关系，很少有人怀疑过，因为柏拉图、色诺芬都有大量这方面的记述，而亚里士多德批评柏拉图在"理念论"上走得很远，更是一条有力的旁证；但是这个信念后来发生了动摇，有一些学者认为苏格拉底不是"理念论"的创始人，这个思想的发明权只应归于柏拉图。

首先我们应该承认，持这种意见的学者并非"疑古成癖"而随便怀疑的，从史料上讲，的确有不少可疑的地方。柏拉图的对话可以看作是"戏剧性的想象"的产物，其历史真实性立即成了问题，他们各个对话之间的矛盾、前后不一贯的地方，则加深了这种看法的可靠性。色诺芬的回忆录被认为是柏拉图著作的模仿，而亚里士多德更被说成了批评老师，而把优点都归于了祖师爷；此外，后一点的古人中如第欧根尼·拉尔修在他的《名哲言行录》"苏格拉底"条中记述了许多逸事，也提到"认识你自己"、"美德即知识"等苏格拉底的哲学思想,却没有提到"理念论",等等。所以,在最有影响的希腊哲学史家中,贡帕尔兹就说过"苏格拉底根本不知道理念论"这样的话①,除此之外,迈耶尔在他的那本很有学术价值的关于苏格拉底的专著中,更进一步提出了一个值得重视的现象,即在两个重要的苏格拉底的学生的学说中,并无"理念论"的地位②。

所有这些意见,我认为都是值得重视的,需要进一步认真研究的,但是我个人的一个基本的看法是:这些问题的揭出,并不足以推翻苏格拉底作为"理念论"的奠基者这一看法。

首先,我们在这方面拥有的最重要的材料当然是由柏拉图提供的,柏拉图在不只一个对话中以苏格拉底的口阐述"理念"这一思想,我们看不出他有什么理由把他自己如此重要的思想归诸当时被判极刑而为一般雅典公民所不喜欢的老师身上。我们知道,按照现在对柏拉图对话的分期,其中提到"理念论"的,主要是在中期和早期的对话之中。最著名的当然是《理想国》、《费多》,还有早期的《克拉底鲁》诸篇,这使我们倾向于相信柏拉图记述的基本的历史真实性,即在他的写作的前期,较多地回忆、记述了老师的教导,这应该是在常理中的事。

在有关"理念论"的柏拉图对话中,最为特别、最难解释的大概要算《巴门尼德》篇。与大部分与别的对话不同,在这里,苏格拉底处于配角的地位,当时他还很年轻,而巴门尼德却年事已高,以巴门尼德主讲,与苏格拉底辩论,而辩论的主要关键,正在于巴门尼德不同意苏格拉底的"理念论",而以他的"一"、"存在"、无限分割等基本学说,反驳了这个年青人的想法。如何解释这个对话,学者们的意见是很多的,具体分析这些意见,应是研究柏拉图哲学时的任务,因为这个对话,很可能意味着柏拉图本人哲学思想变化、发展的一个转折点,由早期重点放在"理念论"向后期转向重点放在"存在论"(特别是《智者》篇)的一个过渡环节。但即使承认这一点,我们也不妨认为这个对话仍然反映了一定的历史真实情况,即在柏拉图本人思想发生变化的时候,想起了巴门尼德对老师年青时尚不成熟的"理念论"的批评。这种记

---

① 塞·贡帕尔兹:《希腊思想家》第2卷,莱比锡1912年版,第49页。
② 迈耶尔:《苏格拉底,他的工作和他的历史地位》,图宾根1913年版,第264—268页。

述当然是听来的,因为柏拉图入苏格拉底门下时,苏格拉底已经五十九岁,最大的可能性是这位老师自己说的一段经历,而在柏拉图自己思想发生变化时,起了作用。我们这个看法当然也只是一种猜测,如果要说根据的话,那只有一条:柏拉图《巴门尼德》篇中所记述的巴门尼德、芝诺和苏格拉底的年龄是公认比较真实的,因而柏拉图在写这个对话时是经过推算的,那么似乎并没有多少理由认为柏拉图要故意编造一些涉及重大哲学问题的理论学说。

至于苏格拉底的另外几个杰出的学生:安提斯塞尼、阿里斯的普斯和欧克里德斯,以后都各立门户,自成一派,他们都吸取了老师学说中的某一个或某一些方面,正如格思里教授指出的,"这是学术史上常有的现象"[1]。何况他们所留下的材料太少,根据过于少的材料来对这些材料所没有涉及的问题下断语是不慎重的。

当然,我们这样说,并不意味着忽视柏拉图对"理想论"的发扬光大的作用,只是觉得他与苏格拉底的关系有点同德谟克利特与留基伯相象,所以我们建议把"理念论"的详细的研究留待研究柏拉图哲学思想时去做,在这里是把苏格拉底作为这个学说的创始者、奠基者来论述。

"εἶδος"这个词并非苏格拉底创造的,而是古希腊日常语言中也用的词,据格思里说,这个词在希腊历史家希罗多德、修昔底德那里也已作为"种"、"属"的意义在使用[2],但对这个概念从哲学上来加以思考和分析,则是从苏格拉底开始的。苏格拉底这种对"种"、"属"范畴的反思,也是哲学认识论史上感性与理性、感觉与思维在原则上分化的开始。

感觉是常变的,这一点是古人的共同的信念,但古人总觉得在感觉之中有什么东西是常住不变的,伊奥尼亚学派挖出"水",以形式上变($ἄπειρον$)和实际上的不变($ἀρχή$)来解决这个矛盾,而南意大利学派则以事物之间的数量关系——"数"来说明这种常住性,似又进了一步。感觉常变这个思想到赫拉克利特可说在古代的水平上已经揭示得很充分了,但他仍要追求一个确定性的东西——"逻各斯"($λογὸς$)。赫拉克利特的伟大历史贡献不仅在于他充分地揭示了现实感性世界的辩证法,而且还在于他挖出了这个"逻各斯"。"逻各

---

[1] 格思里:《希腊哲学史》第3卷,第485页。
[2] 同上书,第430页。

斯"在古代是一个多义词,基本意思是"采集、选择",由此进而为"按比例"、"合规则",再进而与人的语言联系起来。万物皆变,但变中有序,故又可为语言所捕捉。

语言所能表述的,不是纯粹的感觉,而是感觉中的"序",语词是从感性事物中"采集"、"选择",用现在的话来说是"概括"、"抽象"[①] 出来的"种"、"属"概念。事物常变,而"种"、"属"常住,这就是苏格拉底在涉及哲学认识论问题时心目中的问题。同时,也就是亚里士多德后来评价苏格拉底时说的:"有两件事可以正确地归于苏格拉底:归纳的论证和普遍的定义。"[②]

我们说过,关于"理念论"的详细内容应该留研究柏拉图哲学时去做,这里就苏格拉底而言,我们只想指出,"理念"是和"知识"、"真理"以及前面说的"灵魂"不可分的。

"知识"在苏格拉底看来,不是智者们那种各有所感、各行其是的"意见",而是对真理的掌握,所谓"真理"也就是事物的本质,事物本身,而不是转瞬即逝的现象。人们不是寻求事物的本来面目("存在本身"、"真实的存在")吗?光靠感觉是得不到这种知识的,要用"灵魂"来掌握它。苏格拉底在《费德罗》篇中详细描述了灵魂在何种条件下达到"真实的存在"的[③],只有灵魂才能掌握知识本身,同时他还点名批评普罗塔哥拉,指出如果没有知识,就不能成为万物的尺度[④]。然而苏格拉底并没有进一步研究知识与"理念"的关系,至少在这方面,我们没有发现明确的论述,也许这正是后来柏拉图从注重研究"理念"转而又注重研究"存在"的原因,而真正从认识论上把这个学说的基本精神向前推进了一大步的,却是反对这个学说的亚里士多德。

现在看来,苏格拉底的"理念论"和他强调"知识"、"真理"、"存在本身",即强调共性,是完全一致的。他的"理念论"首先是一种科学知识的体系,即后来亚里士多德的范畴体系,是掌握千变万化现实世界的本质规律的工具,而这种工具是人(灵魂)通过语言创造的。语词是具体世界的"采集"、"概念"、"抽象",人是通过语言的体系、逻辑范畴的体系来掌握世界的。所以

---

① "abstract"就有"抽出"之意。
② 亚里士多德:《形而上学》1078b27。
③ 柏拉图:《费德罗》247E248D—E 等。
④ 柏拉图:《泰阿泰德》篇171C。

就科学知识、认识论方面来说，苏格拉底的"理念"始终没有脱离"种"、"属"的原始含义。个体是常变的，"种"、"属"不变，而"种"、"属"又是人作为主体对自然作为客体抽象、概括的产物，这样，苏格拉底就在认识论上贯彻了他的哲学的基本原则，由感觉的分析，转向人的主体结构的分析，转向理性的分析。

这样，在科学领域里，苏格拉底就有可能摆脱感觉的偶然性，达到理论体系的必然性，这就是他的"回忆录"、"灵机说"的思想实质。当然，无论《费多》篇或《泰阿泰德》篇等对话中，苏格拉底这种学说还带有很大的传统的宗教神秘性，剥去这种神秘性，把必然的科学知识体系以逻辑的形式概括出来是亚里士多德的伟大历史功绩，但在这些对话里，在宗教神话的背后所隐藏的理性原则，还是不难看出的。

评价"回忆说"通常是研究柏拉图哲学思想的任务，这里只对"灵机说"谈一点看法。

"灵机"（δαίμων）本意是指神的一种启示，和"灵感"大同小异，实际上是认识过程中一种豁然开朗的境界，也许可以和我国传统哲学中的"顿悟"来比拟。苏格拉底这个思想在《申辩》篇里有比较多的涉及，但他似乎并不把"灵机"当作一种学说提出来（如"理念"说、"回忆"说等），而是作为他自己的思想经验来谈的，因而后来包括黑格尔在内的学者认为控告他"信奉新神"这个"新神"就是指"灵机"，以"灵机"代替神谕，把神从外面转向内心①，这种说法是过于带"新教"色彩，其可靠程度是值得怀疑的，更何况，无论柏拉图、色诺芬的记载中，都有苏格拉底信奉神谕的地方，因而"灵机"问题当另有别解。

关于这个问题，我这里补充一条少为人注意的材料，柏拉图在《克拉底鲁》篇里记载苏格拉底曾明确说过：

> 我想，"灵机"的确切意思是：那种有智慧、有知识的人才被称做有"灵机"感的人。②

---

① 黑格尔：《哲学史讲演录》第2卷，第86页。
② 柏拉图：《克拉底鲁》篇398B。

在这篇以分析语词为特点的柏拉图的早期对话中,苏格拉底指出了"δαίμων"和"δαήμων"(knowing, experienced in a thing)的语词关系,是发人深思的。很明显的,在苏格拉底的心目中,"δαίμων"已不仅具有宗教神圣的意义,同时也有了一种知识论的意义,因此,当他说,他的"δαίμων"("灵感")告诉他必须怎样做时,我们只能理解成他经过长时间的考虑(也许包括那种带有病态的"出神"状态)后一种突然贯通的"顿悟"。这其中的推理、思索过程,当时还不是很清楚的,因而他还用了"δαίμων"这个旧的名称,但其内容已有了新的变化,这一点是不能不予以注意的。

总起来说,"理念论"是苏格拉底知识论的核心,他所理解的"自我",首先是创造了这种工具的、能够对世界形成科学的、专业的知识的自我,而不是感性的、活生生的人,在这里,他的知识论和他的整个唯心主义哲学体系是一脉相承的。

五、 道德与知识的统一

苏格拉底在伦理学方面的作用,似乎是可以为多数人接受的,所以,柏奈特承认,关于"善",柏拉图的对话人从早期一直到《理想国》的理论,都可以归于苏格拉底[①],这种态度当然是有根据的,因为从"自然哲学"到"理念哲学"当中有一个过渡的"道德哲学"的环节,就好像从"理论理性"到"绝对理性"当中有一个"实践理性"的过渡环节在理论发展上是说得通的一样,关键在于如何理解这三者的关系,以及这种关系所根据的史料的可靠程度。从理论上说,苏格拉底的伦理学和以前的伦理思想、特别是智者的伦理思想有什么区别?从材料上说,我们有什么根据把柏拉图对话中的"善"的学说归于苏格拉底而在同样的对话中把其它学说却归于柏拉图本人?在史料证据不足的情况下,我们还是坚持一个基本的态度:苏格拉底是柏拉图的先声,无论在认识论上或伦理学上他都是一个奠基者,因而在理论上,我也觉得苏格拉底的伦理学或道德哲学是他整个哲学思想的组成部分,或者是主要的、核心的组成部

---

① 柏奈特:《希腊哲学,从泰勒斯到柏拉图》,伦敦 1920 年版,第 173 页。

分,从而在这个意义上说,德国浪漫派神学家施莱马哈认为,苏格拉底是把辩证法、物理学和伦理学统一起来的说法,是有一定道理的①。

从我们前面对于苏格拉底哲学的论述来说,我觉得苏格拉底在伦理学或道德哲学上的主要思想是强调道德与知识的统一,这样,他的思想就有两方面的意义:一方面固然把道德提高到知识的水平,使伦理学科学化;另一方面,同样也把知识提高到社会的水平,使知识人化,社会化。

"自然哲学"、"自然的知识论",发展到"理念论",由客体转向主体,人作为知识的主体,通过"理念"系统,即通过概念系统,把握自然的规律,认识真理,这是最基本的人的主体的功能,即认识世界的功能。但人作为能动主体,还有欲求,还有七情六欲,要利用自然来满足这些欲求,而就最低阶段来说,这种欲求也和感觉的反应一样,本身是自然的一个部分,它的满足,本是自然自身交往的一种形式;然而,人既然能把感觉印象转化为概念,也同时能把自然的欲求概念化为"目的"。这样,"目的"就不仅仅是人的自然的欲求,而是对这种欲求的认识,是一种知识。人类社会中各种"目的"关系,就是伦理学研究的课题。欲望的满足是给人以愉快,而目的的达到,使人产生"有用"、"有利"的概念,即对这种"愉快"的反思和认识。我认为这就是苏格拉底在把道德知识化的主要思路。

苏格拉底在讨论伦理学问题时主要的概念是"ἀρετή",这个词一般译为"美德",但大多数研究者认为译成英文的"virtue"并不确切,但似别无相应的英文可以译得妥切的②,因为"ἀρετή"不仅是品德上的,而且是功能上的,如木匠能做好本职工作,就是有了"ἀρετή",这里具有具体的人的社会职能的意思,恪尽本分,即发挥其应尽之义务,所以它仍像知识论中的"理念"(εἶδος),具有事物本质的意义。根据柏拉图在《理想国》里的记述,苏格拉底虽然在经过一段讨论之后仍然宣布他不知道何为"ἀρετή"③,但他对这个概念却也有这样的概括性的描述:"你不是看到,'ἀρετή'是指一种特殊的作用(或

---

① 施莱马哈:《苏格拉底作为哲学家的价值》英译,引自1958年伦敦出版《柏拉图"申辩"、"克里多"、"费多"(部分)原文》第23页。
② 参阅格思里:《希腊哲学史》第3卷第503页。
③ 柏拉图:《理想国》第1卷末354B—C。

功能）吗？① 因而这个"ἀρετή"在苏格拉底的思想中，常常"δύναμιν"（能力）大同小异②。

"ἀρετή"的提出，对苏格拉底把伦理学知识化常常被一般哲学史家归于功利主义、快乐主义，这当然有其正确的一面，因为苏格拉底的确到处强调"有用"、"有利"；但我们也应该看到，苏格拉底强调"有用"、"有利"，有他自己的哲学前提，这种思想是与他整个理性主义唯心主义哲学思想密切结合的，因而在根本上是不同于智者学派的个人主义的快乐主义③。"ἀρετή"固然是从人的目的出发一种有利于人的品质，是以人为标准的，但它同时又是对具有这种品质的对象的一种认识，木匠的功能和德性（ἀρετή）同样是一种εἶδος，即一种"种"、"属"的特性，不是用感觉，而是用思想（灵魂）去掌握的；这样，这个"ἀρετή"就既与主体有关，又是客体的"属性"，对这种属性的掌握就是一种知识。正如格思里教授说的："一个定义（包括εἶδος——引者）不仅要说到我们所认为的（该事物的）本质属性（即自然的、本质属性——引者），而且主要的是要说到该对象所必须起的作用（ergon，or work）"④。

从道德与知识的统一这一基本立场出发，苏格拉底提出了他的著名的论断："知识即美德，无知即罪恶"⑤，当然，从那个基本立场到这个结论之间，还需要一些具体的解释。

从以上的阐述看，"美德即知识"是比较好理解的，伦理学同样具有一种知识的必然性和普遍性，但"知识即美德"似乎就不那么容易理解，因为事实上古今都有许多有知识而无德行的人。

我们觉得，解释这个问题的关键应在于如何全面地理解苏格拉底的"知识"的含义，这就是说，苏格拉底一方面把道德、伦理提高到知识的水平，另一方面也给知识充实以社会的人的内容。如果我们把"ἀρετή"作为一种社会的、对人的作用、功能来看，则认识了这种"善"，就既是知识，也是美德。

---

① 柏拉图：《理想国》第1卷末，353B。
② 同上书，360A。
③ 因而他的学生阿里斯的普斯的学说是对苏格拉底伦理学的片面的发展，并不像有的人认为的那样是最接近，而是远离了苏格拉底的哲学基本精神的。
④ 格思里：《希腊哲学史》第3卷第442页。
⑤ 柏拉图：《拉开斯》194D。

伦理和道德不仅涉及思想知识，而且主要的是涉及行为，苏格拉底的"知识即道德"是一种"知行合一"论，否认"知"与"行"的矛盾，主张"真知必行"，这就是由此引出的苏格拉底著名的"无人有意作恶"的论断，这个论断被贡帕尔兹看作是苏格拉底学说的核心，但同样是很难解释清楚的。

苏格拉底在柏拉图的《普罗塔哥拉》里说：

> 没有人自愿趋恶或他认为是恶的，为人们所承认的，避善趋恶是违反人的本性的。①

这里说的是无人故意趋恶避善，没有人明知故犯；在《理想国》里，柏拉图又多次记述苏格拉底这个思想，苏格拉底说，"基本上说来，没有人愿意犯错误（ψεύδεσθαι），而是极力躲避它"②；又说，"所有的人都不愿意灵魂犯错误（ψεύδεσθαι），不会自愿无知而犯错（ἐψεύσαι καί ἀμαθῆ εἶναι），从而不会自愿失败（ἥκιστα ἂν κετῆσθαι τὸ ψεῦδος）"③。

应该说，在哲学史家中塞·贡帕尔兹对这个问题研究得是比较细致的，因为他介绍苏格拉底学说时一开头就提出这是苏格拉底学说的核心，但他用的希腊原文是："οὐδεὶς ἑκὼν ἁμαρτάνει"，并在书后该条注中说是根据一本什么书说的，柏拉图的著作中常有这句话，因而他把这句译成德文："Niemand fehlt frei willig"④，而我们上面引的柏拉图的原文则是"ψεῦδος"和"ψεῦδω"，德文是 Lüge, Unwahrheit, 和 belügen, taüschen，即与"真"对立的"伪"的意思。不过，贡帕尔兹译成 fehlen，倒是很有启发性的，这就是说，这一学说的意思也可以理解为"无人自愿失败"，这样似乎就比较容易理解了。

其实，从理论上说，苏格拉底这个思想是他的"道德与知识同一"前提的必然结论，只是这个概念的含义需要进一步阐述而已。

我们似乎可以这样来理解，人的行为、活动可以有各种不同的性质，如我们常说的三大革命实践包括了生产实践、阶级斗争实践和科学实验，在各个领

---

① 柏拉图：《普罗塔哥拉》58D。
② 柏拉图：《理想国》382A。
③ 同上书，382B。
④ 贡帕尔兹：《希腊思想家》第 2 卷 53 页及书后该页注①。

域内部，从本质上来说，知和行是统一的，我们是唯物主义的知行统一论者。在知识、科学的领域里，在科学实验中，一般的确没有故意要"失败"的情形，如果有，则是由于别的实践目的（如战斗需要等等）的影响之故，就人类意识形态的形式言，科学的知识的形式是最基本的，道德、艺术都要借助于科学的、逻辑的结构形式来表达出发，所以真、善、美在本质上是统一的，"对"、"错"，"是"、"非"，"美"、"丑"，"真"、"假"……这些评价，也是可以通用于各个领域的。苏格拉底既然把道德知识化，从而如果对"德性"（ἀρετή）有了真正的知识，则没有理由去做相反的恶事。在这里，"善"、"恶"是与"真"、"假"，"对"、"错"，"成"、"败"同一的。这是一种逻辑的推论，先是这种形式上的推论当然是智者的事，他们可以把"恶"等同于对个人的"有利"与否，而还不是苏格拉底的最后的意思，苏格拉底的"知行同一"说，还有更高一层的含义，即他的所谓"最高"或最后的"善"的意思，正如柏奈特说的，苏格拉底在《费多》篇里企图区分哲学的和普通的善（popular goodness）①，而在《理想国》里柏拉图也记述了苏格拉底把"善的理念"与个人的"愉快"作了严格的区别，他说那些认"愉快"为"善"的人，缺乏"善"的知识，最终会不得不承认"善的理念"才是"真的知识"②。这就是说，"善"也有自己的"理念"，并非一切使个人满意的都是"善"，"善"具有普遍、必然性。

　　这里，我们想简单谈一下柏拉图在《小希比亚》篇中记述的苏格拉底关于道德的另一个著名论点："有意说谎（或犯错误、失败）优于无意"，这个论断表面上是和前述基本思想完全矛盾的。当然，关于这篇对话，也有不少史料上的问题，一些学者认为不是柏拉图的作品，也有不少人认为即使是柏拉图写的，也是所有他的作品中最坏的一篇等等，这些都不可能在这里细细研究。这里只想指出一是个人的看法：我觉得，这篇对话的风格和辩论方式固然相当接近智者的诡辩，但就这个论断本身来看，和苏格拉底的基本思想是并无矛盾的。

　　不错，前面说过，"ἀρετή"是一种功能、作用，对这种品质的掌握，需要

---

① 柏奈特：《希腊哲学，从泰勒斯到柏拉图》第174页。
② 柏拉图：《理想国》505B。

知识，但和"εἶδος"一样，人们有许许多多的"ἀρετή"，工人、农民、士兵……都有各自的"作用"与"功能"，那么，哲学要求的还不仅这种相对的共相，而且还要不断地追求一种"绝对的共相"，要掌握"存在自身"。"自然哲学家"在无限的因果系列中寻求一个"始基"，苏格拉底也要在目的和手段的无限系列中寻求一个最高的目的，"善的理念"。从这个思路来看"有意"、"无意"问题，就可以把这个问题提高到一个哲学的高度来解决。

苏格拉底这个论断用我们的话来说是"能为而不为"和"不能为而不为"的区别。"不能为而不为"是"无知"、"无力"，其结果必定为"恶"，"能为而不为"就要具体分析，因为"能为而不为"的情况之所以出现，说明了人的行为既非根据一己的好恶利害，也非只根据一己的"责任"、"义务"、"德性"，而是根据一个更大的"原则"。就以《小希比亚》篇里一个具体例子言，能跑的人故意不跑快，其中必有缘故，他不是根据个人的荣誉、或者光以运动员的"德性"（ἀρετή）来决定这个行动——跑得慢，而是根据了一个更大的原则，因为他首先是一个社会的人，他是因为一个更大的目的、更高的目的采取这个行动的，这样，我们从道德上评判他，就不能仅用"运动员"的标准来衡量，而更主要的，要用他根据的那个更大的原则来评判——因为我们已设定他是有那种知识的。

由此可见，对于苏格拉底的"道德与知识的同一"这个论断，我们要从哲学的高度来看，它们是在哲学意义上的统一，哲学追求一种真善和美统一的基本原则，古代"自然哲学家"从"自然"来探求这种原则（始基），苏格拉底从"自我"来探求这种原则（善的理念），我们已经看到苏格拉底如何把"自我"当作认识的主体和道德的主体，并以此作为出发点来探讨哲学问题的，这里所欠缺的还有一个内容是苏格拉底的"辩证法"（διαλεκτικός）是如何把他的哲学思想建立在辩证的（或辩论的）逻辑推理上的。

第欧根尼·拉尔修在他的《名哲言行录》导言部分说，哲学可以分为三种：物理的、伦理的和辩证的（或辩论的），并说物理的哲学的高峰是阿开劳斯（Archelaus），伦理的哲学是苏格拉底，而辩证的哲学则是爱利亚的芝诺。我觉得，尽管第欧根尼·拉尔修的记述有许多道听途说不准确的地方，尽管他的书缺乏思想的深度，但他这个划分是符合当时哲学的情形的，对于研究早期希腊哲学是相当重要的。首先他说这三种都是哲学（φιλοδοφιας τρια），这就是说，这三种哲学是从不同的途径来探索共同的哲学问题的。阿开劳斯是阿那克萨哥拉的学生，鉴于德谟克利特当时在雅典没有多少影响，所以也可以说他是自然哲学的高峰；我们前面说过，爱利亚学派的确是用逻辑推论的形式谈论哲学问题的。我们这里要补充的是：爱利亚学派是把"自然哲学"提高到逻辑推论的高度；而苏格拉底则同样是把"自我哲学"提高到这个高度的奠基者，所以关于苏格拉底在辩证法方面的成就，是应该着重加以研究的，这也是一个很有兴味的题目，它涉及古代苏格拉底"辩证法"和现代从康德到黑格尔"辩证法"概念的继承和发展，涉及辩证法与哲学的本质关系等重大理论问题，在这个评传里已没有篇幅来研究这方面的问题。

参考书目

1. W. K. C. Guthrie, *A History of Greek Philosophy*, vol. 3, Cambridge, 1969.

2. T. H. Gomperz, *Griechische Denker*, Zweiter Band, Leipzig, 1921.

3. H. Maier, *Sokrates*, Tübingen, 1913.

康德论"道德律"*

在知识论中,康德揭示了思辨理性的消极的方面,限制了理论知识的有效范围,同时也预示了一个新的领域:实践理性的领域。

引起人的行动的可以有多方面的因素,人在采取行动之前,可以有各种考虑,怀有各种具体目的(动机),也可以采取不同的行动方式(手段),以更好地达到目的。人是有理智的,可以运用已有之知识,采取最"聪明"(明智)的办法,首先精确地掌握事态发展的各种可能性,并在多种可能中,作出"最佳选择"。然而哲学的思考已向人们昭示,人不可能全知全能,因而不能在穷尽一切可能、穷尽一切"知识"之后再来行动,因而,即使作为有理智的人来说,"智慧"和"慎思"也不是行动的最后的、决定性的因素(动力)。抢救落水的儿童,不必考虑将来长大是好人还是坏人,抢救落水的老人,更不能考虑自己年青有为而"得不偿失",面临这种紧急关头,任何"审慎地计算得失"(哪怕不是个人的,而是社会的)绝敌不过一条道德的命令,其根据就在于这道命令是不能讲条件,不能讨价还价的,它不是计算问题,容不得"讨论"。如果真的对这个问题"讨论"起来,将会陷于"二律背反",以致无法行动。落水的儿童将来可以是好人而有益于社会,也可以是坏人而危害社会,这个矛盾的判断,当下无法证明。我们看到,最普通的经验的事实说明了理论理性与实践理性的根本区别。

康德哲学将理性的理论功能和实践功能严格区别开来,这就是说,在他看

---

* 原载姜丕之、汝信主编《康德黑格尔研究》第二辑,上海人民出版社 1986 年版。

来,理性不但为理智立法(制定规则)因而产生"知识",而且也为意志立法,产生道德。这样,哲学有了两个组成部分,一个以自然律为对象之知识论,一个以道德律为对象之伦理学。

一、从"自然律"到"道德律"的过渡

关于康德的哲学认识论和道德哲学(伦理学)之间的关系,新康德主义者卡西尔曾经说过,在康德哲学中,伦理学不是理论科学的补充,而是一个独立的部门①,这固然有正确的方面,即康德的伦理学并不附属于他的哲学认识论,而是独立的、甚至有人认为是更为重要的部分。从理论上来说,康德认为伦理学和认识论的研究对象是截然不同的;但是,我们也应该看到,康德哲学的这两个独立的部门,又是相互紧密联系的,是他的哲学体系的两个方面,这两个方面虽然在理论上是可以甚至必须分开的,但在实际上、在实践上又是相互联系的。这种复杂的关系,无论在康德本人或后来包括卡西尔在内的研究者都是阐述得很清楚的。②

我们知道,科学和道德、认识论和伦理学从古希腊以来曾被许多哲学家认为是两门不同的学科。科学认识论研究已然的东西,而道德伦理学研究应然的东西,前者的对象是客观的自然的现象,后者则是人的行为的准则或社会的规范。康德在《道德形上学探本》绪论一开始就提出的古希腊把哲学分作自然哲学、伦理学、逻辑就是指古代希腊斯多亚派后来的总结。关于哲学的分类,最初是不清楚的,哲学问题是作为一个整体提出来的,后来经过一些哲学家、特别是亚里士多德的研究,使问题得到了深入,把学科上的分类与哲学的根本问题联系了起来,才使后来斯多亚派明确提出哲学的三分法。随着哲学思想的发展,近代对这个问题分别作了许多研究,在这个问题上,对康德思想影响较大的也许是卢梭。卢梭在他的得奖论文《论科学与艺术》中对科学与道德所作的区分,显然是康德区分科学与道德的先声。

在英国和法国那里带有经验色彩的思想,经过康德的改造,加深了这些思

---

① 卡西尔:《康德的生活与学说》,柏林1921年版,第247页。
② 在解释康德认识论与伦理学的过渡关系方面,柯亨的著作:《康德伦理学基础》(柏林1877年版)讲得比较充分。

想的哲学深度，使之与一个独特的哲学体系联系起来，而这个体系又具有明显的德国色彩，即这个体系是莱布尼茨、伏尔夫学派的否定和发展。

认识论——科学，是对自然现象规律的掌握，而这种掌握既不能像镜子那样纯属直观的反映，在德国哲学家看来，就应该是一种主观能动作用的结果。人的自我意识的统一性，使得理性可以将杂多的感觉材料加以整理，使之有规律可循。德国近代哲学的启蒙者莱布尼茨提出的以语言来表现现实的关系的思想，实际上已经开辟了康德先验唯心主义的道路，只是莱布尼茨更加侧重于自我意识（语言）的逻辑方面，而康德则更多地照顾到英国的经验主义传统，提出一个"先天综合判断"，从而使整个德国古典哲学走上了先天而又综合（即先验）的道路，发展成为后来黑格尔以绝对理念统率整个经验世界的巨大体系，这当然是康德开创的道路。然而，莱布尼茨关于理性对自然的掌握就像地图一样并非真实的反映这个思想，已经造成了主观与客观的原则上的分裂[①]；这个思想正是康德分割本体和现象、主观与客观、物自体与现象、理性与知性（包括感性），也就是说分割认识论（自然律）和伦理学（道德律）的秘密所在。

莱布尼茨抓住了这样一个现象：我们是通过语言来掌握世界的规律的，而语言的结构与世界本身的规律只有对应的关系，并非实实在在的"反映"。夸大这个现象，就由此产生现今逻辑实证主义一系列哲学理论。在这个问题上，康德的发展有两个方面的意义：一方面，康德继承了莱布尼茨的传统，肯定科学认识的逻辑的方面，提出时空和范畴的先天性，否定了休谟的怀疑主义，以此挽救科学知识的普遍性、必然性；另一方面，康德承认科学认识的非逻辑的方面，承认一切知识起源于经验，而且不能脱离经验，时空、范畴只能应用于经验对象，才能得到科学的知识，从而批判了德国传统哲学（莱布尼茨、伏尔夫学派）的"理性的僭妄"，挽救了科学知识的实在性。我们看到，康德这个基本原则上的变革，在当时是很进步的，它既挽救了怀疑论动摇科学知识基础的危机，又遏制了独断论把科学归于逻辑形式以求永恒不变的真理的"僭妄"，为科学合规律地无限发展提供了理论基础。

然而，康德的这种先验主义（既承认经验的必要，又肯定理智的先天统率

---

① 关于莱布尼茨这方面的意义，参阅朗德尔（J. H. Randall）：《哲学的经历》第 2 卷，哥伦比亚大学出版社 1965 年版，第 13—14 页。

作用），仍然不能科学地解决有限、无限，现象、本体，客观、主观等一系列哲学基本问题。在分割了现象与本体等之后，势必留下科学的不能涉及的"禁区"——本体界。

这样一个"本体界"是虚构出来的，因为它已经不是与现象不可分割的"本质"，而是必须分割的、在现象之外、现象之上的东西，它只是理性的一种必然的假设。康德认为这个"本体界"就是道德领域，是伦理学（道德哲学）研究的范围；支配现象界的是自然律，支配本体界的是道德律。

我们看到，就康德哲学来说，之所以出现这样一个"本体界"，与其说是实践理性的必然要求，不如说是思辨理性的必然结果。我们可以说，这个"本体界"是康德的思辨理性所留下的空白，为了完成他的体系，或者说，为了使他的体系完整，这个"本体界"是非有不可的。

本质不在现象之中，不是在无限的现象发展过程中展示自己，而是独立的领域。人们的直观感觉和理性思维既然是两个来源，人既然不能具有理性的直观或直观的理性，而要把这二者糅合起来，于是所谓经验的知识或对自然的规律性的认识，就只能是主观逻辑推理对感觉材料加工整理的结果，而自然界的真正的本质（物自体）我们是无法从科学上认知的。我们所认知的自然律都是经过我们的语言结构加工的，只是这种语言逻辑结构（莱布尼茨）或先天形式范畴（康德）替自然现象立法，而那个原则上不可知的"本体界"不是科学的、知识的、经验的对象，而是伦理的、道德的、宗教的对象——这一切，康德称之为"实践理性"的对象。既然"本体界"和"现象界"是两个独立的领域，那末科学和道德也是两个相互独立、相互分割的领域。科学的对象是经验的，道德的对象是超经验的；科学的对象是感性世界的数学（时空）和力学（因果）关系，而伦理学的对象则是超感性世界的意志自由、灵魂不朽和上帝。

我们看到，康德在《实践理性批判》中所讨论的基本问题，在他的《纯粹理性批判》中已经提出来了，只不过是以消极的形式出现，而《实践理性批判》则从积极方面加以阐述而已，所以我们认为，现代的研究者把理论的批判看作康德整个形而上学体系的导言不是没有道理的[1]。

---

[1] 参阅弗莱肖：《康德思想的发展》，纽约1962年版，第114页。

在《纯粹理性批判》中，康德主要的是严格划定科学的范围，防止理性的"僭妄"，以避免科学陷于宗教的纠缠，使科学紧紧遵循经验的发展轨道，以期有实际的成果。因此就科学来说，康德对形而上学的问题（即无限、绝对、全）持否定态度，认为这些根本不是科学问题。

但是，康德并不是完全否定这些问题，恰恰相反，康德在限制科学的同时，也保护了这些问题。康德认为，科学虽然不能"认知"这些问题，但人们总是要"思考"这些问题，这些问题对有理性的人来说，是不可避免的。这些问题虽然无所谓"真""假"（那是科学判断问题），但仍然是有科学推理的形式，是人们理性推理的一种必然趋势。这样，康德就在讨论科学认识的同时，为这些形而上学问题留下了余地。康德否定了意志自由、灵魂不朽、上帝存在的科学上的意义，但保留了它们在道德、宗教上的权利。

为了揭露理性的"僭妄"，康德提出了四个"二律背反"，一方面说明这些问题根本不是科学问题，保护科学的正当的方向，但另一方面同时也显示了这些问题植根于人类理性的必然性，显示了它们的强有力的逻辑力量，显示了辩证法的力量。总之，显示了哲学根本问题的必然性。

康德认为像第一因、无限、全、自由、不朽、上帝等既不是科学范畴，也不是直观，只是一种"理念"，人们可以思考它们，但却不能认知它们，要想在科学上论证它们是不可能的。"理念"固然是理性思维的产物，是一种概念，但它缺乏相应的直观，缺乏相应的经验对象，因而不是科学的概念。并不能说，人们的一切遐思都能找出相应的经验对象，三头六臂是一种观念，而且仅仅是一种观念，它不能成为真正意义上的科学、经验的对象。但认识论中的"仅仅是一种观念"，就形而上学来说，就是一种"理念"。英国人的"ideas"与古希腊哲学家的"εἶδος"只有一点是相同的，即它们都在经验世界中找不出相应的对象，但前者可以有主观上的直观形象，因而在科学认识来说可以判断为"假"的，而后者更缺乏任何直观形式，因而不是科学上的"真""假"问题。于是，在科学认识论上的一种"观念"，一跃为形而上学哲学宝座上的皇冠："理念"①。

---

① 关于"ideas"的"悖谬"问题，胡塞尔更进一步分为"对象"上不可能和"意义"上不可能，比康德更为明晰，当另论述。

"理念"世界即"本体界",在经验世界没有相应的直观对象,因而不是科学知识的对象,但却是哲学的对象,是形而上学的真正的对象。我们固然不可能在经验中找出上帝的存在,它只是一种"理念",但却也不是"三头六臂"的"妖怪",它不是假的科学观念,而根本不是科学概念,却是理性的理念。它在经验中找不出相应的直观对象,但却是理性思考的必然的概念。

由此可见,这样一个"理念世界",在《纯粹理性批判》中已经明确地提了出来,正像康德在《实践理性批判》里自己说的,"超出经验对象之外,因而是对于作为本体的事物说来,思辨理性是理应被剥夺了认识的一切肯定作用的。——可是这个理性(即思辨理性——引者)也有大的贡献,就是,它把'本体'概念,也即是把思维本体的可能性,甚至必然性,确实巩固起来,并且(举例)不顾一切驳难,挽救了自由(从否定方面看)的假设,而认这样假设为与纯粹理论理性的那些原理和界限完全可以相容的。"① 这就是说,在思辨理性中,即《纯粹理性批判》中,康德论证了"理念"不是什么,而在实践理性中,即《实践理性批判》中,则阐述了"理念"是什么。"理念"不是科学知识的对象,而是道德伦理的对象。科学不能证明理念的存在,道德实践却必定要假设理念的存在。这样,《纯粹理性批判》在实际上对各种"理念"从消极方面也作出了许多的论述。

康德哲学,从思辨理性的消极方面论述了本体界的特征,又从实践理性的积极方面最后确立了本体界的权威,使道德哲学(伦理学)摆脱了一般经验科学(道德箴言)的束缚,登上了哲学的王位,于是就康德来说,其哲学体系金字塔的底基是思辨理性(科学),而塔尖则是实践理性(道德)。康德哲学承认广大的经验对象作为科学认识的基础,他为一切科学的权利辩护;但他给他如此虔诚对待的道德领域实际上却只留下了一个"立锥之地",即"理念"——道德律、绝对命令。

然而,实践理性这个宝塔尖却享有无上(无制约性的)的荣耀和权威,它是理性的无限的本质,它是一个虽空洞而神圣的"境界",它的存在甚至对思辨理性来说,也不是可有可无的。

---

① 康德:《实践理性批判》,商务印书馆1960年版,第43页。

在实践理性与思辨理性的关系上,亦即在自然律与道德律的关系上,康德提出一个著名的论断:实践理性的优先地位问题,这个问题曾经受到马克思主义经典作家的重视。

首先,实践理性与思辨理性只是理性两种功能,它们面对的是同一个客观系列,也就是在经验世界,作为经验对象来说,只有一个世界,一个系列,这个系列作为现象来看它是必然的,而作为本体来看,它又是自由的,并非在经验世界之外,客观上还存在另一个超验的物质世界,所谓超经验的理念世界,只是理性的一种假设,虽然是最高的假设,它只存在于理性本身,亦即存在于人们的头脑中①。这样,所谓思辨理性和实践理性只是对同一系列采取了不同的观点,只是由于实践理性的理念不存在于经验之中、不以经验为对象,而是以经验之全、绝对为对象,所以它们形成了两个原则上不同的领域。只有这样,康德才能说,这两个领域是并行不悖、不发生矛盾的。实践理性所规定的意志力量,并不能创造一个与这一个经验世界不同的另一个经验世界,实践理性所创造的仍然是这一个经验世界,而它本身则是属于纯粹理智世界的。

经验世界和理智世界、思辨理性和实践理性之所以不发生矛盾,并非它们毫不相关,而是它们各自采取原则上不同的立场观点,所以尽管是同一个问题,却可以有不同的、表面上矛盾的说法。各对因果联系问题,从科学的立场可以不承认有"第一因",不承认有"自由",一切都在必然联系的锁链中;但另一方面,从道德的观点、从实践的观点看,又必须承认"自由"(即"第一因")的作用。康德认为,既然我们严格划定了"必然因果"与"自由意志"的界限,既然我们否认可以从科学上解释"自由意志",似乎这样"自由意志"与"因果必然"就没有矛盾了。

我们看到,康德的本体与现象、主体与客体作为"二元",在这里又有着相互对应的关系,康德要把被他所割裂开来的关系重新联系起来,而又要不落莱布尼茨的"预定的和谐"说的窠臼。本体与现象是两个截然不同的领域,但现象只有一个系列,本体是现象之全,亦即费希特所说的"经验之全",这个

---

① 这个说法,受到现代欧美哲学的攻击,他们认为"ideas"既非物理事实,也非心理事实,因而既不"在"心,也不"在"物。但按胡塞尔说,"心"本非"事实",所以古典哲学这个说法,本也不能在词句上来挑剔的,问题还在于哲学的基本立场上。

"全"作为一个对象，不在经验之中，而在经验之外，即在理性之中，它不是科学的对象，因而不可知，但它却是实践理性的必然的假设，是道德情操的根据。人们不能因为理性概念不是科学的对象就完全否定它，理念同样是存在的，而且比起经验对象来，它有更高的现实性，因为现象是变动的，而理念则是永恒的；现象是世俗的，理念则具有神圣性，它集中人类思想所向往的一切完满性，它是一个理想境界。

对于经验的和理智的两个世界，康德给它们各自划定了严格的界限，其目的在于防止由它们之间的互相混淆而引起的混乱。理性不得用科学的范畴来套道德问题，要求道德律和意志自由也能像重力律那样给以经验的解释和实验；理性也不得在经验的对象中寻求纯概念的对象，要求在尘世上找出"第一因"、"上帝"、"不朽的灵魂"。然而，康德并不认为理智世界和经验世界是毫无关系的。相反，在康德看来，"智性世界是感觉世界的根据因而是那个世界的规律的根据"[①]，理性通过知性向自然界颁布法则，而又通过理念作为界限向自然界指明方向，铺设轨道。这就是说，理性概念对经验世界虽然不能像科学范畴那样起"构成性的"作用，但它却可以起"规整性的"作用。

科学范畴（先天范畴）可以对杂多的、混乱的感觉材料加以整理，以时间的先后、相互的关系形成客观对象的因果联系，也就是说理性通过范畴把感觉材料构造成有规律的现象界。理念由于缺乏直观对象，不能进行构造，但它却可以对已经构造出来的自然（科学）规律进行"规整"，以免科学超越自己的范围。因此就经验世界本身来说，理念的作用是消极的；但就理性世界来说，对道德和实践意志来说，理性概念则就不是规整性的作用，而是构成性的了。在理性概念中，理性完全摆脱了经验世界的影响，完全不受感觉材料的左右，以理念为自身的目的和对象，扬弃了一切被动性、限制性，充分体现了自己的本性——自由、永恒、主动、无限。

这样，正如康德多次指出的，纯粹理性本身就是实践的[②]，实践理性是理性最本质的体现，它驰骋于无限的理念世界，只遵循理性自身的法则，扬弃了一切中间环节，因而它是最纯净、最神圣的。

---

① 康德：《道德形上学探本》，商务印书馆1960年版，第67页。
② 参阅柯亨：《康德伦理学基础》，柏林1877年版，第192页。

科学必定要受制于感觉材料，理性只有在"构成"这些感觉材料时才体现出自己的能动作用，因而思辨理性的出发点是感性；但实践理性是不受限制的，是完全自律的，因而它的出发点是"自由"。康德自己说："实践理性批判不以直观作为那些法则的基础，而只以它们在理性世界中的存在这个概念，即'自由'概念，作为它们的基础。"①

这样以本体界为对象的实践理性在与以现象界为对象的思辨理性发生关系时，就必然占优先地位。所谓占优先地位，康德自己说得很清楚，就是占首要的、决定的地位。这就是说，在实践理性与思辨理性发生关系时，实践理性始终占主导的、决定的地位。这一点，就康德的思想来说，是不言而喻的。在康德看来，实践理性既然摆脱了感性世界的一切限制，它就不可能由思辨理性来决定自己的法则，这就是说，经验世界不能是理性法则的根据。相反，理性概念却可以并且必然要通过理念对现象起规整作用。实践理性的法则不是由思辨理性产生的，不是从经验中总结出来的，也不是受经验制约的，实践理性的法则出自于理性自身，道德律是一种"自律"，自由意志只服从理性自身的法则，而完全不受经验、感性的制约。正如康德自己说的："如果思辨理性根据自己的洞见自动给实践理性供给了什么，实践理性才能假设什么，并思想其为已有的，那末思辨理性就已占有优先地位了。"② 而事实上恰恰相反，不是实践理性受制于思辨理性，而是思辨理性在哲学的意义上受制于实践理性。

我们看到，按照康德的理论，实践理性和思辨理性的作用不是相互的，不是双边的，而是单方面的，思辨理性似乎对实践理性不起任何作用，而只是实践理性对思辨理性起规整的、制约的作用。自然律不仅不是道德律的根据，而且不能影响道德律。自由不是因果系列的一个环节，不受制于因果律，而自由却制约着因果系列的具体进程。人作为理性的存在，其行动是自由的，受自由意志支配，但作为感性的存在，其行动要作用于经验世界，又要合乎因果律，人的行动虽不能创造（构造）因果律，也不能违反因果律，但却制约着因果律的具体进程，使自然界有目的性质，将自然王国转化为目的王国。

由此可见，实践理性的优先地位是由理性自身的本性所决定了的，理性一

---

① 康德：《实践理性批判》，商务印书馆1960年版，第46页。
② 同上书，第123页。

方面要防止思辨理性的僵化，防止科学独断，否认道德的存在；另一方面要防止理性自身的僭越，混淆科学与道德的界限，就必然要肯定实践理性的优先地位。在康德看来，如果否认思辨理性对实践理性这种隶属关系，理性就会陷于自相矛盾的地步，而且"我们不能颠倒秩序，而要求纯粹实践理性隶属于思辨理性之下，因为一切要最终归属于实践范围，而且甚至思辨理性的要务也只是受制约的，并且只有在实践运用中才能圆满完成。"①

二、理性直接决定意志——动机与效果问题

意志是人的实践行为的决定契机，是使主观思想成为客观现实的一种力量，因此，意志的特点在于把概念当成一种目的，从而形成行为的动机，以推动人们的实践活动。人作为自然界的一个部分，他的活动毫无例外地都是符合自然规律的②，作为自然过程的一个部分，人的行为都是自然因果中的一个环节，其本身没有道德的意义。人的行为之所以有道德意义，完全在于意志的立意作用。

康德在他的《道德形上学探本》正文的第一句话就是："在这个世界内，或是就是在这世界以外，除了好的意志之外，没有什么东西可以无限制地被认为好的可能。智力、机警、判断力以及其他理智上的材力（无论它叫做什么），或是勇气、果断、坚忍，属于气质上的，无疑地从许多方面看是好的，是人喜欢有的；可是，假如运用这些优点的意志，就是所谓品格不是好的，那末，这些天赋才性也会变成极恶毒极害人的东西。"③ 在这里，康德以其善于划界限的敏锐性，看出了道德评价的独特性，看出了意志与一般才能的区别，在当时是富有启发性的。人可以具有各方面的才能，这种才能有的是天赋的，而大部分则是后天训练出来的，这些才能是很有用的，但它们并不决定人的道德品质，一个有能力的恶人显然是更为可怕的；从另一方面说，人们的能力有大小，即使是能力薄弱的人，只要有一种精神，只要有高尚的道德品质，也理应

---

① 康德：《实践理性批判》，商务印书馆1960年版，第124页。
② 参阅保尔生：《伊·康德》，斯图加特1920年版，第40页。
③ 康德：《道德形上学探本》，第8页。

受到尊敬。康德这里的理论，一下子把日常生活中最普遍的观念提高到哲学的高度，指出了只有意志的立意作用，才有可能被看作绝对的"好"或"坏"，即意志是决定道德价值的唯一标准。这是康德道德哲学的第一个出发点，在人的许多有价值的品质中，区分出道德的品质和非道德的品质，我们将会看到，这是他的基本哲学理论的必然结果，是他的先验主义哲学在道德哲学中的具体运用。

从这点出发，很容易得出这样的结论：意志既然把主观概念当作目的，因而决定行为道德价值的唯一因素就是立意的目的。人的能力、智慧都不能孤立地被认为是"好"或"坏"，而要看这些能力和智慧是用来达到什么目的。因而行为的动机就被认为具有那种"无限制地"被认为是好的可能性。于是，伦理学上的"动机"与"效果"这两个重要范畴在康德道德哲学里就有了原则的区别。康德的伦理学强调意志、动机、目的绝对性，把动机与效果割裂开来，成为伦理学上"动机论"的主要代表当然不是偶然的。

康德并不一般地否定动机与效果的联系，因为既称"目的"，当就与"目的的实现"有必然的联系，"目的"的提出，就是要实现的，因而整个来说，动机与效果是统一的，是整个自然系统中的两个环节。康德所强调的是就道德哲学来说，动机与效果、目的与手段是完全不同的，决定行为的道德价值的只是动机、目的，而与效果、手段无关。康德说："假如行为者的动机是好的，无论结果怎么样，行为根本是好的。"[①]

康德是从他的整个哲学体系的高度来理解这个"动机论"的论断的。在康德看来，动机与效果属于两个原则不同的领域，动机属于理性世界，效果属于感性世界。动机只是意志的立志作用，而效果则是如何使观念转化为现实的具体过程，亦即人作为自然的一分子，如何作用于自然使之符合自己的"目的"而已。道德的问题只是意志的立志作用，至于如何改造自然，则是科学的问题。前者是目的，后者是手段。人的各种才能，能够保证目的的达到，使人拥有更加有利的手段，达到良好的效果，但却不能保证人有一个善良的"动机"和"目的"。"才能"属于手段、效果的范畴，"动机"、"目的"才是道德领域

---

① 康德：《道德形上学探本》，第31页。

的事,"才能"遵循感性世界的规律,动机和目的则遵循纯粹理智世界的规律。

这样,康德就理所当然地被认为是近代伦理学中"动机论"的主要代表。康德这种思想,反映了当时德国资产阶级的软弱性,满足于一个空洞的"善良意志",而不敢触及现实的利害关系——效果,正如马克思、恩格斯所指出的:"康德只须'善良意志',哪怕这个善良意志毫无效果他也心安理得,他把这个善良意志的实现以及它与个人的需要和欲望之间的协调都推到彼岸世界。康德的这个善良意志完全符合于德国市民的软弱、受压迫和贫乏的情况,他们的小眼小孔的利益始终不能发展成为一个阶级的共同的民族利益,因此他们经常遭到所有其他民族的资产阶级的剥削。"①

我们可以肯定,强调动机、目的,是康德伦理学的最主要的特征之一,是他的先验主义哲学体系的必然结论,这一点是不能动摇的。但是,同时我们还要具体分析康德关于"动机"与"效果"、"目的"与"手段"更进一步的论述,以免被一些现象所惑而动摇以上论断。

在现实世界中,我们看到,目的和手段、动机和效果是处于一个统一的系列之中的,它们之间可以而且必定具有某种自然的因果联系。目的、动机是原因,手段与效果是结果,而原因和结果的联系是可以相互转化的,因而目的与手段、动机与效果也是可以转化,它们之间可以相互影响。动机固然决定效果,但在某种条件下,效果也可以规定目的。在现实生活中,目的是具体的,因而它既是一种主观的愿望,又是对现存现实的一种反映。目的是要能够实现的,因而目的也要符合现实的情况。

为了将他的先验主义哲学贯彻到底,康德区分了两种目的和动机,即经验的、主观的、实质的目的、动机和先天的、客观的、形式的目的、动机;他认为只有后者,才是决定道德价值的唯一因素,而前者则是欲求和情欲,属于自然的范围。为了区别这二者,有时康德把属于自然的欲求叫做"冲动",而只有道德意志才是"动机",康德说:"欲望的主观根据是冲动,意志的客观根据是动机;所以根于冲动的主观目的与根于一切有理性者所共遵的动机的客观目的有个分别。"② 只有在这个意义下,我们才能正确体会康德下面的论断,在

---

① 《马克思恩格斯全集》第3卷,第211—212页。
② 康德:《道德形上学探本》,第42页。

这个论断中，康德否认经验的目的作为道德价值的决定因素，他说："出于义务心的行为所以有道德价值，不是因为它所求达的目的，而是因为决定这个行为的格准；所以这种价值不是靠着行为的目的之实现，只是在于行为由以发生的立志作用所依据的原则，与欲望的对象无关。"①

因此当保尔生批评康德在道德中排除了目的论时②，就发生了意义上的含混。我们认为，就经验意义的、即就求达的目的来说，保尔生对康德的体会是正确的，而就先天意义的目的即客观目的来说，保尔生的理解又是不合康德的原意的。当然，我们应该承认，康德在《实践理性批判》中，扬弃了"客观的目的"这一提法，把它与理性的动机加以区别，以免与伏尔夫等人主张实践意义上的"完善"作为意志动机的理论相混淆，这时康德更加侧重于从动机的"实质性"和"形式性"这方面来定界限，康德的结论是："纯粹理性的形式的、实践的原理（依照这个原理，那经由我们的准则而可能的普遍立法的单纯形式必然就是意志的最高的、直接的动机），才是能发出定言命令来的唯一的、可能的东西（这个法则，就是那把行为定为义务的实践法则），才是评价行为并用来决定人类意志的一般的道德原理。"③ 这里目的与动机的区别，反映了康德强调动机的形式性而排斥一切实质性的考虑，其基本意思还是一致的。《道德形上学探本》中所谓的"客观目的"实际上就是《实践理性批判》中所说的"形式的动机"，同样也是排斥一切实质性考虑的，不过它不是伏尔夫意义上的"完善"，我们也可以说只是一种目的形式，所以贝克（L. W. Beck）在他的评论中就这个问题对康德作进一步发挥说，有理性的人不但按冲动行动，而且按冲动的意义行动④。

然而，康德的意志动机是纯形式的，与一切经验冲动无关，因此这种"冲动的意义"就是完全抽象的理性的普遍性。也就是说，康德的基本的伦理学原理是：理性自身就能决定意志，理性以自身为目的，因而理性自身就能引起行动，而且只有这种以理性自身为意志唯一动机的行动才有道德价值，行为"准

---

① 康德：《道德形上学探本》，第14页。
② 保尔生：《伊·康德》，第314页。
③ 康德：《实践理性批判》，第42页。
④ 贝克：《康德〈实践理性批判〉评注》，芝加哥大学出版社1960年版，第84页。

则中所含有的那个立法形式,才是能够成为自由意志动机的唯一东西"①。

康德这种完全排斥感性冲动、强调唯有理性决定意志动机的道德哲学受到了许多学者的批评。尽管卡西尔为康德的形式主义伦理学辩护②,保尔生还是尖锐地指出康德的伦理学一开始就忽视了感觉,从而在他的道德哲学中占统治地位的是形式主义③,直至最近,英国的柏劳德(C. D. Broad)还不满于康德关于理性本身就能引起行动的思想,而认为一个行动要有感觉的和理智的动力一起起作用才行④。

无疑,康德完全否定感性冲动的作用,把意志动机归结为普遍的立法形式,是德国式的资产阶级理性主义、形式主义道德思想的反映,康德这种道德哲学把在思辨理性承认了的感性的合法权利完全排斥于伦理之外,使伦理学这门本来很富有实际意义的学科变为冷冰冰的道德形式,其历史的消极作用是无可否认的。但是,从另一方面来看,康德不仅在思辨理性部分肯定了理性的能动性,而且在道德实践领域里进一步发展了这种能动性,提出理性本身就可以决定意志动机,从而使伦理学摆脱了个人主义、情欲主义的泛滥,提高到普遍的道德法则的高度,在当时亦不失为对整个欧洲资产阶级自私欲求的一种蔑视,仍然具有一定的历史进步意义。

既然在康德看来理性的实践(道德)法则是决定意志动机的唯一因素,那末从动机与效果这样一种伦理学的一般关系,就更进一步提出了道德法则的实质问题,于是我们现在就来分析一下,康德是如何理解道德法则的。

三、道德律——绝对命令

康德既然认为只有纯粹理性才是意志的唯一客观动机,因此支配意志的道德法则也就是纯粹理性的,道德的法则实质就是理性本身的法则,是不掺杂任何感性因素的。在这里,我们看到康德发挥了他从1770年以来一贯坚持的感

---

① 康德:《实践理性批判》,第28页。
② 卡西尔:《康德的生活与学说》,柏林1921年版,第255页。
③ 保尔生:《伊·康德》,第311、323页。
④ 柏劳德:《康德引论》,剑桥大学出版社1978年版,第278页。

性世界与理性（理智）世界有原则区别的基本观点。所谓道德法则就是理性（理智）世界的法则。这两个世界从形而上学的角度来看，是一个整体，但从科学的、知识的角度来看则是完全隔绝的。康德自己说："道德法则就是一个超感性和一个纯粹悟性（理智——引者）世界的基本法则；这个世界的副本必然存在于感性世界之中，但并不因此损害了这个世界的法则。我们可以称前一个世界为原型世界（natura archetypa），这个世界，我们只能在理性中加以认识，至于后一个世界，我们可以称它为模型世界（natura ectypa），因为它包含着可以作为意志动机的第一个世界的观念之可能结果。"① 而这个模型世界是我们科学知识所能及的唯一的世界，而原型世界是不可知的，是我们的科学在原则上无法触及的。这就是说，在康德看来，理智世界的法则——道德法则是不可知的，不是科学知识的对象，所以行为的具体的、感性的、经验的动机虽然是可知的，但行为的真正的道德动机则是不可知的，无法从科学上加以解释的。

于是，一般作为行为准则的伦理学原则在康德道德哲学中被扬弃为经验的原理，他的道德法则就成了一种抽象的、没有经验内容的理性形式，但这种理性法则却是支配人的行为的最后的原因，它是一道绝对命令。

我们知道，人作为一种存在物具有双重的身份；一方面他是感性世界的一分子，受自然律的支配，另一方面他又是理智世界的一分子，他是有理性的存在物，受理性法则的支配。作为自然的一部分，他绝无例外地遵守自然的法则；作为理智世界的一分子，他应该遵守理性的法则，但却由于理性法则与自然规律的区别，这种遵守在感性世界来说，就不是绝无例外的②，因而只是一种"应该"，从而这个法则只是对纯粹的理性来说，具有必然性、绝对性，而对于双重身份的人来说是一道命令：你应该……不应该……

同时，作为理性的、道德的命令，它又不同于感性的、知性的命令。由于经验、知识的积累，人们总结了许多行之有效的行为规则，但康德认为，这些规则都是为了更好地在经验世界达到一定的目的，因而不是只问目的本身而不计效果的理性的命令，康德把它们叫做"技巧的规则"和"明哲的劝

---

① 康德：《实践理性批判》，第44页。
② 保尔生：《伊·康德》，第40页。

告"，而只有道德的命令是无条件的，即不计经验效果的、绝对的命令。从逻辑、语言上来说，康德认为经验的命令式是有条件的，因而是假言的命令式，即"如果你要——达到某种目的或效果，你就应该……"而道德命令是不计成败的，因而不是假言命令式，而是定言命令式，即"无论在任何情况下，你应该……"①

至于理性的这道绝对命令到底有哪些具体内容，这个问题在康德看来是不存在的，因为道德领域既然不是我们科学知识的对象，因而我们无权提出上述问题。但是康德在具体论述的过程中毕竟透露了他对道德律所持的具体看法，不过这些看法在当时也并未超出道德箴言老生常谈的范围，因而从未引起任何人的重视。

在《道德形上学探本》中，康德对四种道德行为作了分析，这四个例子是：1. 关于自杀问题；2. 关于利用别人作手段以达到自己目的；3. 关于自暴自弃不求上进；4. 关于不肯帮助别人问题。在这里，我们看到康德的道德思想虽然十分抽象而不失为深刻，但它的具体内容却是非常贫乏的。但就是这一点点贫乏的具体内容在《实践理性批判》中也都被删去了，代替它们的是对《福音书》的虔诚的赞美。康德说："至于《福音书》中的道德教条，则我们可以千真万确，毫不伪善地说：它的道德原则由于原已纯粹不杂，同时又由于适合于有限事物的狭窄偏隘，因而把人类的一切言行都纳在眼前分明看到的职责的纪律之下……"② 德国的资产阶级通过它的思想家已经提不出什么积极的、新的道德原则，他们把从奴隶制以来在私有制基础上总结出来的一切道德规范奉为至宝。他们既然无力面对现实的道德问题，于是就躲进理性的象牙之塔，在旧道德的尸体上加上一顶哲学的桂冠。

这样，康德所心爱的神圣的道德法则和威严的绝对命令就只剩下一句话，即要使你的行为的准则能成为普遍的法则。我们看到，在这个抽象的问题上，康德倒是作了一番深刻的思考的。

概括康德的思想，康德关于道德法则所要强调的是：行为所根据的准

---

① 贝克进一步认为，并非一切定言命令式都是建立在道德律上，如"Shut the door!"（关上门!）形式上是定言命令式，实际上并不是。参阅贝克：《康德〈实践理性批判〉评注》，第117页，及该页注④。
② 康德：《实践理性批判》，第88页。

则（不是行为的具体动机）要是放之四海而皆准的理性原则，而不是在具体环境下行之有效的权宜之计。康德说："只有一个无待令式（即绝对命令），就是：只照你能够立志要它成为普遍规律的那个格准去行为。"① 康德这个基本的伦理准则的意思是：在你行动时，要考虑你行动的准则是否能成人人都必须遵守的普遍规律。康德认为，只有从这个角度，才能衡量行为的道德价值。

不错，按照康德的理论，道德法则只是"应然"，而非"已然"或经验意义上的"必然"，即道德的典范（理念）虽然在现实世界不存在，但它必然地要求"应该"存在，因此道德法则虽然实际上并非自然律，但它要求"应该"成为自然律。这就是说，虽然决非人人都按道德法则行事，但它却要求人人"应该"如此行事，所以康德进一步发挥道："支配万象的继续生起的规律是普遍有效的，就是我们从（在形式上）最广义说所谓自然；换言之，自然就是指其存在受普遍律支配的品物。因此，普遍的义务令式可以这样说：照以为你行为的格准由你的意志弄成了普遍自然律那个样子去行为。"② 在这里，我们又一次看到了在康德的思想中，道德律和自然律是一致的，只是因其超出经验对象之外而道德律高于自然律。道德律带有理性的普遍必然性规整自然发展的方向，以其"应然"的力量支配自然的进程。但道德律最终还要与自然律和谐，虽然这种和谐只是一个"理念"。

我们看到，康德为道德法则所作的具体定义不仅具有理论的深度，而且树立了道德的威严，因而他自己很重视这一思想，在《道德形上学探本》里再三强调，在《实践理性批判》中更指出它是"纯粹实践理性的基本法则"，康德说："不论做什么，总应该作到使你的意志所遵循的准则永远同时能够成为一条普遍的立法原理。"③

然而我们知道，康德的道德法则只是一个"应该"，实际上并不是人人必定遵守的，因此对现实世界来说，它的实际力量并不是很大的，它只是在理论上为理性所要求的一种理想，因而这条道德法则就不可能有多大实际内容，其根本的原则也就是"无矛盾律"。康德的意思是：所谓"普遍的自然律"是指

---

① 康德：《道德形上学探本》，第35页。
② 同上书，第35—36页。
③ 康德：《实践理性批判》，第30页。

行为的准则如果人人都遵守而不会引起矛盾、冲突。例如他在《道德形上学探本》里所举出的第一个关于"自杀"的例子,说明了虽然在一定条件下,"自杀"不是没有"原因",但如果作为放之四海皆准的准则,那末整个生命(人)就会不存在,因而不能成为道德的普遍法则。因此康德的中心思想就是:如果人人都按此准则行事,其结果如何?这样,在最高的原则上来说,准则仍然要考虑到实际的结果,虽然在具体行动时,作为道德的行为,是与结果无关的。

由此看来,康德的道德法则虽然十分威严,但又是十分抽象的,是毫无具体内容的。在这里,康德把他在思辨理性批判中消极方面提出的"理念",从实践理性的积极方面来加以肯定。但就科学知识来说,它永远只是"理念",因而道德法则在康德哲学中是不可知的,当然也就不可能有任何经验的内容。

四、德性与幸福

在确定了道德法则的纯粹性、先天性、形式性之后,康德就来着手解决伦理学中的核心问题之一:德性与幸福的问题。与他在认识论上调和唯心主义和唯物主义一样,在伦理学上康德也力图调和德性论与幸福论的斗争。

应该说,在这个问题上,康德主要矛头是指向经验主义的幸福论的。康德说:"划分那以经验原理为其整个基础的幸福论不允许丝毫经验原理掺杂于其中的道德学,乃是纯粹实践理性分析论的首要任务"[1],康德既然认为纯粹理性可以直接决定意志、道德法则是纯形式的,因而必然要排除幸福作为道德法则的基础。伊壁鸠鲁把德性建立在合理性追求幸福的基础上使道德法则失去普遍立法的特性,因为幸福归根结蒂是个人的、感性的、经验的,是一种欲求的满足,它不可能是德性的基础。斯多亚主义固然把德性置于感性欲求之上,强调理智的满足,但一方面,它仍然没有摆脱知性范围的束缚,他的理智的安静并没有完全超出感性经验对象而达到理性的境界,所以它所强调的最终还是皈依自然;另一方面,康德认为,斯多亚主义所强调的内心的平静和慰藉并不是幸福[2],而是对生活的一种消极的态度。

---

[1] 康德:《实践理性批判》,第 94 页。
[2] 同上书,第 90 页。

这样，与一切前康德的伦理学理论不同，康德首先把德性与幸福截然地分割开来，既非通过德性可达到幸福，也非合理调整幸福就是德性，而强调它们二者分属于两个原则上不同的领域，幸福是经验的、感性的，而德性则是超感性的、理性的，二者并无联系。在这个问题上，康德的中心思想是：谈到德性时与幸福无关。

从这方面来看，康德所谓的德性，就是体现了抽象的道德法则的行为和意志，就是对道德法则的绝对命令的服从，也就是恪尽自己的"义务"（"职责"）。道德的行为和意向既然与效果无关，因而义务也与幸福无关。

从理论上说，幸福是经验的范畴，要达到幸福是知识问题，因而它所根据的原则不能保证它的必然的实现，而只给人们提供某些忠告，因为既然是知识问题，就只是相对的，不可能达到绝对的知识，因而幸福也只是相对的。康德的概括是："无论依据什么原则，他不能够确然断定什么东西会使他真真快活（有幸福）；因为要能够这样，他要无所不知才行。"① 作为感性存在的人，尽管具有理性，但却不能"全知""全能"，因而所谓幸福对他来说是不确定的，而绝对确定的只有理性与法则本身，即道德法则、绝对命令和义务。

我们看到，康德这种观点并不是偶然的，也并非完全是抽象思维的产物，而是有深刻的社会根源的。康德的伦理学是近代欧洲社会伦理冲突在哲学理论上的反映，康德用德国传统的义务观念改造英国经验主义幸福观，正是欧洲资产阶级伦理观念进一步发展的表现。

义务与幸福的冲突本来是一个社会问题。文艺复兴以来，资产阶级为了自己的生存和发展，与欧洲封建宗教统治对立，鼓吹感性的权利，肯定人的"七情六欲"，阐述了追求幸福的合理性，为社会和科学的发展在思想上扫清了道路。从这一运动的开始，在伦理观念上已经孕育着义务与幸福的矛盾。那时候，"义务"带有一种传统的、宗教的神圣性质，束缚着幸福。随着资产阶级的进一步发展，赤裸裸的"感性欲求"，提高到理智的水平，科学的理性（数学、几何学、物理学等）把感性世界的材料规律化、合理化，从哲学上、思想

---

① 康德：《道德形上学探本》，第33页。

上完成了从意大利人文主义到英国经验主义（培根、霍布斯、洛克等）和大陆理性主义（笛卡儿、斯宾诺莎、莱布尼茨）的转变。在这个发展过程中，我们看到莎士比亚、高乃依等人的作品很集中地反映了"义务"与"幸福"的冲突。当然在这些文学家笔下，"义务"和"幸福"还带有两个社会传统、两种阶级意识的性质，人们的同情往往在主人公的追求幸福的一边。但是，即使在这个时期，法国古典主义戏剧对"义务"观念的深刻的描写，也不能不激起人们的崇高的感情，"荣誉"感、"义务"心还带着严肃的传统的力量震撼着人们的心灵，因而这与幸福的矛盾才显得严重而带有某种必然性。随着社会的发展，资产阶级由争取生存的权利到要巩固、发展自己的权力，由弱小的但却新生的事物终于成为庞然大物，资产阶级终于也有了自己的传统，于是也就有了自己的"义务"，就象经验主义者培根、霍布斯、洛克同样有着自己的"理性"一样。

德国资产阶级作为政治上的"迟到者"在这个问题上和其它问题一样，处于一种矛盾的地位：一方面整个欧洲资产阶级已经用自己规定的"义务"来约束整个社会，另一方面德国的资产阶级却还要为自己的幸福而斗争。于是，要在资产阶级内部来调和"义务"和"幸福"这两种倾向，德国资产阶级就成为最好的调停人。康德一方面接受德国理性主义的传统，充分强调了"道德法则"、"绝对命令"和"义务"对意志的决定性作用；另一方面又保留了人们追求幸福的权利。康德这种办法和他在科学知识问题上采取的办法是完全一样的。在科学上，他充分肯定了理性（知性）范畴的先天性和构造作用，同时也保留感性世界的独立存在的权利；在伦理学上，他同样把"义务"和"幸福"截然分开，让它们分属两个截然不同的领域，他并不否认人们有追求幸福的权利，而只是要求人们在谈到道德法则时不涉及幸福的考虑。康德说："但是幸福原理与道德原理之间的这种划分，并不因此就成了两者之间的对立，而且纯粹实践理性也并不要求人们抛弃对幸福的权利，只是要求，在一讲到职责（义务——引者）时我们就必须完全不顾及幸福罢了。"[①]

在整个康德的伦理学思想中，经常表现出对"幸福"的一种不确定感，这

---

① 康德：《实践理性批判》，第95页。

当然也与整个德国资产阶级当时的处境有关。由于人们的"幸福"归根结蒂是涉及个人的，因而是自私的、自利的，为了满足这些自私的欲求，康德认为，理性还不如本能来得可靠①，而且由于"幸福"的个别性，它就不可能形成一条普遍的法则，因而各个个别的"幸福"经常处于矛盾之中。康德说："聪明解事的人也因为追求幸福的欲望，和教人以此欲望作为自己意志动机的那个准则，都是到处可见的，居然异想天开，把这个欲望立作普遍的实践法则了：这是可以惊异的。因为在别的场合下，一条普遍自然法则都使万事万物彼此谐和，而在这里，人们如果想以法则的普遍性给与这个准则，那末结果就只有和谐和极其相反，就只有最大矛盾，就只有把那个准则和其目标彻底毁灭了。"②资产阶级各自的自私的利益，不可能真正形成一个统一的、普遍的利益，这一点康德是看得很清楚的。于是，"幸福"如果在文艺复兴时期还具有生龙活虎般的力量与传统的"义务"抗衡的话，那末到了康德的时代，它只能退居次要的、不确定的地位。

不仅如此，资产阶级为了巩固和发展自己的生存，已经不能无限制地鼓吹自己的"幸福"了，资产阶级社会也需要调整它们阶级内部的关系，在道德观念上、在伦理学上也要有一种传统，来限制各个成员自己的个人利益（幸福），于是"义务"就凌驾于"幸福"之上，资产阶级要求摆正"义务"与"幸福"的关系，康德的理论显然适应了这种阶级的需要。

由"幸福"本身的不确定性，康德找到了由理性自身决定的"义务"，找到了人人都能自己决定的一种理性的道德法则。"幸福"靠知识、能力和机会，"德性"（义务）却是自己的人格就能决定的，既用不着训练，也不靠机会，它是绝对的，来自于理性的本质。康德向人们发出告诫，德性并不许诺人们以幸福，德性与幸福之间没有自然的联系，德性只是人们配享幸福的价值，实际有无幸福则是另一回事。在康德看来，德性与幸福的关系是综合的，不是分析的，德性不是幸福的原因③，也就是说，有德之人、配享幸福的人却事实上可以得不到幸福。

---

① 康德：《道德形上学探本》，第 11 页。
② 康德：《实践理性批判》，第 27 页。
③ 参阅保尔生：《伊·康德》，第 306 页；柏芳德：《康德导论》，第 265 页。

德性不仅不能保证幸福的实现，而且只有在与幸福的斗争中才能展现自己，也就是说，德性只有在克服、抑制个人幸福的欲望中才能展示自己的独立性和伟大。康德说："在实践方面，正是在普通人把一切出于肉欲的动机从实践规律内排除掉的时候，他的判断力才显出优胜之点"[①]，"道德意向与种种好恶是必须进行斗争的"[②]。康德并不要求人们放弃幸福的权利，只是要求人们必须放弃幸福作为道德动机的权利，这一点我们应该从康德整个的思想体系来加以体会。康德并不一般地排斥任何欲念，而是反对以欲念冒充德性，反对把幸福当作行为的决定因素，因此在展示德性时必须要排斥一切欲念的考虑。所以他说："只有当我们把人们视作幸福成分的一切东西都排除于行为的动机以外的时候，这种纯粹性才能被确凿无疑地显现出来"[③]。这就是说，德性与幸福根本上是两回事，配享幸福与实际是否享有幸福之间没有自然的联系。有德的人可以无福，有福的人也可以无德，康德并没有说有德必定要无福，而是说在考虑德性时不考虑幸福，在尽义务时排除一切私心杂念。我们看到，和他对思辨理性的批判一样，康德在这里所表现的界限，是十分严格的，而这些严格的界限，在当时还是有一定的生活根据的。

* * *

康德伦理学中道德律与自然律的对立，反映了他把理性与感性割裂、对立起来的基本哲学倾向，这种二元论的倾向，已为他的后继者们所扬弃，当代欧美哲学的两大主流：分析学派与现象学派，都以这种二元倾向为批评对象，并都从康德一直溯源至笛卡儿。

应该说，当代哲学这两大潮流反对"物自体"与"现象"之分割，反对旧的形而上学，力求将哲学科学化，在知识论上是有不少新的贡献的。分析哲学注重知识之逻辑关系，将逻辑与数学的原则结合起来，对计算形式的机械化有相当的贡献；现象学注重纯粹心理（思想）世界的"意义"单位（直觉），从一个理论的角度支持了人工智能机械化的进展。这一切，都是康德的知识论所望尘莫及的。但是，这两大学派，在伦理学问题上似乎都遇到了麻烦。维特根

---

① 康德：《道德形上学探本》，第19页。
② 康德：《实践理性批判》，第149页。
③ 同上书，第158页。

斯坦因此而"改宗"[①]，舍勒（Max Scheler）因此而不满于胡塞尔重新倾向于康德[②]，可见这个问题之复杂性和严重性。在这种情况下，重新研究一下康德这方面的理论，当有参考的价值。

[①] 参阅拙作：《试论维特根斯坦从〈逻辑哲学论〉到〈哲学的研究〉转变的哲学意义》，《外国哲学》，第5期，商务印书馆，1984年。
[②] 参阅施毕格柏格（H. Spiegelberg）：《现象学运动》第1卷，海牙1965年版，第230页。

尼采的道德谱系[*]

道德问题自斯宾诺莎、康德以来，进入西方哲学的核心，奥古斯丁所强调的"意志自由"得到进一步的阐发，尤其是康德的《实践理性批判》，将"意志自由"置于他的哲学的宝塔尖上，使"意志"在哲学理论上彻底摆脱"情感-欲求"的制约，成为纯粹理性的形式，对于进一步阐发"意志"的"主动性-能动性"极具启发作用，这我们从以后叔本华、尼采的哲学思路中，已经有了深刻的印象。"意志"具有"纯粹主动-能动性"，这是叔本华哲学的基本立足点，而在这一点上，尼采和叔本华是完全一致的，也是和康德一脉相承的。

然则，"意志"和"道德（之善）恶"又是什么关系，尼采有自己的视角。在我们的研究中，我们感到，在这个问题上，尼采比康德和他的老师叔本华推进了一步，只是他的基本思想常常为他的情绪式的挖苦讽刺，甚至义愤填膺的谩骂所掩盖，不容易清理出头绪。这里需要冷静的分析思考，以及连贯的历史推论，才能走出他无意中设置的"迷宫"。

一、 道德问题的定位——道德谱系学

康德把"道德"和"意志"等同起来，"善"-"恶"为"意志"的特性，

---
[*] 原载《云南大学学报(社会科学版)》2002年第3期。

而不是一种经验的"评估"。人世间的道德评价都是相对的，只有理性的意志才是绝对的。由意志的绝对自由，推出道德评价的意义来。因为如果意志也只限于经验世界，则一切皆为相对，则无道德评价的坚固基石，道德评价之可靠性和权威性也就将化为乌有。而人世间终究还有道德的价值意义存在，其乃在于道德原本有这样一个坚实的基础——意志自身决定自己的价值，本无须"他者"评说，意志和道德乃是"自律"，不是"他律"。

康德这种纯粹形式的道德观为通向宗教-基督教铺平了道路，"意志"的绝对的"善"趋向"设定"一个"完满天国"的必然性。康德设定的"天国"固然因其"完满性"而必定具有"现实性"，而这种"天国"的"现实性"在当时并未被完全理解和重视，"天国"的"完满性"仍被理解为近似一种抽象的"概念"。虽然黑格尔正是从这里发展出他的"（具体）概念论"，并由此启发了狄尔泰"释义-解释学"对生活、对世界的一种不同于经验主义哲学的态度，从而奠定了胡塞尔现代现象学的基础，但是，当其时也，这条思想路线并没有那样的清楚，在这个问题上，尼采走的是另外一条道路。

尼采既然反对康德以及一切提出超越感觉经验的"绝对理念-绝对真理"的唯心主义-理念论，对于康德的"至善"理念也采取了仇视的态度，认为从柏拉图以来的"理念论"是人类道德软弱无力的表现，一方面借空言而遁世，实行自我麻醉，一方面以"永恒之正义"为幌子，伺机施行"报复"。古今之"绝对理念"论，乃是弱者手中的盾牌。

反掉了那个虚无缥缈的"至善"理念后，尼采面对的就是一个经验的变幻莫测的大千世界。尼采似乎必定要把道德问题-善恶问题"降"为经验问题，把康德的"实践理性"问题从天上拉回到人间，而这是康德所明确警告过的。

道德问题回到人间，回到大地，则是一种"谱系学-Genealogie"，而经验的"谱系学"，又是英国人的擅长。

我们注意到，尼采的《道德的谱系》一开始就提到一本叫做《道德感受的起源》的书，作者是保尔·里，说这本书从反面吸引了他，书中那种英国式的立论观点，几乎每一个命题、每一个结论尼采都不能认同。[1](p.4)据记载，这本书的作者乃是和尼采保持了相当时期友谊的朋友。[2](p.73)但是尽管尼采在行文上表现了少有的分寸，而在实质问题上则是寸步未让。

我们未能找到保尔·里的这本书，但是当时英国经验主义的伦理学我们还可以找到不少资料。

英国当时的伦理学依据着他们从培根、霍布斯、洛克、休谟的传统，从实验心理学、社会学以及政治学、法律学、历史学、人类学等各个学科方面进行了勤奋艰苦的积累和整理工作，实际上为尼采的道德谱系学提供了大量的素材①，然而它们的理论根基是完全不同的。尼采虽然把道德问题下放回到了地上人间，但是他的出发点仍然是比叔本华还要坚定的"意志"，这是英国经验主义者所缺乏的。

我们将看到，在"意志"问题上的两种不同态度，导致尼采对于英国经验主义以及由此而来的对于道德谱系的截然相反的观点。

不过，尼采倒并不是从理论上以推论的形式来反驳英国现有的道德谱系学，而是同样从实证出发，揭示道德历史现象的另外面貌，把被掩盖着的那一面揭露出来，加以发扬阐述，指出他所阐明的，才是历史的真相，才是道德-风俗史的真相。

尼采认为，经验主义道德谱系学家所谓的道德"起源"于"利他"，乃是完全虚假的构想，但是尼采并不一般地反对"功利主义"，那么，在一种思想模式下，他似乎就必定会陷于"利己主义"。然而，"利益"的原则，虽然与康德的"无功利"的观念截然相反，但是如果脱离开"功利"来谈善-恶，也只能像康德那样悬设一个至高无上的"至善-圆满"，则一切道德判断将失去基本的依据。尼采既然否定了康德的"至善"，则他的道德原则必定会依据功利的原则，不过尼采在处理这个原则时，有自己独特之处。尼采将道德评判标准分成"强者"和"弱者"两种截然不同、不可沟通的原则，以此为基础，尼采对于欧洲道德-风尚的历史和现状，进行了无情的鞭笞，指出欧洲的道德正在沦丧，风尚正在退化，或者说，正在由强者占上风滑向由弱者占上风，并已成风尚。这样的滑坡，是"好"，还是"不好-坏"，是"进化"还是"退化"？

---

① 关于英国经验主义伦理学的参考书很多，其中有名的伦理学史家 William Edward Hartpole Lecky 在 19 世纪中期曾出版过许多关于欧洲道德风俗的历史著作，其中 *History of European Morals from Augustus to Charlemagne* 影响最大。

二、何谓"善"、"恶"？

"善"和"恶"是为道德评价，强者有强者的标准，弱者有弱者的标准，道不同不相为谋；最初的道德风尚——morality, moral，不是"协议-定契约"出来的，而是强者的意志力量，是强者的道德观念占了上风的缘故。

尼采批评经验主义道德谱系家都不懂得历史，因为按他们的说法，道德之所以成为道德，虽然都建立在"利益"原则之上，但是光有这个原则，就会像霍布斯、卢梭想象的那样，人们之间争战不已，人就会成了没有理性的"动物"。"理性"就是要在"纷争"中找出一个"度"来，而这个"度"是"协商"出来的，于是人世间的"理性"的关系在根本上是一种"契约"的关系，不是"人"跟"人"的盟约，就是"人"跟"神"的盟约，前者是人间的道德法律，后者则是宗教的道德法规。宗教的法规乃是从世俗的法规观念衍生出来的。

在这个根本问题上，尼采以"权力"论代替了"契约"论。他认为所谓"契约"，乃是"当权者（不一定是强者，而且越来越成为弱者当权）"借以欺骗"被统治者"的工具、幌子。为了揭示这种谎言的实质，尼采考察了"善-恶"观念的历史起源，他指出道德的判定从来就是一种"权力"。

尼采首先从语词以及社会的意义上，把"善（Gut）-恶（Böse）"和"好-坏（Schlecht）"作了区分，指出后者原本早于前者；而德文的"Schlecht（坏）"与"Schlicht（简单、朴素、平常）"原本是通用的，[1](p.12-13)，而与此相对的"善"，则有"高贵的-真诚的（wahrhaftig）-勇敢的"等等之类意思。[1](p.15)这就是说，"好-坏"意义上的"善-恶"原本是一种社会"等级"的概念，以后随着平庸的人逐渐得势，"好人"受压，采用种种手段把"差距""缩小"，把一种原先明显显露出来的品质，"内向化"为一种"内在"的东西。把"大"缩"小"，从"外"向"内"，这是尼采批判欧洲道德沦丧、退化的症结所在。在这种"缩小"、"内向"的趋势下，欧洲人从原来提倡生龙活虎的贵族精神转向了崇尚谨小慎微而又精打细算的庸人习气，从"猛兽"被豢养成了"家畜"。在尼采眼里，欧洲人全体"家畜"化，乃是欧洲的悲剧，一切弊病，概出于此；而尼采哲学的问题和毛病，也似乎概出于此。

在尼采的道德谱系学的视野中，既然排斥了"至善"的绝对理想性，他就必得认真地听取康德的警告，不能陷于经验的相对性，小心翼翼地避免康德指出的陷阱——把道德问题归结于知识问题。尼采当然清楚这个界限。然而，尼采对于"小心（尼采说是'mache dein Herz klein'）"① 不屑一顾，举凡一切"小"字皆在攻击之列，他甚至讽刺中国的习语"小心"而不知道中国还有一句叫做"胆大心细"的习语，把"意志"和"理智"分得清清楚楚。

当然尼采也有他自己的理路，他是在欧洲的社会历史和现状的背景下产生的一种逆反心理，尽管他在理论上绝不承认有这种"反映-反应"，而一切似乎都是从那高贵的"思想-意志""自发"出来的。

在这个意义上，我们说，尼采的道德谱系学，不同于一般的经验主义道德历史学，不是把道德观念-道德价值观念以及实际道德规范标准，作历史的收集整理和归类，也不是像福柯说的反对探讨"起源"，而集中精力，不放过细节，侧重偶然的"道德考古学"的方法，那是福柯自己的途径，[3](p.114) 而不完全是尼采的。福柯要使"历史学"为"考古学"服务，使人为编撰的"历史"还原为实际的"考古"层面，但尼采仍然坚持"历史"的观点，批评当时的道德谱系学恰恰缺乏这种"历史感"。[1](p.10) 尼采对于"公（平）正（义）""起源"于"债务"关系的分析，可谓脍炙人口，精彩万分。当然，福柯可以从尼采的论述中汲取资源来支持自己的思想，但是，尼采反对"起源"不是针对经验主义道德观，而是针对以康德为代表的绝对主义的道德观，以"绝对""起源"设置（悬设）"绝对理念"之"天国"。当然，我们也可以以"永恒之轮回"观念来否定"道德-善恶"之起源，但那也只是在"绝对"的意义上可以运用，因为事实上，尼采自己在"善-恶""道德观念"的"起源"上做了大量的工作，以论证"善-恶"之不同的"出身"和"门第"，而且认为"唯上智与下愚"为不移，"出身"和"门第"——"高贵"和"低贱"则决不能混淆和

---

① Nietzsche, *Jenseits von Gut und Böse*《善恶的彼岸》，我手边用的萨尔斯堡"Das Bergland-buch"出版社出版的上下两卷《尼采著作集》（无出版年月），本处引文为该书下卷，以下只注卷、页。——作者注。其实"小心"乃是一句很平常的话，西方的语言也是自古就有。尼采经常批评中国的"中庸"思想，在他看来，这简直是在赤裸裸地提倡"奴隶道德"，殊不知他的高贵的"超人"，恰恰带有中国传统意义上的"小人"的意味，因为"小人"未有"天命"，可以"肆无忌惮"，而"大人-君子"反倒是"彬彬有礼"的。如果知道了这层意思，不知尼采作何感想。

颠倒。

尼采认为，欧洲的悲剧，正在于这种"谱系"正在逐渐颠倒和混淆。这集中表现在尼采反对欧洲正在推行的"民主制"和各个民族之间在种族上的实际沟通。

尽管尼采这种态度有其深层次的原因，但是我们也应该指出他不仅在实际上，而且在理论上有不周到的地方。

尼采这种思想在实际违反历史的进程是很明显的，此后的欧洲历史发展完全是和尼采的思想背道而驰的，因而尼采自身注定是一个悲剧性的人物，他的地位在20世纪中叶以后才逐渐地公允起来。尼采哲学曾经是和极权主义、反犹主义联系在一起的。现在人们逐渐发现，尼采并不是反犹主义者，也不完全是极权主义者。他在批评欧洲人、特别是德国人的地方，在严厉刻薄的程度上远远超过对犹太人的批评，他也明确说"清朝官吏执掌权柄绝不是什么好事情"。[1](p.125)但是他对人的"高贵品质"的丧失，对于引起这种丧失的民主政治以及由此带来的种族"退化"表示的那种偏激情绪，与他在哲学基本理论问题上的某种失误不无关系。我们已经说过，哲学理论需要划出自己的领域，康德向我们提出的警示：勿使实践理性"降格"，仍然具有深远的意义。尼采既然反对掉了那个绝对理念的"天国"，一切限于实际现实的范围，则理论的原则常常和实际的问题纠缠在一起，不是把理论贯彻到现实中去，而是把理论强加于现实，真的成了戴着一副有色眼镜，所视皆非正色。

欧洲的民主制，从古代希腊雅典实行以来，曾经有过辉煌的时代，希腊人在这个制度的指挥下，打败了波斯帝国的进攻，此后逐渐也暴露出种种的弊病，遂有苏格拉底、柏拉图这些智者的批判，当时他们心目中的范型，乃是斯巴达的贵族军事集中制，直至罗马帝国，贵族集中制得到相当充分的表现，这却是尼采心目中的范型。

经验的问题因时而异。罗马帝国也曾有过它的辉煌时期。然而当罗马帝国走向衰落，已经不适应社会历史的发展时，人们想起了更为古代的民主制，民主制在现代得到了长足的发展。民主制在欧洲的社会条件下当然也会有不少弊病，选举制并不能保证选出来的都是合适的人。古代希腊后来的选举出现的弊病，为史家所公认。议会为"蛊惑家"所操纵，朝令夕改，毫无威信。民主制在一定的情况下总会被操纵,并没有万无一失的保障,只是权衡利弊、审时度势的问题。在这些问题上,尼采也不是一概的否定民主制,而是有针对性的。他对于古代希腊的民主制持表彰的态度,认为它具有古代高贵的精神。

从深层次上来说,尼采所提倡和所反对的,原都不完全是具体现实制度上的问题,而说的是一种精神。他坚信人的精神有等级高下之分,有"主(人)""奴(隶)"的区别。他是在另一种意义上谈论黑格尔《精神现象学》中的"主-奴"关系。理论问题和实际问题纠葛在一起,这是当时哲学面临的一个困境。似乎既然黑格尔特别强调了理性、理论,后来者就必须强调与其对立的感性、现实。这种纠葛的现象,恰恰相反地说明了一种"割裂",而并非真正的"结合"和"渗透"。在这种倾向下,无论从理论或者从实际上来看,都会出现问题。从实际来看,它会出现不相符合的情况,欧洲社会的现实,完全不以尼采等人的思想为转移;从哲学理论上来看,尼采反对绝对的理念,把"超越"限制于现象之"变异"——人不断"超越"自己是为"超人",因而他的"超越"形不成一个"世界-王国"。尼采的"世界"只是一个等级的"王国","不是东风压倒西风,就是西风压倒东风",不是"高尚者"占统治地位,就是"低贱者"占统治地位,不幸的是欧洲的情况为后者,而非前者。

然而,如果"高尚者"也是一个"王国"又复何如?也就是我们常常遇到的问题:我们既有"主-奴"关系,同时也有"主-主"关系,如果众多的"自由者"聚集在一起,有没有一个"关系"问题?

我们看到,如果我们的着眼点不只是在等级之间,而是在"同等"之间,在众多的"主人-自由者"之间,那需要什么样的"道德-善恶标准"来调节他们?尼采曾经说过,这些"高贵的人","一方面受到风俗、敬仰、礼仪、感激,甚至互相监视、彼此妒忌的严格限制;另一方面,他们在相互关系方面又表现出极大的互相体谅、自我克制、温柔、忠诚、自豪和友情,——来到外部世界,即涉及陌生的事物、陌生的人的时候,他们不比脱笼的野兽好多少。"可见尼采的确考虑到了这一层问题,但是他的主要注意力集中在对付那"陌生的"外部世界,而提倡一种"猛兽式"的"高贵"品质,对这个外部世界发起猛攻。

然则,历史的进程也可以被理解成那个异己的世界会越来越缩小,也就是说，如果这个世界越来越缩小，而那"金发猛兽"的数量越来越多，也成了"群（Herde）"，则又会是一个什么局面？尼采哲学讲"变"，则"上智（高贵）"和"下愚（卑贱）"的"阵营"也应该是在"变"中。

在人的关系中，尼采只注意等级的关系，研究不同等级的不同的道德观念之谱系，门第不同，不相与谋，因此他也反对等级、种族之间的互相渗透沟通，认为这只会使人类"退化"；然而种族之间、等级之间的混合趋势是不可避免的。古代希腊比较早地发生这种混同，因而它有古代时期辉煌的民主制；中国古代从严格的等级到"将相本无种"，从魏晋阀阅门第制到后来的科举取士，直至近代的逐渐民主化，也意味着"自由者"层的逐步扩大。

【附论】中国的传统道德观念，受到尼采的猛烈攻击，一方面说明他对中国传统所知甚少，我们不必过多的责怪他；另一方面也说明在立论的取向和基础上的确有所不同，这是应该辨明的。当然，随同尼采对欧洲哲学传统的批判，尼采对于中国哲学的某些尖锐意见，也是很值得重视，很值得我们研究的。

中国远古传统来自儒道两家，后来引进了佛家，在传统上儒道佛三家维系着中国传统的人文精神。

尼采最反对的莫过于中国儒家的"中庸"之道。在学理上说，"中庸"原本来自"天命"之"性"，讲的是个人在社会中所处的合适的"位置"，而这个位置是"天"给你"分配"好了的，只是要找到自己的真正的位置，还是要经过不断的努力的。孔子到五十岁才"知天命"。所以在这个意义上，"中庸"乃是"到位"，"中"是"达到（目标）"的意思。"庸"是"守常"，既然找到了"位置"，就要"长久"地"保持"住它，既不越位，也要尽责。

凡熟悉中国文化的人都清楚，"中庸"和"平庸"不是一个意思，"中庸"是"形上"的问题，而"平庸"只是一个日常经验的概念。当然并不否认它们当中有某种联系，就像尼采说的德文中"Schlecht"和"Schlicht"有相当的联系一样，但区别还是更为重要的。各民族的语言中，褒贬之词有时常常很接近，这也恐怕反映了事物性质相互转化的辩证关系，研究起来也是一个很有趣的问题。

三、 道德评价——人和事

在尼采的道德谱系学中,还有一个值得注意的问题,就是道德评价应针对的不是"行为"而是"人"——不仅仅是"肇事者"的"人",而且是整个的人,尼采认为道德评价应对"人"不对"事"。

尼采明确说,"显然,道德的标志总是首先来自人,后来才引入行为。"[4](p.804)在《善恶之彼岸》的最后,尼采解释何谓"高贵"时说,"既非行为,也非作品能实现其高贵性,因为行为常常是多义的(vieldeutig),无法解释的(unergrundlich)"。[4](p.818)应该说,尼采这个思想是应该认真考虑的。

我们一般说,只有人有了"行为"之后,才有"善-恶"之分,然而,也并非一切的行为和活动都可以和需要分道德善恶的。这也许就是尼采所想说明的那个比经验道德评价更为原始的"好-坏"的判断。当我们在做一项科学试验和数学演算时,一般只问"好-坏",只问"成-败",而暂时不问道德的"善-恶";然则,如果并无行动,则既无好坏,也就无善恶可言。我们也常说,"人"就是他的"行为"的综合,"做""什么"事,就是"什么"人。

这似乎是从康德以来言之成理的一种看法。道德的善恶取决于"动机",惟有"动机"才谈得上善恶,而"动机"是相对于"行为"而言的。如今尼采采取另外一种视角,他的理路似乎是:既然"动机"不可知,则道德的评价只能依据"人";对于人的评价决定行为的评价。

尼采的这一种视角,倒也并不违反最基本的经验。我们都知道,世间常有"好人"做了"坏事",而也并不排除"坏人"也做点"好事"。在这个意义上,果然"事"不是决定性的,而"人"才是决定善-恶的主体。尼采把康德的命题颠倒过来,正是要强调"人"本身的品质,强调"人"对于善-恶道德判断的决定作用,使"人"的"行为"有一个主动积极的意义,而不是像康德那样,由"事"的经验"效果""推出""肇事者"的"动机";又因此种"动机"终不可知,于是又将人间道德评价的权力拱手让于"至高无上"的"上帝"。

尼采说:"……他(高贵者)知道什么东西会赋予事物以可贵的性质,他是价值的创造者(wertschaffend)"。[4](p.804)在这里,尼采把"寄托"于"上帝"的"最终审判"权,收回到"人"自己的手里,收回到"门第-谱系""高尚"的人手里,因为恰恰是那些道德卑下-门第低贱的人,把这个"权力"让给了"上帝"。

尼采把这个权力收回来之后,他在道德哲学问题上,就必定也要有自己的相关的理论。首先是"职责-责任"问题,这个问题在康德哲学里有非常深刻的论述而已经深入人心,尼采则从哲学的深度上揭示了问题的"另一面"。

康德认为,既然人的理性是"自由"的,则人对自己的"行为"有"无可推卸"的"责任",人在这个世界的生活-活动,就是在尽其"职责"。康德这样一个虔诚而庄严的理论,能够感动很多的人;但是尼采却有另外的思路。

在《人(性)的,太人(性)的》中,尼采很强调"非责任性(Unverantwortlichkeit)",认为这是智者所必须吞下的最苦的"苦果(bitterst Tropfen 最苦的一滴)"。[5](p.159)

尼采之所以有这样一种表面看很荒诞的思想,轻率随意地否定人间的责任心,岂不是会使社会陷于"混乱"?实际上,尼采的思想,有很深的哲学史渊源,可以上溯至古代希腊。尼采说,古代希腊的英雄,从没有"负罪感",只是在基督教流行之后,这种"负罪"甚至是"原罪"感才在上帝的感召下盛行起来。[6](p.603)

这是"无神论-无基督教的有神论"的一种自然态度。只有那"出身卑贱"的"奴隶"才战战兢兢、忍辱负重(罪)地度过一生,而把自己的生活当作"赎罪"的过程;"高贵者"自身就是价值的"创造者"和"评判者",不需要经过"他者"来得到价值,他对自己的"行为""不负责任",因为他的"行为"乃是他的"本性"的流露,而不是"审时度势"地为谋取蝇头小利的一种精打细算的"计谋"。不是说,出身高贵的人在行动时就一味蛮干,恰恰相反,他也会聪明地利用各种知识,但并不以成败论英雄。高贵的人常常失败,并不是因为他们"不够高贵",而是因为他们"不够聪明",把事情做砸(坏)了。所以尼采大声疾呼:"愚蠢而不是罪孽!你们弄懂了吗?"[1](p.70)人生的失败,并不需要从"道德-善-恶"上去找根据,因而也不能想象道德的"惩罚"或法律的"刑法"能够把"恶人-罪人"变"好"、变"善",而"惩罚"和"刑法"只能使"恶人-罪人"变得更加狡猾——更加"聪明",所谓"道高一尺,魔高一丈"是也。

这样，尼采对于从苏格拉底以来的命题"无人故意为恶"也有了一个新的视角，亦即，道德与知识的关系有了一种理解方式。也就是说，在尼采的视野中——他认为在古代希腊人也是如此，道德和知识的界限，得到进一步的划分，比康德更加彻底地做了原则的区别。因为在康德，实践理性具有一种优越性。虽然理论理性不能影响实践理性，但是实践理性却必然要影响理论理性，亦即，道德优于知识。在尼采看来，道德和知识之间并无这层关系。知识归知识，道德归道德，其间并不能相互影响，道德的价值由意志的强弱亦即出身品第决定，而知识的优劣则由其成败来检测。知识高下并不能说明道德的品质，而道德的品质也不能保证实际上的成败，哪怕是"大智若愚"，甚至"野蛮"到"猛兽"的程度，也要"不失英雄本色"。

尼采这种论点，特别是他强调道德谱系品第的高下，给人一种误解，以为这个品第乃是纯粹血缘决定的。尼采本人当然也受到血缘论的影响，他反对种族血缘的混杂，就是这个影响的恶果；但是尼采这个思想，还有另一层含义，即在理论上坚持反对拥有"最高-最终审判权"的上帝，坚持住"人"本身的创造和评判的权利，他就决不允许道德的评价带有丝毫的"被动性"。"创造"是"人"自己的事，"评价"也不是"他者"的事。

尼采这个观点之所以应该受到特别的注意乃是因为他实际上正是把康德的论点坚持下来，贯彻到底的结果，而康德由于理论趋向不同，到了"实践理性"，就离开了自己的领域，走向了宗教，而尼采既然揭示了宗教的虚妄性，他的道德价值，只是实实在在地居于康德意义上"实践理性"的领域之内，不进入那虚无缥缈的"天国"。

我们看到，康德赋予"人"的"自由"实在是很"有限"的，从某种意义上来说，甚至未必是件好事，因为人被赋予了这种"自由"，要承担一切的责任，人有"自由"于是就有"义务"，就有"苦难"，人的生活就会是战战兢兢，如履薄冰。人的自由是被赋予的，于是也有被"剥夺"的时候，人不必等到死亡之时，就需要把自己的"自由""托付"给神，也就是说，人一旦把"自由"交还给神，人就可以至少在内心变得轻松一些，因为"信仰"宗教，特别是信仰基督教，把自由交给神"管理"，人管人的事，神管神的事，人就有了某种处理人间事的临时的权力,但是终审权仍在神的手里。人为了"讨好"上帝(中国古人谓之"娱神"),人在世间仍须兢兢业业。

这就是说,"人"虽然是"理智者",但仍是"被创造者(Creature)";而"人"这个"被创造者"因为有了"理智",其处境还不如没有理智的"猛兽"。

尼采正是要把这种关系转换过来,揭示天国之虚妄,把人的创造权和评判权全部从神那里收回来。"人"是"价值"的"创造者",也是"价值"的"评判者",不需要"他者"的"介入"。这里的"他者",包括了"神",也包括了"他人-时人、古人和后人"。千秋功罪谁与评说?不是神,也不是"他人",而是"我"自己-"人"自己。"他人-神、时人、古人、后人"对"我"这个创造者来说,都是一些"负担"。如果"我"是一个"强者",则不能忍受这个负担,而要实行"价值颠覆",把庸人-弱者设置的种种障碍——历史、现状和上天等等,统统扫除,以便行使人的真正的权利。人的价值-善恶,无需等待"他者"来"评论",人自己就是自己创造的价值的评判者,能做到这一条,就是"强者",就是出身"高贵"的人。尼采指出,只有那些本无自由,而只是被认为被赋予是自由的人,才有"后悔"、"内疚"感。[5](p.150)

坚持这条理路,尼采反对"民主主义"、"历史主义"等等就有了一层理论的保护色彩;他也不回避"自我中心"之类的指责,而强调这种"自我"不同于芸芸众生为自己蝇头小利机关算尽那样一种"回应"钻营式的"个人"。"高贵者"的创造,乃是他的本性,是他的自由的体现,而不是应付什么环境的挑战,不是为了"生存的需要",而是他的"生活必须",是他的本性,他的本性就是要"创造",而这种创造的价值也只有他自己来评判,不听他人的说三道四。

善-恶本无一个"超越"的"尺度"。"人"在"创造"这个世界时,同时也创造了这个"尺度-价值标准"。是"人"为"道德""立则"。"人"的道德立则,当然要通过行为及其效果,但是经验的行为和结果并不能够成为真正的道德典范,而只有"人-自由的人-高贵的人"才为道德"立则",才是"道德价值"的"创造者"。

知识的领域,当然要讲究"度",这个"度"是"不以人的意志为转移"的,人要通过"学习""把握"、"遵循"这个(些)度";道德领域,作为本质-本体的世界，原本是"无限-无度"，"人"的"自由"本意就是"不受（度的）限制"；在这个意义上，道德领域里的"度-善恶"乃是"自由"的"产物"，也就是说，是"自由"自己"创造"，自己"设定"的，是康德意义上的"悬设- postulation"，但不是"悬设"一个虚无缥缈的"天国-神城"，而是"设定"现实自己的"善-恶"标准。于是，从这个意义来说，现实中"善恶"的"度"是"权力"的象征，是"统治阶层"的"意志"的体现，但并不是体现了什么"永恒的正义"之类的"真理"。

尼采对于"正义 justice"的分析，虽不一定像他自己说的是"前无古人"，①[1](p.42)但是尼采阐述得如此精辟而深刻，至今仍具有相当的魅力。

正是那些"平庸"的当权者，教导人们有一个超越的"永恒正义"在，相比起这种"正义"来，每个人都是"欠缺"的，因而每个人都"欠""它"点什么，人生就是要努力"偿还"这笔"债务"。如果人们要"遗忘"这笔账，就会有各种不同程度的"惩罚"来"提醒"你"记忆"起它。于是，从柏拉图以来倡导的"回忆"说，又有一层道德谱系学的含义，而与此相对的"遗忘"则成了尼采的宠儿。"回忆说"引导人们走向一个超越的"绝对理念-天国"，而"遗忘说"则使人的目光来注视"现实"。"遗忘"意味着"摆脱""他者"。

四、"自由意志"与"饥饿意志"

我们这里需要指出的是，尼采的道德谱系学，概出于他的"意志"的理论。

我们知道，尼采的"意志"论，来源于叔本华。叔本华在"本体"的位置，将黑格尔的"绝对理念-绝对精神"换上他的"意志"，使得这个"本体"的"能动性"不发生问题，因为"意志"乃是纯粹自发的，本身就是能动的，既无须外在的"原因"来推动它，也无须内在的"矛盾"来"激励"它。尼采的道德谱系学，仍以此为前提，并按照道德问题的理路，向前推进，使这个理论得到发挥。

---

① 那里说的是"罪孽"问题，下文的分析却集中在"正义-公正"。

首先，尼采划分了两种不同性质的"意志"：奴隶的意志和主人的意志，亦即卑贱的和高贵的两种意志。什么叫"卑贱-奴隶"的意志？这种意志乃源自"缺乏"，即我们通常所谓的"七情六欲"，由感性的"需求-匮乏"所引起，它们是经验性的，不是原创性的。我们可以理解为"饥饿的意志"。这种意志是"被决定的"，不是能动的，是受制于感觉的需求对外界作出的"反应"。这种意志不是尼采所说的"意志-权力意志"。

"意志"作为一个本质的力量，应保持其自身的纯洁性，这原是康德所强调的意思，但是康德划分的前提是"感性"和"理性"的原则不同，而如何解决原本是"静观"的理性"能动"起来，就费了周折；如今尼采根据叔本华的"意志论"，以感性能动的"力"来理解"意志"，其能动性固不成问题，但是，如何和感性的"欲求"严格划清界限，则又是一个必得解决的问题。叔本华没有解决好，不得不回到理性静观，以求"解脱"。尼采从自己的道德谱系学来解决这个问题，很有一些值得参考的地方。

尼采首先把"饥饿意志-奴性意志"排除在外，这一点在他的思想中顺理成章，也很值得我们注意。当然，尼采并不从生活中完全排除感性的欲求，甚至他还维护诸种欲求的合理性，人生下来要吃要喝，天经地义，但这些并非惟一"驱使"人们行动的"动力（Triebkraft）"[4](p.714)，他认为，厨房、餐厅的空气固然不好，①但教堂的更坏，"要想得到纯净的空气，就不要进教堂"。[4](p.717)也许，在尼采看来，感性欲求真的只是生活的"准备形式-前形式-Vorform"。[4](p.718)在《论道德的谱系》中，尼采引用他以前说过的话：

> 然而，正是这种自豪（指上文提到的"人类理性"和"自由的情感"——本书引者）使我们几乎不能够把那"世界史"之前的"风俗道德化"的漫长岁月感受为确立人类本性的真实和至关重要的历史；在那个时代，苦难、残酷、伪装、复仇和否认理性被当作道德，与此相反，福祉、求知、和平、同情则被当作危险；被同情和劳动被当作羞耻，疯狂被看作

---

① 有趣的是，尼采也有"君子远庖厨"的思想，他在《善恶之彼岸》中流露的对妇女蔑视的偏见，居然说到"她们愿为厨师，但妇女很少'知味'"（"Das Weib versteht nicht, was die Speise bedeutet; und will Köchin sein"）。下卷第 775 页。

神圣，变化被视为非道德和孕育着腐败。[1](p.89)

哲学对于"历史"前后的界限划分，是德国古典哲学的一个重要思想，黑格尔以后，这个界限并未完全泯灭，尼采的心目中这个界限也是很清楚的。在这个划分下，"史前"的历史，乃是人类为物质生存而奋斗的历史，支配这个"历史"的是"物质"的利害关系，是"因果律"，一切都是"被决定"了的，人们只能在因果的范围内"被赋予""有限的""自由"——对于因果知识的掌握，产生"随心所欲而不逾矩"的"自由感"，所谓"游刃有余"是也。然则，自从康德以来的"自由"，就超越了这个界限。"自由"不是"知识性"的，不是"相对的"-相对于外部的"对象"而言的，而是"实践性"的、"绝对的"-"无对象性"的。这是一种"不受限制"的真正意义上的"自由"。这种自由的能动性，不取决于外部对象的诱发，而完全产自"自己"。

在这个意义上，我们才说，作为此种自由的"意志"，不是因为"饥饿-匮乏"，而是出自"充溢"才"外化-流射"出来。在这个意义上，也只有在这个意义上，"自由-意志"才是"创造者"，而不仅仅是"制作者"。

然而，在尼采的哲学中，这种"创造者"和"工匠"的两种"自由"是同时并存而又誓不两立的，并不像黑格尔那样真的有一个历史时间的"超越""过程"。在尼采看来，原本就存在两种"意志"观——"饥饿的意志"和"充溢的意志"，亦即"卑贱-奴隶的意志"和"高贵-主人的意志"。前者永远居于"史前"的时期，而又自欺欺人地"谋划"着"超越"出去，以达到"天国"。"天国"是"史前"时期的必然产物，有了这个"天国"，一切"史前"期的"荒诞"的现实，都可以得到"解释-理解"，有了一个"理由-原因"，人们会觉得生活得轻松些，①[1](p.113) 好像一切都可以归于一种"必然-命定"。

从这里，尼采进入展开他反对哲学上"因果性"的思路。

尼采当然也不是反对日常生活中的因果关系，我们理解他只是反对把一切都归于必然的因果关系，而要为"自由"留有余地。然则，这项工作康德已经做得很有成绩，他的界限划分得很严格，那么尼采在这个思路上又有何种新

---

① 但是古代希腊文的"原因- aitia, aitios"也有"罪"、"归罪"的意思，找出"原因"就可以"定罪"，这样，"原因"这个词隐含的意思也是多重的，不是单一的，所以"找出原因"未必给人以"宽慰"。

贡献？

我们知道，在这方面，奠基的工作还是叔本华做的。叔本华的意志论，其中最具有哲学开创性的一个思路就是他把"意志"的领域和"因果-根据"的领域进一步严格划分开来。也就是说，在叔本华看来，"意志"并不像在康德那里被理解为"第一因"。

追求"第一因"乃是传统哲学的最基本的任务之一，源远流长，可以直追亚里士多德，乃是"形而上学"的终极目标。从前苏格拉底的"始基- arche"到柏拉图的"理念- eidos"，再到亚里士多德的"存在"，一直达于尼采批评的斯宾诺莎的"自因- causa sui"，都是这个形而上的思路。我们看到，要想动摇这样一个根深蒂固的传统，绝非易事。

当然，"第一因"的理论自身也有许多需要解释的地方。譬如，既曰"因"，就应是一个无限循环的系列，何来"第一"？"第一"者，乃是禁止人们的追问，既曰"第一"，则不应有寻求更上一层的"理由"。这种思路，未免带有"独断"的色彩，可以平息问题于一时，却不能长期让人沉默。人们除了以"上帝之一击"来解释这种"第一因"外，尚有"自因"之说。这就是说，人们固然可以追问进一步的原因，但这个原因，却是它自己。一切不把自己的哲学完全归于"宗教"的，都归于"自因"说的大旗之下，黑格尔就是一个典型的例证。

尼采既然反对那个虚无缥缈的"绝对理念-天国"，也以同样坚决的态度反对"第一因"，称它为"人们迄今构想出来的最佳之自相矛盾"。[4](p.709)

我们已经说过，"意志"和"因果系列"本不在同一个领域，"意志"只能对"另一个""意志"发生作用，而不是对"物质材料"发生"影响"作用。这就是说，对于"物质材料"来说，"意志"并不是"第一因"。

如果我们承认"意志"为"第一因"，则我们就会像黑格尔那样，承认在哲学里也有一个"创世"的问题，即我们这个物质的世界，原本也是"意志"-或者叫"理性-绝对精神"等等"创造"出来的。"哲学"全面"代替"了"宗教"，但是却保留了宗教-基督教的核心思想——"创世说"。

尼采既然在根本上反对了"神"及其相当的"绝对精神-绝对理念"作为这个现实物质世界的"第一因"，则从叔本华那里继承下来的"意志"论，也就不可能被理解为与"神"、"绝对理念-绝对精神"具有同等位置的"第一因"。在这个意义上,我们可以说,尼采真的在哲学的意义上批判了"创世说"。

在尼采看来,"意志"既不是现实世界的"第一因",也不是这个世界的"自由因",在这个意义上,尼采反对康德意义上的"意志自由",那种从感性"物质欲求""挣脱"出来的(free from)消极的"自由",那种从"形而上学"中"推衍"出来的"第一因"。

当然,在尼采的思想中,"意志"是"自由"的,不过正因为它是"自由"的,因而并不是从什么地方"摆脱"出来的,而是从"自身""开显"出来的。

"开显"就是"创造",尼采经常强调"自由"就是"创造",但不是基督教意义上的"创世",而是"开显-创造"一个"价值"的世界。这个价值世界,是"意志"创造的,意志创造它,意志来评判它。意志既非"第一因",也就不存在"职责-责任"问题。人世间的"事",都在"因果"的"蜘蛛网"中,[1](p.88)善恶都是这个网络的网结,由"(有)权力(的)意志"决定。这也意味着,并无一个"至善",善恶就在世界中,而评判的标准是"权力意志",它却在"善-恶"之外——"在善恶的彼岸"。在《论道德的谱系》中,尼采再一次提到"善与恶的彼岸",接着就补充道:"它至少不意味着'好与坏的彼岸'。"[1](p.35)为什么善恶可以有"彼岸",而"好坏"则没有?原来,既然"善恶"原本是"意志"自身设定的道德-价值世界,而既然没有一个至高无上的"善",则善恶之彼岸就不是"至善",而只是"权力意志"本身,于是尼采的工作就在于揭示"权力意志"是如何"影响-作用于- wirken"现实的善恶观念的。"好坏"原本是现实世界的成败利钝,则是无可设定一个"彼岸"的。在这个意义上,尼采揭示现实-历史的善恶价值观念之虚幻之实质,所剩下的则似乎惟有现实中的成败利钝了。于是,悲剧的英雄之所以"失败",并非是道德上不够"完善-完满",而是"不得其时"。这应是尼采的非常现实而又有深刻哲学理论的一种态度。

尼采对于一般经验道德谱系学的变革,在于他虽然把善恶问题回归经验世界,但却有一个超越的"权力意志"作为依据,从而使经验善恶有了真实的评判根据,揭示善-恶观念的现实的、实际的判断权-审定权,是尼采道德谱系学的主要目标，而不是像后来法国的福柯理解的所谓不拒绝细微现象的研究的方法。[3](p.114)在某种意义上，福柯用的是法国结构主义"修补匠"的方法——当然，福柯并非结构主义者，但是不能否认在方法上的影响，这种方法自有理论根据和历史渊源，但与尼采的哲学精神并不相同。

尼采哲学来自叔本华，有一个意义虽不同但仍居于"本体"的"意志"。这个"意志"，原本应是"强有力"的，但却不可避免地分成了"等级"：高尚的和卑贱的，后者是前者的否定，使得"有力"的意志，变成"无力"的，"意志"而又"无力-无能"，则乃是"自相矛盾"，"无能-无力"的"意志"为"虚无的意志-意志的虚无"。为"欲求"控制的"意志"就是这种"虚无意志"，而迄今的"历史"，正是"意志虚无"的"历史"，因而是"虚无意志"的"历史"，是"无意志"的"历史"，或者说，乃是"意志"的"史前""史"，"意志"之"前史"。"人"就是要"超越"这个阶段，成为"超人"，进入真正的"意志"的"历史"时期。

于是，人们将要问，在人们进入真正的"意志""历史"时期后，在"意志"变得真正"有力"之后，"诸""权力意志"之间，又是一种什么样的"关系"？或者问，它们之间，有没有"关系"的问题存在？"权力意志"本身有没有"历史"？"诸""自由者"之间，是个什么"关系"？也就是说，黑格尔"主-奴"关系之外，有没有"主-主"关系？

在这个意义上，尼采所批判的，所讽刺的那些道德范畴：平等、同情、服从、忠恕等等，是否会在一个新的层面上，在真正的"历史"层面上重新得到重视和研究，而由这种"主-主"关系引导出来的"民主"政治体制，是否也有一个新的意义？

参考文献：

[1] 尼采. 论道德的谱系 [M]. 谢地坤译. 桂林：漓江出版社，2000.

[2] 雅斯贝尔斯. 尼采其人其说 [M]. 鲁路译. 北京：社会科学文献出版社，2001.

[3] 汪安民、陈永国. 尼采的幽灵 [M]. 福柯. 尼采·谱系学·历史学 [A]. 北京：社会科学文献出版社，2001.

［4］尼采.Jenseits von Gut und Böse［A］.尼采著作集：下卷［M］.萨尔斯堡：Das Bergland‑Buch 出版社.

［5］尼采.Menschliches, Allzumenschliches［A］.尼采著作集：下卷［M］.萨尔斯堡：Das Bergland‑Buch 出版社.

［6］尼采.愉快的知识［A］.尼采著作集：下卷［M］.萨尔斯堡：Das Bergland‑Buch 出版社.

西方哲学的主要问题*
——危机的哲学与哲学的危机

这个题目是说西方哲学有了、出了问题,发生了危机。这种状况不是我们强加于它,而是西方哲学家自己经常探讨的。我们觉得他们的这种思路是有意义的,于是从我们中国人的视角,也来思考这个问题。

哲学原本处于"问题"之中,没有"问题",原不成其为"哲学"。有了"问题"才有"哲学"。

然则,哲学面对的问题,又不是通常的问题,"道可道,非常道"。哲学的问题,总是面对着"危机"。"危机"是一种原始的、根本的"挑战",在某种意义上,"哲学"也是迎接挑战。迎接挑战乃是"应对""危机"。只是"哲学"对"危机"的思考,并非一劳永逸地开出一个万应灵药,从而对其面对的问题,给出一个普遍的答案。"哲学"在"危机"中思考"危机",在"问题"中"追问""问题"。

在这个意义上,"哲学"又不仅仅是"面对"问题,"迎接"挑战;"哲学"本身又是"提问者"、"挑战者"。"哲学"常常"无事生非"。

何谓"无事生非"?哲学常常在表面上没有问题的地方"发现"问题,在表面上没有危机之处"危言耸听",哲学常常发出"盛世危言"。这就是说,哲学总是透过"现象",抓住"本质"。哲学不为"现象"的五光十色所迷惑,哲

---

* 原载《云南大学学报(社会科学版)》2004年第6期。

学在声色货利中固守着自己的本质，在任何现象的铜墙铁壁面前，保持自己的"自由"。"哲学"为"自由"的学问。

哲学家为"自由者"，"自由者"为"挑战者"、"肇事者"。

作为"自由者"的哲学家（者），保持着对一切"现象"说"不"的权力。一切"现象"，总是从"有"到"无"。世间任何具体事物不可能成为"永恒"，皆会随着时间的推移，归于"无"。哲学在事物尚在上升的时候，就能看出它的消亡的前途，"无事生非"乃是在事物尚存在中看到它的"非存在"。

哲学之所以拥有对一切现象的事物说"不"的权力，乃在于一切现象之事物皆未能"符合"事物之"理念"。这是古代希腊柏拉图的理念论，而古代希腊，正是西方哲学的摇篮。哲学从其诞生之日起，就拥有这个说"不"的权力。

柏拉图认为世间万事万物皆"根据"自己的"理念"，万事皆"变"，而其理念永恒。

然则，事物皆在"时间"中，理念既非抽象概念，或也可"在"时空中，成为"具体理念、具体共相"。此时理念仍具有说"不"的权利，乃在于它居于时间中之"未来"。

"时间"的维度为"过去、现在、未来"。"过去"已"不存在"，"未来"尚不存在；居于"未来"则一切皆为"过去"——盖因"现在、现时"亦为"过去"。故柏拉图说，"知识"乃是"回忆"。"哲学"之知识当是对于"过去"和即将过去的"现时"的"回忆"，或如海德格尔所言，是一种"思念"。

在这个意义上，"哲学"作为"知识"，不是对现成的事物作出经验科学的结构分析研究，不是对世间万事万物的"存在、作为存在者"积累经验性知识，而是"在""未来"的视角，揭示其"非存在"的趋势。在哲学的视角下，事物总是处于"存在-非存在"的"结构"之中。

哲学立足于"无"，面对世界之万"有"。然而，哲学并非"虚无主义"。"未来"虽"尚不存在"，但它必然"存在"，这种"存在"的"必然性"，是比现象因果必然性更高的必然性。

就"现时"的眼光来看，"未来"只是一种"可能性"，这种可能性保证了"未来"的"自由"；然而，我们拥有一个"未来"，却也是一种"必然性"。这是一种"可能的必然性"，也是"必然的可能性"——是"自由的必然性"，也是"必然性的自由"。

这就是西方哲学传统所强调的哲学的"超越性"。过去人们认为这种"超越",乃是"超越"了时空,"超时空"进入单纯"思想";然而人们发现,即使"在时空中",即"在世界中","哲学"仍是"超越"的学问,或者说,只有"在时空中、在世界中",哲学才能实现真正的超越,因为那脱离时空的超越,乃是空洞的抽象。

西方的哲学,从柏拉图到康德的哲学,常常有这种"抽象"的毛病,这个毛病,在黑格尔以后被人们越来越注意加以克服。

康德哲学是西方哲学进入现时代的重要环节。他的主要工作在于把哲学理性的这种独特的自由权利做了分析厘定的工作,划定理性的各个职能的职权范围,从而使理性的这种权利不流于空洞抽象。康德的批判哲学正是纠正西方哲学传统中这种抽象空洞无物的成果。今年适逢康德逝世 200 周年,我们作为他那时候的"未来人",缅怀这位伟大的哲人,不免引起哲学的思念。

康德哲学强调理性的独立自由精神,这种独立自由的精神,不仅体现在科学知识之经验必然性,同时也揭示了理性理念的否定的辩证特性,理念既在现象世界没有相应的对象,对于现象界保持着否定的态度,而缺乏现实的肯定性;然而此种理念,在"实践理性"领域却具有现实的肯定力量。在实践的领域,理性的自由成为实践的意志,本身就具有现实的趋向。在这个意义上,意志既有直接现实的力量,理性的自由也就具有"无限""悬设"的权利。在康德的《实践理性批判》中,道德改进的可能性,建立在"时间""无限绵延"的悬设之上。

理性的自由,使理性立于"未来"的层面,尽管康德自己认为理性、理念、自由是"超时空"的。实际上,康德所谓"超时空"乃是"超现时",因为他的先天时空形式,只是一种事物的序列——事物之间相互的连续,是为"现象的因果必然"作铺垫的,而"绵延、不可分"的时空,亦即非理论性的、实际性的时空,则在"实践理性"之内,因而这时的理性的"超越",正是意味着理性、理念仍可"在""时间"之中,即居于时间无限绵延的"未来"之度中,因而同样也具有现实性。

只是这个无限绵延的时间之度,康德把它放在了宗教、基督教的信仰范围,由"天国、神城"的悬设来保证,在这个领域,"道德"的"善",才不是一个不可认知的"动机",而是可以具有完满现实性的"至善"。

这就是说,在康德所理解的宗教理念里,"自由"才具有现实的必然性,亦即,自由的意志及其行为的结果,才和自然的行为一样,是"可以推论"的,自由的行为,同样具有"因果"的关系。这样,在现象界的人世间不具有合法性而只是偶然的"自由"理念,在宗教的神城里,就具备了现实的必然性,而不是一个单纯的理念。

康德哲学中这两个截然不同的领域——人间与神城,却通过"审美"和"目的论",有着一种特殊的沟通。康德《判断力批判》的工作,就是要从理性的自由的高度重新审视现象界,在审美和合目的性中,人们发现,"神城、天国"并非"(存)在"那虚无缥缈之中,而在我们生活的现象世界,就"有、存在"着它的投影——美是善的象征。人世被理解为"天国、神城"的影子,透露着这个超越世界的信息,在"美"和"合目的性"的视野中,大自然和艺术品显得如此地巧夺天工,人们将对神的崇拜和对"神恩"的感激之情,移向自然和艺术,大自然的恩赐和巨匠的天才,激发着人们的无限的想像力,从原本是混沌无序的个体偶然性中体会出它们之间的神奇的和谐。

康德这种哲学的思路,开启了从费希特、谢林到黑格尔的哲学,"自由"在时间绵延中的必然性,成为西方哲学的主题。"自由"与"时间"的结合,也就意味着它不再是空洞的形式,而具有现实的内容。

然则,"自由"的内容,并非得自于外在的给予,而得自自身的"创造"。"自由"就是"创造",这是尼采着重开发出来的意思,而这层意思原本却隐藏在康德、黑格尔的哲学之中而未曾得到很好的发挥。当尼采破除了"神城-天国-绝对理念"的迷信之后,自由的创造性就凸现了出来,而所谓自由的创造性,也就是自由的现实性,"自由""实现"自己,自由创造自己的现实。

这时,自由原不必先对给予的东西说"不",从而不必设定"现象"与"本体"的区别,自由总是"肯定"自己,"肯定"自己的创造。在这个意义上,尼采在反对虚无主义、怀疑主义的道路上,是走得最远的一位。自由对一切说"是"。只有在这种彻底的"是"中,才真正蕴涵着一种彻底的"非"——因为肯定了自由创造的现实性,才有权对一切的"被创造者"说

"不"。一切都可以成为"非（存在）"，只有"自由"——创造、变化、时间，才是本真的"是-存在"。"自由"肯定-正视一切的"存在者"，同时也否定一切的"存在者"；在绝对的意义上，"自由"只肯定自己的"存在"，肯定自己的创造。以往的哲学，从柏拉图到康德、黑格尔，都是从否定中见肯定——黑格尔的否定之否定，而尼采则是从肯定中见否定。

尼采的哲学在西方哲学中所具有的重大意义，随着时间的推移，在西方似乎呈现出越来越明显的趋势。

自由作为一个能动的现实的力量，提示了对"时间"概念的新视角。"自由"为真实的"存在"，在康德那里被认为"不可知"的"时间"本身，正是那"自由"的"存在"——"存在"不是一个抽象概念，"存在""在""活动-创造"之中，"存在""在""时间"中，对"存在"作"动态"的理解，"存在"与"时间"合一，使得西方传统哲学的"存在论"，有了新的、也是更为本源的理解，当是20世纪海德格尔的工作内容，海德格尔为传统存在论注入了生命，尽管他后来并不主张用这个名称来说自己的学说。

自由既为创造，按犹太-基督的思路，乃是"从无到有"，"无中生有"，然而，在哲学的思路里，这个"无"却是真正的-本真的"有"，于是海德格尔接过莱布尼兹的问题：为什么是有，而不是无？在某种意义上，"无"不仅亦为"有"——世间"有"一个"无"，而且是更为根本的"有"。这个根本的"无"，开显"万有"，"存在"开显为"诸存在者"，于是，在哲学里，"创造说-创世说"与"现象学"统一。

"时间"问题的深入思考，是20世纪西方哲学的主题之一；然而，"时间"为"自由"已为19世纪末的柏格森所强调。时间与空间的对立反映了自由与机械必然的对立，"自由"随着柏格森的工作，进入当代欧洲哲学的视野，如同"存在"随着海德格尔的工作进入当代一样。

在这个意义上，在当代哲学的视野中，不仅"时间"与"存在"为一，而且"自由"也与"存在"为一。"自由"仍居于当代西方哲学的核心地位。

"存在"为"时间（性）"，亦即，"存在"为"自由（性）"；"时间性"、"历史性"统一"（人文-精神）历史"为"自由史"，而不仅仅是历史事实的相序的因果锁链，也不是偶然的事实的堆积，而是自由的发展，在时代社会性空间中的开展-显现。历史是开显中的事件-发生中的事件的过程,它趋向于"未来"。"未来"为"自由"的"可能性";"未来"高于"过去-现在","可能性"高于"现时性"——这是当代西方哲学不同于古代亚里士多德哲学的特点,但这个特点,并未"淘汰"亚里士多德的问题,因为"未来"终将"实现"成为"现时","可能性"乃是"现实的可能-可能的现实"。

于是,哲学的问题,仍如亚里士多德所指出的,为纯粹现实性问题,纯粹的主动性问题,亦即"纯粹的可能性"问题。

在这个意义上,能动性-主动性-现实性-可能性诸范畴与"存在"同一,哲学则为"存在论";如与"自由"同一,则为"自由论"。就我们这个思路来看,西方哲学的主要问题乃是研究-思考"存在-自由-可能-现实"。哲学是关于"存在-自由-可能-现实"的学问。

如果我们认为,学问之道,须有其必然之理,则"哲学"这门"存在"的学问-"自由"的学问-"现实"的学问-"可能"的学问,同样也研究思考"必然性"的问题,即哲学的上述诸范畴概念是"可以推论"的,是有"理路"的。在这个意义上,我们常说,"哲学"同样为一种科学性的问题,"人文科学"仍是"科学",而非艺术或宗教。哲学同样也是"知识"。

不过,哲学这门学问确不同于一般经验科学,它所研究-思考的"必然性",不仅仅是"理论性"的,而是如前所述,是为"存在-现实-可能"的必然性,是为"自由的必然性"。

经验科学的"必然性"是理论性的,经验的现实中充满了偶然性,要在这个领域谈论必然性,就一定要从杂多的感觉材料中"抽象"出来,进入"理论"的思维层面;而按照西方哲学的思路,哲学所研究思考的"必然性",则不仅仅是"理论性"的,而且是"现实-实践"性的;然而"超出""理论-概念"领域的必然性,乃是"自由",在理论层面,"必然"与"自由"是对立的,只是在"实践-现实-存在"领域,才有权利谈论"自由的必然性-必然性的自由",只有在这个领域,"必然"才与"自由"得到统一,"必然性"才不是抽象概念的,不是理论性的,于是,哲学也就不仅仅是"理论性的知识"。

这个"自由-必然"统一的"领域",当是一个不同于经验现实-现象界的"领域",是"超越"经验现实的"超验"领域,但它同样是"现实"的,"存在"的;"超越"而又是"现实-存在",如果排除掉"天国-神城"的迷信,则将"在""时间"的"未来"之度中。

在这个意义上,哲学乃是关于"存在"的学问,"现实"的学问,"自由"的学问,"时间"的学问,"未来"的学问,"超越"的学问,哲学为"慎终追远"的学问。

同时也正是在这个意义上,哲学的诸范畴概念,就不再是形式逻辑的"符号",而是有内容的,哲学仍是一门科学,一门"知识",只是它是"超越的知识","存在的知识-现实的知识",亦即"自由的知识",就其可推理性而言,也是"必然的知识"。

然而,正是这门"超越"的知识,这门"超越"的科学,从19世纪末以来,被有识之士呼吁为"危机深重"。胡塞尔遂有"欧洲科学的危机与超越论的现象学"之著名演讲,他的学生海德格尔感叹当世为"存在的遗忘"。

欧洲哲学的危机意味着欧洲"自由"意识的危机。

欧洲原本是"自由"的故乡;然而自近代以来,欧洲人也为自己科学技术的发展付出了代价,古代希腊自由精神的遗忘,哲学——作为自由的科学的衰微,是为代价之一。

欧洲科技,特别是高技术的发展,为人们带来了生活的便利和幸福,却也把人们的目光凝固在表面现象之中。人们生活在高技术提供的"符号"的"虚拟"世界,"人"本身成为"符号"系列的一个环节,生活在一个"必然"的"大箍"中,生活在"网络"之中。物质的积淀-积累,使精神的自由萎缩。环境的破坏,资源的耗损,显示了对"未来"的遗忘。凡此种种,带来哲学的式微,就是毫不足怪的事情。

然则,哲学原本生存于"危机"之中。"危机"也给哲学提供了"机遇"。哲学的主动-创造精神,不会泯灭,自由与理性同在,而高科技原也是理性的产物,自由精神的产物。勇于迎接这种挑战,善于利用这种机遇,存于哲学家本身。

经验的更大的积累,理论的更高的精细,需要更大的超越,高技术的世界激发着更高的哲学形态。出现这种更高形态之哲学的"可能性",是"必然"的。

柏格森 *
——"时间-绵延"引进哲学的先驱

柏格森（Henri Bergson，1859—1941）是20世纪初期法国的重要哲学家，但有一段时期在欧洲他的思想被人们重视的程度却远远不及其实际的重要性，也可以说常常处在被忽视的地位；相比而言，柏格森哲学在中国，由于种种深层传统的原因，为一些人重视、甚至加以鼓吹，不过这种情形不久就被前苏联的批判所遏制。柏格森哲学由于他的直觉主义被冠以"反理性主义"的帽子，在这顶帽子下，很少再有人认真对待他的哲学。他的著作的汉译本，早年只有1958年吴士栋按照英译本转译的一本，这本书是柏格森早年的著作，原名为《论意识的直接材料》，英译者征得柏格森本人同意，书名改为《时间与意志自由》，英译本也就以这个书名行世。只是在中国社会进入改革开放之后，柏格森的主要哲学著作，才陆续译成中文出版，同时还翻译出版了近期过世的法国激进哲学家德罗兹对柏格森哲学的独特的论文。

应该说，从他的主要哲学著作来看，柏格森基本上是一个学院式的哲学家，他关心的是科学的问题，而他一生的生活，也离不开学院。据前述英译者介绍，柏格森1878年就读于师范学校，1881年得哲学学士学位，1889年得文学博士学位，于1897年为高等师范学院主任讲师，自1900年起，一直是法兰西师范大学的教授，1901年为法国科学院院士。

---

* 原载程广云主编《多元2006》，首都师范大学出版社2006年版。

柏格森的主要著作，也是科学性的。1889 年他 30 岁时，出版《论意识的直接材料》(*Essai sur Les Données Immédiates de la Conscience*)，即上述英译《时间与意志自由》(*Time and Free Will*)，这本书虽然是柏格森早期著作，但却是奠基性的，篇幅不大，内容却极为丰富，已经显示出作者将以严谨渊博而又深入的学识，开创一条新的哲学思路。7 年后，柏格森出版了《物质与记忆》(*Matière et Mémoire*)，又在相当的间隔，出版了他的主要著作《创造进化论》(*L'évolution créatrice*，1907 年)，这是柏格森开创自己哲学体系的重要著作，书中从自己的哲学立场，清理了众多学科的有关问题，同时也非常精练而又独特地讨论了欧洲哲学从柏拉图、亚里士多德到斯宾诺莎、莱布尼兹、康德、费希特等等哲学家的观点，并在基本理论上批评了当时甚为流行的斯宾塞的机械进化论，以使他的"创造（生）进化论"与之严格区别。于 1932 年，柏格森又出版了《道德与宗教的两个来源》(*Les Deux Sources de la Morale et de la Religion*)。这些主要著作，已有汉译本出版，足资阅读研究。

一、柏格森在欧洲哲学史上的地位

我们现在再来客观地研究柏格森的哲学，理解他的理论的意义，发现他不仅是法国哲学的现代的先行者，而且还是开创整个欧洲哲学现代阶段的先行者之一，如果不嫌过于夸大，他在欧洲哲学史上的地位，甚至可以和近代初期的笛卡儿比美。作出如此判断的根据和我们理解的欧洲现在哲学现代-当代发展的特点有关，正是根据这种理解，我们把欧洲哲学作出"古典的"与"现代的"分别，在这个区分中，我们感到柏格森作为欧洲现代哲学的先行者当之无愧。

首先，柏格森是一个纯粹的哲学家，他思考的问题，直接源于哲学的基本问题，他所讨论的，都是围绕着"形而上学"问题展开，亦即，紧紧扣住了"物质（材料）"与"精神（意识）"的关系，从"知识论"深入"本体（存在）论"，然后讨论"道德-宗教"问题，如此循序渐进地展开他的思想，他一生的工作和著述，大体按照这个思路进行，较少有横生枝节的毛病。

其次，柏格森又是一个兴趣广泛、对于诸多经验科学都有涉及、而且具有相当修养的一位科学家，我们将会看到，他对于当时的进化论、相对论都有研究,尽管从专业方面看,不一定达到很高的水平,但是他努力将这些学科的问题与哲学的问题结合起来,对于哲学的发展大有裨益,也是值得后人发扬的。他著名的对于"电影放映机"式的"知识论"的批评,至今不失其吸引力,也可以说是哲学利用科学技术说明自己问题的一个范例,这使我们后人看到,哲学家应如何学习先进的科学技术,来加深对于自身哲学问题的理解和阐述。

同时,柏格森还是一位自觉地把自己独创性的思考与哲学史的发展有机联系起来、使自己的哲学思想具有深厚哲学史背景的哲学家,我们将会看到,他对于欧洲哲学史从柏拉图、亚里士多德、普洛丁诺直至斯宾诺莎、莱布尼兹,特别是对于康德哲学的批判,具有独特的视角,在这个视角下,欧洲哲学史呈现了另一种面貌,这对于我们深入研究欧洲哲学的历史,也是很有启发的。

柏格森的哲学工作,致力于批判机械论,反对机械的"物质-材料(matter matière)主义"。提倡一种直接本质的"精神(spirit)主义",他以这种立场来理解宇宙万物的"创(造)(变)化"和"创生"的过程,从而使这个世界不作为一个死寂的"材料-物质"世界而是作为一个"生生不息"的"进化-变化"的世界展现在人们面前。

欧洲哲学从其源头古希腊哲学起,就有一种把"活"东西当成"死"东西来观察、研究的倾向。古代希腊哲学崇尚"理性",这种"理性",在摆脱了它的原始的"诗意"的创造力之后,走向一条"推理"的"理论"性路线,这条路线,对于人类理论思维的贡献,是无可怀疑的;然而这个思维方式,同时也产生自身的偏向,由于强调了"推理-理论",有时候相对地忽视了"现实"的一面,把丰富的"现实""简约"为逻辑一贯的"理论体系",甚至认为只有"理论"的,才是"真正""现实"的——柏拉图的"理念论"当是这个思路的最高概括,即使到了亚里士多德,"理念论"受到"存在论"的挑战,但是他的"诸存在者之存在",仍停留在相当抽象的层面上。

在这种思想的引导下,古希腊人崇尚一种"理性"的生活,认为只有"理解"了的,才是可靠的、真理的,"理解"了的生活,才是有价值的,具有神圣性的生活,而停留在"感觉"层面的生活,是虚假的、不可靠的,人们一切错误的根源,乃在于受了感觉的"欺骗"。希腊人这种哲理,相当集中地表现在古代爱利亚学派的芝诺悖论里。

芝诺悖论为人类出了一道千古难题，几千年来人们想用各种办法来解决这个问题，但是似乎并无一个最佳方案。芝诺悖论的精神正在于揭示：感觉上的"运动"在"理论"上是"不可证明"的，因而是"不可理解"的，于是"运动"只是"感官"给人的一种"错觉"。芝诺这个悖论，或许是一种辩论的练习，就像后来智者学派高尔吉亚关于"神""存在-不存在"的诘难，可能是一种辩论术的练习，但是芝诺悖论由其实质性内容的分量，不断被后世重视，亚里士多德有过仔细的讨论，失之细节之复杂；而犬儒学派的反驳，则又失之过于简单，像芝诺这样的悖论，并不能以"走几步"那样简单的方式加以解决，因为悖论要做的正是指出"感觉上的运动"是"不可证明-不可理解"的，"感性上"的"行走"，无论走多少"步"，都不能代替"理论"上的"证明"，这是不言而喻的。

至 19 世纪人类发明"电影"，以"动画"的方式"再现"人们的"真实""生活"，由此联想，人们再一次对"芝诺悖论"发生了兴趣，以为找到了一个新的视角。原来，按照"电影"的原理，本来是"不连贯"的"画面-点"在高速度运转下，就可以产生"连贯"的"运动""感觉"。人们以为，这一下，之所以有"运动""感"的"原因"找到了，而按照自亚里士多德以来的哲学传统，认识一个事物的"原因"，就是"认识"了这个事物。然而，人们也可以说，"电影"的方式，恰恰为"芝诺悖论"做了"注脚"，它揭示的只是"运动"之所以是"虚假"的"原因"，而并不能够"证明""运动"的"合理性"。

对待"芝诺悖论"和当时"电影方式"，柏格森采取了从根本上加以"颠倒"的立场，显示了他的哲学家的彻底的态度；他不是以"电影摄像"的范例来回应"芝诺悖论"，而是以"电影摄像方式"为范例，从根本上批判"芝诺悖论"所显示的一种思想方式，指出这种思想方式控制了欧洲哲学知识论数千年，而忽视了生动活泼的真实现实生活，而在柏格森看来，"虚假"的恰恰是那"先分后合"起来的"理论"世界，这个世界是"机械"的、"死寂"的，那运动变化、生生不息的世界，才是"真实"的，因而也才是真正"合理"的。据此，柏格森经常把这种机械的知识论叫做"电影放映机制"的"思维"[①]。

---

① "电影放映机制"在柏格森著作中常常应用，在他的《创造进化论》一书中最后一章（第四章）则专门以"思想的电影放映机制和机械论的错觉"为标题，参见姜志辉译，商务印书馆 2004 年版，第 225 页。

柏格森指出，在这种机械的知识论看来，人的认识主体犹如一台"电影摄影-放映机"，"先"把活生生的事物"分割"成许许多多"瞬间"，这时候，"时间"的"瞬间"与"空间"的"点"具有同等的性质，这就是"摄像-成像"，然"后"，再由"放映机"将"电影胶卷"快速放送出来。这样，"瞬间"的"点"，就"连续"成"面"，于是，"静止"的一帧一帧的"画面"，就"连续"成为"动态"的"活动"场景，由此"再现"人们的生活。

这种"先""分""后""合"的机械的知识论，在柏格森看来，连康德也未能例外，我们看到，柏格森常常以康德的知识论作为批评的靶子，也常常在批判康德哲学的过程中，阐述自己的哲学。应该说，柏格森的确抓住了康德知识论的一些问题，只是在把康德哲学作一整体来考虑上，亦即，在批评康德知识论未能避免机械论的同时，尚需联系到他的道德和审美-目的问题，这一方面，柏格森当然有所论述，但尚嫌不够。

只是我们应该看到，柏格森对于康德知识论批评的主要方面，是很有意义的。康德知识论的确有"先分""后合"之嫌。康德这种方法，就康德本人来说，也是很明确，很自觉的，不是一个偶然的问题。我们都知道，康德知识论的主要问题是"先天综合判断"何以可能，亦即，经验知识-科学知识何以可能。康德这个问题，确定了这种知识不能脱离"经验"，因而要有"感觉"的来源，但还当有"先天性"的"范畴"使此种感觉提供的"材料"成为"可能的经验知识"的"对象"，这样，"对象"与这些先天范畴才能"自身同一"，而消弭"主-客"的二元对立，不会产生"主体"的形式，如何"符合""客体"的问题，实际上，此时的"客体"已经"被接纳"到"主体"中来，因而是"主体""自身同一"；然而，此时的"主体"乃是一些"范畴-先天形式"，因而，"被接纳"进来的"对象"，首"先"要经过"形式化"的"程序-机制"，然"后"再"组合"起来，成一"合理"的"判断"。

这样，康德的知识论，只能是"理论"的，而不是"现实"的，康德的知识论问题应是"理论知识"如何可能，而非真正的"现实知识"如何可能，或者我们可以说，康德的问题是：对于"现实"的"理论知识"何以可能。"真正的现实生活"，或"真正的现实经验"，必"先""形式化-理论化"之"后"，才是"可知"的，人们只能在"理论上""认知"这个世界，这正是康德"限制知识"的原因所在;"真正的现实问题",还有待于"实践理性批判"和"判断力批判"去处理。

这就是康德知识论的"处理机制",我们看,仅就知识论看,大体上真有点像柏格森批评的"电影放映机制"。

之所以会有这个问题,倒并非康德主张机械的知识论,关键在于康德强调可能经验的科学知识只是"理论"的,而"理论"的就是"推论"的,这样的知识才有必然性,也就是说,对于经验世界的必然知识是概念的、范畴的,而概念-范畴之间的"推理"关系,正是"先分""后合"的。分割开来的事物的"概念"应用"范畴"进行"推理",这样把这些"概念"在"理论"的框架内"连续-联系"起来。这样,"电影放映机制",在康德的知识论里就完成了任务。

二、"时间-绵延"观念

康德知识论之所以能够从"感觉"过渡到"理论","时间-空间"问题又是一个关键。

从某种意义上来说,"推理式"思想方式,与人们的"空间"观念有较密切的关系,而这种观念,是将具体的"物体"简约为一个"方位",然后再简约为一个"点",前者为"几何学"的方式,后者则是"数学"式的,而这两者,正是古代希腊思想方式的支柱,毕达哥拉斯、苏格拉底、柏拉图、亚里士多德等等,都在这种思想方式的影响之下。"几何学"和"数学"的"推理"、"证明",长期是欧洲哲学的"存在形式",亦即在"形式"上,"哲学"都有"几何学-数学"的影子,斯宾诺莎的著作就是一个很好的例证,甚至康德也不能完全例外。

康德要将"外在感性"的"感觉材料""吸收-内敛"到"概念-范畴"体系中来,"构建""理论性"的"经验科学知识",则"时间-空间"仍是一条必经之路。果然,康德说,"时空"乃是"感性直观"的"先天形式",这就是说,"时空"并非"感觉经验""提供"的"经验形式",不是从"感觉经验"中"概括"出来的,而是不依赖"感觉经验"的,是"先天"的,但它们却仍是"直观"的，而非"概念"的。"几何学"是这种"先天直观"的范例，而"数学"的"综合性"，说明了它并非纯粹的"概念分析"，因而也是"直观"的。

于是，"物体-事物"只有通过"空间"这样的既是"先天"，又是"直观"的环节，才能使"客体"围绕"主体"转，使原本是感觉材料的"物体-事物"进入"概念-范畴"的"推理-证明"过程。

人们通常将"时间"与"空间"作为同类形式来说，但是古代希腊的哲人们已经感到了它们不是一个类型的。关于"空间"，古代有"几何学-数学"这种"科学"来研究它，但是古代并没有一门独立的"科学-学科"来研究"时间"。希腊人觉得"时间"是很"神秘"的东西，于是赫拉克里特有"时间为掷色子的儿童，儿童为王"这类费解的话。

这样，在"理论性思维方式"的框架里，出路似乎只有一条：将"时间""空间"化，以"空间"的模式来理解"时间"。康德尽管指出"空间"为"外在直观"而"时间"为"内在直观"的区别，但是，在处理"时间"问题时，仍是和"空间"同等对待，这样，他的"客体"才能与"主体"统一起来，进行"理论性""推理"，他的"经验科学知识"，才能"关起门来"自成一统。

于是我们看到，将"时间""空间"化，又是欧洲哲学在古典阶段完成自身理论体系的必要的程序。经过这种转化，"时间"如同"空间"一样，被"分割"为不同的"方位-年代"，然后又简约为"瞬间-点"。"时间"和"空间"最终被简约为"点"，达到了完全的一致。

"点"已经不是具体的"物体-事物"，而是一个"抽象"，如同"概念"那样的"抽象"，只是一个"形式"。只有这样的"形式-抽象"才能进行"理论"的"推理"。而只有能够按照"范畴""推理"的"判断"，才是"可以理解的"，而具有"时空"直观而又可以"范畴""推理-证明"的，在康德视为"可知的"。

这样，在欧洲古典哲学的理路中，我们看到这样一条线索："时间""归约"为"空间"，然后一起进入"概念-范畴"，"时空"的"归宿"为"范畴-因果"。对"事物"的"认识"乃是"认识""事物"的"原因"。

然则，"时间"是否能够合理的被简约为"空间"？如何在本原的意义上理解"时间"？在某种意义上，就成了晚近欧洲哲学要突破的这个哲学传统的重要问题，而在这个问题上，柏格森的贡献，是决不容忽视的。

"时间"问题的提出，固然是哲学本身已经涉及但未曾深入探讨的一个"空白"，同时也是受到自然科学发展的推动，历史上哲学的发展，大都具有其他学科启发和推动的因素在内。爱因斯坦相对论的影响，则是哲学家注视和深入考虑"时间"问题的一大助力；柏格森对于相对论的关注，也是众所周知的，至于在专业水平上的评价，自有褒贬，我们关注的，当是哲学层面的问题。

柏格森认为，"时间"和"空间"具有很不相同的性质，"时间"是"不可重复"和"不可分割"的，而"空间"则是"可以重复"和"可以分割"的，据此，柏格森提出了他的著名的"时间""绵延"说。"绵延"为"不可分割-不可重复"，即所谓"绵绵不绝-逝者如斯"的意思。

"时间不可分割"，"绵延"的"时间"不是"年月日刻分秒"，"时间"不等于"计时"，"计时"为"数"，"数"是按"空间"模式将"事物"简约为"点"，然后进行加减乘除，进行"计算"。"可计算"的"时间"乃是"形式"的"时间"，"实质"的"时间""不可计算"。"实质"的"时间"，不可"割切"，"时间"为"流"，切不开、割不断。

"时间不可重复"，亦即"不可逆性"。"时间"之"流"一往直前，"时间"不能"倒流"。"时间"为"一次性"的"绵延"；而"空间"的"方位-数"都是可以重复的。"科学"之所以为"科学"，正是因为它的"理论-公式-推理"皆为"放之四海皆准"的"公理"，"真理"不怕"重复"，而且必须经得起"重复"的考验，"科学""真理"不是"一次性"的；反过来也可以说，凡只是"一次性"的，皆不能作"科学"观，譬如"天才"的"艺术"等等。

"时间"这种"绵延"的"不可分割-不可重复-不可逆转"的性质，柏格森做了严格而细致的阐述，以便剔除长期以来"空间"观念对"时间"的侵入。柏格森强调，"时间""陆续"，不是"空间"的"线"，不是"点"的"先-后"，"先-后"的"线"，只是互相"接触"，而不是"互相渗透"[①]。

---

① 柏格森著、吴士栋译：《时间与意志自由》，商务印书馆1958年版，第68页等处。

"时间"之所以"不可分割"乃在于它是"互相渗透"的,"我"中有"你","你"中有"我",一旦"割切"了,就成了"非我非你"、"非驴非马",譬如听一首乐曲,人们是"整体"聆听欣赏,而不是一个音节、一个音节地听,又如夜间时钟嘀嗒之声助你入睡,当你睡着时,并非最后一声嘀嗒"让你-使你"睡眠,如此等等,都是柏格森体察入微,常举的例子。

这样一种"时间"观念给欧洲哲学带来的巨大的变革可能是人们始料不及的。

三、"时间-绵延"与"内在化"问题之展现

"时间"作"绵延"观,使得"时间"不可"量化",而只能作"性质"观。

传统的哲学当然也考虑到"变化"的问题,但是"变"有"量变"与"质变"之分,"空间"的"变化"是"量"的方面的,而"时间"之"变"则只是"质"的方面的。

"时间"的"质",并不是通常所谓的"物体-物质-材料""属性"的那种"质","物体"的"属性"仍是从"物体"的"整体"中"分割"出来的,是可以用"概念"来把握的,因而它的思维模式仍是"空间""推理"型的,这种类型的"质",与"量"是相通的,于是黑格尔有"量变"到一定程度就会引起"质变"之说;柏格森所谓"时间"之"质",乃是"绝对"的"质",它不是"物体-物质-材料"的"属性",不是通常意义上与"实体-substance"的"偶性-attribute"。

柏格森"时间"之"质",乃是"绝对"的"异",因而它不可能"重复",不可能"逆转",用 20 世纪末法国激进哲学家喜欢用的名词来说,就是"绝对"的"他者",只是在柏格森看来,此种"绝对他者"只是"时间"之特性,而如今这些哲学家因为考虑到后来结构主义的问题,又将"时间""外化"为"空间","在""空间"里"存放-存留-存在"的"时间",乃是"有限"的,与具体的"事物"相结合,柏格森的"时间"则是"绝对""内在"的。

"时间""绝对""内在"意味着什么?"时间"之"绝对内在"意味着:

"时间"不是"物体-物质-材料"的"属性",而是"意识"的特点。于是,柏格森从对"时间"的独特立场,直面"物质-意识"的关系这样一个传统的哲学问题。

这个古老的哲学问题随着经验科学日益发展,特别是心理学作为一种实验科学的发展,种种心理现象常常可以"归结"为"物理现象","心理"和"物理"之间的界限渐渐地打通以致泯灭,于是哲学家共同面临着这样的严峻问题:"意识-心理"究竟能不能完全归结为"物质-物理"?德国从布伦塔诺到胡塞尔都致力于解决这个问题,遂有"意向性"理论之进入哲学,柏格森则也有自己解决这个问题的途径,而他们却都是努力在"物质"和"意识"之间划出一条不可逾越的"界限"。柏格森的界限在于"物体-物质-材料"是"空间"的,而"意识"是"时间"的。

不仅如此,在柏格森看来,"时间"唯有"在""意识"中,"时间"被柏格森"内敛""吸收"为"意识"。在这里,我们看到了柏格森尽管经常批判康德,但在"时间"的"内在性"这一点上,仍受康德影响,至少康德关于"时间"与"空间"的"外在形式"不同,而为"内在形式"的观点支持了柏格森的看法,而所不同的是在"形式"问题上,柏格森的"时间"不是"形式"的,而是"实质"的,尽管绝不是"质料"的。

所谓"意识"为"时间"之"存在方式",意味着"意识"不同于"物质"的"因果"关系,它是一种"绵延",不可分割为"原因"与"结果","意识"为"自由"。柏格森为反对"意志""(被)决定论"而不遗余力,因此他同意将他的《论意识的直接材料》英译书名改为《时间与意志自由》,他在法文原版的序言中指出,全书前两章论"心理强度"和"绵延观念"都是作为第三章"意识状态-意志自由"的引言而写的,这就是说,他的"质量观"和"绵延观"等等,都是为了论证"意识-意志自由"的。

当然,"意志自由"并不是哲学的新问题,自从奥古斯丁以来,已经是欧洲哲学不可绕开的难题,康德在这方面的工作,更是不可忽略的。不过康德关于"意志自由"是从"实践理性"角度,强调"理性"本身就有"实践"的能力,而不必借助"理论理性",但是由于康德将"时空"纳入"理论理性"范围,而"实践理性",或者他的"纯粹理性"就"实践"言,则是"超时空"

的,"意志""无时间-非时间"。这种观点与康德将"意识"划分为"知识性"和"实践性"有关,也和他将"意识"归结为"理性"有关,和"理性"不能完全"排除-悬搁""镜像-思辨- speculative"有关。

在柏格森看来,"意识"和"物质"完全不同,它们之间不是"因果"关系,因而"诸意识"之间,也不可能是"因果"关系。柏格森为此甚至不怕"二元论"之讥。

"意识-思想"之间的关系是否也如同"物质-物体"那样有一种"因果"关系,也是从笛卡儿以来就为哲学家殚精竭虑的问题。柏格森从"时间-绵延"的观点出发,认为"意识-思想"之间的关系,乃是"自由",而非"必然"的"因果"关系。

"自由"的关系是"非决定"的关系,也就是,人们的"理性"不能对"自由"关系作出"推断","自由"的"进程"不可"预见"。

"时间""绵延"为"不可分割",为"无限",永远"在""过程"中。一切"因果"之"推断",都是"中断"了"过程"以后的"论断",无论"由因求果",或者"由果求因",都是"中断"了"绵延"来"看",于是,"看"到的"已经"是"结果",是"既成"的"事实"。

"绵延"永远只能是"正在进行"。对于这种"绵延""正在进行"的"自由""过程",是人们无法"预见"的。人们当然有能力"推断"、"预见""空间"中发生的"事情",但不能因此而将这种"决定论"引进"意识-意志-时间-绵延"中来,以此否定"自由"。既然"时间"用在"进行",人们就没有理由说在某一"点"上,人们已经"穷尽""以前"的"一切条件",从而有"根据""推断-推论-预见""尚未"出现的"未来"。在"时间"的"绵延"中,"过去-现在-未来""相互纠缠"在一起,"不可分割","绵延"乃是一"混沌","自身""自足",亦即"自由","我中有你"、"你中有我"、"互相纠缠"、"相互依存",而不是"相互依赖"。"在过程中",实并无"原因"和"结果"可"分",也就没有"由果推因"和"由因推果"。

"意识-意志"这种"非因果"的"自由-绵延"关系,乃是一种"创造"的"过程","时间"永远"在""创造过程"中。这个"创造过程"因其不可重复、不可逆转而不具有"同一性","创造"意味着"异",因而这个永远的

"过程"又是"永久的异化"过程。

"永久的异化"一方面固然是"变化-进化",一方面又不同于一般的"创生-进化论"。柏格森在他的《创造进化论》这本著作中,经常批评斯宾塞陷于"数量"增减的"进化论",而提倡一种不断"异化"的"创化论"。"同质"的数量增加或减少,并非"创造",亦非"进化",只有"性质"的"异化",才是真正意义上的"创造"和"进化",在柏格森这里,"自由"与"创造"有一种内在的实质性关系,而不仅仅像康德那里,由"理性"的"实践行为""推出"必有一个"自由意志"存在。

在柏格森"创化论"里,"时间"的"绵延"本身就是"自由",就是"创造",也就是"生命",是"活"的"意识",是"精神- esprit",而不仅仅是"理智- intelligence"。"理智"对于认识外物,认识世界,认识"空间"中的"物体-事物",是很有用的,人们的物质生活借此得到"改进",在数量上、种类上得到扩充,"科学"的功绩是不可抹煞的,然而这还不是人类"精神"的"创化"。"精神"高于"理智";"理智"是"空间"性的,"精神"则是"时间"性的、"绵延"性的;"理智"为"必然","精神"则"自由"。

四、意识-时间-自由与"直觉"

"意识-意志"不是一种"生理-神经系统"的"反应",也不是对于外界"物体-事物"的镜像"反映","意识-意志"为"心理现象",不能归结为"物理现象"。"物理现象"可以"还原"为"数"的关系,"心理现象"则只有"质"的问题,"数"的关系可以"推论","质"的关系则不可"推论"。那么,人们如何能够把握这种纯粹的"质"?

"自由"的"纯粹性质",因其为"纯粹的内在"的,因而不能通过涉及"空间"的"感官"来"感觉"它们,不能"看"到"它们",而只能"内在地""体验""它们"。柏格森将"时间-绵延-自由""内敛"成为绝对"内在"的"体验",使"意识-意志"绝对地"内在化",最初给人以荒诞的感觉,但是他这个意思,也自有理路,凡强调"意识""自由"的,似乎不容易绕开这个理路,后来胡塞尔认为"绝对性"就在"内在"的"意识"中,当也是与这条理路有关。

这条理路是说:既然"时间-绵延-自由"不能由"外在""空间"所提供,如果要把握-体会它们,就只能"置身"到它们当中去,而不能"在""外面""观察-观看";"时间-自由"既然是一条"切割不断"的"流",要体验这个流,只得"投入"这个洪流中去,既是一个"永久的过程",人们只有"进入"这个"过程"才能有所体会。人们不能以"静止"的办法来"把握""流动"的东西,"时间"的"绵延"是"把握"不住、"不可把握"的。人们不可能以逻辑的概念-范畴来"把握""时间-绵延-自由"。

"进入""洪流","置身"于"过程"之中,是唯一能够得"知""时间-绵延-自由"的方式,于是这种"知",就只能是"内敛"的,而不可能是"外化"的。柏格森把这种"内敛"的认知方式叫做"直觉- intuition"。于是,柏格森的"时间-空间"的对立,就成了"直觉-理智"的对立。

"在""自由者"之间*
——黑格尔"对立之统一与和谐"思想再思考

欧洲近代哲学,系统地引"自由"观念进哲学,康德当属先驱,他将"自由"置于"实践理性"之核心,使之成为道德职责之根据,并由此上溯"宗教-信仰",也使宗教-基督教有了一个"单纯理性"之基础,上接奥古斯丁之神学,在欧洲哲学发展中,具有开创性作用。

然而康德哲学需要发展。从费希特到谢林又到黑格尔,走的正是这条发展道路。

康德整个批判哲学,偏重"形式"。他的知识论尚强调"科学"必需"直观"——经过"时空""先天直观形式"之"接纳",而他的"实践理性"就连这种"直观""形式",也绝无参与之资格,康德之"自由",绝对不掺杂任何感性直观的"内容",而保持"单纯""理性"之"形式"。

康德之"自由"因决不涉及任何感觉经验而"高高在上",悬在"神圣"之"上天",下不到"世俗"的"人间"——人间一切仍在"必然性"之"大箍"中。"神""管""神"的事,"人""管""人"的事,"天上(天国)""人间"各霸一方。

在这个意义上,黑格尔再一次将"哲学"从"天上(天国)"拉回到

---

* 原载《江苏行政学院学报》2006年第1期,第5—13页。

"人间"。①

"哲学"从"天上"回到"人间",也就是从"先验"回到"经验"。

那么,是不是过去讲哲学的"先验"或者"超验"就是简单的"错误"?或者人们又要简单地"回到""感觉经验"?当然不是。"哲学""在""上天"这番"旅程",这番"太空遨游",并没有白白度过,它"带着""上天"的"神圣光环"回到"人间",为自己的家乡-故乡增添了"光彩"——"人间"有了更加丰富的"意义","旧貌换新颜"了。

就哲学言,黑格尔的工作当然不是把被康德撇在一边的"感觉经验""世界"简单地"拾掇"起来,"接纳"到"哲学体系"中来;回到"人间",也不等于简单地回到"经验主义",而是把"天上"、"人间"-"先验"、"经验""结合"起来。

"结合"一词,因为用得太多,对于它的理解也容易流于宽泛。所谓"结合"乃是一条道路,一个过程。是从"先验"到"经验"的过程,也是从"经验"到"先验"的过程,从"天上"到"人间",也是从"人间"到"天上","向下的路"和"向上的路"原本是同一条"路"。"在路上",就是"结合"。

"结合"不是"加在一起",不是"拼凑";也不是"泯灭""区别-界限"地"混同"在一起。"混同"不是"结合"。

"结合"而"保持""区别-界限",这里,久违了的"辩证法"就在面前了。

黑格尔的"辩证法"在西方哲学的后来发展中,并未受到足够的重视,而在第二次世界大战以后苏联因它受到马克思的肯定而被推崇,从而有几十年的流行。然而由于理解上过于宽泛,近十几年来已随黑格尔整个哲学一起被打入冷宫。哲学的"辩证法"也经历了自己的坎坷。

人们一度不重视"辩证法"也有其原因在。"辩证法"如果仅仅被理解为"冷热"、"上下"、"左右"、"前后"这类感性上的"对立"和"转化",那不用哲学家的殚精竭虑,从古以来,都有许多的"至理名言",可以拿来就用,立

---

① 西塞罗曾说苏格拉底将哲学从天上拉回到人间,从"望天者"的"自然哲学",拉回到"认识你自己",拉回到人间的"伦理学"。可能,哲学的命运,就是要这样被多次地拉来拉去,在这样的"上上下下"中得到提高;而我们将会看到,"认识你自己"也不仅仅具有一般伦理学的意义。

竿见影。而如果从"理论"上来理解，则每每与"形式逻辑"规则相左。在"形式逻辑"的"铁律"面前，"辩证法"何以自立？于是人们只有固守"感性世界"这块阵地。"辩证法""止于""应付""充满矛盾"的"大千世界"的"智慧"和"手段"，成为一个"应变"的"技巧"，甚至成为"解释""成败-兴衰"的一个"遁词"。

然而，无论康德还是黑格尔，皆以"改造""传统形式逻辑"为己任，认为那只管"形式"，而不管"内容"的传统逻辑，只是"思维"的"工具"，而不是"真理"，"真理"当有实实在在的"内容"，"真理"不仅为"思维"，而且为"存在"。

康德以"先天综合"使"直观"通过"时空"的"先天直观"进入"逻辑"，使"形式"具有"内容"，使"经验科学"有一"先验"之根据；但由于他的"综合"止于"经验"，因而他的"科学"，也止于"经验"，对于"超越（经验）"之"领域"，则"知性"盖无"立法权"，因而在他的意义上，"哲学"止于"批判"，而实并无"哲学科学"。

康德的工作，从反面指出了"哲学科学"乃是一条充满"矛盾"，充满"荆棘"的道路，是"形式逻辑"和"知性科学"无所施展其能力的"领域"。但康德的逻辑改造工作则在"形式"和"知性"面前，戛然止步。

是黑格尔将这个"改造逻辑"的工作继续推行下去。在他看来，思辨命题-同一命题就是从辩证的观点对待逻辑"命题"中的"主词"与"宾词"。

例如：这雕像是铜的。

"主语""这雕像"所指乃是一个体事物，而"宾语"或"表语""铜的"则有更大的范围但规定着"主语"的"属性"。因而，主-宾二者是有区别的，二者不是"同一"的。黑格尔认为，这是"形式逻辑"的理解，在"知性科学-经验科学"范围内是合理的，也是必须的；然而，从"辩证法"的观点来看这个"命题"，则能够"开显"出不同的"意义"。因为在这里我们还可以进一步思考："主语"原本是"宾语"的，而"宾语"也原本是"主语"的——"铜（的）"原本是"这雕像"的。"雕像"不仅是"实体"，而且是"主体-主词-主语"，"雕像""开显"了"铜"，于是它也可以（有能力、有权利）将这个"宾语"（此处为"铜"）"收回"到"自身（主语）"（此处为"雕像"）

中来。这样,"属性-铜"就不是"抽象"的,而是"实体-主体-雕像"的;反过来说,"(这个)雕像"也就和"铜""不可分",而成为一个真实的"存在-实体"。这样的"主-宾"关系,乃是"辩证"的关系,它包括了"转化-吸收-开显",而不是"僵死-抽象"的。

这样一种辩证的关系观,对逻辑言,规定了黑格尔的"辩证法"之"概念-判断-推理"不同于"传统形式逻辑"的意义,于是黑格尔的"概念"成为涵盖"主-宾"关系的"实体",因而与"存在-实在""同一"起来,完成"思维与存在同一性"这一伟大命题之论证,使"逻辑"不仅仅限于"命题"之"真-假",而且涉及"事物本身",即不仅仅限于追求"真命题",而且追求"真理",从而使"逻辑-知识-科学"和"哲学-存在论""统一"起来,使"哲学"成为"真理"的"科学"。

黑格尔上述辩证之思路,乃在于"承认"在"对立"之中有着"同一",或者"同一"即在"对立"之中。"他者"与"自我""对立",但"自我"恰恰就"在""他者"之中,或者甚至要说:只有在"他者"中能够"保持住""自我-自己"的,才是"真(实、正)"的"自我-自己",而不是"抽象"的"自我-自己"。

"他者"对"自我"言,乃是"区别-界限-限制",于是,上述意思就是:只有在"区别-界限-限制"中"保持""自我-自己",才是"有内容"、"现实的""自我-自己"。

如果说,康德曾经批评过理性启蒙之"不成熟性",从而展开"批判哲学"之为"理性"之"划分界限"运动,则在黑格尔看来,康德之"理性自由",仍然停留在"启蒙"之"不成熟"阶段,他的"理性自由"因缺乏"界限-区别"而限于"抽象",因缺乏"创造-开显"而限于"软弱无力"。

康德之"理性自由"如同躲避瘟疫那样"摆脱""自己"的"对立面"-"感觉经验",没有"勇气"(缺乏"精神")去"面对""自己"的"对立面",以为"摆脱"是"保持""自身-自由""纯洁-神圣"的惟一法门,于是落得个"洁身自好-孤芳自赏"的结果,故曰"未曾尽善尽美"。

黑格尔的"自由理性"则不然,它犹如生龙活虎一般,精神抖擞地到一个"异己"的"领域",经过艰苦的奋斗,使这个"非我"的"区域",转化为

"自己-自我"的"世界",成为"自己"的"家园",使"异己""转化"成为"自己"。

这种"转化"工作,当然首先是一种"开创-创造",也与人类向客观世界索取生存资源的活动分不开,但是黑格尔"自由理性-自由创造"的意思尚不"止于"此。

我们知道,黑格尔固然批评康德的"自由"为空洞无物,但康德对于"自由"所揭示出来的"纯粹理性"的性质,仍是黑格尔的理论前提——"自由"乃是"不受感觉经验制约"的一种"纯粹理性"活动。黑格尔的"精神"、"理性"之"自由",固然"充实"了"内容"而区别于康德,但是,"理性""进入""经验",不等于"理性""降为""经验",而是"在""经验"中仍然"保持住""理性"。在这个意义上,黑格尔"自由"所"开创"的"世界",固然与"日常经验世界"是"同一个""世界",但却"保持着""自己""不同"的"意义"。这个"意义"通过"理性"的"辩证法""显示"出来,即"理性"在"非理性"、"自我"在"非我"、"人"在"世界"中"保持着""自己"。在"他者"中"保持住""自己",乃是"有内容-现实"的"自由"的真实含义。

那么,这又和日常经验生活中之"创建"活动有何种区别?一个简单的事实是:人类单纯经验自我的活动,旨在"消耗""世界",而"满足""自己"的"感性""需要",它的"活动"性质是为"自己"的"扩容",逐步地使整个"世界"成为"自己"的"部分"。当然其间"理性"也会起作用:人类如何"聪明-明智"地"利用"世界之"资源",于是,在这个需求指导下,"知性"发展起来,随之"经验科学"也有了发达的基础。

所有这一切,黑格尔当然并不否认,而且他是哲学家中相当重视并承认"经验科学"的发展对于"哲学"的意义的。他只是不将"哲学"以及他强调的"理性-精神-自我-自由"停留在这个层面,他的问题尚须推进一层。黑格尔说:

> 而意识的个别性成了它自身的绝对本质以后,它才第一次发现世界是它自己的现实世界,它才对世界的继续存在感兴趣,至于以前,它的兴趣只在于世界的消失。[1](p.155)

黑格尔这段很有意义的话，本是很实际的："意识"在一般经验的阶段，兴趣只在"消失-消耗""世界"，它的一切劳作和艰苦斗争，皆为将那"自在"的"世界""转化"为"为我"的。这时候，"意识"只承认"我"的"自由"，而"自在"的"他者"虽和"我"僵硬地"对立"着，这个世界甚至是"必然"的，但却是"可以被征服"的，而它之所以为"可征服的"，正因为它是"必然"的，一旦"理性-知性""掌握"了它的"必然-规律"，就得到了"自由"，"掌握了的必然就是自由"。而一旦人们觉得"自在"世界之"必然性"不可"穷尽"时，"意识"又"总是退出世界，撤回自身"。[1]

就"自由"问题看，这种经验的态度无论"积极入世"还是"消极遁世"都是片面的，不是"自由"只"在""他者"（自在），就是"自由"只"在""自我"（为我），片面双方，是一方"消灭"另一方的关系，这种关系，没有"和解-和谐"，二者当中，没有"间"，没有"之间"；只有相互"承认"，虽相互"渗透-转化"而仍然"有""间"，才是全面的意义。

"自由者"之"间"，"和而不同"，才是真正的"自由-和谐"。

以"吃掉对方"来"保持自己"，将"他者"的世界"吸收"到"自己"中来，表面上"壮大"了"自己"，"充实"了"自己"，但是如果"止于此"，则无疑将原本是"内容"的统统"转化"为"形式"，由"小形式"扩充为"大形式"，此时或"贵为天子"、"拥有四海"，到头来不免仍是"孤家寡人"，"功成身退"，"退出世界"，这也是"必然"——"不退"为"不可能"。于是"皇帝"的"自由"，犹如"皇帝的新衣"。

唯有"承认""对方"，"承认""他者"，"努力争取""在""他者"中仍能"保持""自己"的"自由"，才是"真实"的"自由"，也才是"被承认"的"自由"，是"受保护"的"自由"，"有保障"的"自由"。

事实上，承认"必然性"，已经意味着承认"他者"的"自由"。

当然，按照康德揭示的，所谓"必然知识"，原本是"理性-知性"之"职能"；但是"他者"、"世界"按照"规律""变化-发展"，并不"以人的意志为转移"，在这个意义上，"他者-世界"原本也是"自由-自在"，或者叫"自在"的"自由"。此种"自在-自由"尚不是"自觉"的，不是"理性"的，"人"的"理性"的、"自觉"的"自由"，使"他者-世界""进入""理性-精神"的发展历程之中,"人""唤醒"了"他者-世界"的"意义":"世界"成为"历史"的,"空间"成为"时间"的。

如果没有黑格尔的"辩证法",后来这个解释学的"意义"也就不容易出来,"人"与"世界"归结为"使用-实用"的关系,也就没有"意义"的"持存"关系。

"自我"在"他者"中"保持"着"自己","他者"也在实际上"保持着""自我"——"自我""在""他者"中,"在""他者"中的"自我"是"真(实)""自我",脱离"他者"的"自我",乃是"形式"的"自我",不是"真我"。"辩证法"在"消极"中看到"积极",在"非我-他者"中看到"我",而且认为只有在"非我"中的"我",才是"真我";反过来说,只有在"自我"中的"非我-他者",亦即为"理性"所"把握"的"他者-非我",才是"真实"的,"实实在在"的,不是"过眼烟云",亦即,"他者-非我"才"有""自己"的"过去-现在-未来",才"有""自己"的"历史",才有"持续性",才是"真实"的"自己"。

于是只有在"对方"中,"我方"才是"真""我方",而不是"抽象"的、"空洞"的、"软弱无力"的、"形式"的"我"。

黑格尔的"辩证法"强调在"对方""保持""自己",即在"经验"中保持"超验",在"必然"中保持"自由",在"异"中保持"同",反之亦然。"他者"在"自我"中也"保持"着"他者","他者"亦有"自己","他者"的"自己",亦即康德那个"不可知"的"事物自身"。"事物自身"因其在"自我意识"中仍"保持"着"他者"自身,而不为"知性"所"知",但是"辩证法"-"哲学"的"思辨逻辑"恰恰就以此为"对象"。"辩证法"承认知性设定的一切"矛盾-对立",当"知性"在"化解"诸种"对立-矛盾"遇到"阻遏"时,"辩证法"的作用立即显现了出来。"辩证法"不仅"承认""对立-矛盾",而且有能力"化解-和解""对立-矛盾",盖因它的原理在于坚持只有在"对方"才有"真""自己",只有在"异"中,才有"真""同"。

"知性"当有"化解-和解""小矛盾"的"小技巧",只有"辩证法"才有"化解-和解""大矛盾"的"大智慧"。"小计谋"只会对"他者-对方""巧取豪夺","大智慧"则"承认"、"敬重""对方",不仅"承认"、"敬重""他人",同时也"承认"、"敬重""自然",从"敬畏"中得"自由",将"自我""委托-托付"给"他人"或"自然",在"托付"中"保持""自己",不仅不"消耗""世界",而且也不"消耗""自己",是为"保存""自己",使"自己""存在"之最佳"良策",在这个意义上,"辩证法"乃是"方法",也是"道路",乃是"存在"之"路",是"人生"之"康庄大道"。

不一味"消耗""世界",就是上引黑格尔之"对世界之继续存在""感兴趣-关心"。

"他者"作为"自然",本"自为自在","自然界"本非"为我"而"生"。"人"作为"动物",原是"自然"之一部分,本亦无忧无虑,随大化生灭;然而,人的"理性-理智"使"人"从"自然"中"脱颖而出"——基尔克特强调之"出(ex-sistence)","人""退出""自然",则使"自然"与"自己""对立","人"不"是""自然",而"人""有"一个"自然":to be 与 to have 由人之"理性-理智"而"对立"。意识到这种"对立",人的"理智-知性"发挥能动性,为"维护"人之"自己-自我"之"存在",努力向"自然""索取""自己"的"生活资源",于是本为"自为自在"之"自然"则亦以"自己"之"必然之铁律"向人类进行"报复",如此"冤冤相报"、"此起彼伏",无可终了。

在如此的长期"斗争"中,人的"理智"逐渐更加聪明起来,日益学会分清"利-害",学会"趋利避害"。不过由于人类"理智"的并非"全知全能",在人类变得越来越聪明的同时,"自然"也会变得越来越"狡黠","道高一尺,魔高一丈","自然常常隐藏自己的真相",让人难以"提防"。

无论人类在"得意"还是"失意"的时候,人类"理性"总是"提醒-警示"人们:"人"和人的"理智""设立"的这个"对立""双方",原本是"同一"的:这种"同一性",不仅仅是因为"人"本来自"自然";而且揭示了与"人""对立"之"自然",同样也是来自"人"之"理性"——康德之"知性"为"自然""立法"。

不仅"人"在"消耗""自然","自然""自己"也在"消耗""自己"。"自然"经常"摧毁""自己",所以人们才有"沧海桑田"之叹。"沧桑变幻"并非全是人类"改造-活动"的"结果"。

单纯"自然"之"持续存在"是没有"保障"的,而没有"持续性",就谈不到真正意义上的"存在"。因而,在这个意义上,"自然"之"存在",同样需要一个"他者"的"保护"——"自然"的"存在-持存",需要"人",需要"理性",需要"概念",只有显示事物"本质"的"概念"才是真正意义上的"存在",于是黑格尔也就有理由说,"概念"与"存在""同一","思维"与"存在""同一"。

从某种意义上说,单纯"自然"的单纯"自己"并不"拥有""过去"和"未来",因为"过去"已经"不存在","未来"尚"不存在"。"自然"讲"过去"和"现在"都"沉积"为"现在"。"自然"的"过去"和"未来""存储"于"理性"的"概念"中,"概念"为"本质"的"存在-存储"方式,而"本质"则是真正意义上的"存在","本质"不是"抽象"的空洞观念,"本质"即"实存"。

因此,在这个意义上,是"有理性"的"人","发现"了"自然"的"过去","预计"了"自然"的"未来";原本"非理性"的"自然"在"理性"的"概念"中,"保存"了"自己",在"他者"中,"守住""自己"。

就有理性的"人"的"立场"来看,作为"非我"的"自然",不仅仅是"我"的"衣食住行"的"资源",而乃是"我"的"衣食""父母",有"母亲"之"慈爱",也有"父亲"之"严厉","我""热爱"它,"敬畏"它,但"我"清楚地"知道-认识到-意识到","我""离不开"它。"我"在它的"怀抱"里"长大","成人"之后"离开"它,但迟早都会"回到"它的"怀抱"。扩大开来说,"我"的人生历程,处处离不开它的"关怀","我"在"他者"中"成长",在"他者"中"生老病死";"我"在和"他者"的"关系-交往"中"成为""我"。"自然""威胁"着"我",也"呵护"着"我"。"自然"作为"他者"使"我"成为"我"。这就是说,"我"在"他者"里的"存在",才是"真存在",在"他者"里的"自由"才是"真自由"——随心所欲不逾矩。

"真自由"是"现实"的"自由",是"在""现实"中的"自由",不是"抽象"的"自由",不是空洞的"主观愿望"或"善良动机"。

"真自由"不仅在"自然"中"保持"住"自己",在"必然"中"保持"

住"自由",而且要在"另一个自由者-他人"中"保持"住"自己"。"他者"包括了"(他)人"和"自然"。

"自然"因其"无意识"而与"人""对立","辩证法"揭示"意识"要在"非意识-无意识"中"保持""自己";"辩证法"同时还揭示,"意识"还要"有能力"在"另一个""异己"的"意识"中"保持""自己",亦即,在"他人"中"保持""自己"。

"我"为"自由者","他人"也是"自由者",似乎不像"自然"那样为"必然者"。其实二者仍有许多相似之处:"自然"的"必然",不可"穷尽","经验科学"承认"偶然性"之作用;而另一方面,作为"自由者"的"他人"仍可被当作"自然"来对待,"利用-夺取""他人"的"劳动果实""据为己有",古今皆有通例。"另一个自由者"当是"自由劳动力(者)"出现以后很晚近的观念,就如"自由"之觉醒虽潜伏在远古的人类意识之中,至中古后期才逐渐被"激活",而进入"哲学",就是更晚的事情。

"他人"作为"另一个自由者"的被发现,也是哲学史上的一件"大事"——海德格尔所谓"Ereignis"。人们不必"退回"到"扑朔迷离"的"内心世界",就能体悟出"有""自由""存在",甚至"他人"的"自由"竟然"有能力""动摇"、"摧毁""我"的"自由"。过去只有那帝王将相、王公贵族在具有智慧的条件下才能显示出来的"问题",如今"飞入寻常百姓家",成为一种"科学的意识",人人都能体悟出来:"我自由","你也自由","他也是自由的"。

突然间,似乎"自由者"之间的"关系",成了一个"问题"。

"在他者中保持自己"的"辩证法",具体化为"在""另一个""自由者"中"保持""自己-自由"的"辩证法"。"自由"在"非自由-必然"中得到"保持"的问题转化为"自由"在"(另一)自由"中的"保持"问题。"自我"与"非我"的关系,转化成"两个""自由者"之间的问题。"主-客"关系,成为"主-主"关系。"两个""主体"之间的关系又复何如? 是为"主体间"问题。

我们看到,实际上"主体间"问题和"主-客"问题,原是同一的问题,都是"同"和"异"的问题,而且都需得从"辩证法"的"立场"加以理解,都需要从"异"中求"同",在"异"中"保持""同",在"异己-另一个"中"保持""自己-这一个"。

相比"自然"来说,"他人"的"出现(ex-sistence)",更加尖锐地将"自由-自己"的"辩证法"提到了"我"的面前。

当然,由一般的"他者"到一个个体的、自由的"他人"是一个历史的过程。"他人"也曾很长时间被当作"它物"来对待,附属于一个或多个强有力的"自我",古代奴隶主、帝王和他的奴隶和臣民,或多或少有着这种"人"与"物"的关系,"自由"与"必然"僵硬地对立着,帝王和奴隶主掌握着臣民和奴隶的生杀予夺大权,"主人"认为他有权、有能力像对待"物"一样对待"他们",古代众多的"杀殉"事例,揭示了这种关系的残酷性。然则,不仅仅是奴隶对于奴隶主有一种人身的依赖性,即使是奴隶主的"自我"在本质上对于他的对方-奴隶也有一种不可解脱的依赖性,犹如人对于"自然"的依赖一样。人尽管在一个时期里对"自然"竭尽"榨取"之能事,但到头来,就物质的生存资源言,仍需"靠天吃饭"。其不同之处,乃在于奴隶尽管在一定时期内,处于"无意识"状态,但是一旦觉醒,一旦他们也认识到,"自己"也可以是"自由"之身,设法用种种方式来"解放""自己",从"赎买"到"革命",对于"主人"都是一个莫大的威胁:"主人"失去他的"依靠"对象,将他的"片面性"暴露在光天化日之下,使他意识到:原来"主人"并不"自由",他"依赖""奴隶"。"主人"意识到:他的一切的"剥削-欺骗-压榨-镇压"都不能使"自己""自由",而适足加重"自己"对于"对方"的"依赖性"。

然而,"主人"作为"帝王-奴隶主"没有能力承认他也必须"在对方-奴隶中保持自己"这条辩证的铁律,他们的"利益"的狭隘性"迫使"他们必定要固守着他们的片面性,他们为自己的顽固性付出了巨大的历史代价,至今世界上还有些"主人"在继续偿还自己欠下的债务,承受着种种"报复-报应",如同"自然"给"人类"的"惩罚"一样。这是一种"辩证"的"报应","自由"的"惩罚"。

承认"辩证法",承认"对方"之"权利",乃是"消解-和解"这个"矛盾"之"僵硬性"的唯一途径。"承认""对方"之"权利",也就是"承认"

"对方"之"自由","权利"首先是"自由"权,"自由"权,也就是"存在-生存"权,反之亦然。然而,有了这种"承认","奴隶"将不再是"奴隶","主人"也不是原来意义上的"奴隶主-皇帝"。"主-奴"关系,转化为"主-主"关系,"自由"与"必然"的关系,转化为"自由者"之间的关系。

人类为认识这样一种"新型"的关系,付出了沉重的代价,从而终于认识到,"我"的"自由","依赖着""对方",只有在"对方"中能够-有能力"保持"自身,才是"真""自由"。

在"辩证关系"中的"我",就不仅仅有"个体性",而且还有"普遍性","我"不仅仅是"我",而且是"我们"。黑格尔说:

> 我直观到,他们为我,我为他们。[1](p.235)
> 我就是我们,我们就是我。[1](p.122)

就"辩证的关系"看,"我"有一个"复数"-"们"。"我们"并不泯灭"我"之"个体性",只有那"抽象""片面""共性"的"(我、你、他)们"是"辩证法"所反对的,辩证法恰恰要在"普遍"中"保持""个别",而反过来,也在"个别"中"保持""普遍",这是"个别"的"本质",也是"普遍"的"本质"。我们并"看"不到"普遍"的"苹果",这个"普遍"就在"个别"之中;然则"个别"之"苹果",仍是"苹果",正如胡塞尔后来所说,我们正是"看"到了"苹果"这个"理念",我们才有理由说,"这是苹果"。

然则,我们看到,"奴隶主"决不可能-没有能力把"奴隶"当作"我们"来对待,只有"对立双方"相互"渗透-和解"才有条件引为"同道",成为"我们"。这就是说,只有"自由者"之间,才有"们-复数"的问题,而没有"另一个自由者",则似乎只有费希特的"大我"了,一切"他者"皆成为"我"的一个"部分"。

"他者"作为"另一个-另外"的自由者,不可能"归约"为"我","他"与"我"相比,乃是绝对的"异","他者"的"集合"-"们(多数)","大于"、"强于"、"寿于""我","他者"作为"另外的自由者"的"集体"和"我"的关系,不是"平衡-平等"的,其"重心"不在"我",而在"他者"。

这种"不平衡"的关系,是 20 世纪后期法国列维纳斯揭示出来的,而这个特殊的关系,也的确应该受到重视;然则这种不平衡关系并不"遏制-破坏""我"的"自由",恰恰相反,"我"的"自由",必定会在"他者"、在"绝对相异者"中得到"承认"和"保持",在"异者"中的"自由",方是"真自由",如同在"他"中之"我"乃是"真我"一样。就实质言,"我"不能"消耗""他","他"也不能"消耗""我",而是"我"不离"他","他"不离"我"。"他"在"我"处得到"开显","我"在"他"处得到"保存",在这个意义上,"相反相成","相得益彰"。

"他者""大于-强于-寿于""我"这层关系最终表现在:"我"必定"回归""他者"。"我"当然会"回归""自然"。不过"自然"如作"无概念-无本质"的"物-质料-材料(matter-hyle)"言,则"人"之"回归",乃是"自我"之丧失;而"人"在"自由"层面上也有"回归"问题。"我"作为"自由者",本来自"另外的自由者","我"亦终将此种"自由""托付"并"交还""他人","请求""他人"为"我""保存",使之"持续存在"——"我"以"我"的"事功-业绩"以及"道德文章"作为"抵押","托付"给"他人","我""继续""发挥着""作用"。尽管最终"解释权"已在"他人"手中,"他人"有"自由""解释"它们的权利,然则"我"即使在"身后"也并未完全"丧失""我"的"(自由)发言权"。这或许就是伽德谟所谓的"有效应的历史"。"他人"作为"另外的自由者"固然"大于-强于-寿于""我",但也不能"随意""解释""我",因为"我"的"自由""作品-事功-绩业等"尚"在",而正是"他者""替我""保存"了这些"作品"。"我"在"身后"继续"活在""他人""心中","我""在""他人"中。

于是,在黑格尔"辩证法"的意义上,"我"与他人作为另一个自由者"最终"不是一个谁"消灭"谁的问题,而是在"相反相成"中相互"和解-和谐"。我们看到,人类历史充满了"一方吃掉另一方"的残酷斗争,但在不断付出代价以后最终还是意识到了这个"最终和解"的重要性。

这样一种辩证的"我"-"他"关系,马丁·布伯曾经以"我"-"你"关系来概括,也颇有启发意义。"你"作为"我"-"他"的观念上的中间环节-中介能够体现出"自由者"与"另一个自由者"之间的"区别"而又"亲和"

的意义：在"区别-界限-限制"中"保持""同一"，在"同一"中"保持""区别-界限-限制"。

"自由者"为一"群体"，只有"自由者"才有能力"集合"成一"群体"，这个"群体"是一个"自由"的"社会"。"社会"中举凡"道德"、"法律"，以及实体性的"政府"、"组织"，皆以这个"自由者"的"群体"为前提，各种规章制度，皆以"维护-发展"这个"自由群体"为"目标"。

"辩证法"意义上的"自由"，并非不要"规章制度"，恰恰是"自由"就"在""规章制度"中，因为"自由"必是一个"群体"，"协调""自由群体"之间的"关系"，是一件实实在在的"工作"，而并非空洞的"自由"的"许诺"，也不是"放任"的"无政府主义"。"自由的社会"正是一个"法度的社会"，"法制的社会"。"放任"不等于"自由"，"放任"不承认"区别"和"界限"，仍是一种"空洞"的、"形式"的"自由"，它和"空洞的许诺"是一个意思。

然则，为"自由者们""制定""法律"的确不同于为"非自由者-动物""制定""生活时间表"，"管理""自由社会"不同于"管理""动物园"，二者都需要"学问-科学"，但性质上并不相同。后者主要需要经验科学家之训练，前者则更需要有"精神"的"修养"。

人们靠什么"能力"在"异己"中"保持"住"自己"？在比"自己"更加强大、更加持久的"他者-他人"中"坚持"住"自己"？按照黑格尔的意思，靠"精神"的"能力-力量"。

"精神（Geist）"是一种"活力-生命力"，也是一种"智慧"；"精神"具有"向外"和"向内"的"双向""能力"：作为"活力-生命力"，"精神""向外""开展"，如黑格尔形容的，像拿破仑那样，"精神"骑在马背上，雄起起地去"征服世界"；"精神"在"征途"中将"世界""吸收"到"自身"中来，"充实""自己"的"智慧"和"修养"，"精神"以"充实"的"内容""回到""自身"。"精神"这种"能力"，本就是"自由"的"能力"，"进入""世界"而不"丧失""自己"，"精神""承认"并主动"树立""异己"，但在"异己"中"阻遏""自己"的"瓦解"。

"精神"把"异己"作为"客观""对象"加以研究，"掌握"其"必然性",据此以自己的"劳作"在"异己"的世界"创建""自己"的"家园";在这个"家园"中,"精神"意识到"客观对象"之"必然性",仍是有"精神"之"理性""立法"职能作用在,"客观对象"之"存在"与"概念"原本"同一","精神"在"家园"中"返回"了"自身",在"修整-提高"一个"阶段"以后,它"重振旗鼓",出发远征那"不毛之地",再一次于"异己"的"荒漠""建立""自己"的更繁盛的"家园"。

也许,"精神""修整"的"阶段",是"学习-思考""哲学"的"大好时机"。

"哲学"是一种"精神"的"修养",是"精神""开创""自己"的"世界"的"演习"。"哲学""教""人"以"辩证法":在"对立面"中"保持"住"统一",在"异己"中"保持"住"自己",在"必然"中"保持"住"自由",在"另外的自由者们"中"保持"住"自己"的"自由"。

"哲学"不但不"排斥""非哲学",而且"肯定"并"尊重""形式科学-逻辑和数学"以及一切"经验科学",向它们学习,努力"进入"它们的领域。只是"哲学"在"非哲学"中仍然"保持"着"自己","保持"着"自己"的"自由"。"哲学"的"纯粹"的"力量",正在于它有能力将众多的"内容""吸收进来",而又不"丧失""自己","哲学"的"纯粹性",不是"形式"的,而是有"内容"的"纯粹性"。

不仅如此,一个"哲学(体系或非体系)"作为"(这)一个自由者",同时也——或者说更加——"肯定-重视""另外的自由者们",在众多的"自由者们"中,"保持"着"自己"的"自由"。"我"的"哲学"重视"他人"的"哲学","哲学"重视"哲学史"。

"哲学"作为"自由的概念"之"学问",与其他"经验科学"或"形式科学"不同,各种学说之间的关系,可以说是"绝对的异"。欧洲哲学传统,皆以"否定-批判""他人"的"哲学"为能事,以显示"自己"之"特立独行",显示"自己"之"自由"之"创造性"。然而,"哲学"自身同样逃脱不掉"辩证法"的铁律:"哲学"不仅要在"非哲学"中"保持"自身,而且要"在""其他的-另外的""哲学(体系)"中"确立-确保""自己"。无视"他人""哲学"的"哲学",只能是一个空洞的"自由""幻想",绝非"现实"的

"科学"。

从另一方面说,"哲学"固然很鼓励"想像力"和"灵感","哲学"更需要"激情",我们甚至可以说,没有这些"力量","哲学"难以"持续",做"哲学"需要"灵气";但"哲学"绝不"止于"这些尚无"内容"的"主体"性之"坚持"。"哲学"需要"认识""客观",而且要"认识""其他-他人"的"哲学"是一个比"自己-自我"的"哲学"更为强大、更为持久的"群体"。在这个"哲学""自由者们"的"集体"中,他们以各自"自由-独立"的"个体""和而不同"地"结合-统一"起来,成为一股"我"所不能忽视的"力量","我"如要"进入"这个"集体",成为"其间"一个"独立"的"力量",发挥"自身"应有的作用,则应当采取"谦虚-谨慎"的态度"学习""对方","尊重""对方"。

各种"哲学""间"之所以为"绝对的""异"的关系,正因为"哲学"乃是"自由"的"学问","哲学"是真正意义上的"自由者",或者竟可以说,"人"当并仅当"做哲学"时,才是"纯粹"的"自由者"。一种哲学与其他哲学的关系,相当于"诸自由者"之间的关系,只是更加自觉,更加学理化,更加清楚地体现出"自由"的"精神"。

既然,在"诸自由者"之间"保持"住"自己",而不使"自己""泯灭"于"他者-他人"之中,主要要靠一种"自由"的"精神"的力量,因此,"培养"、"训练"这种"精神"对于一个社会,就是很重要的事情,而"哲学"在"培育-训练"这种"精神"力量方面具有更加直接的意义,也就是不言而喻的事了。

"哲学"的"精神",就是"自由"的"精神",而在某种意义上,就是"辩证"的"精神"。如果人们不满于将"自由"停留在单纯"形式"的阶段,让"自己"在色彩缤纷的"现实世界"面前"却步",而"收缩"在"善良愿望"的"自我"中"孤芳自赏",则需要一种"进入""异己"的"勇气","精神"正是这种"勇气"的"泉源",因为"精神""自信""自己""有能力"在"异己"世界"阻遏""自己"的"泯灭",而且"意识到-认识到"只有在"异己"中"自己"才能得到"真正的-现实的""保存"和"保护"。"自己"与"异己""同在"。

"自由"的、"辩证"的"精神"就是"勇气",就是"智慧",同样也就是"德性"。在"精神"世界,"智-仁-勇"三者理当"和合"。"仁者爱人","仁"至少是"二人"的关系,承认"对方-他人",承认"异己",也就是承认"自己"。"精神""让""他人""存在",也就是"让""自己""存在",是为海德格尔之"存在"-"使(让)存在"之意义。"存在"即"存在之"。"存在"即"存在"之"自由",亦即"自由"之"存在",于是,"存在之"即"自由之","使其-让其""自由";而"使-让"其"存在-自由",亦即"令""其""自由-存在"。"精神"也就具有了"令"的意义,也就是康德所谓"无条件命令"。"无条件命令"亦即"辩证"的"命令",因为"辩证"的,乃是"全面"的,不是"片面"的,亦即黑格尔的"大全",雅斯贝尔斯的"包容性",涵盖了"对立""双方","正面"、"反面"尽在其内,不需要——不缺少"另一个-另外的""条件",因"另一个-另外"己"在"其中了。"辩证法""令"人"敬天-畏人",在"敬天-畏人"中"立言-立功-立德",即"立己"。

[参考文献]

[1] 黑格尔.精神现象学:上卷 [M].贺麟,王玖兴译.北京:商务印书馆,1962.

"进入""时间"是"接近""事物本身"的唯一方式*

惠敏送来他的新著《媒介的后果——文学终结点上的批判理论》嘱我写序,我对文学理论很生疏,美学研究也有很多年不做了。我对他书中说的问题很陌生,提到的一些人名和书名大部分我都不知道,有些知道的,也都是多年以前的知识,这些年遗忘得差不多了,所以"序言"是绝做不出来的。只是惠敏多年来用功读书,勤奋写作,感到却之不恭,勉强借题发挥,谈一些自己非常粗浅也一定有许多错误的想法,更谈不到能对惠敏的书"序"出什么东西来,就当我"自说自话"可矣。

我们生活的这个时代的确有许多新的现象和问题的。古人发明书写,以文字传递信息,跨越时间,实在比"说话"要方便得多了。那时候如光用"图画",断断续续,不很明白,因而不能替代"文字"的表达。就文艺领域来说,"图画"就独立经营,开出不同于"文学"的意味来,于是"绘画"和"文学"各行其是,各安其位;如今随着高科技的发展,"声像"技术可以乱真,可以直接地提供各种信息,不必经过"文字",再由"想像"将"故事-事件-事情""再现"出来,于是乎大有"声像世界"代替"文字世界"之势,"文学作品"自身之"存在"岌岌可危,遑论"文学理论"?

于是人们为"文学"辩护:"文学作品",不仅提供"信息",还有"审美"的作用,那是与"声像"不同的,不可代替,此话自然有理。譬如书法艺术,

---

* 原载《学术月刊》2006年第1期,第34—36页,后收入金惠敏主编《差异》第5辑,河南大学出版社2008年版。

写在纸上和刻在碑上的趣味都可以不尽相同,"声像"焉能替代"文字"?不过此种细微之区别,尚不能"挽救""文学"之"颓势","文学"在逐渐"失去"大批的"读者-欣赏者"可能是比较普遍的现象。现在的家庭,晚间围着电视的,要比手捧着小说的多得多。这种现象,对各类的理论家是一种挑战,需要清出一个理路来。

如今高科技信息社会,信息量之大和传递之快,对于"文学"的"生存"也造成巨大的压力,因为"文学"以及一切"艺术"都是要有"距离"的,"零距离"似乎意味着"文学"及一切"艺术"的"消亡"。

文学和艺术的"消亡"问题,早已进入哲学的视野,至少黑格尔已经作为一个严肃的问题提了出来,只是各个时代提出问题的背景不同,含义也有区别。如今高科技时代大概是以狭义的"科学"和广义的"人文"相对应来考虑的,从这里生出"人的遗忘"、"存在的遗忘"这类感慨,其意义对于"文学-艺术"来说,也还是一种积极的呼吁。这种思路推广开来,或许就有惠敏书中讨论到的德里达的"哲学""边缘化"之说,以罗格斯-语音为中心的欧洲传统"哲学",原来还是以"文(字)学"为基础的,它不是"中心",而是"边缘"。

现在的高科技突飞猛进,视野时空的"缩小","零距离"不仅将"哲学"而且也将"文学""压扁"、"挤碎",大家都"无处存身"。这里面的道理,的确值得文学理论家和哲学家多多关注。

我以前做美学的时候,读过朱光潜先生的《文艺心理学》,知道审美欣赏有"距离说",一时虽然受到批评,但总觉得很有道理。的确,文学艺术不等于实际生活,没有一定的"距离",如何欣赏?当然,问题也还是很不简单的,因为文学艺术本身也有各种类型,它们与生活的距离有大有小,那么又何以为"度"?

也许我们甚至可以认为,以"距离"为要求的文学艺术,是一种以"知识"为参考系的作品,因为此时文学艺术和科学知识一样,都以"客观-静观"为思想模式,自然就要求有一定的"距离"。"科学知识"只有以"事物"为"客观""对象",才能够对它们作"观察-静观"。在这一点上,这种科学知识和这种文学艺术是一致的,一时间都不是以"实用"为目的,不是马上"消耗""对象",而要保持对象-对方的相对独立性的。我想,古典式的文学艺术大概就是这种情形，以静观欣赏作为存在方式，需要拉开距离，一旦这个"距离"缩得太短，或甚至"零距离"了，则这种存在方式也就发生了危机。

然则尚有那种"参与"式的文学艺术，或者说，这种文学艺术原不是作为一些"客观对象"与"主观"相"对立"，它的"存在"原不是与"生活"拉开距离的那种"事物"，或者是生活的"影子"，而就是"实际生活"的一个"部分"。它们不仅仅是"思想性"地"存在"，而是"实实在在"地"存在"着。或者用过去常说的话来说，此种理解下的文学艺术，不仅仅是"意识形态"，而且是"存在形态"，因而不仅仅是"镜像"式的"反映""生活"，它们对"生活"的作用，也不仅仅是一种"反作用"，而本身就跟一切"存在（者）"那样起着自身的"作用"。这种理解，表现了哲学中"思想（思维）"与"存在"的"同一性"原则，倒是我们哲学里很重要的问题之一。

这个哲学问题在当代由海德格尔在一个新的基础上重新强调出来，与"距离"问题有关的他有一篇短文专门讨论过，这篇题为《论事物》的文章一开头就提出：科技发展将"时空""缩小"，使万物之间趋向"无距离"。无线广播将遥远地区的信息"及时"传递，将"植物"生长过程在几分钟之内"完成"，如此等等，表面上看起来我们离"事物"很近很"近"，然而海德格尔却断言，这种科技的手段，并没有使我们和"事物""接近"一分，相反，却使我们"离""事物"越来越"远"，海德格尔甚至说，这种科技手段，早在原子弹（爆炸）把"事物""炸"得"粉碎"之前，已经将"事物""压碎"。

海德格尔有什么理由如此说？我们看到，海德格尔这样说，倒也并非完全是危言耸听，也不仅仅是对于原子弹这类武器的感情发泄；他的理由是很深刻的。

海德格尔认为，科技所提供的手段，固然方便了人们把"事物"的"表象"及时"呈现"在人们的眼前，但是"事物"的"本质-存在"却被这些来得过于及时的表象"掩盖"了起来，人们有了事物的"表象"，失去了事物"本身"。

事物的表象努力提供给人们的是"零距离"，而所谓"零距离"，也就是万物皆是"等距离"，或"同一距离"，如今都是"屏幕"上"开显"出来的"事物""表象"，无论新疆的（事），西藏的（事），美国的，非洲的，甚至月球的,都"在""同一"的"屏幕"上,可以"重复"地"回放";然而"真正-真实"的"事",却早已"过去"了。

所谓"真实-真正"的"事物"是"时间性-空间性"的,将一个人从儿童到成年到壮年再到老年和死亡的"生-死""过程",在几分钟内"演示""完毕",这个"过程"大大"缩水","过程"没有了——"不存在"了,"事物"也就"不存在"了,"存在-存留"的只是这个"事物"的"表象"。"事物"被这种科技手段"推"到"幕后","隐藏"起来了。因此,海德格尔有理由说,这种科技方式并没有使人们离"事物(本身)"更"近"。

在这个意义上,现代科技这种"零距离"本身也有点"虚假性",因为它的手段越多,越先进,"真正-真实"的"事物自身"——"事物"的"存在""躲藏"得也就越深。

从这个观点来看,现代高科技这种"零距离"的手段,不但不会使"文学艺术""无事可做",反倒是使自己要做的事情越来越清楚:"揭示""躲藏"在"背后"的"事物自身"。文学艺术的任务不在于跟在高科技后面去制造新奇古怪的"表象",而是要将"暗藏"的东西"明朗"起来,做这种工作,不仅仅靠"屏幕",而且还要靠"诗人"和"哲人"的"思"。

我之所以说"不仅仅"是要保留科技以及高科技对文学艺术和哲学的某种积极作用,因为它们的作用也不仅仅是从"反面"提示人们注意它们的"掩盖",而且也从"正面"丰富了哲学和文学艺术作为"事物""存在-存留"的"方式-形式"。

其实,文学艺术和哲学也需要一些"表达""手段-方式",它们都需要"语言-文字",需要运用语词概念,也要求有逻辑条理,现在也可以利用"声像"技术,只是它们所"表达"的是"事物自身",而不是将事物"压扁-炸碎",以此"冒充""事物自身"。也就是说,从哲人和诗人的眼光来看,这些"声像"等表达手段,就如同"语言"一样,应如海德格尔那样被理解为"存在的家",而不仅仅是"工具-手段"。

"事物自身""在""时间"的"绵延"中,"文学艺术"和"哲学"不是使"时间""缩水",而是"参与""时间"进程,"进入""时间"。"进入""时间"是"接近""事物本身"的唯一方式,而不是在"时间-空间"之"外"把各种已被"分裂"了的"表象""再"重新"组合-拼凑"起来。人们以为那才是"事物"的"本质",殊不知,这种"本质"是"概念"的,"抽象"的。哲学和文学艺术一样,虽然都要用"概念",但都不赞成把"概念""抽象化-形式化"。

哲学和科学以及文学艺术都希望自己能够"接近""事物"。康德的知识论侧重在为科学知识的"理论"方面寻求必然性的根据,但这种"理论思辨"的根据,不能代替具体的"经验科学"的研究。如今各个经验科学领域对于"事物"深入研究,远非哲学知识论所能涵盖,经验科学日益"接近""事物",而"接近""事物",也就意味着"进入""时间",既然"接近"并不是一个"固定"的"尺度",而是一个"过程","近"就是"接近"。我们看到,"时间"已经"进入"了"物理学"。

同样的,我觉得"距离"也还是一个"活动"的"概念",是"时间性"的,而不是机械的"空间性"的。文学艺术需要"距离",并非说在计量的"时空"上"离"我们越远的就越有文学性。当我们能够"进入""时间"时,亦即当我们"在""时间"之"流"中,"远"和"近"相互渗透,互相纠葛,"远"中有"近","近"中有"远"。或许我们并不觉得《红楼梦》"离"我们很"远",我们觉得我们"进入"了它的"时空",同样它也"进入"了我们的"时空"。如果我们不是把《红楼梦》作为一个断代历史材料来研究,而作为文学作品来阅读的话,我们和它的"时空"是交织在一起的,我们-读者"活""在"它的"时空"中,它也"活""在"我们-读者的"时空"中,真是"剪不断","理还乱"。任何高科技手段不可能"理清"这个"时间"之"流",就像我们的"计时"方式无论多么精确,也不能"穷尽""时间"的"绵延"。"欣赏"乃是"时空"之间的"融合",所谓"主体间性",乃是"时间性-空间性"。

"时间"之所以是"绵延"的,乃在于它是"变异"的,没有"异",无以"知""时间"之"流逝"。"时间"常新,因其"异"而不可"重复",但"科学"则必可"重复",不可"再做"的一般不能认为具有"科学性"。解一道几何题,古人和今人"解法"大体是相同的;同一部《红楼梦》,现代人和清代人当有"不同"的"读法"。这种"异",并非主观随意,而是"时间"本身所

"规定"的。伟大的文学作品"活""在""时间"中,它的"意义"随"时间"而"异","与时俱进",亦即"与时俱异",因"作者"和"读者"俱"在""时间"之中。

  拉杂写的这些意思自知是很肤浅的,也会有不少错误的地方,更不能与惠敏长期思考研究的问题相呼应,只是一点感想,请读者批评,同时也表示我对惠敏这本书出版的祝贺。

2005 年 5 月 2 日于北京

为未来欧洲哲学研究出一些题目*

哲学是一门很特殊的科学，有些方面它有点像古典艺术，如马克思所说，具有永恒的魅力，这或许是意味着，我们很难说哪些问题已经解决，哪些问题是有待解决，这之间似乎没有截然的界限可划。过去读书时，读到美国那位研究美学卓有成绩的苏珊·兰格在她的那本讨论哲学问题的《哲学新音（新关键、新解?）》里说，她已经找到了哲学的"新问题"，但后来她的这些"新问题"影响不大，远不如她的美学在美国和中国的影响。

我过去常说，哲学问题是"常青的"，但我们对于这些问题的理解和阐述，却是打上了历史、时代、民族、国家、集团，甚至是个人的色彩的，也就是说，各人说这些问题的方式是不同的。用不同的方式来说这些问题，说着说着，就会有新说法、新思路出来，一方面会加深对这些问题的理解，一方面也会提出一些"子问题"来，而哲学的"基本问题"大概是不能够被"忽略不计"的。基本问题和各种各样的子问题贯穿起来，就会成一个"体系"，因为这些子问题不是孤立地提出来的，而是由基本问题"生长"出来的，哲学也会像自然科学那样有一种"树形"的状态，但近多少年来，欧洲的哲学似乎很反对这种"体系"，要打碎它，让它成为"碎片"。"力"哲学一出来，如尼采那样，似乎一切"哲学体系"都会"化为齑粉"。尽管现在已经很少有人像黑格尔那样有意要建立一个庞大的、无所不包的"哲学体系"，大部分哲学家对哲

---

* 原载《面向21世纪人文社会科学100个重大问题》，山东教育出版社2010年版。

学的问题仍有一个"系统"的学说，连尼采本人也还感到有必要提出一个"永恒的轮回（回归?）"问题来，至今令人思索不已。

哲学的基本问题，按恩格斯所说，乃是一个"第一性"问题，这个问题不是一句话或一些话下个定义就能解决的，所以我们不能说它已经"过时"了，我想，整个欧洲的哲学发展史，仍然明里暗里在遵循着这个思路来探讨问题的。当然，对于这个问题的"说法"，我们已经积累了许许多多的"哲学体系"和"哲学思想"，跟古代希腊的时候比，"说法"多得多了。

什么叫"第一性"？"第一性"就是"本原性"、"原始性"。"第一性"不是被"派生"出来的，不是"被动"的、"受动"的，因而是"主动（能动）"的。寻求、探索这样一种"主动性"，是哲学的基本问题，也是哲学的基本任务。哲学的基本问题仍在吸引人进行探索，她的基本任务仍未完成，研究尚未成功，同志仍须努力。

欧洲人为探索这个问题，付出了巨大的劳作。一部欧洲哲学史，是他们工作的记录。为了便于思考，我曾经想把欧洲的哲学历史发展，分成几个类型，它们是"原（元）物理学（形而上学）"、"原（元）心理学"和"原（元）伦理学"，也曾经想过，今后欧洲哲学的主要关心的"热点"，将会在"原（元）伦理学"方面；当然不是说，"元物理学"或"元心理学"的问题"过时了"。

"元物理学（形而上学）"问题很古老，曾经被哲学的另一思潮宣布"过时"，并不是因为它的问题解决了，而是因为它的问题根本解决不了，是"假问题"；后来这学派又用自己的方法来研究这些问题，也有启发性。

"形而上学"为什么"在物理学之""（背）后"，或"超越""物理学"？在古代希腊，"物理学"是"生长学"，是"派生学"，哲学要寻找那个（那些）"非派生"的"元（原、源）"，超越了"派生"，就成了"第一性"、"原发性"、"本原性"，于是有最早的"始基"说。这个译名很好，又是"原始"，又是"基础"，或许出自《左传》襄公二十九年季札对"周南"、"召南"的称赞，他说"始基之矣，犹未也"，点出"尚未完成"，尚须"派生"，这个意思正是古代希腊文"arche"所要说的。"始祖"尚须"（派）生"出子孙来。

在古代希腊人的眼里，"形而上学-原物理学"是"物理学"的"基础"，是"根"，在这个"根"上，"生长"出"物理-自然（科）学"的"树"来。

在古人的思想里,"树"和"根"不同,它是"根"的充分的"显现","根"里有什么,到长成了"树"后,就"看"得更清楚了;所以,人们又可以从"树"的特点,"回溯"一时看不见、看不清的"根"的特性。于是,从认识的过程来说,事情却是反过来了:人们从"物理学"入手,然后"推及""形而上学",所以"形而上学"仍然是"物理学",不过前面加了一个"原-元-超越(meta)"而已。

"物理-自然(科)学"是一门"客观的"学问,古代希腊人建立了这门学问,为人类做出了巨大的贡献,使人类的知识摆脱了当年经验的实际圈子,进入一个更为广阔的天地。当其时也,人类正处在"退一步,海阔天空"的时机,希腊人"退"出了这一步,发现了一个奇妙的"科学"世界。

什么叫"退"?"退"就是从人们与之休戚相关的功利世界暂时地"退"出来,把我们生活在其中的世界作为一个"对象"来"观察"、来"探索"、来"研究"。"世界"成为"对象",就是"世界"成为"理论的","理论的"就是"看"的,而不是"吃"、"穿"、"用"的。

古代希腊人为我们开发了一种"思想方式",在这个思想方式指引下,希腊人把古代埃及人治理尼罗河的丰富经验,提升为"理论",建立了比较完整的"几何学"。

广义的"物理学-自然(科)学"如此,那么,作为它的"基础"、"源头"的"形而上学"又当如何?这个"基础"、"源头"是不是也能像大千世界里的万物那样成为"科学"的"对象"?

古代希腊的"始基"成了"对象",会是一种什么情况?作为"对象"的"始基",就可能被理解为"万物"中的"一物",因为只有"物"才是"看的见"的"对象";于是,有"水"、"气"、"四根"、"种子"之说。人们在寻找一个或多个原始性的物种。然而当人们发现选择任何一个或多个物种做"始基"都不免武断时,人们产生了"怀疑"。古代怀疑论者是一批坚持"形而上学"与"物理学"界限的"哲学"卫道士,他们迫使人们不要在万物"之中"寻求对"始基"的理解。

不从万物"之中",那就是从万物"之外",万物"之外"是什么?是那个与之"相对"的、把它作为"对象"的"人-思想"。于是有阿拿克塞哥拉的

"努斯（nous）"说出来，并由此引导出苏格拉底、柏拉图的"理念论"。万物的"根（据）"在万物"之外"，这个"始基"只有用"思想"去把握，而不是看得见、摸得着的经验对象；它是"思想"的"对象"，只能被"思想"，不能被"感觉"。"感觉"是"受动的"，"思想"则是"主动的"，这样，那个"始基"、"本原"、"原始"，就是一个"思想体"，而不是一般的经验的"物体"。

古代希腊奠定的这条思路：在"本质"与"现象"—"万物"与"始基"的问题上，"可感"与"可思"的对应矛盾，是贯彻始终的，谁想出新点子来说的有理，谁就能名世。一般来说，"可感的"是"不可思"的，在古代的例子是芝诺悖论，你看觉得很清楚的"运动"，却"不可思议"；而"可思议"的"本原"、"始基"，却"不可感"。这个矛盾被中国近代的大学问家王国维概括为"可信的不可爱，可爱的不可信"，诚哉斯言。

哲学今后的主要任务就要使"可思的可爱"、"可爱的可思"起来，也就是说，使"本质"与"现象"统一起来，不过这很难。难就难在"思想"不是"存在"；"存在"也不是"思想"。于是"思"与"在"的"同一性"问题，也就成了哲学的常青的课题。

按一般的理解，欧洲哲学在中世纪经历了一段黑暗的时期，那时宗教统治了哲学，哲学成了宗教的婢女；哲学要努力摆脱这种奴仆的地位而跃升为主位，则要从理路上"化解"宗教。哲学力图指出，宗教（基督教）的"创世说"，并未离开哲学的"思""在"的关系问题，无非是把这个问题推到了极端的地步。《圣经》的教导，神创造了世界，神说（要）有光，于是就有了光。在理路上，是神的"说"，或神的"要（意志）"，或神的"要说"，"创造了世界"，这就必定要理解为："思（说、要、要说）""创造"了"世界"。

然而，"思"是"理性"的，"在"是"感性"的，只有"万能的神"才能够不借任何中介地从"思"产生出"在"来，才能从"无"中"生"出"有"来。于是，哲学要"化解"宗教，就要继续"化解"神的"万能性"。哲学要从理路上"化解"宗教，尚有很长一段路要走。

人并非万能，人的"思"绝不能直接产生出世界来，所以人总是面临着"思""在"的矛盾。

解决矛盾的途径无非是：由"在"到"思"和由"思"到"在"。宗教显示给我们，就原则来说，由"思"到"在"，是神的特权，人只能是由"在"到"思"。于是，人的"思"无非是从"在"中汲取材料加工概括而成。"思""受制于""感觉材料（在）"。"感性的存在"是"本原"的、"主动"的、"绝对"的，而"思（想）"则是"被动"的、"派生"的。

康德把这种关系颠倒了过来，不让思想围着存在转，而让存在围着思想转。他说这是他在哲学里的"哥白尼式的革命"。于是我们就又有了一个课题：即使在知识论里，康德如何把"人"向"神"推进了一步；因为康德这个学说，同样也是化解宗教的成果。

为维护"思"的主动性、原始性，康德使原先为一些"形式"的"先天的（a priori）"东西，都充实以基本的"内容"，创建了他的具有新内容的"先验主义（transcendental）哲学"。我们看到，先天性固然能够保证"思想"的"纯洁性"，但只是一些逻辑形式，只有这些形式具有一定的内容，才能使它们成为通往"存在"的桥梁。康德这些先天范畴具有基本的"存在性"，也应该是一个有趣的课题，而我们知道，海德格尔曾经研究了康德"时（空）间"作为先天直观形式的"存在性"，则那些先天范畴的存在性就理当得到进一步的研究了。如果我们联系到从康德到黑格尔这条发展线索，就会发现，我们所说的德国古典哲学的发展实际上可以理解为康德的那些"先天范畴"如何与现实的历史存在"同一"起来的一个大传统。"逻辑"与"历史"的统一，也就是"思"与"在"的统一。

然而，康德提出的"思"的原创性和能动性，则更受到欧洲哲学家的重视，从"在"的制约中摆脱出来的"思"，不再是"在"的"影子"，它有了自己的内容，这也就是说，"思"不再具有"心理学"的性质。

所以我们想说，如果古代的哲学以"形而上学-元物理学"为其形态的话，那么近代的欧洲哲学似乎可以名之为"元心理学"，他们研究那种与经验心理现象不同、或者是作为这种经验心理现象的"根"、"基础"的"元心理学"问题。也许，这就是胡塞尔说的"纯心理-纯精神（pure psyche）"。

胡塞尔的"现象学"，建立在"（非）反心理主义"的"纯精神"、"纯意识"、"纯心理"的基础上。讲"心理"、"意识"而又反对"心理主义"，实际上是为了坚持"哲学"的主动性、原创性、绝对性。他把包括心理学在内的一切"自然科学"都括了出去,剩下了一个原始的"意识-精神-人文科学","人文科学"就是"纯粹意识学"、"纯粹精神学"、"纯粹心理学"。

"纯粹"是为"不杂经验";"不杂经验"而又有"内容",这是从黑格尔到胡塞尔的"现象学"系统所面临的课题,尽管从档案材料里或许看不出黑格尔对胡塞尔的影响来。

"内容"不是"逻辑"本身提供的,而是"存在"提供的。本原性的"思",需要本原性的"在"。于是,在经过了对"原始意识"、"纯粹精神-心理"的大量探讨以后,问题又回到了"存在";不过不是"自然的"、"经验的""存在者",而是作为这些存在者的基础的"存在"。这就有了海德格尔"(诸)存在者"和"存在"的区别。

"元心理学"就又回到了"元物理学-形而上学","意识学"又回到了"本体-存在论"。

在这种回归中,海德格尔起了重要的作用,是他把哲学的眼光又重新投到"本体-存在论"上,而这时哲学家的眼光,又和传统大不相同。在不同的视线-视野下,这些传统的问题又会具有何种特点,是海德格尔要做的工作。海德格尔在哲学上所作的努力粗略来说是集中在一点上:如何把"时间"从"存在"中阐发出来。这对传统来说,是一个新课题,因为传统的"存在"概念是空间性的,物体占有空间-广袤,这是笛卡儿定下来的原理,而"时间"似乎只是我们心里的意识流;一直到康德,"时间"也是"内在的",而与"空间"的"外在性"有所不同。

存在的单纯空间性,维护了一种抽象的"存在"观念。"存在"似乎是"永恒同一"的,"时间"、"变化"、"历史"似乎只是我们心中的"形式",甚或是为"幻觉"。于是,传统的"存在"观念走向了自己的反面,因为抽象的"存在"为"不(非)存在",而我们"心中"的东西(时间),也"不(非)存在"。所以"时间"进入"存在",使"存在""实在"、"现实"起来,使"存在"真正成为"存在"。海德格尔的工作,使"存在"与"变"、"存在"与"思想"、"现实"与"历史"、"空间"与"时间"这样一些传统的问题,在新的历史背景下,重新得到了结合、统一。

在这个早年他叫做"基本本体论"的前提下,海德格尔清理了传统哲学的许多问题，如真理、自由、同一与差异等等，使整个欧洲的哲学史，有了一个新的面貌，继续探讨在新视野的注视下，欧洲哲学史会是一个什么样子，仍然是一个新课题。

我们注意到，海德格尔将"时间"引入"存在"的关键的一步，在于他对"人"的存在论的理解。我们知道，从笛卡儿以来，欧洲哲学把"人"理解为"思想-思维"的"主体"，并认为有了这个"主体性"原则，什么问题都容易解决了。当然这个原则受到像费尔巴哈等唯物主义者的批评；海德格尔固然没有采取唯物主义立场，但他也批评把"人"理解为单纯"思想主体"这样的观念，他提出的"人"的观念为"Dasein"。

这个最为普通的德文字用来描述"人"反倒不好理解。我们可以把理解重点放在"Da"，通常都是这样做的，也很符合海德格尔的意思，因为他强调"人"的"有时限性"、"会死性"；不过我们也不妨把"Dasein"的重点暂时放在"Sein"上。这就是说，"人"固为"万物"之一"物"——"Dasein"是"Seiende（存在者）"之一，但却是很特殊的"一种"——他是仍然是"Sein"。所以，就诸存在者来说，Dasein是"跳出来"（ex-）的。这种跳出来的"人"，作为"Dasein"，就不是"自然-物"的一部分，而是"存在（-Sein）"的一部分。进一步从存在论上研究这个跳出来的部分，因为它是整个新存在论的入口处，就显得格外的重要，会成为一个重点的课题。

在众多的做这个题目的哲学家中，法国的列维纳斯是不可忽视的。

列维纳斯终身保持着对海德格尔在学理上的尊崇，但也有很严厉的批评。海德格尔后期重点直接探索"Sein"的问题，如维特根斯坦所言，上了楼后，撤了楼梯，他虽然没有"撤了""Dasein"，但他觉得这个"入门"的问题已经设定，可以直接讨论"Sein"问题，而他的"Sein"又一分为四：天地人神，"人"就不容易"跳"出来了。抓住"人"的问题不放而又不回到传统的"意识-思想主体"的是列维纳斯。列维纳斯仍然从"Dasein"的层面来理解"人"，但他在这个"Dasein"的"Da"中，强调的是"伦理（ethic）"的度。把"伦理学"和"存在论"比较突出地接续起来，是列维纳斯向我们提出的新课题。他说，"形而上学——metaphysics"之"meta"，就已意味着"超越"、"在""物理学"之"外"的意思，所以，"metaphysics"恰恰是为"ethics"。

列维纳斯这里的"伦理学"当然不是经验的道德规范学，而是这个道德规范的"基础"，所以我们把它称做"原（元）伦理学"。在"存在论"意义上的（而不是在语言逻辑上的）"元伦理学"把作为"Dasein"的"人"理解为"伦理-道德的存在"，探讨这种存在的意义，也会是欧洲哲学的新课题。一方面，"人"作为"伦理-道德"的"存在"，它有"相对"的一面。每个人都有"自己"的"位（置）"，这个"位（置）"并非全由"自我""（决）定"的，按海德格尔，是"Sein"（天地人神）的命运；另一方面，"人"作为"伦理-道德"的"存在"的核心，又是"自由"的。每个人是"自由者"。探讨"自由者"之间的"关系"，则又会重新接续莱布尼兹、康德的传统，同时也就把叔本华、尼采的"意志"哲学以及强调"跳出来"的"实存主义"重新在新的哲学视野中，得到应有的阐述。从"自由者"的视角来"看"世界，则又可有"解释学（hermeneutics）"的广阔天地。

如今开放的时代，欧洲哲学千头万绪，取其一斑，以窥其大概，只是姑妄言之。

从"理智-理性"到"信仰"*
——克尔凯郭尔思路历程

我们现在着手研究的是一个具有深厚学养的"思想""天才"。"天才"常常会被"误解",而"(有)思想"的"天才"则可以使"天才"不至于完全被"误解";在200年后,我感到克尔凯郭尔不仅是"可以被理解",而且是"应该被理解"的。

会有不同的途径来"消除"对克尔凯郭尔的"误解",我们做哲学史的,习惯于从"思想"的"历史渊源"来入手,也算是一种途径。

其实,克尔凯郭尔的"思想"正经是从欧洲"古典哲学"的道路上"走""出来"的,并无多少偏离的地方,只是他"出走"得"很远",而且他的"表述方式"也不是"古典-体系"式的,人们要从他那"天马行空"的"文风"中把握住他那"一丝不苟"的"思想"的"严谨",自然不是一件容易的事。

应该说,克尔凯郭尔受过正规的"哲学"训练,他的博士论文是讨论苏格拉底的,从以后的发展来说,这的确是克尔凯郭尔学问的"基础"。在写这篇论文时,他的思想已经很成熟,他继续的哲学工作就是要"开辟"出"不同-异于"希腊哲学传统的"另一个""领域-传统"来。他在这方面的工作,做得非常严谨,"思路"之"透彻",犹如那个时代的"德国"的"哲学家"。

在这篇著名的论苏格拉底"反讽"的论文中,克尔凯郭尔根据他所把握的

---

* 原载《世界哲学》2013年第6期,第5—14、160页。

当时德国哲学的精神，阐述苏格拉底"辩证法"的"否定"意义，从"消解-批判""外在""经验知识"转向"认识自己"这样一条自古代希腊开始的主导思路；这个思路也是克尔凯郭尔哲学的"出发点"，从"认识自己"这样一块"奠基石"作为"起点"，克尔凯郭尔开始了自己的"哲学""征途"，开出了与希腊传统哲学完全异趣的"另类""哲学"。他的"哲学"，我们常常叫做"存在主义"或"生存主义"，这里既已被称作"论"或"主义"，意味着在他"文学性"的"文风"中，仍然蕴含着一个坚实的"哲学体系"。

克尔凯郭尔论苏格拉底"反讽"的博士论文划出了一个与承续苏格拉底-柏拉图-黑格尔哲学不同的哲学时代，如果我们把后者叫做"古典"的，那么前者也许可以叫做"现代"的，而如果按历史时期的划分，则后者的"集大成者-黑格尔"可以叫做"现代"的，而前者则可以叫做"后现代"的，上个世纪后期法国所谓"后现代-激进哲学"或许正是走在他开辟的道路上。

"哲学"的古典-经典问题可以归结-归纳为"思维与存在同一性"问题，在古代希腊最初由埃利亚学派、特别是巴门尼德提出并加以阐述，苏格拉底、特别是柏拉图提出"理念论"加以推进。"同一性"问题涉及到"辩证法"的"积极-肯定"的作用，"辩证法"不仅有"消解-批判"的意义，而且也有"积极-建构"的意义。"辩证法"在"批判-消解"的"基础"上"建构"一门学问，"建构"一门"学说"，"建构"一门"科学"。

"科学"以"概念""体系"为"形式"，但以"诸存在者"为"内容"，"科学"必以"存在"为"对象"，因此不可回避"思想-概念"与"内容-存在"的"同一性"问题。

"思想与存在同一性"这个思路，在古代，也是年老的巴门尼德对年轻的苏格拉底初创"理念论"时的一番教训，被柏拉图记录在《巴门尼德》篇中。

苏格拉底的"理念论"本是要克服智者学派的坚持"辩证法"的"消解"方面。智者们"破除"一切"自以为是"的"知识"，引导着人们必定承认原本"无知"，苏格拉底-柏拉图的"理念论"为"遏制"智者学派——特别是后期智者学派这种"怀疑主义"趋向，以"概念"的"规定性"-"理念"作为"辩证法"的"积极内容"，而巴门尼德向苏格拉底指出，这种"概念"的"规定性"必为"存在"，而且是"唯一""真正"的"存在"，因为一切与"概念-

理性"相对的"感性存在"必定转化为"非存在",而巴门尼德坚持的是"存在就是存在,不存在就是不存在"。这样,"概念"的必然"存在"提供了-保证了"辩证法"的"积极-建构"作用,"辩证法"成为一门"学说",成为"科学",这种"肯定性"的"辩证法"的"学说",作为"哲学",黑格尔叫做"思辨哲学"。"思辨哲学"乃是"理性-概念-理念""自己认识自己"的积极完整的"概念-思想体系"。

克尔凯郭尔的《论反讽概念》的意思与上述传统则完全不同,他认为苏格拉底的"反讽"一直保持着"辩证法"的"消解"作用,"思想与存在"的"同一性"只是把"存在""归结"为"思想",即"归结"为"本质",而不是"真正现实"的"存在",在这个意义上,黑格尔的"思辨哲学"也只是"概念-本质"的"逻辑""推演""体系",而不是"真实"的"存在"的"生活(生成)过程";"理念""超越""时空","理念""不受""时间-空间""制约",而"存在-生存"则是"在""时空""中","存在-生存"就"在""时""间"中;但是克尔凯郭尔的"存在-生存"虽"在时间中"却也还是有"不受制约"的"可能性",按他的意思,这个"在""时间"中乃是"在""时间绵延"的"间隙"中,"在""时""间""中"。按我的惯常的、备受批评的用法,"在时间中"每一个中文字都可以打上引号。

"存在""在""时""间""中",既不是"经验概念",也不是"纯粹概念",更不是"绝对理念","存在"不是"本质",不是"概念";当然,克尔凯郭尔的"存在"也不是可以归结为"感觉-感性"的"(诸)存在者"这样一种简单而朴素的"感觉主义"的意义,因为在这种意义上的"存在"转眼就会成为"不存在-非存在",而克尔凯郭尔的"存在"恰恰正是巴门尼德意义上的"存在就是存在"。

于是"在""时""间""中"的"存在"成了克尔凯郭尔哲学要解决的主要问题:何以"在""时间"中-不超越时空-的"存在"仍有"不转化"为"非存在-不存在"的"可能"。

"在""时间"中的"存在"乃是"生存"。我们都是"生活""在""时间"中,"生存"乃是"活"的"存在",而不是"概念-理念"的"本质"的"存在";于是,"在""时间"中,何以会有-能够有"不变为-不转化为""非存在-不存在"的"永久"的"存在"之"可能性","在""时间"中何以有"永久存在-永在-永生"的可能?

按照古典哲学特别是康德哲学的理解,"时间-空间"是"感性存在"的"直观形式","时空"给予"感觉材料"以"方位关系"和"前后关系"的形式的"秩序",以便"理性-知性"有可能以"范畴(因果)"去进一步"建构"一个"合理的""知识体系-知识王国";但这个知识王国的建立,并不是"理性"工作的全部,"理性"在"建立-建构"这个"王国"的"秩序"过程中,"发现"了"边界",同时这个"边界-界限"竟是"理性""自己"为"自己""划定"的,因为如果"理性"不为"自己"划定"知识王国"的"界限","理性"就会"陷入""自相矛盾"而"毁灭自己"。这是康德"二律背反"为"理性"警示出来的必然结局。然而我们注意到,虽然康德的"批判哲学"竭尽全力划出了"理性"各个"职能"之间的"不可逾越-不可僭越"的"界限",但"理性"的"自然倾向",还会去作出"僭越"的"冒险";不过康德的这个"自然倾向"并没有得到进一步的阐述,而是从"理性"的"实践"职能的权利方面把"理性"的这种"冒险"全部"合理化",于是众所周知的,这种"合理化"在他的《实践理性批判》中得到充分的"辩护"。

我感到,克尔凯郭尔在"理性"的"冒险僭越"这种"自然倾向"问题上,采取了与康德不同的处理方式,他的方式不是"让""理性""退"而"另起炉灶",而是"让""理性""径直""铤而走险","充分发挥""理性-理智"的"自然倾向",使"理智-理性"的这个"倾向""自由发展",因为"理性的自然倾向",也就是"理性的自由倾向","自由"在"矛盾冲突中""重生",于是,"使""理性"于"绝处逢生",这样也"让""理性"沿这条"冒险僭越"的"道路"上,"努力-奋争"去"面对"那些包括苏格拉底-康德-黑格尔在内的"古典哲学"所未曾遇到、或未曾"正面""相遇"的种种问题。

欧洲古典哲学从苏格拉底(以及更早的智者学派)揭示的"理性"对"现实经验世界"在"真知识"问题上的"矛盾"到康德的"二律背反",说明"理性"的任务和目标是"避免"或者"化解-调和""矛盾",无论在"知识"或"道德"领域,甚至黑格尔的"绝对"领域,"理性"必须保持"自身"的"无矛盾性",保持"自身"的"和谐";"理性"既然要"把握""真理",就须

"克服""矛盾","克服矛盾"就是"纠正错误",尽量"避免""谬误"。"理性","在""时间"中的"历史",就是"不断""纠正错误"、"走向正确"的"历史"。"理性"的"历史",就是"科学"的"(发展)历史"。

然而,"理性"尽管可以"建构-虚构"一部"历史",让自己"躲进"这个"自己""设定"的"思想"之中,"享受""化解(逃避)矛盾"的"至乐",而"现实"的"矛盾"和"二律背反"却"引诱"着"理性""冒险犯难","甘愿-自愿""陷入""谬误"的深渊,甚至"毁灭""自己"。不错,"理性"为"承认-证实""谬误""甘愿-自愿""毁灭自己",这是克尔凯郭尔对于"理性-理智"的理解不同于苏格拉底-康德-黑格尔最重要的地方。

"理性""自愿"的"毁灭"——"理性的毁灭"不一定就导致"反理性",它仍然可以是"理性"的,而且是一种"积极-肯定"的"理性"的,是从"批判的-否定的""辩证法"走向"学说的-肯定的""辩证法"所跨出的"勇敢"的一步,"理性""有勇气""置之死地而后生","有勇气"从"自然"走向"自由";在这个意义上,"理性"的"自我毁灭"犹如传说中的"凤凰涅槃",在烈火中"重生"。"重生"出来的理性,才是"理性"的"真实"的"存在",而不仅仅是"理想-思想"的"存在"。"真实-现实"的"存在"不仅是"本质"的"存在","概念"的"定义",而是"生活"的"存在",是"生存"。也是在这个意义上,"置之死地而后生"——"冒险僭越"不惜"自我毁灭"乃是"理性""获得""重生"-"自由"的"生存"的唯一途径。这就意味着,"理性"如果"限于""辩证法"的"消极-否定"的"时间绵延",则"永恒轮回"而"万劫不复"。黑格尔"圆圈式"(虽不是"封闭式"而是"螺旋式")的"精神历程"是这个"轮回"的"哲学理论"之"概念模型",尽管黑格尔在"建构""积极-肯定"的"辩证法"-"思辨理性"方向上有着巨大的贡献。

"理性"之所以有那"冒险僭越"的"冲动-激情",乃是"有一个""不可知者"的"诱惑","理性""甘愿-自愿""冒险""要知道"那"不可知者",为此不惜"自我毁灭",因为"理性""知道",那些"二律背反"正是"理性""要知道"那"不可知者"这个"愿望""自己""产生"出来的"矛盾",这个"矛盾"足以"毁灭""理性自己";但是既然"矛盾""无所不在",也"无可逃脱",与其"退而守",不如"进而攻","攻破"那些"自己""设定"的"界限","理性"的"自然-自由倾向""鼓动-促使""理性""要-意欲""获得"那"知道""不可知者"的"自由""权利"。

"要""知"那"不可知者"实是"荒唐",是"谬误",是"荒诞",对于"荒诞"居然要有"信心","信心百倍"地要去"冒险",不惜"毁灭自己",不惜"牺牲自己",克尔凯郭尔认为这应是"信仰"的"支点",因"荒诞"而"冒险",因"荒诞"而"(相)信(仰)"。

世间(时间中)最为"荒诞-悖谬"的莫过于"永生者(不死者-神)死了"这件事了,但宗教"让-令"你"信",因其"悖谬"而"信"。这样一件"悖谬"之事都是"可信的",那么世间(时间中)种种"不合理-悖谬"之事都应"信其有",不可"信其无"。"矛盾-悖谬"为"有",而不是"无"。"世间(时间中)"充满了"矛盾"、"不合理"的事。一切"宗教"皆因"世间(时间中)"的"矛盾-悖谬-不合理"而得以"存在-生存"。

"宗教"如果不是"迷信",皆借"理性"之"激情-冒险-僭越"而得到"辩护",在这个意义上,"宗教"也是"理性""自己"的"产物";不是"理性""构想-设定"一个"彼岸"的"天国"来"躲藏-保存-保护""自己",而是在"毁灭自己"中"重生-再生""自己"。"理性""死"而"复生"。

"永生者死了"是为一"悖谬","死而复生"亦为一"悖谬","有死者永生"更为一"悖谬",因其"悖谬"而"信"之,本身也是一"悖谬";"永生者死了"与"有死者永生"又构成一个"悖谬",但因"悖谬"而"信"之,"神-永生者"为了"有死者永生"而"死","神-永生者"为"拯救""有死者"而"死","神-永生者"以"自己"的"复生"昭示"有死者":"要信""死而复生"这个"悖谬"。

在这个意义上,黑格尔的"事物-事情"因"矛盾-悖谬"而"逝",克尔凯郭尔则因"矛盾-悖谬"而"存";为使事"存",黑格尔使事(事情-事物)"本质"化,世事"存"于"概念"中,"概念"自成一个"逻辑体系",所"存"者皆为"合理之事",这个体系为"超(或无)时空";而克尔凯郭尔所"存"者皆"在""时空"之"中","生存-存在"不离"时空"而又不是"存在-非存在""交替""轮回"的"圆圈",克尔凯郭尔面临着"新问题":"在"

"时间""中"如何"保持""存在"不"进入""轮回"？于是就出现了我们上述"滥用"中文引号的"在""时""间"中"，这个"滥用"在海德格尔的"在-时（世）-中（间）"得到"借口"。

克尔凯郭尔的"永生-永存""在""时间"的"缝隙""中"，在"瞬间"中。

"时间"是"变化"的"流"，"不断"的"变"；只有"让""时间""断"了，才有"不变"的"可能性"，但"时间"具有"连续性"，"剪不断，理还乱"，"时间""不可能""断（流）"，于是"不可能的""可能了"，又是一个"悖谬"。"理智-理性"因"设定"了这个"悖谬"而"死"，又因"受"此"悖谬"的"引诱-吸引"而"生"；"理智-理性""爱"这个"悖谬"，"理性-理智"因"爱"而"死"，又因"爱"而"（复）生"。"理性-理智"为"爱智慧"而"死"，又因"爱智慧"而"生"。

但"理智-理性""死后复生"这个"生"与"死前"之"生"不在一个"层面"，"死后""再生"进入"永生"。并不是"超越""时间"，不是"不在时间中"，而恰恰是"在""时间"中，"在""时间"的"断层"中，"在""考古"的"层面"，而不是"在""历史"的"层面"——借用后来福柯的意思。

"时间"的"断"也就是"万物"的"断"，康德所谓"万物的终结"，"终结"为"完结-完成"，"万物大成"，但这个"成"不是"概念"，不是"在""超时空"的"思想"中的"成"，而是"在""时间"中的"成"，因而是"现实-存在"的"成"，是为"生-成"，不是"死-成"。

"时间"仍为"流"，"万物生生不息"，"不废长江万古流"，"万物""存留""在""时间"中，"时间"就不仅是"存在"的"形式"，而且是"存在"的"内容"。在某种意义上说，"形式"是"无限"的，而"内容"为"有限"的，"有限"的"在""无限"的之中，但这个"有限"的，却"永存"，又一次出现一个"悖谬"；然而这个"悖谬"，使"永存"不再仅仅是"思想性"的"理念"，而且是"现实性"的"生存"；"永存"不再仅仅是"理想"，而且也是"现实"。

"永存"的"现实"乃是"永存"的"现时"，不会是"永存"的"过去"或"永存"的"未来"。在这个意义上，"永存"就不仅仅是一个"历史性"

的、"概念性"的"记忆",也不是"前瞻性"的"谋划",而是"现实性"的"存在"。

"记忆-回忆"是"古典哲学""知识论"概念,由苏格拉底-柏拉图明确提出,以坚定"认识你自己"的原则;"知识论"中的"记忆"建立在"时间之流"的基础上,"时间"之"前-后""秩序"之必然性,无论是"形式"的"知识"(推理的知识)还是"内容"的"知识"(经验的知识)都离不开"记忆",而"一切的存在(者)"都"存在-活在""记忆"中,亦即"活在""思想"中。

然而,"存在"就是"存在","存在"是"现在",是"当下"的,"现时"的,这个"当下-现时"在"时间之流"的"长河"中,只是"刹那间",只是"瞬间";"瞬间"而"永存"自然又是一个"悖谬"。那个"爱智慧"的"理智-理性""理解"了"天下万物""在""瞬间"中"永存"的意义,是一种"幸运-幸福",因为它与"永存"在"时间"的"瞬间"中"相遇"——它"看到了""永存"。这个"理解"不是一般的"认知",而是对"不可知"的"知",是对"悖谬"的"证实","悖谬"在"瞬间"中得到"认同-同一"。

"理智-理性"不必"上穷碧落下黄泉"去"寻找""永恒",那"心爱的""永恒"就"在""灯火阑珊处"。不必"回溯""远古"的"黄金时代",也不必"期盼"那"遥远"的"未来","当下-瞬间"就是"永恒"。"理性-理智""立地成佛",而不必"放下"那"砍杀""悖谬"的"屠刀","剪去"烈火中重生凤凰的"羽毛",将其制成"概念"的"标本"。

克尔凯郭尔的"瞬间"也许不是一个"数量"单位,不是几何学上的"点",也不是"数学"的"点",而是一个"连(续性)""(中)断"的意思,是一个"断裂层",一个"断代"。这个"断层"有多"厚"?这个"断代"有多"长"?"千年""一瞬间"也。

在"永在"的意义上,没有"历史",只有"当代-现时"。"一切历史都是当代史"(克罗齐)。在这个意义上,"断层"只有一个,"瞬间"不可能被"覆盖","生死"都是"一次性"的,"复生"也是"一次性"的。于是,"生死"不是"永恒轮回",而是"永生","再生"就是"永生"。

凡"信""永生"之"神"者,皆"得永生","诚"则"灵","灵"为

"验证","验证""永生"。"验证"不是"证明","证明"是"理论"的、"概念"的。克尔凯郭尔说,当你"证明神的存在"时,"神"就"不在"了。

何谓"信"?"信"是"信"那原本不是"你自己"的东西,原本是"你的东西"没有"信"的问题。"信"不是"信""自己",不是"自信",而是"信""异己",对于"异己"才有"信"的问题。

"神"不是苏格拉底式的"助产婆",而是"教师"。这个"不可知"的"神""让-教"你"有知";当你不是只是"自知"时,当你"知道""异己"时,你必须"承认""教师"的"存在","超出"苏格拉底-柏拉图-黑格尔的不仅"认识'你'自己"、而且"认识'他'异己"时,"教师-神"就"在""你面前"。

"异"的"世界"的出现,哪怕是"瞬间"的"出现",严峻地对古典传统哲学的"同一性"命题提出了挑战。

古典哲学当然考虑到了"不同"和"特殊性"问题。黑格尔批评斯宾诺莎哲学带有犹太东方式缺陷,将"实体"归结为"普遍性""概念",缺乏"个体"的环节。在黑格尔看来,似乎东方一切"哲学",都只有"普遍"而没有"个体";然而,古典式的"个体"仍不免为"绝对-思辨"的"概念"体系所吞噬,成为"绝对普遍""概念"的一个"环节",因而黑格尔哲学的"肯定-积极"的"辩证法"-"思辨哲学体系""不需要——缺少""人格"的"神","神"被"思辨概念"的"普遍性"所"同一-同化-吞噬"掉了,"神"在黑格尔那里"被""死"过了,在克尔凯郭尔那里以"绝对的异者""复生"了。

"神"作为"教师"是"绝对的异者","人"作为"学生"也是"绝对的异者"。"万物自身-物自身"之所以被苏格拉底(智者学派)"玩弄""诡辩",引向-导向怀疑,而康德干脆宣称为"不可知者"乃是它(们)为"不可归一者";但是从积极方面说,康德却是很明确地指出"不可知者"是属于"信仰"领域的,是"可信的"。深入研究克尔凯郭尔所提问题与康德哲学的关系,是一个有意义的课题,上个世纪已经有法国列维纳斯在哲学理论上做过一些,我国也有学者注意到这个问题,是很值得重视的。

"神"以"异己"的面貌出现,"万物自己-物自身"因其"异"而"不可知",原来"自己"竟然就是"异己",此亦又一"悖谬",而"人"也因其"异"只能以

"诚信"相待。"人"不可能因"概念化"而"泯灭""个体"之"异"。

这层意思，克尔凯郭尔在他的大部头著作《非此即彼》中做了详细的阐述。

《非此即彼》是克尔凯郭尔的基础性著作，涉及问题很多，内容很丰富，需要长时间的研读消化，在这里我只探讨给我印象最深的一点，即在从"审美（感性）的"到"伦理的""提升"的"过程"中，他虽然尊重黑格尔"扬弃"的创造性理解，但他要突出的重点却不同，克尔凯郭尔不是把"审美（感性）的"作为一个"环节"被"伦理"这个"环节"所"扬弃"，而是探讨了"伦理的"如何"保存-发扬"了"审美的"这样一个作用和过程，如果一定要用"扬弃"，按中文意思，克尔凯郭尔更加强调的是"保存-发扬"的意思，而较少在"弃"的意义上来理解"伦理的"和"审美的"之间的"关系"："伦理的""婚姻"并不"舍弃-吞噬""原初的爱（情）"，而是以自己的"神圣性""呵护"着"相对脆弱"的"原初之爱"。也就是说，"伦理婚姻"并不因为"审美（感性）"之"原初之爱"带有"太多的""个体""情感"而被"舍弃"。

"普遍性"的"原则"（婚姻）并不"舍弃""个体"的"情感"，"神圣"的"原则"并不"吞噬""爱"；相反，"普遍性""呵护"着"个体性"，"神圣性""呵护"着"爱情"，在某种意义上，我们也可以说，"理性""呵护"着"感性"，"同一性""呵护"着"特殊性"，"共体""呵护"着"个体"，"同""呵护"着"异"。"普遍的""律条""呵护"着"个人"的"自由"；从另一种意义上，我们又可以说，是"自然"的"必然性-必需性""呵护-守护"着"自由"，"自由-个体自由"不可能被"普遍"的"自然律""吞噬"。

之所以如此，是因为"人们"之所以"设定"出"普遍"的"原则"，原本是要-意欲"保护""自由"的，它的"限制"是为了-意欲更好地"协调""诸自由者"之间的"关系"，而不是"消灭"这种"关系"，这样，"伦理-道德律"才具有"神圣性"，而不同于"自然律"，虽然作为"律"，它们也具有"普遍性"、"强制性"和"应然性"。

"普遍"的"律"，原是要-意欲"守护"和"弘扬""个体"的"自由"，"婚姻"的"神圣性""守护""爱"的"原初性"；"神"是"守护神"，是"爱神"，是"爱人"的"神"，是"服务性"的"神"，而不是"统治性"的

"神",所以克尔凯郭尔老是强调,"神"固然是"老师","教导""人-学生",但却以"仆人"的形象"在世";"人""敬仰""神"不是"膜拜"一个"全能"的"主-暴君"。

"神"因"爱""人"而"全心全意""为人服务"。"神""爱""人"不是一个空洞的意志和愿望,而是"落实"到"每一个人","神""爱""每一个""人","神"不"排斥""任何人",不将"人""概念化"地下种种"定义"来把"人""分成""三六九等"而有爱有不爱,"神""爱""人"之"异","神""爱""人""人";在这个意义上,"神""泛爱""众生",但"泛爱"并不泯灭"人"之"异","神"之"爱""因人而异";"神"这个"教师","因材施教","因异设教"。

"神"是"服务者"、"服从者","婚姻"为"爱""服务",而不是相反;"普遍性"之所以为"普遍性"、"神圣性"之所以为"神圣性",就在于它的"作用-服务"是为了"守护-保护""人","普遍性""保护""个体性"。"婚姻"不藉"牺牲""爱"来"维护自己","普遍性"不以"牺牲""个别性"来"维护自己";依靠"牺牲""个体性"来"维护自己"的"普遍性"是"空洞"的"普遍性"、"形式"的"普遍性",是"挖空自己"、"挖自己墙角"的"愚蠢-愚昧无知",而不是"智慧"。

要说"牺牲",在这个意义上,不是"人"为"神""牺牲-奉献",相反,倒是"神"为"人""牺牲-奉献","服务者-仆人"的"牺牲","神-基督"因"爱人"而"奉献"了"生命","人"的"牺牲"是向"神"的"学习",向"教师""学习"得来的;"牺牲-奉献"的不仅仅是"个人","牺牲-奉献"的首先是那"普遍性"的"律条",当"婚姻"不再是"爱-原初之爱"的"呵护者-守护神"时,"婚姻""解体","婚姻""不存在"。"婚姻制度"之"变迁"有多种"因素",也许,克尔凯郭尔所说的"原初之爱"当是更为重要的,"婚姻"因"原初之爱"的"方式"上的变迁而变迁。

"原初之爱"之所以有"主导"的"力量",说明它不单纯是"自然"的,而是"自由"的,所以克尔凯郭尔把它放在"审美的"这个层面来讨论。"审美的"也可以译成"感性的"或"情感的"。用这个词当是来自康德,不过康德的"审美判断"是从一个"感性对象"出发"寻求"一个"不确定"的"知性概念",不像"知识判断"那样是从一个"确定了"的"知性概念"出发"寻求"一个"感性对象"以"充实-证实"其"内容";而克尔凯郭尔的"审美的"似乎是由"理智-理性"的"自由""激情"出发,"寻求"一个"异"的"对象"所"产生"的"情感"——"爱"。"爱"是"理智-理性"的"追求",但又不是柏拉图的"爱"限于"思想-理想"之中,而是"爱"一个"异己"的东西,或者说,是由这个"异己""引发-引导"出来的,类似于康德那对"道德律"的"敬重"之"情"。

这就是说,不仅"感性"是"有情的",而且"理性-理智"也是"有情的",正如克尔凯郭尔所指出的,"理智-理性"有那种"知"那"不可知者"的"激情",即有那"僭越-冒犯"的"激情",这种"激情"要把那"不可知者""邀请"到"可知者"行列中来,把"本体""邀请"到"现象"中,正是在这种"激情""鼓动"下,黑格尔"生产-创造"了他的"绝对哲学",使"异""归化"与"本质-概念"之"同",而克尔凯郭尔坚持了"异-异""相知-理解"的"可能性"。

并不是说,"理性"受"感性"的"支配-诱导","理性"是"治理""感性"的,按照康德,"理性"是"立法者";但是"理性"却受"另一个""理性"的"引导-诱导","自由者"受"另一个""自由者""引导-诱导","爱"是一个"自由者""爱""另一个自由者""引起"的"激情",一个"自由者""要-意欲""追求""另一个自由者",于是这种"追求-邀请"带有"冒昧-冒犯"的意味,因为"冒然""邀请"一个"绝对"的"异""进入""同一个世界"——有"相互理解"的"可能性"。这样的"冒昧"的"邀请"常常带来的是"忧烦",也就不奇怪了。

然而也有那"幸运"的。犹如康德所说的,"道德"和"幸福"这两个"绝对"的"异者"即使在"经验世界-人世间"也有"偶尔""相合"的"时候",这个"偶然"的"时刻","相异者""互相理解",是为克尔凯郭尔的"瞬间",这个"瞬间"是"在时间中"、"在人世间"、"在经验世界",亦即"在经验中"的"瞬间之永恒",亦即"永恒的现时"。

"自由者-相异者"这种"在时间中"、"在人世间""相互理解-相互珍爱"的"时刻-瞬间",没有"必然性"的"规律"的"保证",但却有"可能性"

的"机遇",一旦"相遇",是为"现实的-实际的""幸运",而不仅仅是"理论上-推理上"的"悬设",因而这种"境遇-境况"不是"绝对概念",而是"绝对存在"。

"绝对存在"亦即"永恒存在"。这种"相遇-相合"却也不是让人抱着"可遇不可求"的态度去"守株待兔",只是人们不可通过"计算"来"攫取"这个"幸运时刻",一切"阴谋诡计-抢班夺权"面对那个"瞬间"都只能是"机关算尽","一败涂地",而一切"包罗万象"的"概念体系",也只能让你"躲进象牙之塔",坐失"良机","眼看""一个个瞬间""流逝"而去,遂使"历史上""忧伤"之"诗"大大多于"欢乐"之词,"无可奈何花落去"多于"柳暗花明又一村"。

然则,克尔凯郭尔也指出"历史-时间"的编织严密之"网",也有"网开一面"的"时刻"——犹如后来法国德勒兹比喻的天幕上开了窟窿,这个"时刻"虽不能"论证"其"必然性",却也有"可能性"的"根据","瞬间"的"可能性"是"可信的","人"作为"自由者-相异者"不应因其"不必然"而失去"信心",因为这种"信心"不是"建立"在"概念推论"的基础上,而是"建立"在"自由者""亲历"的基础上,即"自由者-相异者""有-存在着""见证"那个"时刻"的"可能性",因而是一个"现实的可能性",而不是"理论"的"设定-公设-悬设"。

"自由者"是"相异者",但在那个"幸运"的"时刻",在那"永恒的瞬间","自由者-相异者"却是"同一的",它们是得到"相互理解"的,它们都是"亲历者"。

克尔凯郭尔很重视作为"神"的"学生"的"永恒的同一性","神"的"信徒——信仰的学生"并没有"亲(声)闻-同时代者"和"传闻-再传者"的区别,因为"信仰"不是一种"学说",地无分南北-时无分古今,统统都是"亲历者",都是"神"的"亲传弟子",在这个意义上,这个"亲历"的"时刻",才是"永恒的瞬间"、"永恒的现时"、"永恒的存在"。"相异"的"亲历者"之间,有一种"可以相互理解"的关系,这个"亲历"的"现时""包括了""过去"和"将来"。"瞬间""吸收-融汇"了"过去-将来"。

"人"作为"相异者",因其"异"而有"分(别)",因为"有""异者",

"人"才"相信""人""有"一个"过去",也"有"一个"将来";因其"有过去"方"有必然性",因其"有未来"方"有可能性"。

克尔凯郭尔强调"事情"之"自由"之"生成","事情"之间并非单纯"因果""必然"的"关系";然则,既曰有"成",则"生生不息"有其"断","存在-生存"之"瞬间"可以"令"其"断",而"思想"之"概念"亦可"令"其"断";"亲历"之"信"可以"令"其"断","本质"之"显现"亦可"令"其"断"。

于是"有成"为"过去","未(没有)成"为"将来"。"有过去"方"有本质","本质"之间的关系,乃是"必然"的"关系",此其所以有黑格尔之"绝对必然"的哲学;"有将来"方"有可能",此其克尔凯郭尔哲学得以耸立于欧洲哲学之"另一""巅峰",与集欧洲古典哲学"大成"之黑格尔遥相对峙,只是"双峰"固然"对峙",地底下之"根基"却是"一脉相承"。

克尔凯郭尔之"自由-生成"使一切"既成事实"和"谋划中"的"事实"都"活动-动摇"起来,以"自由生成"的视角来看,一切"过去"都是"未成-未来",都"有一个""将来"。

克尔凯郭尔之"无必然性"之"可能性""瞬间",使"自由者-相异者""有理由""希望"那个"瞬间"的"将会来到"。

作者附记:

一直想努力去"理解"克尔凯郭尔,但一直都"知难而退",不得不使我承认,我的"思想世界"属于"古典哲学";这次借纪念这位思者诞生200年之际,再次努力读他的著作,也感谢中文的译者们多年心血,使我们有了可读的中译本,借助它们,很冒昧地写下一些学习心得,错误一定很多,竭诚欢迎批评。

"神性"，太"神性"了*
——克尔凯郭尔的"神"

康德说"德性"与"幸福"的"同一性"在"神城-天国"，在"人世间"，在经验世界，"德性"与"幸福"的"合理的结合"只是"偶然"的，只是一种"可能性"。我在读克尔凯郭尔的书时，感觉到他关于"宗教-神"的思路或许正是在这个基础上，但以积极的态度，开发出一个完全不同的思路，既不同于康德的也不同于黑格尔的，因为黑格尔哲学虽然具备了认知"神"的能力和勇气，但"神"仍是超越时空的"绝对者"，只是这个绝对者"外化"为"相对者"而在"相对者-人世间"有能力"保存"自己，"在""异"中"保持"着自己的"同一性"。"绝对者"仍是"绝对者"，"神"虽然"在"地上，仍"保存"着它那"天上"的"特性"。这样，黑格尔的"神"即使在"人世间"，却仍"保持"着它的"绝对主权"，它仍是我们-人的"主"。

黑格尔为人世请来的这位"主人-尊者-绝对者"常常让人世间的常人感到不如像康德那样，把它老人家"供奉""在""天上"，把理论理性和实践理性"分割"开来，人"管"人的"事"，让科学来建构"经验"的"事情"；甚至连人间的"道德"也是（实践）理性的"事"，并无"神"参与其事的"需要"，"德性"也是人的"事情"，只有事关"德性"与"幸福"关系的时候，我们-人才把"神"请了出来。

---

* 原载金泽、赵广明主编《宗教与哲学》第四辑，社会科学文献出版社2005年版，第3—16页。

按照康德，既然"在"经验世界，"在"时空中，德性与幸福的"结合-契合"是偶然的，对于那些求"必然性"的"科学知识"，不能-无权成为一个"对象"，但这种可能性-偶然性的"奇迹"却是信仰的"确证-确认"。

这就意味着，所谓信仰，乃是信仰一个"绝对"的"异"，这个"异"因其"绝对"而不可能"转化"为"同（一）"，"神"对与其绝对相"异"的经验世界，当可"保持"相当的"影响"，甚至通过"道德-人心"发挥其"指导-引导"作用，但无权"建构"这个"感觉经验"的"人世-世界"；但是，就"本体-绝对""引导-规范-范导-领导"作用言，"神"又当是"主"。

我们讨论的克尔凯郭尔是通常所说的"有神论者"，他很承认有"神"，更强调"信仰"；但我们发现，他所理解的"神"和基督教传统意义上的"主（父）"不同，它"在""人世间"竟然是一个"仆"的"格位"，"神"以"绝对"的"仆"的"格位"与一切"自由者-人"的"格位"绝对"相异"。"神"与"人"在"绝对相异者"的"关系"上，来了一个大"颠倒"，这个"颠倒"是一个"革命"："神"由"主位"转变为"仆位"，而人却"转"成"主位"，这种"转化-革命"，从基督教传统来看，毫无疑问的乃是"绝对"的"异类-异端"。

现在我们要问，克尔凯郭尔在"神"的问题上为什么会有这样的"转变"？

就我目前的理解，我觉得这种"转变"是他对于包括康德、黑格尔在内的"德国古典哲学"的"颠覆-革命"的思路完全一致的：克尔凯郭尔质疑那超越时空的"概念-理念-思想""逻辑性"体系，让他的哲学"回到""现实"中来；只是"回到现实"，不是"回到"单纯的感觉，不是"回到"单纯的本能，不是"回到动物"世界中来；恰恰相反，"回到现实"即"回到自由"，人的"现实存在"，就是人的"自由存在"，这个自由不是"概念"的、"理念"的，而是"生存"的、"现实"的。

自由是"不受条件限制"。什么"条件"？"时间-地点"的条件，"时空"的条件，所以，在"古典哲学"中，无论康德还是黑格尔，"自由"都是"纯理性"的、"超时空"的。尤其是到了黑格尔，凭借这个理路，哲学才具有"超越性"。于是，摆在克尔凯郭尔面前的问题是：如何既不"超越时空"，而又具有"超越性"，既不把"在时空"中的事物转化为"概念"以此"超越"

之，使哲学像黑格尔的那样成为一个"包罗万象"却又"超越时空"的"（思辨）概念体系"，而又"在"时空中"有""超越性"，"在"时空中就"有""神"，就"有"信仰的根据，这个"在"，这个"有"不必概念化，而一切概念化的努力都不能"泯灭"这个"原始"的、"自由"的"存在"，一切普遍的理念只有在"保存-保护"这样一个"原始-个体"的"自由存在"意义上，才有其"存在"的"根据-理由"。

要在"时空"中"有""超越"的意义，逃不脱康德的理路：这个"在"时空中的"超越"只是"偶然"的，只有一个"可能性"。克尔凯郭尔说，正是如此，但还要进一步说，这个"超越性"只是"瞬间-暂时"的。

时间为"无尽"的绵延，但就"在"绵延中"有""可能的-偶然的"——"瞬间"的"永恒"。在这个意义上，"神"作为"永恒者-绝对者"，并不"超越"时空，而恰恰是"在"时空中，"在"时空中的"超越者"（尼采的"超人"），这个意义上的"神"正是那"基督"——"道成肉身-三位一体"的"神"，是"在世间"的"神"，不是"在天上"的"神"；"在天"之"神"被黑格尔"化为"概念，而"在地"之"神"为不可化为概念之"存在"。

"瞬间"与"永恒"原本是相互矛盾的观念，它们在"逻辑（理论）"的意义上是矛盾的，但在"生活（实践）"的意义上是可以有"被理解"的"可能性"的，而不必"抽象"到逻辑推理的概念层面。

或许，这个思路意味着克尔凯郭尔推进了欧洲哲学传统的意义所在，也是他与黑格尔哲学的区别所在。

克尔凯郭尔从研究苏格拉底的"反讽"开始，研究古代希腊哲学的辩证法从"否定-消极"走向"肯定-积极"的意义。而从柏拉图到亚里士多德的发展显示了这条"肯定"路线的积极成果，但是古代希腊并未完成这一积极"建构"的任务，直至黑格尔的"绝对哲学"之"思辨哲学"体系，这个"肯定"的"积极辩证法"在"理论-学科-逻辑"层面方告"大成"，"消极-否定性"辩证法的"反讽"态度经过"绝对"的概念在"相对"的"现实世界"，即在时间的"历史发展"之诸多环节，克服了"矛盾"，回到了"自身"。在黑格尔哲学中，我们看到了"绝对"作为一个"概念"有着"化解矛盾""使对立面"得到"统一"的"精神能力-能动性"，"精神"具有把"实际-现实"吸收为概念的能力，使之"合理化"，成为一个"合理"的逻辑体系，"凡是现实的"都是"合理的"，反之亦然。概念与"存在"在"精神"的逻辑力量建构下，成为"合理"的、"合逻辑"的"思想-概念体系"。概念是"存在"的本质。"现实"发展的"可能性"，被"简约"为逻辑推理的"必然性"，自由表现为对这个"必然性"的"把握"上，"认识到的必然"是为自由。"必然性""吞噬"了"可能性"，成为"必然性"的一个"表现"方式，自由同样也成为"必然"的一个"表现"方式。"上天""吸收"了"大地"，"大地"被吸收"在""云"中，"时间"在"（太）空"中。时间被"分割"为"空间"，"思想-精神"以自己的"大力-神力"把"被分割"的时间"碎片""按逻辑的观点（方式）"（奎因）"结构-建构"起来，成为一门"科学"。"辩证法"的积极意义在于，它也是一门"科学"-"哲学"。"哲学"不仅仅是一门"有能力"避免"矛盾"的通常意义上的"科学-自然科学、社会科学-历史科学-艺术科学"，而且是一门"有能力""化解-消化-涵盖"矛盾的"包罗万象"的"科学"。那些被康德精心"厘析-审批"出来的"不可逾越"的"界限"悉数为"绝对精神""同一"起来成为"自己"的一个"环节"，都在"绝对精神"的王国"分得"了各自的"位子"；连续性的"历史长河""在"历史的"发展环节"-"历史的断代"中也都被分配好了"位置"；人也有一个"安身立命"的"处所"，那活泼泼的保持各种"可能性"的自由之"心"，也都"收敛"了起来，被"分配"了各自的本质，"天命之谓性"，人各得其性，万物各得其性。尽其性，是为自由，顺其自然，亦为自由；本质从"天"而降，"乐天知命"为自由的最高境界，而"天"就是"理"，就是"必然性"，于是有"天理"之说。本质-概念"在""天上"，而"天下""纷纷"，"芸芸众生"必须"克己复礼-克己复理"，"灭人欲"方得自由。

然则，自由并非"人欲"，唯有自由才真正"异"于"人欲"，盖"受制于人欲"者何来自由？"天理"只是将"人欲-自然""安顿"好各自的"位子"，并无"能力""灭掉""人欲"，只是"节制人欲"，犹如"节制资本"一样，是一种"经验管理"的办法，谈不到"哲学"。

"哲学"的问题直面康德所揭示的"二律背反"，是古代希腊在探讨"事物本身"时"遇到"的问题，"什么是"美本身-正义本身等，这类问题是"绝对"的问题，希腊诸家未能尽善尽美地解决，甚少正面肯定的"答案"；黑格尔以他整个"哲学体系"做"答卷"，在克尔凯郭尔看来，也还"不及格"，因为"绝对-永恒"不仅是"概念"，而且是"存在"，因而不仅是"本质"，而且是"实在"。

其实，康德在批评笛卡尔"我思故我在"这个命题时已经指出，不能-无权用"思想"来"证""存在"，可是在《实践理性批判》里那个"至高无上"的"至善（第二种意思）"的"概念"，它的"实在性"最终还是由"思想-概念"来保障的，此例一开，整个德国古典哲学，仍是一条"我思故我在"的路线，甚至唯有"思"才是真正的"存在"，"理念-本质"是唯一称得上"存在"的"存在"。

应该说，古典哲学这条思路，自有自己的根据，不可轻易否定，因为感性的诸存在者，在时间之"流"里，无不转化为"非-不存在"，唯有"概念-理念""长存"；但是，"云里-思想里"的"存在"，即使是"具体理念"，总还不能涵盖人们所谓"存在"的那层亲切、实在的意思，"概念-理念-思想"之"存在"，不够"完全"，"包容性（雅斯贝尔斯）"不够，是偏执于"片面"的一方（思想）；而哲学家又不可以"翻转过来"退回到"感性-感官"的"存在"的另一方，从"翻转"的角度批评从康德到黑格尔的传统，并不能在根本上"动摇"这个传统的基础，也不能使"哲学"的"思想"得到"深化"，"哲思"在这个问题上必须"向前推进"，而不可以"向后倒退"。

克尔凯郭尔的"哲思"正是走在了"向前推进"的道路上。这个思路简单说来似乎是不在"时空"之外或之上"设置"一个"至善"或"绝对"的理念来，不必像康德那样在"超越"的本体界"悬设"一个"至善""概念-理念"，也不必像黑格尔那样把这个"设置"出来的"绝对-至善""从天上"放逐到地上来经受"磨炼"，然后再"回到""精神自己的家园"，也就是说，无须那个"思辨概念"的科学体系来"把握""绝对-至善"，而"绝对-至善"就"在"时间之中，"在""相对"之中；而"时间之流"不能"保证"这个"绝对-至善"的必然出现——成为"现实"，只能为其"开放""可能性"，在"瞬间"中"绽放"出"绝对-至善-永恒"的光芒，对这种"瞬间""绽放""光芒"之"捕捉"，不是知识，而是信仰。

康德明确说，他"限制知识"是为信仰"留有余地"，其实他的"限制"是"权力"上的，并不是说在时空的哪一段、哪一个部分"知识-科学"不能"进入"。时间是"无限绵延"，空间为"无限""广漠"，"神-信仰""无处藏身"，"神"只能住在天上，或者"隐藏-渗透"在"无限变化扩大"的"任何地方"（黑格尔），所以科学知识可以放心地"无限-永远""积累"下去，并无"止境"。在"求知"的道路上，永远"碰不上""神"，在这个意义上，"神"是单纯的"思想"；如今克尔凯郭尔把信仰也"拉到"了地上，信仰-连带它的"神"就"在"时间"中"，信仰面对的"神"就不单纯是一个"概念"，一个"思想"，而也是"在时间中"的"存在"。

这样，这个原本不"在""天上"而"在地上-在时间中"的"神"，似乎就有一个与基督教传统不同的"格位"，也有不同的"形象"——他不是"在天上的主"，也不是"在天上的父"，而是一个"仆人"的"形象"。克尔凯郭尔这个说法，在当时可谓惊世骇俗，而经过两个世纪的欧洲哲学的发展，现在来看，似乎又是顺理成章的；克尔凯郭尔之所以受到欧洲哲学今天的重视，侧面说明他的预见性之强，可谓欧洲哲学的"先知"。

"神"既被设定为"在时间中"或"在时间的瞬间"中，则除了依靠"想象"，无法依旧"保持"他的传统的"格位"和"形象"，或谓"三位一体"，基督保持圣子的"形象"，但他的"格位"仍"在"天上，他仍是"我主""天上的父"；克尔凯郭尔的"神"既"在"时间中，就和人是"平等"的，是"相爱"的，不是人之"主"，或人之"父"；但是"神"又不是人，何以"标出""神"的独特的"格位"？"神"是"爱人"的、"不嫉妒"的，一切"为了人"的，他"占"一个"仆"位。

"神"的独特性似乎在于：人人都有自己，唯独"神"没有自己；不是"人人为神"，而是"神为人人"，"神"为人可以"奉献"自己的"生命"，也甘冒"犯""不死者""死了"这样的"错误"，按中国传统的语言说，"神"上演的是"义仆救主"的"活剧"，而不是把人的历史归结为"赎罪"的"神话"。"神"不是"赐"于人"恩典"的"救世主"，而是"为人服务"的"公仆"。

"神-人"的关系（如果有的话）被颠倒了，人是"主"，"神"是"仆"，这个"仆"当然不是一般意义上的"奴隶",这种关系的颠倒,不全在黑格尔那著名的"主奴"的意义上,克尔凯郭尔不是把黑格尔的"主奴"关系简单地"颠倒"过来,黑格尔这个"环节"被克尔凯郭尔置于"瞬间终结"关系上而加以颠倒,"神""在""时间-瞬间"中必以"仆人""形象""出现",因而不是如同"神""在"西奈山上那样神光"一现"地"君临"世界,而是"呵护"人的自由的忠实的"服务者"。

从这个意思引申出来,我们甚至可以说,人"拥有"自己,"神"反倒"没有"自己。世界上唯有"神"没有自己,他把自己"给了-奉献给了"人,"神-基督"把自己的"生命""牺牲"了,"给了"人,在这个意义上,"神"是一个"异类"——一个绝对不同于人的"异","神"是"绝对的异","神"是"大异",他的"仆人""形象"只是"小同"。

"神"在时间-世间以"仆人"的"形象""出现",但在"瞬间"中又以何种"形象""出现"?"神"的"本质"为永恒,而"在""瞬间"的正是那永恒,但"瞬间"也是在时间中"出现"的,而不是"超时空"的"概念体系",因而在这个意义上"本质"也是"存在",不是"概念"。"在"时间中之永恒与"在"本质中的"存在"原本就是一个矛盾,"神"同样是一个矛盾体,"瞬间"之"永恒"改变不了他的"仆人"的"形象",而"在"时间中则一定要有"形象"的,于是"神"为永恒的"仆人","神"是"大仆-公仆"。

人"在"时间中,时间为"变化",人"在时间中"从而有"变化万千"的自由,有"选择-决定"的自由,因而也不能"摆脱"由自己做出决定所承担的"责任"。"责任"不在"神",而在人,只有人"有一个"自己,人无权把"责任""推诿"于"神",或借口"天命"而"推脱""责任"。自由当有"可爱"的一面,更有"可畏"的一面。人因"敬畏"自由"需要"另一个自由者的"帮助",人生活"在"他者之中;然而,"他人-他者"也有自己,并无必然的保证他者"能够"并"愿意"全心全意为你"服务","永久-永恒"为你"服务"。"在时间"中,人因其自由而是一个"孤独者",人不可能也无权力把"他者"完全"转化-吸收"为自己,世界上权势最大的"君主-皇帝"也没有这个"能力",到头来仍是"孤家寡人",但求不落个"独夫民贼"的封号就可聊以自慰。

然而，人作为"自由者"和"责任人"也有一个可以寄以希望的"他者"，一个"绝对的他者-异者"，"他"替你承担一切本不该"他"承担的"责任"，"真心诚意"地"帮助"你"弥补-修正"本不是"他"的"过错"，甘受不应"他"承受的"惩罚"，而不是以"万能""权力"的一纸"赦令"，"赦免"人间一切"过错"。"仆人"对"主人"的"服务"不是"恩赐-恩泽"，而同样是"应当"，"仆人"是"永恒"的"责任人"，但他不作"自由"的"选择"。"在"世上，唯有作为"仆者"的"神"，只"有"责任而"无"自由。"我不下地狱谁下地狱"蕴含着另外一句："我替众（罪）人下地狱。"

作为"仆者"之"神"，不是高举云端，把一切"责任"都加在人的"头上"，他的"超时空"的"视野"，人间一切"荒诞不公"都"在"永恒中"化解"，"仆者"之"神"，并不仅仅是一个"理想"，而是一个"事实"。并不是这个"神"具有无比高尚的道德品质，超凡入圣。他在人世间是一个"凡人"，而且是一个单纯的"仆者"，犹如尼采的"人"，"无自己-无自由"。他的"责任"并非来自他的自由，而是"他者-人""加于-赋予"他的，是"他者"的"责令"，而"它要尽责"是作为"仆者"的"神"，在时间的"瞬间"中"凸显"出来的"可能性"，是人作为自由者的"主人""在时间中"唯一可以"信赖-相信"的希望之"光"。没有这点"灵光"，则人只能"永沉轮回"。

"仆者"的"神"之"存在"，不必也不能"证明"。当你"证明"他的"存在"时，他已经"不在"，因为"仆者"之"神"不是"概念"，也不可能"概念化"，他的"存在"是一个"事实"。之所以是"事实"，乃是因为他仍"在""时间""中"，而且是"在时间中"唯一不能概念化的"事实"；他是"时间"中的"瞬间"。

时间中，经验事物皆"在"该事物"完成"的形态上产生"概念"，而这个"概念"本身并无分"前后"。但是克尔凯郭尔的"瞬间"乃是"瞬间""大成"，时间的"断裂"，时间之"瞬间""完成"，"瞬间"而又"完成"，乃是一个矛盾。这个矛盾显示着新的"选择"的"可能性"，"信"这个"可能性"，也就是"信"自由，"信""仆者"的"神"把自由"赋予"了人类，不必寄托希望于未来，未来就是当下自己的"权力"。人因永久"有"现时，才永久"有"未来；"仆者"之"神""管着"过去与未来，而把"现时"交与了人，把"瞬间"的"可能性-机遇"交给了人,而任何"前因-后果"他都"责无旁贷"地一体承担。

这层意思并不是说人作为自由者就可以"随意""胡作非为",反正有那个"神仆"替我"顶罪"。实际上,康德"实践理性批判"的理路仍然是起作用的,"自由"与"责任"仍是在"道理"上不可分割的;只是这里说的不是一个"推理-理路",而是一个"事实"。"事实"上无人不"在"为他人"受罪",也总是把"罪责""推诿"给他人。人类为自己的祖先亚当夏娃"永远"受到"惩罚";也经常把自己的"过错"推到"前朝"身上,自己"生活"乃是"为他人受过-赎罪",人人都会为"不是自己犯的错误"赎罪,这是一个经验的"事实",也是历史的"事实"。

经验中的人都"肩负"着过去,"开创"着未来,在这个意义上,人都是接过前人的工作,为后人而工作,前人的功绩现在的人"享受"其"余荫",前人的错误甚至罪过,现在的人为其"修正",尝其"苦果"。无论如何,"现在的人"把自己的"功过"转嫁给未来的人,人人皆"无自由-无选择",人逃不脱"时间-历史"的"命运",时间中的"人"和"事"都是"时间绵延"中的环节;然则,人不必"提高到"康德那样的"(实践)理性哲学"的水平,超出时空"感性直观",才"获得"这种自由,按克尔凯郭尔的观点,人"在"时间中,同样也"可能"是"自由"的。在那时间绵延的"断裂层",在那"瞬间-刹那"中,人会"意识到"自己的自由。这种自由没有逻辑"推理-证明"的"保证",因而只是"偶然"的,但恰恰"偶然"为"事实-现时",而那逻辑必然只是"概念"的。

在这个意义上,"无须逻辑证明"的自由才是"真实-现时"的自由,是"事实"的自由,也是自由的"事实"。"回到事实本身"(胡塞尔)乃是"回到自由本身",而不仅是"回到"自由的"概念"。

在这个意义上,康德"批判哲学"只是"剥夺"了自由作为"现象(知识)"范畴的"合法权利",而没有也不能"剥夺""在现象中"、在"经验生活中"自由的"事实"的"权力"。

被康德"网开一面"的"事实"的自由,被克尔凯郭尔"抓住不放",也被欧洲哲学后来的"发展者-推动者""抓住不放",在时间"提供"的"可能性-偶然性"的广大"生活领域-事实领域",开发出不同于欧洲古典哲学的成果。

欧洲古典哲学的传统在"知识"。康德划分的那"理论理性"和"实践理性"的界限被黑格尔"弥合"起来,让那"实践理性"进入"理论理性"中来,让"相对"中"显现"出"绝对"来,在这个意义上,在"绝对概念"的层面,"神"的概念要低于哲学"绝对"的概念,信仰低于知识。信仰要"求助于"知识,在知识领域里"占一席之地",则不得不如此。

克尔凯郭尔的"信仰"似乎摆脱了"历史-时间"必然的命运,有了自己独立"存在"的价值,可是让当时教会"扫兴"和"怒恼"的他居然把"至高无上"的"神"设定为"仆位"。"神"为"呵护"人的自由服务。

信"神"就是相信有一个绝对"异于"自由者的"仆-他者",正义在"他"手中,为你"行使自由权利"排忧解难,"他者"是真正的事实上的"铁肩担道义"者,也是"爱人者-爱人的自由者"。

并不是说,人在"神"这棵大树底下"为所欲为";"神"的确也为那"胆大妄为者""收拾残局","神"并不"舍弃"任何人;但"神"也是有选择的,在"神"的眼中,"每一个人"都是个体的,自由不是"抽象的概念",而是一个"事实"。"事实"是"具体的""不同的"。

人仍然会"慎行"自由,并不"怕""终极审判",大部分人并不怕"下地狱";但怕"人世间-事实"的"因果(报应)",自由不是概念,自由"在"时间中,也就是在"因果关系"中,这个"关系"可以-可能自由于"一时","逃脱"一个或多个"瞬间",但在时间的"绵延"中,得不到"不报应"的"保证"。一切贪官污吏、乱臣贼子尽管日颂念佛号千遍,未见有效应者;他们之所以"惶惶不可终日"乃在于这种"因果"关系的被发现和"发生效应",乃是随时随地的"可能性",是"现实"的"可能性",是时间中的"瞬间",这一点,只有那"极端邪恶"的人,才"故意""置之脑后"。

人"行使-实施"自由之所以"战战兢兢,如履薄冰",并不完全因为他对于"行为"具有不可推卸的"责任","责任"在理论上如康德所言,是"不可推脱的",但在"事实"上,在人世间"推卸责任者"何其多也;大不了还有一个忏悔室,"坦白了就会从宽",只有那"事实"上的后果,按照现实的时间

"规律"运行,除了"神"行"奇迹",不可能阻止其"发生"。"神"有能力"替你"担当"责任",但"现实"中的后果,只有那"无理性-非理性"的迷信成为你的"借口",而迷信为"不可信","神"当然是"可信"的,是一个"信仰"的"瞬间"。

这个"瞬间"之所以"可信",还不仅仅它是"理论"的,是"道理-逻辑"可以"论证-证明"的,"瞬间"-"神"-"永恒"之所以"可信",乃在于它是"事实",是"存在"。"存在"不是概念,不用下定义,找出其本质,"存在"不是"概念体系"的理论,不"需要"证明。当你进行"论证-证明"时,"存在"已经"不存在","存在"成了"概念"。

"存在"就是"存在",人们从克尔凯郭尔又回到了巴门尼德,回到哲学的源头;到了克尔凯郭尔,"存在就是存在"这句话的意义才真正"彰显"出来,而不必在"概念-理念""定义"上纠缠。

欧洲哲学从近代以来,由存在论"转向"知识论,康德被推举为这个"转向"的"始作俑者",此后德国古典哲学,向着"科学体系"的道路发展,黑格尔为其"集大成者"。这样一条哲学向科学发展的道路,成绩是怎样评估都不为过的。在这个"科学体系"中,"存在"的问题并未被"舍弃"或"忽略",而是在黑格尔的"思辨概念"中得到"安顿",作为"绝对精神"的一个"环节"被"扬弃"而进入更具体-更高的"环节";然而,"存在"在黑格尔那里是一个"抽象"的、"尚未有具体内容"的"概念",因其是概念,才能进入"科学"的殿堂。

克尔凯郭尔让这个"存在"回到它自身,"存在"就是"存在"。"存在"是"在时间中"的实实在在的"事实"。

那么,"存在"不是概念,是否就是"舍弃"理性的"感觉"的?"存在就是被感知?"如果克尔凯郭尔停留在这样的"轮回"上,人们就不会那样认真地对待他,他的"存在"就是"存在","在"时间的"瞬间"是一个永恒的"现时",这个"永恒现时""在"时间中,则不可概念化,而又因其"永恒现时",感官又何从"把握"?

也许勉强可以说,感官可以"感觉"到"现时",但是"已不存在"和"尚未存在"的过去和未来,如不通过"想象力"和"概念"又如何谈得上

"把握"?

然则,历史科学言之凿凿,科学将一切"异者""概念化",成为在理论上"可知",也将实际的"变化-变异"都"逻辑化"成为"可推理",因而是"合理"的。我们不可能直接和"(已)过去"的人"打交道",原则上我们"感觉"不到他们的"存在(曾经存在过)"。作为"科学知识-历史知识",我们(有死者的人)的任务是"穷尽一切细节"(福柯),"学无止境";当然对于那个"不死者"的"神",古人和未来人他都是"亲历者",只有"神"收藏着真正的"历史-未来"的"存在"。

克尔凯郭尔从另外的侧面阐释这个问题,"神"仍占有"神位",他是"不死者";但是人这个"有死者"与"神"的关系,并不仅仅"在""时间的绵延"中,而人"拥有"一个"瞬间",这个"瞬间"人和"自己设置"出来绝对相异的"神"有"直接-亲历"的关系,这种关系不是"科学-知识"的关系,而是信仰的。这样,信仰与知识不必像康德那样"超越"时空之外,而就在时空"中",人作为"有死的"自由者就有可能-有权力使时空有一个"瞬间"的"断裂",在这个"断裂"中,人并不把"神-耶稣"当作具体的历史人物和事件,而是"永久直接""以仆者"的"形象""出现","神-耶稣""在""瞬间"中是同一个"神",是与人绝对相异的"神",而不是在历史的"某个时段"或在"初始"的阶段,"神-耶稣"曾经是人。

在这个意义上,我们现在的人——克尔凯郭尔常说的千八百年后的人,与"神-耶稣"的关系,一点也不因为离他老人家生活年代已远,似乎就欠缺了些什么。我们现代人和当时的古人在"事件"的"瞬间"与"神-耶稣"在信仰上(不是知识上)的关系,完全在"同一"的"瞬间"中,无任何"区别"。

在这个意义上,克尔凯郭尔理解的"神-人"关系,就不分"亲授-声闻-再传"等,只有那"技艺"的"学问"才强调这个区分,这个问题,很值得我们东方人深入探讨下去。在我们传统的"学问"中,"亲传弟子"显然高人一等,"师徒"关系渗入各种意识形态,寺庙同样"等级森严",老和尚因有"师傅""保驾",在"道行"上必要"高人一等",当师傅祭出"祖师爷""秘传""法宝"甚至只是说了"什么话"(祖宗家法),都能"令"再传弟子"禁声"。

倒不是说,欧洲的"道院"就没有这一套,正是这一套"横行",真正的信仰就泯灭了，克尔凯郭尔才不厌其烦地研讨"再传弟子"的问题，他越不厌其烦，当道的教会自然会不胜其烦。从传统的"基督教神学"来看，克尔凯郭尔简直是"离经叛道-大逆不道"；但后世的学者，却很自然地把他的"存在-生存哲学""划归""有神论"的。

克尔凯郭尔信仰"神"，当然是"有神论"的，但基督教传统中的"在天之父"、"在天之主"的"神"相比起克尔凯郭尔的"神"来，真是"神性，太神性了"，所以那种"超越时空"的"神"，"君临""时空"的"神"，如果要与"人世间"的人有关系，就会被"三位一体"的问题"套住"，如海德格尔所说，基督教需要"三位一体"，"神"才有能力-有理由"在""现象界""出现"。

然而克尔凯郭尔的"在时空中"的"神"，保持着"显现自身"的"可能性"，不是"理论"上的可能性，而是"事实"上的可能性，不是"概念"的可能性，而是"存在"的可能性。"神"在理性概念"最高塔尖"的"外壳"被撞击粉碎，"神"的"内核"落到"地上"，却"释放"出巨大的"能量"。

"神"为"绝对异于"自我的"他者"，这个"他者"不仅以宗教的形式，而且也以世俗的形式"压制-分割"每一个自我，"他者"以概念化的形式"君临"原则上不可"概念化"的自由的个体；实际上，在讨论婚姻与原初爱情时，克尔凯郭尔就再三强调，那"婚姻-伦理"原本是更好地保存"原初之爱"的，后者没有在前者的"环节"中"消失"，也不是"在婚姻伦理"阶段那"原初之爱""被""扬弃"了，进入一个更高的"环节"（黑格尔）。世间-不是"天上-神国"，一切宗教的、社会的等"规则-规律"都是自由者之间关系"理性协调"的"表现"，就连这个系列中的"最高格位-神"也占一个"仆位"，他是"绝对的公仆"。

"他者-异者"系列就这样不被"设定"为"绝对概念"，而是"绝对存在-永恒存在"，"神"（永）在世间，"神"（永）爱世人。

"绝对概念"的"神"，通过"概念-判断-推理"的内容的辩证推进，以"思辨理论"确立学说性"科学体系"（黑格尔），下的功夫在证明；而"绝对存在"的"神"，所依靠的是时间中"瞬间"的"存在意识-自由意识"，功夫不在"概念-逻辑"之证明，而在于和"神-永恒""直接"交往，一旦"意识到"自己的自由,也就会"意识"到有一个"绝对相异者-他者"的"存在",他"愿意"为自由者"牺牲一切",而不居功自傲,也决不推卸"责任",包括"不是应该"的"责任";这样一个"事实"上的"仆位"之"神","瞬间"中就"在"我们(自由者-叱咤风云者或寄人篱下者)的"瞬间"之中。

于是,"至高无上的概念"的"神"也都"回归"人世,"存在"于时间的"瞬间"中,欧洲哲学经历了一个从"概念论-知识论"到"存在论"的转换也就是很自然的事情了。